CHEFS-D'ŒUVRE

DE LA

LITTÉRATURE

FRANÇAISE

11.

9

CHEFS-D'ŒUVRE

LITTÉRAIRES

DE BUFFON

TOME DEUXIÈME

CHEFS-D'ŒUVRE

LITTÉRAIRES

DE BUFFON

AVEC UNE INTRODUCTION

PAR M. FLOURENS

Membre de l'Académie française, Secrétaire perpétuel de l'Académie
des sciences, etc.

TOME DEUXIÈME

PARIS

GARNIER FRÈRES, LIBRAIRES-ÉDITEURS

6, RUE DES SAINTS-PÈRES
—
M DCCC LXIV

CHEFS-D'ŒUVRE

LITTÉRAIRES

DE BUFFON

VUES DE LA NATURE.

PREMIÈRE VUE.

La nature est le système des lois établies par le Créateur pour l'existence des choses et pour la succession des êtres. La nature n'est point une chose, car cette chose serait tout ; la nature n'est point un être, car cet être serait Dieu ; mais on peut la considérer comme une puissance vive, immense, qui embrasse tout, qui anime tout, et qui, subordonnée à celle du premier Être, n'a commencé d'agir que par son ordre, et n'agit encore que par son concours ou son consentement. Cette puissance est, de la Puissance divine, la partie qui se manifeste ; c'est en même temps la cause et l'effet, le mode et la substance, le dessein et l'ouvrage : bien différente de l'art humain, dont les productions ne sont que des ouvrages morts, la nature est elle-même un ouvrage perpétuellement vivant, un ouvrier sans cesse actif, qui sait tout employer, qui travaillant d'après soi-même, toujours sur le même fonds, bien loin de l'épuiser le rend inépuisable : le temps, l'espace et la matière sont ses moyens, l'univers son objet, le mouvement et la vie son but.

Les effets de cette puissance sont les phénomènes du monde ; les ressorts qu'elle emploie sont des forces vives que l'espace et le temps ne peuvent que mesurer et limiter sans jamais les détruire ; des forces qui se balancent, qui se confondent, qui s'opposent sans pouvoir s'anéantir : les unes pénètrent et transportent les corps, les autres les échauffent et les animent ; l'attraction et l'impulsion sont les deux principaux instruments de l'action de cette puissance sur les corps bruts ; la chaleur et les molécules organiques vivantes sont les principes actifs qu'elle met en œuvre pour la formation et le développement des êtres organisés.

Avec de tels moyens, que ne peut la nature ? Elle pourrait tout si elle pouvait anéantir et créer ; mais Dieu s'est réservé ces deux extrêmes de pouvoir : anéantir et créer sont les attributs de la toute-puissance ; altérer, changer, détruire, développer, renouveler, produire, sont les seuls droits qu'il a voulu céder. Ministre de ses ordres irrévocables, dépositaire de ses immuables décrets, la nature ne s'écarte jamais des lois qui lui ont été prescrites ; elle n'altère rien aux plans qui lui ont été tracés, et dans tous ses ouvrages elle présente le sceau de l'Éternel : cette empreinte divine, prototype inaltérable des existences, est le modèle sur lequel elle opère, modèle dont tous les traits sont exprimés en caractères ineffaçables, et prononcés pour jamais ; modèle toujours neuf, que le nombre des moules ou des copies, quelque infini qu'il soit, ne fait que renouveler.

Tout a donc été créé, et rien encore ne s'est anéanti ;

la nature balance entre ces deux limites sans jamais approcher ni de l'une ni de l'autre : tâchons de la saisir dans quelques points de cet espace immense qu'elle remplit et parcourt depuis l'origine des siècles.

Quels objets ! Un volume immense de matière qui n'eût formé qu'une inutile, une épouvantable masse, s'il n'eût été divisé en parties séparées par des espaces mille fois immenses ; mais des milliers de globes lumineux, placés à des distances inconcevables, sont les bases qui servent de fondement à l'édifice du monde ; des millions de globes opaques, circulant autour des premiers, en composent l'ordre et l'architecture mouvante : deux forces primitives agitent ces grandes masses, les roulent, les transportent et les animent ; chacune agit à tout instant, et toutes deux, combinant leurs efforts, tracent les zones des sphères célestes, établissent dans le milieu du vide des lieux fixes et des routes déterminées ; et c'est du sein même du mouvement que naît l'équilibre des mondes et le repos de l'univers.

La première de ces forces est également répartie ; la seconde a été distribuée en mesure inégale : chaque atome de matière a une même quantité de force d'attraction, chaque globe a une quantité différente de force d'impulsion ; aussi est-il des astres fixes et des astres errants, des globes qui ne semblent être faits que pour attirer, et d'autres pour pousser ou pour être poussés, des sphères qui ont reçu une impulsion commune dans le même sens, et d'autres une impulsion particulière, des astres solitaires et d'autres accompagnés de satellites, des corps de lumière et des masses de ténèbres, des planètes dont les différentes parties ne jouissent que successivement d'une lumière empruntée, des comètes qui se perdent dans l'obscurité des profondeurs de l'espace, et reviennent après des siècles se parer de nouveaux feux ; des soleils qui paraissent, disparaissent et semblent alternativement se rallumer et s'éteindre, d'autres qui se montrent une fois et s'évanouissent ensuite pour jamais. Le ciel est le pays des grands événements ; mais à peine l'œil humain peut-il les saisir : un soleil qui périt et qui cause la catastrophe d'un monde, ou d'un système de mondes, ne fait d'autre effet à nos yeux que celui d'un feu follet qui brille et qui s'éteint ; l'homme, borné à l'atome terrestre sur lequel il végète, voit cet atome comme un monde, et ne voit les mondes que comme des atomes.

Car cette terre qu'il habite, à peine reconnaissable parmi les autres globes, et tout à fait invisible pour les sphères éloignées, est un million de fois plus petite que le soleil qui l'éclaire, et mille fois plus petite que d'autres planètes qui, comme elle, sont subordonnées à la puissance de cet astre, et forcées à circuler autour de lui. Saturne, Jupiter, Mars, la Terre, Vénus, Mercure et le Soleil occupent la petite partie des cieux que nous appelons *notre univers*. Toutes ces planètes, avec leurs satellites, entraînées par un mouvement rapide dans le même sens et presque dans le même plan, composent une roue d'un vaste diamètre dont l'essieu porte toute la charge, et qui tournant lui-même avec rapidité a dû s'échauffer, s'embraser et répandre la chaleur et la lumière jusqu'aux extrémités de la circonférence : tant que ces mouvements dureront (et ils seront éternels, à moins que la main du premier moteur ne s'oppose et n'emploie autant de force pour les détruire qu'il en a fallu pour les créer), le soleil brillera et remplira de sa splendeur toutes les sphères du monde ; et comme dans un système où tout s'attire, rien ne peut ni se perdre ni s'éloigner sans retour, la quantité de matière restant toujours la même, cette source féconde de lumière et de vie ne s'épuisera, ne tarira jamais ; car les autres soleils, qui lancent aussi continuellement leurs feux, rendent à notre soleil tout autant de lumière qu'ils en reçoivent de lui.

Les comètes, en beaucoup plus grand nombre que les planètes, et dépendantes comme elles de la puissance du soleil, pressent aussi sur ce foyer commun, en augmentent la charge, et contribuent de tout leur poids à son embrasement : elles font partie de notre univers, puisqu'elles sont sujettes, comme les planètes, à l'attraction du soleil ; mais elles n'ont rien de commun entre elles, ni avec les planètes, dans leur mouvement d'impulsion ; elles circulent chacune dans un plan différent et décrivent des orbes plus ou moins allongés dans des périodes différentes de temps, dont les unes sont de plusieurs années, et les autres de quelques siècles : le soleil tournant sur lui-même, mais au reste immobile au milieu du tout, sert en même temps de flambeau, de foyer, de pivot à toutes ces parties de la machine du monde.

C'est par sa grandeur même qu'il demeure immobile et qu'il régit les autres globes ; comme la force a été donnée proportionnellement à la masse, qu'il est incomparablement plus grand qu'aucune des comètes, et qu'il contient mille fois plus de matière que la plus grosse planète, elles ne peuvent ni le déranger, ni se soustraire à sa puissance, qui s'étendant à des distances immenses les contient toutes, et lui ramène au bout d'un temps celles qui s'éloignent le plus ; quelques-unes même à leur retour s'en approchent de si près, qu'après avoir été refroidies pendant des siècles, elles éprouvent une chaleur inconcevable ; elles sont sujettes à des vicissitudes étranges par ces alternatives de chaleur et de froid extrêmes, aussi bien que par les inégalités de leur mouvement, qui tantôt est prodigieusement accéléré, et ensuite infiniment retardé : ce sont, pour ainsi dire, des mondes en désordre, en comparaison des planètes, dont les orbites étant plus régulières, les mouvements plus égaux, la température toujours la même, semblent être des lieux de repos, où, tout étant constant, la nature peut établir un plan, agir uniformément, se développer successivement dans toute son étendue. Parmi ces globes choisis entre les astres errants, celui que nous habitons paraît encore être privilégié ; moins froid, moins éloigné que Saturne, Jupiter, Mars, il est aussi moins brûlant que Vénus et Mercure, qui paraissent trop voisins de l'astre de lumière.

Aussi, avec quelle magnificence la nature ne brille-t-elle pas sur la terre ! une lumière pure, s'étendant de l'orient au couchant, dore successivement les hémisphères de ce globe ; un élément transparent et léger l'environne ; une chaleur douce et féconde anime, fait éclore tous les germes de vie ; des eaux vives et salutaires servent à leur entretien, à leur accroissement ; des éminences distribuées dans le milieu des terres arrêtent les vapeurs de l'air, rendent ces sources intarissables et toujours nouvelles ; des cavités immenses faites pour les recevoir partagent les continents : l'étendue de la mer est aussi grande que celle de la terre ; ce n'est point un élément froid et stérile, c'est un nouvel empire aussi riche, aussi peuplé que le premier. Le doigt de Dieu a marqué leurs confins ; si la mer anticipe sur les plages de l'occident, elle laisse à découvert celles de l'orient : cette masse immense d'eau, inactive par elle-même, suit les impressions des mouvements célestes, elle balance par des oscillations régulières de flux et de reflux, elle s'élève et s'abaisse avec l'astre de la nuit; elle s'élève encore plus lorsqu'il concourt avec l'astre du jour, et que tous deux, réunissant leurs forces dans le temps des équinoxes, causent les grandes marées : notre correspondance avec le ciel n'est nulle part mieux marquée. De ces mouvements constants et généraux résultent des mouvements variables et particuliers, des transports de terre, des dépôts qui forment au fond des eaux des éminences semblables à celles que nous voyons sur la surface de la terre; des courants qui, suivant la direction de ces chaînes de montagnes, leur donnent une figure dont tous les angles se correspondent, et coulant au milieu des ondes comme les eaux coulent sur la terre, sont en effet les fleuves de la mer.

L'air, encore plus léger, plus fluide que l'eau, obéit aussi à un plus grand nombre de puissances; l'action éloignée du soleil et de la lune, l'action immédiate de la mer, celle de la chaleur, qui le raréfie, celle du froid, qui le condense, y causent des agitations continuelles; les vents sont ses courants, ils poussent, ils assemblent les nuages, ils produisent les météores et transportent au-dessus de la surface aride des continents terrestres les vapeurs humides des plages maritimes; ils déterminent les orages, répandent et distribuent les pluies fécondes et les rosées bienfaisantes; ils troublent les mouvements de la mer, ils agitent la surface mobile des eaux, arrêtent ou précipitent les courants, les font rebrousser, soulèvent les flots, excitent les tempêtes; la mer irritée s'élève vers le ciel, et vient en mugissant se briser contre des digues inébranlables qu'avec tous ses efforts elle ne peut ni détruire ni surmonter.

La terre élevée au-dessus du niveau de la mer est à

l'abri de ses irruptions; sa surface émaillée de fleurs, parée d'une verdure toujours renouvelée, peuplée de mille et mille espèces d'animaux différents, est un lieu de repos, un séjour de délices où l'homme, placé pour seconder la nature, préside à tous les êtres; seul entre tous, capable de connaître et digne d'admirer, Dieu l'a fait spectateur de l'univers et témoin de ses merveilles; l'étincelle divine dont il est animé le rend participant aux mystères divins : c'est par cette lumière qu'il pense et réfléchit, c'est par elle qu'il voit et lit dans le livre du monde comme dans un exemplaire de la Divinité.

La nature est le trône extérieur de la magnificence divine; l'homme qui la contemple, qui l'étudie, s'élève par degrés au trône intérieur de la toute-puissance : fait pour adorer le Créateur, il commande à toutes les créatures; vassal du ciel, roi de la terre, il l'ennoblit, la peuple et l'enrichit; il établit entre les êtres vivants l'ordre, la subordination, l'harmonie; il embellit la nature même, il la cultive, l'étend et la polit, en élague le chardon et la ronce, y multiplie le raisin et la rose. Voyez ces plages désertes, ces tristes contrées où l'homme n'a jamais résidé : couvertes, ou plutôt hérissées de bois épais et noirs dans toutes les parties élevées, des arbres sans écorce et sans cime, courbés, rompus, tombant de vétusté; d'autres, en plus grand nombre, gisant au pied des premiers pour pourrir sur des monceaux déjà pourris, étouffent, ensevelissent les germes prêts à éclore. La nature, qui partout ailleurs brille par sa jeunesse, paraît ici dans la décrépitude; la terre, surchargée par le poids, surmontée par les débris de ses productions, n'offre au lieu d'une verdure florissante qu'un espace encombré, traversé de vieux arbres chargés de plantes parasites, de lichens, d'agarics, fruits impurs de la corruption : dans toutes les parties basses, des eaux mortes et croupissantes, faute d'être conduites et dirigées; des terrains fangeux, qui, n'étant ni solides ni liquides, sont inabordables, et demeurent également inutiles aux habitants de la terre et des eaux; des marécages qui, couverts de plantes aquatiques et fétides, ne nourrissent que des insectes vénéneux et servent de repaire aux animaux immondes. Entre ces marais infects qui occupent les lieux bas, et les forêts décrépites qui couvrent les terres élevées, s'étendent des espèces de landes, des savanes, qui n'ont rien de commun avec nos prairies; les mauvaises herbes y surmontent, y étouffent les bonnes : ce n'est point ce gazon fin qui semble faire le duvet de la terre, ce n'est point cette pelouse émaillée qui annonce sa brillante fécondité; ce sont des végétaux agrestes, des herbes dures, épineuses, entrelacées les unes dans les autres, qui semblent moins tenir à la terre qu'elles ne tiennent entre elles, et qui, se desséchant et repoussant successivement les unes sur les autres, forment une bourre grossière épaisse de plusieurs pieds. Nulle route, nulle communication, nul vestige d'intelligence dans ces lieux sauvages; l'homme, obligé de suivre les sentiers de la bête farouche, s'il veut les parcourir; contraint de veiller sans cesse pour éviter d'en devenir la proie; effrayé de leurs rugissements, saisi du silence même de ces profondes solitudes, il rebrousse chemin et dit : La nature brute est hideuse et mourante; c'est moi, moi seul qui peux la rendre agréable et vivante : desséchons ces marais, animons ces eaux mortes en les faisant couler, formons-en des ruisseaux, des canaux; employons cet élément actif et dévorant qu'on nous avait caché et que nous ne devons qu'à nous-mêmes; mettons le feu à cette bourre superflue, à ces vieilles forêts déjà à demi consommées ; achevons de détruire avec le fer ce que le feu n'aura pu consumer : bientôt au lieu du jonc, du nénufar, dont le crapaud composait son venin, nous verrons paraître la renoncule, le trèfle, les herbes douces et salutaires ; des troupeaux d'animaux bondissants fouleront cette terre jadis impraticable ; ils y trouveront une subsistance abondante, une pâture toujours renaissante ; ils se multiplieront pour se multiplier encore : servons-nous de ces nouveaux aides pour achever notre ouvrage ; que le bœuf soumis au joug emploie ses forces et le poids de sa masse à sillonner la terre, qu'elle rajeunisse par la culture : une nature nouvelle va sortir de nos mains.

Qu'elle est belle, cette nature cultivée ! que par les soins de l'homme elle est brillante et pompeusement parée ! Il en fait lui-même le principal ornement, il en est la production la plus noble ; en se multipliant il en multiplie le germe le plus précieux, elle-même aussi semble se multiplier avec lui ; il met au jour par son art tout ce qu'elle recélait dans son sein : que de trésors ignorés, que de richesses nouvelles ! Les fleurs, les fruits, les grains perfectionnés, multipliés à l'infini ; les espèces utiles d'animaux transportées, propagées, augmentées sans nombre ; les espèces nuisibles réduites, confinées reléguées : l'or, et le fer plus nécessaire que l'or, tirés des entrailles de la terre ; les torrents contenus, les fleuves dirigés, resserrés ; la mer même soumise, reconnue, traversée d'un hémisphère à l'autre ; la terre accessible partout, partout rendue aussi vivante que féconde ; dans les vallées de riantes prairies, dans les plaines de riches pâturages, ou des moissons encore plus riches ; les collines chargées de vignes et de fruits, leurs sommets couronnés d'arbres utiles et de jeunes forêts; les déserts devenus des cités habitées par un peuple immense, qui, circulant sans cesse, se répand de ces centres jusqu'aux extrémités; des routes ouvertes et fréquentées, des communications établies partout comme autant de témoins de la force et de l'union de la société : mille autres monuments de puissance et de gloire démontrent assez que l'homme, maître du domaine de la terre, en a changé, renouvelé la surface entière, et que de tout temps il partage l'empire avec la nature.

Cependant il ne règne que par droit de conquête; il jouit plutôt qu'il ne possède, il ne conserve que par des soins toujours renouvelés; s'ils cessent, tout languit, tout s'altère, tout change, tout rentre sous la main de la nature : elle reprend ses droits, efface les ouvrages de l'homme, couvre de poussière et de mousse ses plus fastueux monuments, les détruit avec le temps, et ne lui laisse que le regret d'avoir perdu par sa faute ce que ses ancêtres avaient conquis par leurs travaux. Ces temps où l'homme perd son domaine, ces siècles de barbarie pendant lesquels tout périt, sont toujours préparés par la guerre, et arrivent avec la disette et la dépopulation. L'homme qui ne peut que par le nombre, qui n'est fort que par sa réunion, qui n'est heureux que par la paix, a la fureur de s'armer pour son malheur et de combattre pour sa ruine : excité par l'insatiable avidité, aveuglé par l'ambition encore plus insatiable, il renonce aux sentiments d'humanité, tourne toutes ses forces contre lui-même, cherche à s'entre-détruire, se détruit en effet; et après ces jours de sang et de carnage, lorsque la fumée de la gloire s'est dissipée, il voit d'un œil triste la terre dévastée, les arts ensevelis, les nations dispersées, les peuples affaiblis, son propre bonheur ruiné, et sa puissance réelle anéantie.

« Grand Dieu! dont la seule présence soutient la
« nature et maintient l'harmonie des lois de l'univers ;
« vous qui, du trône immobile de l'empyrée, voyez rouler
« sous vos pieds toutes les sphères célestes sans choc et
« sans confusion ; qui, du sein du repos, reproduisez à
« chaque instant leurs mouvements immenses, et seul
« régissez dans une paix profonde ce nombre infini de
« cieux et de mondes, rendez, rendez enfin le calme à la
« terre agitée! qu'elle soit dans le silence! qu'à votre voix
« la discorde et la guerre cessent de faire retentir leurs
« clameurs orgueilleuses! Dieu de bonté, auteur de tous
« les êtres, vos regards paternels embrassent tous les
« objets de la création ; mais l'homme est votre être de
« choix; vous avez éclairé son âme d'un rayon de votre
« lumière immortelle; comblez vos bienfaits en pénétrant
« son cœur d'un trait de votre amour : ce sentiment divin
« se répandant partout réunira les natures ennemies ;
« l'homme ne craindra plus l'aspect de l'homme, le fer
« homicide n'armera plus sa main ; le feu dévorant de la
« guerre ne fera plus tarir la source des générations ;
« l'espèce humaine, maintenant affaiblie, mutilée, moisὶ
« sonnée dans sa fleur, germera de nouveau et se multi-
« pliera sans nombre ; la nature, accablée sous le poids
« des fléaux, stérile, abandonnée, reprendra bientôt avec
« une nouvelle vie son ancienne fécondité ; et nous, Dieu
« bienfaiteur, nous la seconderons, nous la cultiverons,
« nous l'observerons sans cesse pour vous offrir à chaque
« instant un nouveau tribut de reconnaissance et d'admi-
« ration. »

SECONDE VUE.

Un individu, de quelque espèce qu'il soit, n'est rien dans l'univers; cent individus, mille, ne sont encore rien : les espèces sont les seuls êtres de la nature; êtres perpétuels, aussi anciens, aussi permanents qu'elle; que pour mieux juger nous ne considérons plus comme une collection ou une suite d'individus semblables, mais comme un tout indépendant du nombre, indépendant du temps; un tout toujours vivant, toujours le même; un tout qui a été compté pour un dans les ouvrages de la création, et qui par conséquent ne fait qu'une unité dans la nature. De toutes ces unités, l'espèce humaine est la première; les autres, de l'éléphant jusqu'à la mite, du cèdre jusqu'à l'hysope, sont en seconde et en troisième ligne; et quoique différentes par la forme, par la substance et même par la vie, chacune tient sa place, subsiste par elle-même, se défend des autres, et toutes ensemble composent et représentent la nature vivante, qui se maintient et se maintiendra comme elle s'est maintenue : un jour, un siècle, un âge, toutes les portions du temps ne font pas partie de sa durée; le temps lui-même n'est relatif qu'aux individus, aux êtres dont l'existence est fugitive; mais celle des espèces étant constante, leur permanence fait la durée, et leur différence le nombre. Comptons donc les espèces comme nous l'avons fait, donnons-leur à chacune un droit égal à la mense de la nature : elles lui sont toutes également chères, puisqu'à chacune elle a donné les moyens d'être et de durer tout aussi longtemps qu'elle.

Faisons plus, mettons aujourd'hui l'espèce à la place de l'individu : nous avons vu quel était pour l'homme le spectacle de la nature; imaginons quelle en serait la vue pour un être qui représenterait l'espèce humaine entière. Lorsque dans un beau jour de printemps nous voyons la verdure renaître, les fleurs s'épanouir, tous les germes éclore, les abeilles revivre, l'hirondelle arriver, le rossignol chanter l'amour, le bélier en bondir, le taureau en mugir, tous les êtres vivants se chercher et se joindre pour en produire d'autres, nous n'avons d'autre idée que celle d'une reproduction et d'une nouvelle vie. Lorsque dans la saison noire du froid et des frimas l'on voit les natures devenir indifférentes, se fuir au lieu de se chercher, les habitants de l'air déserter nos climats, ceux de l'eau perdre leur liberté sous des voûtes de glace, tous les insectes disparaître ou périr, la plupart des animaux s'engourdir, se creuser des retraites, la terre se durcir, les plantes se sécher, les arbres dépouillés se courber, s'affaisser sous le poids de la neige ou du givre, tout présente l'idée de la langueur et de l'anéantissement. Mais ces idées de renouvellement et de destruction, ou plutôt ces images de la mort et de la vie, quelque grandes, quelque générales qu'elles nous paraissent, ne sont qu'individuelles et particulières : l'homme, comme individu, juge ainsi la nature; l'être que nous avons mis à la place de l'espèce la juge plus grandement, plus généralement : il ne voit dans cette destruction, dans ce renouvellement, dans toutes ces successions, que permanence et durée : la saison d'une année est pour lui la même que celle de l'année précédente, la même que celle de tous les siècles; le millième animal dans l'ordre des générations est pour lui le même que le premier animal. Et en effet, si nous vivions, si nous subsistions à jamais, si tous les êtres qui nous environnent subsistaient aussi tels qu'ils sont pour toujours, et que tout fût perpétuellement comme tout est aujourd'hui, l'idée du temps s'évanouirait, et l'individu deviendrait l'espèce.

Eh! pourquoi nous refuserions-nous de considérer la nature pendant quelques instants sous ce nouvel aspect? A la vérité, l'homme en venant au monde arrive des ténèbres; l'âme aussi nue que le corps, il naît sans connaissance comme sans défense, il n'apporte que des qualités passives, il ne peut que recevoir les impressions des objets et laisser affecter ses organes, la lumière brille longtemps à ses yeux avant de l'éclairer : d'abord il reçoit tout de la nature et ne lui rend rien; mais dès que ses sens sont affermis, dès qu'il peut comparer ses sensations, il se réfléchit vers l'univers, il forme des idées, il les conserve, les étend, les combine; l'homme, et surtout l'homme instruit, n'est plus un simple individu, il représente en grande partie l'espèce humaine entière : il a commencé par recevoir de ses pères les connaissances qui leur avaient été transmises par ses aïeux; ceux-ci ayant trouvé l'art divin de tracer la pensée et de la faire passer à la postérité, se sont, pour ainsi dire, identifiés avec leurs neveux; les nôtres s'identifieront avec nous : cette réunion, dans un seul homme, de l'expérience de plusieurs siècles, recule à l'infini les limites de son être; ce n'est plus un individu simple, borné, comme les autres, aux sensations de l'instant présent, aux expériences du jour actuel; c'est à peu près l'être que nous avons mis à la place de l'espèce entière; il lit dans le passé, voit le présent, juge de l'avenir; et dans le torrent des temps qui amène, entraîne, absorbe tous les individus de l'univers, il trouve les espèces constantes, la nature invariable : la relation des choses étant toujours la même, l'ordre des temps lui paraît nul; les lois du renouvellement ne font que compenser à ses yeux celles de la permanence; une succession continuelle d'êtres, tous semblables entre eux, n'équivaut, en effet, qu'à l'existence perpétuelle d'un seul de ces êtres.

A quoi se rapporte donc ce grand appareil des générations, cette immense profusion de germes dont il en avorte mille et mille pour un qui réussit? Qu'est-ce que cette propagation, cette multiplication des êtres, qui, se détruisant et se renouvelant sans cesse, n'offrent toujours que la même scène, et ne remplissent ni plus ni moins la nature? D'où viennent ces alternatives de mort et de vie, ces lois d'accroissement et de dépérissement, toutes ces vicissitudes individuelles, toutes ces représentations renouvelées d'une seule et même chose? elles tiennent à l'essence même de la nature, et dépendent du premier établissement de la machine du monde : fixe dans son tout et mobile dans chacune de ses parties, les mouvements généraux des corps célestes ont produit les mouvements particuliers du globe de la terre; les forces pénétrantes dont ces grands corps sont animés, par lesquelles ils agissent au loin et réciproquement les uns sur les autres, animent aussi chaque atome de matière, et cette propension mutuelle de toutes ces parties les unes vers les autres est le premier lien des êtres, le principe de la consistance des choses, et le soutien de l'harmonie de l'univers. Les grandes combinaisons ont produit tous les petits rapports; le mouvement de la terre sur son axe ayant partagé en jours et en nuits les espaces de la durée, tous les êtres vivants qui habitent la terre ont leur temps de lumière et leur temps de ténèbres, la veille et le sommeil : une grande portion de l'économie animale, celle de l'action des sens et du mouvement des membres, est relative à cette première combinaison. Y aurait-il des sens ouverts à la lumière dans un monde où la nuit serait perpétuelle?

L'inclinaison de l'axe de la terre produisant, dans son mouvement annuel autour du soleil, des alternatives durables de chaleur et de froid, que nous avons appelées *des saisons*, tous les êtres végétants ont aussi, en tout ou en partie, leur saison de vie et leur saison de mort. La chute des feuilles et des fruits, le desséchement des herbes, la mort des insectes, dépendent en entier de cette seconde combinaison : dans les climats où elle n'a pas lieu, la vie des végétaux n'est jamais suspendue, chaque insecte vit son âge; et ne voyons-nous pas sous la ligne, où les quatre saisons n'en font qu'une, la terre toujours fleurie, les arbres continuellement verts, et la nature toujours au printemps?

La constitution particulière des animaux et des plantes est relative à la température générale du globe de la terre, et cette température dépend de sa situation, c'est-à-dire de la distance à laquelle il se trouve de celui du soleil : à une distance plus grande, nos animaux, nos plantes, ne pourraient ni vivre ni végéter ; l'eau, la séve, le sang, toutes les autres liqueurs, perdraient leur fluidité ; à une distance moindre, elles s'évanouiraient et se dissiperaient en vapeurs ; la glace et le feu sont les éléments de la mort ; la chaleur tempérée est le premier germe de la vie.

Les molécules vivantes répandues dans tous les corps organisés sont relatives, et pour l'action et pour le nombre, aux molécules de la lumière, qui frappent toute matière et la pénètrent de leur chaleur ; partout où les rayons du soleil peuvent échauffer la terre, sa surface se vivifie, se couvre de verdure et se peuple d'animaux : la glace même, dès qu'elle se résout en eau, semble se féconder ; cet élément est plus fertile que celui de la terre, il reçoit avec la chaleur le mouvement et la vie ; la mer produit à chaque saison plus d'animaux que la terre n'en nourrit ; elle produit moins de plantes ; et tous ces animaux qui nagent à la surface des eaux, ou qui en habitent les profondeurs, n'ayant pas, comme ceux de la terre, un fonds de subsistance assuré sur les substances végétales, sont forcés de vivre les uns sur les autres, et c'est à cette combinaison que tient leur immense multiplication, ou plutôt leur pullulation sans nombre.

Chaque espèce et des uns et des autres ayant été créée, les premiers individus ont servi de modèle à tous leurs descendants. Le corps de chaque animal ou de chaque végétal est un moule auquel s'assimilent indifféremment les molécules organiques de tous les animaux ou végétaux détruits par la mort et consumés par le temps ; les parties brutes qui étaient entrées dans leur composition retournent à la masse commune de la matière brute ; les parties organiques, toujours subsistantes, sont reprises par les corps organisés : d'abord repompées par les végétaux, ensuite absorbées par les animaux qui se nourrissent de végétaux, elles servent au développement, à l'entretien, à l'accroissement et des uns et des autres ; elles constituent leur vie, et circulant continuellement de corps en corps, elles animent tous les êtres organisés. Le fonds des substances vivantes est donc toujours le même ; elles ne varient que par la forme, c'est-à-dire par la différence des représentations : dans les siècles d'abondance, dans les temps de la plus grande population, le nombre des hommes, des animaux domestiques et des plantes utiles semble occuper et couvrir en entier la surface de la terre ; celui des animaux féroces, des insectes nuisibles, des plantes parasites, des herbes inutiles, reparaît et domine à son tour dans les temps de disette et de dépopulation. Ces variations, si sensibles pour l'homme, sont indifférentes à la nature ; le ver à soie, si précieux pour lui, n'est pour elle que la chenille du mûrier : que cette chenille du luxe disparaisse, que d'autres chenilles dévorent les herbes destinées à engraisser nos bœufs, que d'autres enfin minent, avant la récolte, la substance de nos épis, qu'en général l'homme et les espèces majeures dans les animaux soient affamés par les espèces infimes, la nature n'en est ni moins remplie, ni moins vivante ; elle ne protége pas les unes aux dépens des autres, elle les soutient toutes ; mais elle méconnaît le nombre dans les individus, et ne les voit que comme des images successives d'une seule et même empreinte, des ombres fugitives dont l'espèce est le corps.

Il existe donc sur la terre, et dans l'air et dans l'eau, une quantité déterminée de matière organique que rien ne peut détruire ; il existe en même temps un nombre déterminé de moules capables de se l'assimiler, qui se détruisent et se renouvellent à chaque instant ; et ce nombre de moules ou d'individus, quoique variable dans chaque espèce, est au total toujours le même, toujours proportionné à cette quantité de matière vivante. Si elle était surabondante, si elle n'était pas, dans tous les temps, également employée et entièrement absorbée par les moules existants, il s'en formerait d'autres, et l'on verrait paraître des espèces nouvelles, parce que cette matière vivante ne peut demeurer oisive, parce qu'elle est toujours agissante, et qu'il suffit qu'elle s'unisse avec des parties brutes pour former des corps organisés. C'est à cette grande combinaison, ou plutôt à cette invariable proportion, que tient la forme même de la nature.

Et comme son ordonnance est fixe pour le nombre, le maintien et l'équilibre des espèces, elle se présenterait toujours sous la même face, et serait, dans tous les temps et sous tous les climats, absolument et relativement la même, si son habitude ne variait pas autant qu'il est possible dans toutes les formes individuelles. L'empreinte de chaque espèce est un type dont les principaux traits sont gravés en caractères ineffaçables et permanents à jamais ; mais toutes les touches accessoires varient, aucun individu ne ressemble parfaitement à un autre, aucune espèce n'existe sans un grand nombre de variétés : dans l'espèce humaine, sur laquelle le sceau divin a le plus appuyé, l'empreinte ne laisse pas de varier du blanc au noir, du petit au grand, etc.; le Lapon, le Patagon, le Hottentot, l'Européen, l'Américain, le Nègre, quoique tous issus du même père, sont bien éloignés de se ressembler comme frères.

Toutes les espèces sont donc sujettes aux différences purement individuelles; mais les variétés constantes, et qui se perpétuent par les générations, n'appartiennent pas également à toutes : plus l'espèce est élevée, plus le type en est ferme, et moins elle admet de ces variétés. L'ordre, dans la multiplication des animaux, étant en raison inverse de l'ordre de grandeur, et la possibilité des différences en raison directe du nombre dans le produit de leur génération, il était nécessaire qu'il y eût plus de variétés dans les petits animaux que dans les grands ; il y a aussi, et par la même raison, plus d'espèces voisines : l'unité de l'espèce étant plus resserrée dans les grands animaux, la distance qui la sépare des autres est aussi plus étendue : que de variétés et d'espèces voisines accompagnent, suivent ou précèdent l'écureuil, le rat et les autres petits animaux, tandis que l'éléphant marche seul et sans pair à la tête de tous !

La matière brute qui compose la masse de la terre n'est pas un limon vierge, une substance intacte et qui n'ait pas subi des altérations; tout a été remué par la force des grands et des petits agents, tout a été manié plus d'une fois par la main de la nature; le globe de la terre a été pénétré par le feu, et ensuite recouvert et travaillé par les eaux; le sable, qui en remplit le dedans, est une matière vitrée; les lits épais de glaise qui le recouvrent au dehors ne sont que ce même sable décomposé par le séjour des eaux; le roc vif, le granit, le grès, tous les cailloux, tous les métaux, ne sont encore que cette même matière vitrée, dont les parties se sont réunies, pressées ou séparées selon les lois de leur affinité. Toutes ces substances sont parfaitement brutes, elles existent et existeraient indépendamment des animaux et des végétaux; mais d'autres substances en très-grand nombre, et qui paraissent également brutes, tirent leur origine du détriment des corps organisés; les marbres, les pierres à chaux, les graviers, les craies, les marnes, ne sont composés que de débris de coquillages et des dépouilles de ces petits animaux, qui, transformant l'eau de la mer en pierre, produisent le corail et tous les madrépores, dont la variété est innombrable et la quantité presque immense. Les charbons de terre, les tourbes et les autres matières qui se trouvent aussi dans les couches extérieures de la terre, ne sont que le résidu des végétaux plus ou moins détériorés, pourris et consumés. Enfin d'autres matières en moindre nombre, telles que les pierres ponces, les soufres, les mâchefers, les amiantes, les laves, ont été jetées par les volcans, et produites par une seconde action du feu sur les matières premières. L'on peut réduire à ces trois grandes combinaisons tous les rapports des corps bruts, et toutes les substances du règne minéral.

Les lois d'affinité par lesquelles les parties constituantes de ces différentes substances se séparent des autres pour se réunir entre elles, et former des matières homogènes, sont les mêmes que la loi générale par laquelle tous les corps célestes agissent les uns sur les autres; elles s'exercent également et dans les mêmes rapports des masses et des distances; un globule d'eau, de sable ou de métal, agit sur un autre globule comme le globe de la terre agit sur celui de la lune; et si jusqu'à ce jour l'on a regardé ces lois d'affinité comme différentes de celles de la pesanteur, c'est faute de les avoir bien conçues, bien saisies, c'est faute d'avoir embrassé cet objet dans toute son étendue. La figure, qui dans les corps célestes ne fait rien ou presque rien à la loi de l'action des uns sur les autres, parce que la distance est très-grande, fait au contraire presque tout lorsque la distance est très-petite ou nulle. Si la lune et la terre, au lieu d'une figure sphérique, avaient toutes deux celle d'un cylindre court et d'un diamètre égal à celui de leurs sphères, la loi de leur action réciproque ne serait pas sensiblement altérée par cette différence de figure, parce que la distance de toutes les parties de la lune à celles de la terre n'aurait aussi que très-peu varié; mais si ces mêmes globes devenaient des cylindres très-étendus et voisins l'un de l'autre, la loi de l'action réciproque de ces deux corps paraîtrait fort différente, parce que la distance de chacune de leurs parties entre elles, et relativement aux parties de l'autre, aurait prodigieusement changé : ainsi, dès que la figure entre comme élément dans la distance, la loi paraît varier. quoiqu'au fond elle soit toujours la même.

D'après ce principe, l'esprit humain peut encore faire un pas, et pénétrer plus avant dans le sein de la nature : nous ignorons quelle est la figure des parties constituantes des corps; l'eau, l'air, la terre, les métaux, toutes les matières homogènes sont certainement composées de parties élémentaires semblables entre elles, mais dont la forme est inconnue; nos neveux pourront, à l'aide du calcul, s'ouvrir ce nouveau champ de connaissances, et savoir à peu près de quelle figure sont les éléments des corps; ils partiront du principe que nous venons d'établir, ils le prendront pour base : « Toute matière s'attire en « raison inverse du carré de la distance, et cette loi géné- « rale ne paraît varier, dans les attractions particulières, « que par l'effet de la figure des parties constituantes de « chaque substance, parce que cette figure entre comme « élément dans la distance. » Lorsqu'ils auront donc acquis, par des expériences réitérées, la connaissance de la loi d'attraction d'une substance particulière, ils pourront trouver par le calcul la figure de ses parties constituantes. Pour le faire mieux sentir, supposons, par exemple, qu'en mettant du vif-argent sur un plan parfaitement poli, on reconnaisse par des expériences que ce métal fluide s'attire toujours en raison inverse du cube de la distance, il faudra chercher par des règles de fausse position quelle est la figure qui donne cette expression ; et cette figure sera celle des parties constituantes du vif-argent; si l'on trouvait par ces expériences que ce métal s'attire en raison inverse du carré de la distance, il serait démontré que ses parties constituantes sont sphériques, puisque la sphère est la seule figure qui donne cette loi, et qu'à quelque distance que l'on place des globes, la loi de leur attraction est toujours la même.

Newton a bien soupçonné que les affinités chimiques, qui ne sont autre chose que les attractions particulières dont nous venons de parler, se faisaient par des lois assez semblables à celles de la gravitation ; mais il ne paraît pas avoir vu que toutes ces lois particulières n'étaient que de simples modifications de la loi générale, et qu'elles n'en paraissaient différentes que parce qu'à une très-petite distance la figure des atomes qui s'attirent fait autant et plus que la masse pour l'expression de la loi, cette figure entrant alors pour beaucoup dans l'élément de la distance.

C'est cependant à cette théorie que tient la connaissance intime de la composition des corps bruts ; le fonds de toute matière est le même ; la masse et le volume, c'est-à-dire la forme, serait aussi la même, si la figure des parties constituantes était semblable. Une substance homogène ne peut différer d'une autre qu'autant que la figure de ses parties primitives est différente ; celle dont toutes les molécules sont sphériques doit être spécifiquement une fois plus légère qu'une autre dont les molécules seraient cubiques, parce que les premières ne pouvant se toucher que par des points, laissent des intervalles égaux à l'espace qu'elles remplissent, tandis que les parties supposées cubiques peuvent se réunir toutes sans laisser le moindre intervalle, et former par conséquent une matière une fois plus pesante que la première. Et quoique les figures puissent varier à l'infini, il paraît qu'il n'en existe pas autant dans la nature que l'esprit pourrait en concevoir; car elle a fixé les limites de la pesanteur et de la légèreté : l'or et l'air sont les deux extrêmes de toute densité; toutes les figures admises, exécutées par la nature, sont donc comprises entre ces deux termes, et toutes celles qui auraient pu produire des substances plus pesantes ou plus légères ont été rejetées.

Au reste, lorsque je parle des figures employées par la nature, je n'entends pas qu'elles soient nécessairement ni même exactement semblables aux figures géométriques qui existent dans notre entendement : c'est par supposition que nous les faisons régulières, et par abstraction que nous les rendons simples. Il n'y a peut-être ni cubes exacts, ni sphères parfaites dans l'univers; mais comme rien n'existe sans formes, et que selon la diversité des substances les figures de leurs éléments sont différentes, il y en a nécessairement qui approchent de la sphère ou du cube et de toutes les autres figures régulières que nous avons imaginées : le précis, l'absolu, l'abstrait, qui se présentent si souvent à notre esprit, ne peuvent se trouver dans le réel, parce que tout y est relatif; tout s'y fait par nuances, tout s'y combine par approximation. De même, lorsque j'ai parlé d'une substance qui serait entièrement pleine, parce qu'elle serait composée de parties cubiques, et d'une autre substance qui ne serait qu'à moitié pleine, parce que toutes ses parties constituantes seraient sphériques, je ne l'ai dit que par comparaison, et je n'ai pas prétendu que ces substances existassent dans la réalité; car l'on voit par l'expérience des corps transparents, tels que le verre, qui ne laisse pas d'être dense et pesant, que la quantité de matière y est très-petite en comparaison de l'étendue des intervalles; et l'on peut démontrer que l'or, qui est la matière la plus dense, contient beaucoup plus de vide que de plein.

La considération des forces de la nature est l'objet de la mécanique rationnelle; celui de la mécanique sensible n'est que la combinaison de nos forces particulières, et se réduit à l'art de faire des machines : cet art a été cultivé de tout temps par la nécessité et pour la commodité; les anciens y ont excellé comme nous; mais la mécanique rationnelle est une science née, pour ainsi dire, de nos jours; tous les philosophes, depuis Aristote à Descartes, ont raisonné comme le peuple sur la nature du mouvement; ils ont unanimement pris l'effet pour la cause; ils ne connaissaient d'autres forces que celle de l'impulsion, encore la connaissaient-ils mal; ils lui attribuaient les effets des autres forces, ils voulaient y ramener tous les phénomènes du monde : pour que le projet eût été plausible et la chose possible, il aurait au moins fallu que cette impulsion, qu'ils regardaient comme cause unique, fût un effet général et constant qui appartînt à toute matière, qui s'exerçât continuellement dans tous les lieux, dans tous les temps : le contraire leur était démontré; ne voyaient-ils pas que dans les corps en repos cette force n'existe pas, que dans les corps lancés son effet ne subsiste qu'un petit temps, qu'il est bientôt détruit par les résistances, que pour le renouveler il faut une nouvelle impulsion, que par conséquent, bien loin qu'elle soit une cause générale, elle n'est au contraire qu'un effet particulier et dépendant d'effets plus généraux?

Or un effet général est ce qu'on doit appeler une cause, car la cause réelle de cet effet général ne nous sera jamais connue, parce que nous ne connaissons rien que par comparaison, et que l'effet étant supposé général et appartenant également à tout, nous ne pouvons le comparer à rien, ni par conséquent le connaître autrement que par le fait : ainsi l'attraction, ou, si l'on veut, la pesanteur, étant un effet général et commun à toute matière, et démontré par le fait, doit être regardée comme une cause, et c'est à elle qu'il faut rapporter les autres causes particulières et même l'impulsion, puisqu'elle est moins générale et moins constante. La difficulté ne consiste qu'à voir en quoi l'impulsion peut dépendre en effet de l'attraction ; si l'on réfléchit à la communication du mouvement par le choc, on sentira bien qu'il ne peut se transmettre d'un corps à un autre que par le moyen du ressort, et l'on reconnaîtra que toutes les hypothèses que l'on a faites sur la transmission du mouvement dans les corps durs ne sont que des jeux de notre esprit qui ne pourraient s'exécuter dans la nature : un corps parfaitement dur n'est en effet qu'un être de raison, comme un corps parfaitement élastique n'est encore qu'un autre être de raison : ni l'un ni l'autre n'existent dans la réalité, parce qu'il n'y existe rien d'absolu, rien d'extrême, et que le mot et l'idée de parfait n'est jamais que l'absolu ou l'extrême de la chose.

S'il n'y avait point de ressort dans la matière, il n'y aurait donc nulle force d'impulsion ; lorsqu'on jette une pierre, le mouvement qu'elle conserve ne lui a-t-il pas été communiqué par le ressort du bras qui l'a lancée ? Lorsqu'un corps en mouvement en rencontre un autre en repos, comment peut-on concevoir qu'il lui communique son mouvement, si ce n'est en comprimant le ressort des parties élastiques qu'il renferme, lequel se rétablissant immédiatement après la compression, donne à la masse totale la même force qu'il vient de recevoir ; on ne comprend point comment un corps parfaitement dur pourrait admettre cette force, ni recevoir du mouvement ; et d'ailleurs il est très-inutile de chercher à le comprendre, puisqu'il n'en existe point de tel. Tous les corps au contraire sont doués de ressort; les expériences sur l'électricité prouvent que sa force élastique appartient généralement à toute matière; quand il n'y aurait donc dans l'intérieur des corps d'autre ressort que celui de cette matière électrique, il suffirait pour la communication du mouvement, et par conséquent c'est à ce grand ressort, comme effet général, qu'il faut attribuer la cause particulière de l'impulsion.

Maintenant si nous réfléchissons sur la mécanique du ressort, nous trouverons que sa force dépend elle-même de celle de l'attraction ; pour le voir clairement, figurons-nous le ressort le plus simple, un angle solide de fer ou de toute autre matière dure : qu'arrive-t-il lorsque nous le comprimons? nous forçons les parties voisines du sommet de l'angle de fléchir, c'est-à-dire de s'écarter un peu les unes des autres; et dans le moment que la compression cesse, elles se rapprochent et se rétablissent comme elles étaient auparavant; leur adhérence, de laquelle résulte la cohésion du corps, est, comme l'on sait, un effet de leur attraction mutuelle; lorsque l'on presse le ressort, on ne détruit pas cette adhérence, parce que, quoiqu'on écarte les parties, on ne les éloigne pas assez les unes des autres pour les mettre hors de leur sphère d'attraction mutuelle, et par conséquent dès qu'on cesse de presser, cette force qu'on remet pour ainsi dire en liberté s'exerce, les parties séparées se rapprochent, et le ressort se rétablit : si au contraire, par une pression trop forte, on les écarte au point de les faire sortir de leur sphère d'attraction, le ressort se rompt, parce que la force de la compression a été plus grande que celle de la cohérence, c'est-à-dire plus grande que celle de l'attraction mutuelle qui réunit les parties; le ressort ne peut donc s'exercer qu'autant que les parties de la matière ont de la cohérence, c'est-à-dire, autant qu'elles sont unies par la force de leur attraction mutuelle, et par conséquent le ressort en général, qui seul peut produire l'impulsion, et l'impulsion elle-même, se rapportent à la force d'attraction, et en dépendent comme des effets particuliers d'un effet général.

Quelque nettes que me paraissent ces idées, quelque fondées que soient ces vues, je ne m'attends pas à les voir adopter; le peuple ne raisonnera jamais que d'après ses sensations, et le vulgaire des physiciens d'après des préjugés : or il faut mettre à part les unes, et renoncer aux autres pour juger de ce que nous proposons; peu de gens en jugeront donc, et c'est le lot de la vérité; mais aussi très-peu de gens lui suffisent, elle se perd dans la foule; et quoique toujours auguste et majestueuse, elle est souvent obscurcie par de vieux fantômes, ou totalement effacée par des chimères brillantes. Quoi qu'il en soit, c'est ainsi que je vois, que j'entends la nature (et peut-être est-elle encore plus simple que ma vue); une seule force est la cause de tous les phénomènes de la matière brute, et cette force, réunie avec celle de la chaleur, produit les molécules vivantes desquelles dépendent tous les effets des substances organisées.

ANIMAUX
DE
L'ANCIEN CONTINENT.

Les plus grands animaux sont ceux qui sont les mieux connus, et sur lesquels en général il y a le moins d'équivoque ou d'incertitude : nous les suivrons donc dans cette énumération, en les indiquant à peu près par ordre de grandeur.

Les éléphants appartiennent à l'ancien continent, et ne se trouvent pas dans le nouveau; les plus grands sont en Asie, les plus petits en Afrique : tous sont originaires des climats les plus chauds, et, quoiqu'ils puissent vivre dans les contrées tempérées, ils ne peuvent y multiplier; ils ne multiplient pas même dans leur pays natal lorsqu'ils ont perdu leur liberté; cependant l'espèce en est assez nombreuse, quoique entièrement confinée aux seuls climats méridionaux de l'ancien continent; et non-seulement elle n'est point en Amérique, mais il ne s'y trouve même aucun animal qu'on puisse lui comparer, ni pour la grandeur, ni pour la figure.

On peut dire la même chose du rhinocéros, dont l'espèce est beaucoup moins nombreuse que celle de l'éléphant: il ne se trouve que dans les déserts de l'Afrique et dans les forêts de l'Asie méridionale, et il n'y a en Amérique aucun animal qui lui ressemble.

L'hippopotame habite les rivages des grands fleuves de l'Inde et de l'Afrique; l'espèce en est peut-être encore moins nombreuse que celle du rhinocéros, et ne se trouve point en Amérique, ni même dans les climats tempérés de l'ancien continent.

Le chameau et le dromadaire, dont les espèces, quoique très-voisines, sont différentes, et qui se trouvent si communément en Asie, en Arabie et dans toutes les parties orientales de l'ancien continent, étaient aussi inconnus aux Indes occidentales que l'éléphant, l'hippopotame et le rhinocéros. L'on a très-mal à propos donné le nom de chameau au lama et au pacos du Pérou, qui sont d'une espèce si différente de celle du chameau, qu'on a cru pouvoir leur donner aussi le nom de *moutons*; en sorte que les uns les ont appelés *chameaux*, et les autres *moutons* du Pérou, quoique le pacos n'ait rien de commun que la laine avec notre mouton, et que le lama ne ressemble au chameau que par l'allongement du cou. Les Espagnols transportèrent autrefois de vrais chameaux au Pérou; ils les avaient d'abord déposés aux îles Canaries, d'où ils les tirèrent ensuite pour les passer en Amérique : mais il faut que le climat de ce nouveau monde ne leur soit pas favorable, car quoiqu'ils aient produit dans cette terre étrangère, ils ne s'y sont pas multipliés, et ils n'y ont jamais été qu'en très-petit nombre.

La girafe, ou le *camelo-pardalis*, animal très-grand, très-gros et très-remarquable, tant par sa forme singulière que par la hauteur de sa taille, la longueur de son cou et celle de ses jambes de devant, ne s'est point trouvé en Amérique; il habite en Afrique et surtout en Éthiopie, et ne s'est jamais répandu au delà des tropiques dans les climats tempérés de l'ancien continent.

Le tigre et la panthère ne se trouvent que dans l'ancien continent; les animaux de l'Amérique méridionale auxquels on a donné ces noms sont d'espèces différentes. Le vrai tigre, le seul qui doit conserver ce nom, est un animal terrible et peut-être plus à craindre que le lion; sa férocité n'est comparable à rien, mais on peut juger de sa force par sa taille; elle est ordinairement de quatre à cinq pieds de hauteur sur neuf, dix et jusqu'à treize et quatorze pieds de longueur, sans y comprendre la queue; sa peau n'est pas *tigrée*, c'est-à-dire parsemée de taches arrondies; il a seulement, sur un fond de poil fauve, des bandes noires qui s'étendent transversalement sur tout le corps, et qui forment des anneaux sur la queue dans toute sa longueur; ces seuls caractères suffisent pour le distinguer de tous les animaux de proie du Nouveau-Monde, dont les plus grands sont à peine de la taille de nos mâtins ou de nos lévriers. Le léopard et la panthère de l'Afrique ou de l'Asie n'approchent pas de la grandeur du tigre, et cependant sont encore plus grands que les animaux de proie des parties méridionales de l'Amérique. Pline, dont ne peut ici révoquer le témoignage en doute, puisque les panthères étaient si communes qu'on les exposait tous les jours en grand nombre dans les spectacles de Rome; Pline, dis-je, en indique les caractères essentiels, en disant que leur poil est blanchâtre et que leur robe est variée partout de taches noires semblables à des yeux; il ajoute que la seule différence qu'il y ait entre le mâle et la femelle, c'est que la femelle a la robe plus blanche. Les animaux d'Amérique auxquels on a donné le nom de tigres ressemblent beaucoup plus à la panthère qu'au tigre; mais ils en diffèrent encore assez pour qu'on puisse reconnaître clairement qu'aucun d'eux n'est précisément de l'espèce de la panthère. Le premier est le jaguar, ou *jaguara* ou *janowara*, qui se trouve à la Guyane, au Brésil et dans les autres parties méridionales de l'Amérique. Ray avait, avec quelque raison, nommé cet animal pard ou lynx du Brésil; les Portugais l'ont appelé *once* ou *onça*, parce qu'ils avaient précédemment donné ce nom au lynx par corruption, et ensuite à la petite panthère des Indes; et les Français, sans fondement de relation, l'ont appelé *tigre*, car il n'a rien de commun avec cet animal. Il diffère aussi de la panthère par la grandeur du corps, par la position et la figure des taches, par la couleur et la longueur du poil, qui est crêpé dans la jeunesse, et qui est toujours moins lisse que celui de la panthère : il en diffère encore par le naturel et les mœurs; il est plus sauvage et ne peut s'apprivoiser, etc. Ces différences cependant n'empêchent pas que le jaguar du Brésil ne ressemble plus à la panthère qu'à aucun autre animal de l'ancien continent. Le second est celui que nous appellerons *couguar*, par contraction de son nom brésilien *cuguacu-ara*, que l'on prononce *cougouacou-ara*, et que nos Français ont encore mal à propos appelé *tigre rouge*; il diffère en tout du vrai tigre et beaucoup de la panthère, ayant le poil d'une couleur rousse, uniforme et sans taches, ayant aussi la tête d'une forme différente et le museau plus allongé que le tigre ou la panthère. Une troisième espèce, à laquelle on a encore donné le nom de tigre, et qui en est tout aussi éloignée que les précédentes, c'est le *jaguarète*, qui est à peu près de la taille du jaguar et qui lui ressemble aussi par les habitudes naturelles, mais qui en diffère par quelques caractères extérieurs : on l'a appelé *tigre noir*, parce qu'il a le poil noir sur tout le corps, avec des taches encore plus noires, qui sont séparées et parsemées comme celles du jaguar. Outre ces trois espèces, et peut-être une quatrième qui est plus petite que les autres, auxquelles on a donné le nom de tigres, il se trouve encore en Amérique un animal qu'on peut leur comparer et qui me paraît avoir été mieux dénommé ; c'est le chat-pard, qui tient du chat et de la panthère, et qu'il est en effet plus aisé d'indiquer par cette dénomination composée que par son nom mexicain *tlacoos-clotl* : il est plus petit que le jaguar, le jaguarète et le couguar, mais en même temps il est plus grand qu'un chat sauvage, auquel il ressemble par la figure ; il a seulement la queue beaucoup plus courte et la robe semée de taches noires, longues sur le dos et arrondies sur le ventre. Le jaguar, le jaguarète, le couguar et le chat-pard sont donc les animaux d'Amérique auxquels on a mal à propos donné le nom de tigres. Nous avons vu vivants le couguar et le chat-pard ; nous nous sommes donc assurés qu'ils sont chacun d'une espèce différente entre eux, et encore plus différente de celle du tigre et de la panthère ; et à l'égard du puma et du jaguar, il est évident, par les descriptions de ceux qui les ont vus, que le puma n'est point un lion, ni le jaguar un tigre ; ainsi nous pouvons prononcer sans scrupule que le lion, le tigre et même la panthère ne se sont pas plus trouvés en Amérique que l'éléphant, le rhinocéros, l'hippopotame, la girafe et le chameau. Toutes ces espèces ayant besoin d'un climat chaud pour se propager, et n'ayant jamais habité dans les terres du Nord, n'ont pu communiquer ni parvenir en Amérique : ce fait général, dont il ne paraît pas qu'on se fût seulement douté, est trop important pour ne le pas appuyer de toutes les preuves qui peuvent achever de le constater; continuons donc notre énumération comparée des animaux de l'ancien continent avec ceux du nouveau.

Personne n'ignore que les chevaux, non-seulement causèrent de la surprise, mais même donnèrent de la frayeur aux Américains lorsqu'ils les virent pour la première fois : ils ont bien réussi dans presque tous les climats de ce nouveau continent, et ils y sont actuellement presque aussi communs que dans l'ancien.

Il en de même des ânes, qui étaient également inconnus, et qui ont également réussi dans les climats chauds de ce nouveau continent; ils ont même produit des mulets, qui sont plus utiles que les lamas pour porter des fardeaux dans toutes les parties montagneuses du Chili, du Pérou, de la Nouvelle-Espagne, etc.

Le zèbre est encore un animal de l'ancien continent, et qui n'a peut-être jamais été transporté ni vu dans le nouveau; il paraît affecter un climat particulier et ne se trouve guère que dans cette partie de l'Afrique qui s'étend depuis l'équateur jusqu'au cap de Bonne-Espérance.

Le bœuf ne s'est trouvé ni dans les îles ni dans la terre ferme de l'Amérique méridionale : peu de temps après la découverte de ces nouvelles terres, les Espagnols y transportèrent d'Europe des taureaux et des vaches. En 1550, on laboura pour la première fois la terre avec des bœufs dans la vallée de Cusco. Ces animaux multiplièrent prodigieusement dans ce continent, aussi bien que dans les îles de Saint-Domingue, de Cuba, de Barlovento, etc.; ils devinrent même sauvages en plusieurs endroits. L'espèce de bœuf qui s'est trouvée au Mexique, à la Louisiane, etc., et que nous avons appelé bœuf sauvage ou bison, n'est point issue de nos bœufs ; le bison existait en Amérique avant qu'on y eût transporté le bœuf d'Europe, et il diffère assez de celui-ci pour qu'on puisse le considérer comme faisant une espèce à part : il porte une bosse entre les épaules ; son poil est plus doux que la laine, plus long sur le devant du corps que sur le derrière, et crêpé sur le cou et le long de l'épine du dos ; la couleur en est brune, obscurément marquée de quelques taches blanchâtres. Le bison a de plus les jambes courtes ; elles sont, comme la tête et la gorge, couvertes d'un long poil : le mâle a la queue longue avec une houppe de poil au bout, comme on le voit à la queue du lion. Quoique ces différences m'aient paru suffisantes, ainsi qu'à tous les autres naturalistes, pour faire du bœuf et du bison deux espèces différentes, cependant je ne prétends pas l'assurer affirmativement : comme le seul caractère qui différencie ou identifie les espèces est la faculté de produire des individus qui ont eux-mêmes celle de produire leurs semblables, et que personne ne nous a appris si le bison peut produire avec le bœuf, que probablement même on n'a jamais essayé de les mêler ensemble, nous ne sommes pas en état de prononcer sur ce fait. J'ai obligation à M. de la Nux, ancien conseiller au conseil royal de l'île de Bourbon et correspondant de l'Académie des Sciences, de m'avoir appris par sa lettre, datée de l'île de Bourbon, du 9 octobre 1759, que le bison ou bœuf à bosse de l'île de Bourbon produit avec nos bœufs d'Europe ; et j'avoue que je regardais ce bœuf à bosse des Indes plutôt comme un bison que comme un bœuf. Je ne puis trop remercier M. de la Nux de m'avoir fait part de cette observation, et il serait bien à désirer qu'à son exemple les personnes habituées dans les pays lointains fissent de semblables expériences sur les animaux : il me semble qu'il serait facile à nos habitants de la Louisiane d'essayer de mêler le bison d'Amérique avec la vache d'Europe, et le taureau d'Europe avec la bisonne ; peut-être produiraient-ils ensemble, et alors on serait assuré que le bœuf d'Europe, le bœuf bossu de l'île de Bourbon, le taureau des Indes orientales et le bison d'Amérique ne feraient tous qu'une seule et même espèce. On voit, par les expériences de M. de la Nux, que la bosse ne fait point un caractère essentiel, puisqu'elle disparaît après quelques générations ; et d'ailleurs j'ai reconnu moi-même, par une autre observation, que cette bosse ou loupe que l'on voit au chameau comme au bison est un caractère qui, quoique ordinaire, n'est pas constant, et doit être regardé comme une différence accidentelle dépendante peut-être de l'embonpoint du corps ; car j'ai vu un chameau maigre et malade qui n'avait pas même l'apparence de la bosse. L'autre caractère du bison d'Amérique, qui est d'avoir le poil plus long et bien plus doux que celui de notre bœuf, paraît encore n'être qu'une différence qui pourrait venir de l'influence du climat, comme on le voit dans nos chèvres, nos chats et nos lapins, lorsqu'on les compare aux chèvres, aux chats et aux lapins d'Angora, qui, quoique très-différents par le poil, sont cependant de la même espèce : on pourrait donc imaginer, avec quelque sorte de vraisemblance (surtout si le bison d'Amérique produisait avec nos vaches d'Europe), que notre bœuf aurait autrefois passé par les terres du Nord contiguës à celles de l'Amérique septentrionale, et qu'ensuite ayant descendu dans les régions tempérées de ce Nouveau-Monde, il aurait pris avec le temps les impressions du climat, et de bœuf serait devenu bison. Mais jusqu'à ce que le fait essentiel, c'est-à-dire la faculté de produire ensemble, en soit connu, nous nous croyons en droit de dire que notre bœuf est un animal appartenant à l'ancien continent, et qu'il n'existait pas dans le nouveau avant d'y avoir été transporté.

Il y avait encore moins de brebis que de bœufs en Amérique ; elles y ont été transportées d'Europe, et elles ont réussi dans tous les climats chauds et tempérés de ce nouveau continent : mais quoiqu'elles y soient prolifiques, elles y sont communément plus maigres, et les moutons ont, en général, la chair moins succulente et moins tendre qu'en Europe ; le climat du Brésil est apparemment celui qui leur convient le mieux, car c'est le seul du Nouveau-Monde où ils deviennent excessivement gras. L'on a transporté à la Jamaïque non-seulement des brebis d'Europe, mais aussi des moutons de Guinée qui y ont également réussi : ces deux espèces, qui nous paraissent être différentes l'une de l'autre, appartiennent également et uniquement à l'ancien continent.

Il en est des chèvres comme des brebis : elles n'existaient point en Amérique, et celles qu'on y trouve aujourd'hui, et qui y sont en grand nombre, viennent toutes des chèvres qui y ont été transportées d'Europe. Elles ne se sont pas autant multipliées au Brésil que les brebis ; dans les premiers temps, lorsque les Espagnols les transportèrent au Pérou, elles y furent d'abord si rares qu'elles se vendaient jusqu'à cent dix ducats pièce ; mais elles s'y multiplièrent ensuite si prodigieusement qu'elles se donnaient presque pour rien, et que l'on n'estimait que la peau ; elles y produisent trois, quatre et jusqu'à cinq chevreaux d'une seule portée, tandis qu'en Europe elles n'en portent qu'un ou deux. Les grandes et les petites îles de l'Amérique sont aussi peuplées de chèvres que les terres du continent; les Espagnols en ont porté jusque dans les îles de la mer du Sud; ils en avaient peuplé l'île de Juan-Fernandès, où elles avaient extrêmement multiplié; mais comme c'était un secours pour les flibustiers qui dans la suite coururent ces mers, les Espagnols résolurent de détruire les chèvres dans cette île, et pour cela ils y lâchèrent des chiens qui, s'y étant multipliés à leur tour, détruisirent les chèvres dans toutes les parties accessibles de l'île; et ces chiens y sont devenus si féroces, qu'actuellement ils attaquent les hommes.

Le sanglier, le cochon domestique, le cochon de Siam ou cochon de la Chine, qui tous trois ne font qu'une seule et même espèce, et qui se multiplient si facilement et si nombreusement en Europe et en Asie, ne se sont point trouvés en Amérique : le tajacou, qui a une ouverture sur le dos, est l'animal de ce continent qui en approche le plus; nous l'avons eu vivant, et nous avons inutilement essayé de le faire produire avec le cochon d'Europe; d'ailleurs, il en diffère par un si grand nombre d'autres caractères, que nous sommes bien fondés à prononcer qu'il est d'une espèce différente. Les cochons transportés d'Europe en Amérique y ont encore mieux réussi et plus multiplié que les brebis et les chèvres. Les premières truies, dit Garcilasso, se vendirent au Pérou encore plus cher que les chèvres. La chair du bœuf et du mouton, dit Pison, n'est pas si bonne au Brésil qu'en Europe; les cochons seuls y sont meilleurs et y multiplient beaucoup : ils sont aussi, selon Jean de Laet, devenus meilleurs à Saint-Domingue qu'ils ne le sont en Europe. En général, on peut dire que, de tous les animaux domestiques qui ont été transportés d'Europe en Amérique, le cochon est celui qui a le mieux et le plus universellement réussi. En Canada comme au Brésil, c'est-à-dire dans les climats très-froids et très-chauds de ce nouveau monde, il produit, il multiplie, et sa chair est également bonne à manger. L'espèce de la chèvre, au contraire, ne s'est multipliée que dans les pays chauds ou tempérés, et n'a pu se maintenir en Canada; il faut faire venir de temps en temps d'Europe des boucs et des chèvres pour renouveler l'espèce, qui par cette raison y est très-peu nombreuse. L'âne, qui multiplie au Brésil, au Pérou, etc., n'a pu multiplier en Canada; l'on n'y voit ni mulets ni ânes, quoiqu'en différents temps l'on y ait transporté plusieurs couples de ces derniers animaux auxquels le froid semble ôter cette force de tempérament, cette ardeur naturelle qui, dans ces climats, les distinguent si fort des autres animaux. Les chevaux ont à peu près également multiplié dans les pays chauds et dans les pays froids du continent de l'Amérique; il paraît seulement qu'ils sont devenus plus petits; mais cela leur est commun avec tous les autres animaux qui ont été transportés d'Europe en Amérique; car les bœufs, les chèvres, les moutons, les cochons, les chiens, sont plus petits en Canada qu'en France; et, ce qui paraîtra peut-être beaucoup plus singulier, c'est que tous les animaux d'Amérique, même ceux qui sont naturels au climat, sont beaucoup plus petits en général que ceux de l'ancien continent. La nature semble s'être servie dans ce nouveau monde d'une autre échelle de grandeur; l'homme est le seul qu'elle ait mesuré avec le même module : mais avant de donner les faits sur lesquels je fonde cette observation générale, il faut achever notre énumération.

Le cochon ne s'est donc point trouvé dans le Nouveau-

Monde, il y a été transporté; et non-seulement il y a multiplié dans l'état de domesticité, mais il est même devenu sauvage en plusieurs endroits, et il y vit et multiplie dans les bois comme nos sangliers, sans le secours de l'homme. On a aussi transporté de la Guinée au Brésil une autre espèce de cochon, différente de celle d'Europe, qui s'y est multipliée. Ce cochon de Guinée, plus petit que celui d'Europe, a les oreilles fort longues et très-pointues, la queue aussi fort longue et traînant presque à terre; il n'est pas couvert de soies longues, mais d'un poil court, et il paraît faire une espèce distincte et séparée de celle du cochon d'Europe; car nous n'avons pas appris qu'au Brésil, où l'ardeur du climat favorise la propagation en tout genre, ces deux espèces se soient mêlées, ni qu'elles aient même produit des mulets ou des individus féconds.

Les chiens, dont les races sont si variées et si nombreusement répandues, ne se sont, pour ainsi dire, trouvés en Amérique que par échantillons difficiles à comparer et à rapporter au total de l'espèce. Il y avait à Saint-Domingue de petits animaux appelés *gosqués*, semblables à de petits chiens; mais il n'y avait point de chiens semblables à ceux d'Europe, dit Garcilasso, et il ajoute que les chiens d'Europe qu'on avait transportés à Cuba et à Saint-Domingue, étant devenus sauvages, diminuèrent dans ces îles la quantité du bétail aussi devenu sauvage, que ces chiens marchent par troupes de dix ou douze et sont aussi méchants que des loups. Il n'y avait pas de vrais chiens aux Indes occidentales, dit Joseph Acosta, mais seulement des animaux semblables à de petits chiens qu'au Pérou ils appelaient *alcos*, et ces alcos s'attachent à leurs maîtres et ont à peu près aussi le natu-

rel du chien. Si l'on en croit le père Charlevoix, qui sur cet article ne cite pas ses garants, « les *goschis* de Saint-
« Domingue étaient de petits chiens muets qui servaient
« d'amusement aux dames; on s'en servait aussi à la
« chasse pour éventer d'autres animaux; ils étaient bons
« à manger, ils furent d'une grande ressource dans les
« premières famines que les Espagnols essuyèrent :
« l'espèce aurait manqué dans l'île, si on n'y en avait
« pas apporté de plusieurs endroits du continent. Il y en
« avait de plusieurs sortes : les uns avaient la peau tout à
« fait lisse, d'autres avaient tout le corps couvert d'une
« laine fort douce; le plus grand nombre n'avait qu'une
« espèce de duvet fort tendre et fort rare; la même variété
« de couleurs qui se voit parmi nos chiens se rencontrait
« aussi dans ceux-là, et plus grande encore, parce que
« toutes les couleurs s'y trouvaient, et même les plus
« vives. » Si l'espèce des goschis a jamais existé avec ces singularités que lui attribue le père Charlevoix, pourquoi les autres auteurs n'en font-ils pas mention? et pourquoi ces animaux qui, selon lui, étaient répandus non-seulement dans l'île de Saint-Domingue, mais en plusieurs endroits du continent, ne subsistent-ils plus aujourd'hui? ou plutôt, s'ils subsistent, comment ont-ils perdu toutes ces belles singularités? Il est vraisemblable que le goschis du père Charlevoix, dont il dit n'avoir trouvé le nom que dans le père Pers, est le gosqués de Garcilasso; il se peut aussi que le gosqués de Saint-Domingue et l'alco du Pérou ne soient que le même animal, et il paraît certain que cet animal est celui de l'Amérique qui a le plus de rapport avec le chien d'Europe. Quelques auteurs l'ont regardé comme un vrai chien : Jean de Laet dit expressément que, dans le temps de la découverte des Indes, il y avait à

Saint-Domingue une petite espèce de chiens dont on se servait pour la chasse, mais qui étaient absolument muets. Nous avons vu, dans l'histoire du chien, que ces animaux perdent la faculté d'aboyer dans les pays chauds, mais l'aboiement est remplacé par une espèce de hurlement, et ils ne sont jamais, comme ces animaux trouvés en Amérique, absolument muets. Les chiens, transportés d'Europe, ont à peu près également réussi dans les contrées les plus chaudes et les plus froides d'Amérique, au Brésil et au Canada, et ce sont de tous les animaux ceux que les sauvages estiment le plus; cependant ils paraissent avoir changé de nature; ils ont perdu leur voix dans les pays chauds, la grandeur de la taille dans les pays froids, et ils ont pris presque partout des oreilles droites : ils ont donc dégénéré, ou plutôt remonté à leur espèce primitive, qui est celle du chien de berger, du chien à oreilles droites, qui de tous est celui qui aboie le moins. On peut donc regarder les chiens comme appartenant uniquement à l'ancien continent, où leur nature ne s'est développée tout entière que dans les régions tempérées, et où elle paraît s'être variée et perfectionnée par les soins de l'homme, puisque, dans tous les pays non policés et dans tous les climats excessivement chauds ou froids, ils sont également petits, laids et presque muets.

L'hyène, qui est à peu près de la grandeur du loup, est un animal connu des anciens, et que nous avons vu vivant; il est singulier par l'ouverture et les glandes qu'il a situées comme celles du blaireau, desquelles il sort une humeur d'une odeur très-forte : il est aussi très-remarquable par sa longue crinière, qui s'étend le long du cou et du garrot; par sa voracité, qui lui fait déterrer les cadavres et dévorer les chairs les plus infectes, etc. Cette vilaine bête ne se trouve qu'en Arabie ou dans les autres provinces méridionales de l'Asie; elle n'existe point en Europe, et ne s'est pas trouvée dans le Nouveau-Monde.

Le chacal, qui de tous les animaux, sans même en excepter le loup, est celui dont l'espèce nous paraît approcher le plus de l'espèce du chien, mais qui cependant en diffère par des caractères essentiels, est un animal très-commun en Arménie, en Turquie, et qui se trouve aussi dans plusieurs autres provinces de l'Asie et de l'Afrique; mais il est absolument étranger au nouveau continent. Il est remarquable par la couleur de son poil, qui est d'un jaune brillant; il est à peu près de la grandeur d'un renard: quoique l'espèce en soit très-nombreuse, elle ne s'est pas étendue jusqu'en Europe, ni même jusqu'au nord de l'Asie.

La genette, qui est un animal bien connu des Espagnols puisqu'elle habite en Espagne, aurait sans doute été remarquée si elle se fût trouvée en Amérique; mais comme aucun de leurs historiens ou de leurs voyageurs n'en fait mention, il est clair que c'est encore un animal particulier à l'ancien continent, dans lequel il habite les parties méridionales de l'Europe, et celles de l'Asie qui sont à peu près sous cette même latitude.

Quoiqu'on ait prétendu que la civette se trouvait à la Nouvelle-Espagne, nous pensons que ce n'est point la civette de l'Afrique et des Indes, dont on tire le musc que l'on mêle et prépare avec celui que l'on tire aussi de l'animal appelé *hiam* à la Chine; et nous regardons la vraie civette comme un animal des parties méridionales de l'ancien continent, qui ne s'est pas répandu vers le Nord, et qui n'a pu passer dans le nouveau.

Les chats étaient, comme les chiens, tout à fait étran-

gers au Nouveau-Monde, et je suis maintenant persuadé
que l'espèce n'y existait point, quoique j'aie cité un passage par lequel il paraît qu'un homme de l'équipage
de Christophe Colomb avait trouvé et tué sur la côte
de ces nouvelles terres un chat sauvage ; je n'étais pas
alors aussi instruit que je le suis aujourd'hui de tous les
abus que l'on a fait des noms, et j'avoue que je ne connaissais pas encore assez les animaux pour distinguer
nettement dans les témoignages des voyageurs les noms
usurpés, les dénominations mal appliquées, empruntées
ou factices ; et l'on n'en sera peut-être pas étonné, puisque
les nomenclateurs, dont les recherches se bornent à ce
seul point de vue, loin d'avoir éclairci la matière, l'ont
encore embrouillée par d'autres dénominations et des
phrases relatives à des méthodes arbitraires, toujours plus
fautives que le coup d'œil et l'inspection. La pente naturelle que nous avons à comparer les choses que nous
voyons pour la première fois à celles qui nous sont déjà
connues, jointe à la difficulté presque invincible qu'il y
avait à prononcer les noms donnés aux choses par les
Américains, sont les deux causes de cette mauvaise application des dénominations, qui depuis a produit tant d'erreurs. Il est, par exemple, bien plus commode de donner
à un animal nouveau le nom de sanglier ou de cochon
noir, que de prononcer son nom mexicain, *quauh-coyamelt*; de même, il était plus aisé d'en appeler un autre
renard américain, que de lui conserver son nom brésilien
tamandua-guacu; de nommer de même mouton ou chameau du Pérou des animaux qui dans cette langue se
nommaient *pelon-ichia-oquitli*; on a de même appelé
cochon d'eau le *cabiai* ou *cabionara*, ou *capybara*, quoique
ce soit un animal très-différent d'un cochon ; le *cariguei*-

beju s'est appelé loutre. Il en est de même de presque tous les autres animaux du Nouveau-Monde, dont les noms étaient si barbares et si étrangers pour les Européens, qu'ils cherchèrent à leur en donner d'autres par des ressemblances, quelquefois heureuses, avec les animaux de l'ancien continent; mais souvent aussi par de simples rapports, trop éloignés pour fonder l'application de ces dénominations. On a regardé comme des lièvres et des lapins cinq ou six espèces de petits animaux, qui n'ont guère d'autre rapport avec les lièvres et les lapins que d'avoir, comme eux, la chair bonne à manger. On a appelé vache ou élan un animal sans cornes ni bois, que les Américains nommaient *tapiierete* au Brésil, et *manipouris* à la Guyane, que les Portugais ont ensuite appelé *anta*, et qui n'a d'autre rapport avec la vache ou l'élan que celui de leur ressembler un peu par la forme du corps. Les uns ont comparé le *pak* ou le *paca* au lapin, et les autres ont dit qu'il était semblable à un pourceau de deux mois. Quelques-uns ont regardé le *philandre* comme un rat, et l'ont appelé rat de bois; d'autres l'ont pris pour un petit renard. Mais il n'est pas nécessaire d'insister ici plus longtemps sur ce sujet, ni d'exposer dans un plus grand détail les fausses dénominations que les voyageurs, les historiens et les nomenclateurs ont appliquées aux animaux de l'Amérique, parce que nous tâcherons de les indiquer et de les corriger, autant que nous le pourrons, dans la suite de ce discours, et lorsque nous traiterons de chacun de ces animaux en particulier.

On voit que toutes les espèces de nos animaux domestiques d'Europe, et les plus grands animaux sauvages de l'Afrique et de l'Asie, manquaient au Nouveau-Monde; il en est de même de plusieurs autres espèces moins considérables, dont nous allons faire mention le plus succinctement qu'il nous sera possible.

Les gazelles, dont il y a plusieurs espèces différentes, et dont les unes sont en Arabie, les autres dans l'Inde orientale et les autres en Afrique, ont toutes à peu près également besoin d'un climat chaud pour subsister et se multiplier : elles ne se sont donc jamais étendues dans les pays du nord de l'ancien continent pour passer dans le nouveau ; aussi ces espèces d'Afrique et d'Asie ne s'y sont pas trouvées : il paraît seulement qu'on y a transporté l'espèce qu'on a appelée gazelle d'Afrique, et qu'Hernandès nomme *algazel ex Aphricâ*. L'animal de la Nouvelle-Espagne que le même auteur appelle *temamaçame*, que Seba désigne par le nom de *cervus*, Klein par celui de *tragulus*, et M. Brisson par celui de gazelle de la Nouvelle-Espagne, paraît aussi différer, par l'espèce, de toutes les gazelles de l'ancien continent.

On serait porté à imaginer que le chamois, qui se plaît dans les neiges des Alpes, n'aurait pas craint les glaces du Nord, et que de là il aurait pu passer en Amérique ; cependant il ne s'y est pas trouvé. Cet animal semble affecter non-seulement un climat, mais une situation particulière ; il est attaché au sommet des hautes montagnes des Alpes, des Pyrénées, etc., et, loin de s'être répandu dans les pays éloignés, il n'est jamais descendu dans les plaines qui sont au pied de ces montagnes. Ce n'est pas le seul animal qui affecte constamment un pays, ou plutôt une situation particulière : la marmotte, le bouquetin, l'ours, le lynx ou loup-cervier, sont aussi des animaux montagnards que l'on trouve très-rarement dans les plaines.

Le buffle, qui est un animal des pays chauds, et qu'on

a rendu domestique en Italie, ressemble encore moins que le bœuf au bison d'Amérique, et ne s'est pas trouvé dans ce nouveau continent.

Le bouquetin se trouve au-dessus des plus hautes montagnes de l'Europe et de l'Asie, mais on ne l'a jamais vu sur les Cordillères.

L'animal dont on tire le musc, et qui est à peu près de la grandeur d'un daim, n'habite que quelques contrées particulières de la Chine et de la Tartarie orientale; le chevrotain, que l'on connaît sous le nom de petit cerf de Guinée, paraît confiné dans certaines provinces de l'Afrique et des Indes orientales, etc.

Le lapin, qui vient originairement d'Espagne, et qui s'est répandu dans tous les pays tempérés de l'Europe, n'était point en Amérique; les animaux de ce continent, auxquels on a donné son nom, sont d'espèces différentes, et tous les vrais lapins, qui s'y voient actuellement, y ont été transportés d'Europe.

Les furets qui ont été apportés d'Afrique en Europe, où ils ne peuvent subsister sans les soins de l'homme, ne se sont point trouvés en Amérique : il n'y a pas jusqu'à nos rats et nos souris qui n'y fussent inconnus ; ils y ont passé avec nos vaisseaux, et ils ont prodigieusement multiplié dans tous les lieux habités de ce nouveau continent.

Voilà donc à peu près les animaux de l'ancien continent : l'éléphant, le rhinocéros, l'hippopotame, la girafe, le chameau, le dromadaire, le lion, le tigre, la panthère, le cheval, l'âne, le zèbre, le bœuf, le buffle, la brebis, la chèvre, le cochon, le chien, l'hyène, le chacal, la genette, la civette, le chat, la gazelle, le chamois, le bouquetin, le chevrotain, le lapin, le furet, les rats et les souris ; aucuns n'existaient en Amérique lorsqu'on en fit la découverte. Il en est de même des loirs, des lérots, des marmottes, des mangoustes, des blaireaux, des zibelines, des hermines, de la gerboise, des makis et de plusieurs espèces de singes, etc., dont aucune n'existait en Amérique à l'arrivée des Européens, et qui par conséquent sont toutes propres et particulières à l'ancien continent, comme nous tâcherons de le prouver en détail, lorsqu'il sera question de chacun de ces animaux en particulier.

ANIMAUX

DU

NOUVEAU-MONDE.

Les animaux du Nouveau-Monde étaient aussi inconnus pour les Européens que nos animaux l'étaient pour les Américains. Les seuls peuples à demi civilisés de ce nouveau continent étaient les Péruviens et les Mexicains : ceux-ci n'avaient pas d'animaux domestiques; les seuls Péruviens avaient du bétail de deux espèces, le lama et le pacos, et un petit animal qu'ils appelaient alco, qui était domestique dans la maison, comme le sont nos petits chiens. Le pacos et le lama, que Fernandès appelle *peruich-catl*, c'est-à-dire, en anglais, bétail péruvien, affectent, comme le chamois, une situation particulière. Ils ne se trouvent que dans les montagnes du Pérou, du Chili et de la Nouvelle-Espagne; quoiqu'ils fussent devenus domestiques chez les Péruviens, et que par conséquent les hommes aient favorisé leur multiplication et les aient transportés ou conduits dans les contrées voisines, ils ne se sont propagés nulle part; ils ont même diminué dans leur pays natal, où l'espèce en est actuellement moins nombreuse qu'elle ne l'était avant qu'on y eût transporté le bétail d'Europe, qui a très-bien réussi dans toutes les contrées méridionales de ce continent.

Si l'on y réfléchit, il paraîtra singulier que, dans un monde presque tout composé de naturels sauvages, dont les mœurs approchaient beaucoup plus que les nôtres de celles des bêtes, il n'y eût aucune société, ni même aucune habitude entre ces hommes sauvages et les animaux qui les environnaient, puisque l'on n'a trouvé des animaux domestiques que chez les peuples déjà civilisés : cela ne prouve-t-il pas que l'homme, dans l'état de sauvage, n'est qu'une espèce d'animal incapable de commander aux autres, et qui, n'ayant comme eux que ses facultés individuelles, s'en sert de même pour chercher sa subsistance et pourvoir à sa sûreté en attaquant les faibles, en évitant les forts, et sans avoir aucune idée de sa puissance réelle et de sa supériorité de nature sur tous ces êtres, qu'il ne cherche point à se subordonner? En jetant un coup d'œil sur tous les peuples entièrement ou même à demi policés, nous trouverons partout des animaux domestiques : chez nous, le cheval, l'âne, le bœuf, le brebis, la chèvre, le cochon, le chien et le chat; le buffle en Italie, le renne chez les Lapons; le lama, le paco et l'alco chez les Péruviens; le dromadaire, le chameau et d'autres espèces de bœufs, de brebis et de chèvres chez les Orientaux; l'éléphant même chez les peuples du Midi : tous ont été soumis au joug, réduits en servitude ou bien admis à la société, tandis que le sauvage, cherchant à peine la société de sa femelle, craint ou dédaigne celle des animaux. Il est vrai que, de toutes les espèces que nous avons rendues domestiques dans ce continent, aucune n'existait en Amérique; mais si les hommes sauvages dont elle était peuplée se fussent anciennement réunis, et qu'ils se fussent prêté les lumières et les secours mutuels de la société, ils auraient subjugué et fait servir à leur usage la plupart des animaux de leur pays : car ils sont presque tous d'un naturel doux, docile et timide; il y en a peu de malfaisants et presque aucun de redoutable. Ainsi, ce n'est ni par fierté de nature, ni par indocilité de caractère que ces animaux ont conservé leur liberté, évité l'esclavage ou la domesticité, mais par la seule impuissance de l'homme, qui ne peut rien en effet que par les forces de la société; sa propagation même, sa multiplication en dépend. Ces terres immenses du Nouveau-Monde n'étaient, pour ainsi dire, que parsemées de quelques poignées d'hommes, et je crois qu'on pourrait dire qu'il n'y avait pas dans toute l'Amérique, lorsqu'on en fit la découverte, autant d'hommes qu'on en compte actuellement dans la moitié de l'Europe. Cette disette dans l'espèce humaine faisait l'abondance, c'est-à-dire le grand nombre, dans chaque espèce des animaux naturels au pays; ils avaient beaucoup moins d'ennemis et beaucoup plus d'espace; tout favorisait donc leur multiplication, et chaque espèce était relativement très-nombreuse en individus : mais il n'en était pas de même du nombre absolu des espèces; elles étaient en petit nombre, et si on les compare avec celui des espèces de l'ancien continent, on trouvera qu'il ne va peut-être pas au quart, et tout au plus au tiers. Si nous comptons deux cents espèces d'animaux quadrupèdes dans toute la terre habitable ou connue, nous en trouverons plus de cent trente espèces dans l'ancien continent, et moins de soixante-dix dans le nouveau; et si l'on en ôtait encore les espèces communes aux deux continents, c'est-à-dire celles seulement qui par leur nature peuvent supporter le froid, et qui ont pu communiquer par les terres du nord de ce continent dans l'autre, on ne trouvera guère que quarante espèces d'animaux propres et naturels aux terres du Nouveau-Monde. La nature vivante y est donc beaucoup moins agissante, beaucoup moins variée, et nous pouvons même dire beaucoup moins forte; car nous verrons, par l'énumération des animaux de l'Amérique, que non-seulement les espèces en sont en petit nombre, mais qu'en général tous les animaux y sont incomparablement plus petits que ceux de l'ancien continent, et qu'il n'y en a aucun en Amérique qu'on puisse comparer à l'éléphant, au rhinocéros, à l'hippopotame, au dromadaire, à la girafe, au buffle, au lion, au tigre, etc. Le plus gros de tous les animaux de l'Amérique méridionale est le tapir ou *tapiierete* du Brésil; cet animal, le plus grand de tous, cet éléphant du Nouveau-Monde, est de la grosseur d'un veau de six mois ou d'une très-petite mule; car on l'a comparé à l'un et à l'autre de ces animaux, quoiqu'il ne leur ressemble en rien, n'étant ni solipède, ni pied fourchu, mais fissipède irrégulier, ayant quatre doigts aux pieds de devant et trois à ceux de derrière : il a le corps à peu près de la forme de celui d'un cochon, la tête cependant beaucoup plus grosse à proportion, point de défenses ou dents canines, la lèvre supérieure fort allongée et mobile à volonté. Le lama, dont nous avons parlé, n'est pas si gros que le tapir, et ne paraît grand que par l'allongement du cou et la hauteur des jambes. Le pacos est encore de beaucoup plus petit.

Le cabiai qui est, après le tapir, le plus gros animal de l'Amérique méridionale, ne l'est cependant pas plus qu'un cochon de grandeur médiocre; il diffère autant qu'aucun des précédents de tous les animaux de l'ancien continent; car, quoiqu'on l'ait appelé *cochon de marais* ou *cochon d'eau*, il diffère du cochon par des caractères essentiels et très-apparents; il est fissipède, ayant, comme le tapir, quatre doigts aux pieds de devant et trois à ceux de derrière; il a les yeux grands, le museau gros et obtus, les oreilles petites, le poil court et point de queue. Le tajacou, qui est encore plus petit que le cabiai, et qui ressemble plus au cochon, surtout par l'extérieur, en diffère beaucoup par la conformation des parties intérieures, par la figure de l'estomac, par la forme des poumons, par la grosse glande et l'ouverture qu'il a sur le dos, etc.; il est donc, comme nous l'avons dit, d'une espèce différente de celle du cochon, et ni le tajacou, ni le cabiai, ni le tapir, ne se trouvent nulle part dans l'ancien continent. Il en est de même du *tamandua-guacu* ou *ouariri*, et du *ouatiriou*, que nous avons appelés fourmiliers ou mangeurs de fourmis : ces animaux, dont les plus gros sont d'une taille au-dessus de la médiocre, paraissent être particuliers aux terres de l'Amérique méridionale; ils sont très-singuliers en ce qu'ils n'ont point de dents, qu'ils ont la langue cylindrique comme celle des oiseaux qu'on appelle pics, l'ouverture de la bouche très-petite, avec laquelle ils ne peuvent ni mordre ni presque saisir; ils tirent seulement leur langue, qui est très-longue, et, la mettant à portée des fourmis, ils la retirent lorsqu'elle en est chargée, et ne peuvent se nourrir que par cette industrie.

Le paresseux, que les naturels du Brésil appellent *aï* ou *haï*, à cause du cri plaintif *aï* qu'il ne cesse de faire entendre, nous paraît être aussi un animal qui n'appartient qu'au nouveau continent. Il est encore beaucoup plus petit que les précédents, n'ayant qu'environ deux pieds de longueur, et il est très-singulier, en ce qu'il marche plus lentement qu'une tortue, qu'il n'a que trois doigts tant aux pieds de devant qu'à ceux de derrière, que ses jambes de devant sont beaucoup plus longues que celles de derrière, qu'il a la queue très-courte et qu'il n'a point d'oreilles; d'ailleurs, le paresseux et le tatou sont les seuls parmi les quadrupèdes qui, n'ayant ni dents incisives ni dents canines, ont seulement des dents molaires cylindriques et arrondies à l'extrémité, à peu près comme celles de quelques cétacés, tels que le cachalot.

Le cariacou de la Guyane, que nous avons eu vivant, est un animal de la nature et de la grandeur de nos plus grands chevreuils; le mâle porte un bois semblable à celui de nos chevreuils et qui tombe de même tous les ans; la femelle n'en a point : on l'appelle à Cayenne biche des bois. Il y a une autre espèce qu'ils appellent aussi petit cariacou, ou biche des marais ou des Palétuviers, qui est considérablement plus petite que la première, et dans laquelle le mâle n'a point de bois : j'ai soupçonné, à cause de la ressemblance du nom, que le cariacou de Cayenne pouvait être le *cuguacu* ou *cougouacou-apara* du Brésil; et ayant confronté les notices que Pison et Marcgrave nous ont données du cougouacou avec les caractères du cariacou, il nous a paru que c'était le même animal, qui cependant est assez différent de notre chevreuil pour qu'on doive le regarder comme faisant une espèce différente.

Le tapir, le cabiai, le tajacou, le fourmilier, le paresseux, le cariacou, le lama, le pacos, le bison, le puma, le jaguar, le couguar, le jaguarète, le chat-pard, etc., sont donc les plus grands animaux du nouveau continent;

les médiocres et les petits sont les cuandus ou gouandous, les agoutis, les coatis, les pacas, les philandres, les cochons d'Inde, les aperea et les tatous, que je crois tous originaires et propres au Nouveau-Monde, quoique les nomenclateurs les plus récents parlent d'une espèce de tatous des Indes orientales et d'une autre espèce en Afrique. Comme c'est seulement sur le témoignage de l'auteur de la description du cabinet de Seba que l'on a fait mention de ces tatous africains et orientaux, cela ne fait point une autorité suffisante pour que nous puissions y ajouter foi; car on sait, en général, combien il arrive de ces petites erreurs, de ces quiproquos de noms et de pays lorsqu'on forme une collection d'histoire naturelle : on achète un animal sous le nom de chauve-souris de Ternate ou d'Amérique, et un autre sous celui de tatou des Indes orientales; on les annonce ensuite sous ces noms dans un ouvrage où l'on fait la description de ce cabinet, et de là ces noms passent dans les listes de nos nomenclateurs, tandis qu'en examinant de plus près on trouve que ces chauves-souris de Ternate ou d'Amérique sont des chauves-souris de France, et que ces tatous des Indes ou d'Afrique pourraient bien être aussi des tatous d'Amérique.

Jusqu'ici nous n'avons pas parlé des singes, parce que leur histoire demande une discussion particulière. Comme le mot *singe* est un nom générique que l'on applique à un grand nombre d'espèces différentes les unes des autres, il n'est pas étonnant que l'on ait dit qu'il se trouvait des singes en grande quantité dans les pays méridionaux de l'un et de l'autre continent; mais il s'agit de savoir si les animaux que l'on appelle *singes* en Asie et en Afrique sont les mêmes que les animaux auxquels on a donné ce même nom en Amérique: il s'agit même de voir et d'examiner si de plus de trente espèce de singes que nous avons eus vivants, une seule de ces espèces se trouve également dans les deux continents.

Le satyre, ou l'homme des bois, qui par sa conformation paraît moins différer de l'homme que du singe, ne se trouve qu'en Afrique ou dans l'Asie méridionale, et n'existe point en Amérique.

Le gibbon, dont les jambes de devant ou les bras sont aussi longs que tout le corps, y compris même les jambes de derrière, se trouve aux grandes Indes et point en Amérique. Ces deux espèces de singes, que nous avons eus vivants, n'ont point de queue.

Le singe proprement dit, dont le poil est d'une couleur verdâtre mêlée d'un peu de jaune, et qui n'a point de queue, se trouve en Afrique et dans quelques autres endroits de l'ancien continent, mais point dans le nouveau. Il en est de même des singes cynocéphales, dont on connaît deux ou trois espèces ; leur museau est moins court que celui des précédents, mais comme eux ils sont sans queue, ou du moins ils l'ont si courte qu'on a peine à la voir. Tous ces singes qui n'ont point de queue, ceux surtout dont le museau est court et dont la face approche par conséquent beaucoup de celle de l'homme, sont les vrais singes ; et les cinq ou six espèces dont nous venons de parler sont toutes naturelles et particulières aux climats chauds de l'ancien continent, et ne se trouvent nulle part dans le nouveau. On peut donc déjà dire qu'il n'y a point de vrais singes en Amérique.

Le babouin, qui est un animal plus gros qu'un dogue, et dont le corps est raccourci, ramassé à peu près comme celui de l'hyène, est fort différent des singes dont nous venons de parler ; il a la queue très-courte et toujours droite, le museau allongé et large à l'extrémité, les fesses nues et de couleur de sang, les jambes fort courtes, les ongles forts et pointus. Cet animal, qui est très-fort et très-méchant, ne se trouve que dans les déserts des parties méridionales de l'ancien continent, et point du tout dans ceux de l'Amérique.

Toutes les espèces de singes qui n'ont point de queue, ou qui n'ont qu'une queue très-courte, ne se trouvent donc que dans l'ancien continent; et parmi les espèces qui ont de longues queues, presque tous les grands se trouvent en Afrique; il y en a peu qui soient même d'une taille médiocre en Amérique, mais les animaux qu'on a désignés par le nom générique de *petits singes à longue queue* y sont en grand nombre; ces espèces de petits singes à longue queue sont les sapajous, les sagouins, les tamarins, etc. Nous verrons, dans l'histoire particulière que nous ferons de ces animaux, que tous ces singes d'Amérique sont différents des singes de l'Afrique et de l'Asie.

Les makis, dont nous connaissons trois ou quatre espèces ou variétés, et qui approchent assez des singes à longue queue, qui comme eux ont des mains, mais dont le museau est beaucoup plus allongé et plus pointu, sont encore des animaux particuliers à l'ancien continent, et qui ne se sont pas trouvés dans le nouveau. Ainsi tous les animaux de l'Afrique ou de l'Asie méridionale qu'on a désignés par le nom de *singes* ne se trouvent pas plus en Amérique que les éléphants, les rhinocéros ou les tigres. Plus on fera de recherches et de comparaisons exactes à ce sujet, plus on sera convaincu que les animaux des parties méridionales de chacun des continents n'existaient point dans l'autre, et que le petit nombre de ceux qu'on y trouve aujourd'hui ont été transportés par les hommes, comme la brebis de Guinée, qui a été portée au Brésil, le cochon d'Inde, qui au contraire a été porté du Brésil en Guinée, et peut-être encore quelques autres espèces de petits animaux, desquels le voisinage et le commerce de ces deux parties du monde ont favorisé le transport. Il y a environ cinq cents lieues de mer entre les côtes du Brésil et celles de la Guinée; il y en a plus de deux mille des côtes du Pérou à celles des Indes orientales : tous ces animaux qui par leur nature ne peuvent supporter le climat du Nord, ceux même qui pouvant le supporter ne peuvent produire dans ce même climat, sont donc confinés de deux ou trois côtés par des mers qu'ils ne peuvent traverser, et d'autre côté par des terres trop froides qu'ils ne peuvent habiter sans périr ; ainsi l'on doit cesser d'être étonné de ce fait général, qui d'abord paraît très-singulier, et que personne avant nous n'avait même soupçonné, savoir qu'aucun des animaux de la zone torride dans l'un des continents ne s'est trouvé dans l'autre.

ANIMAUX
COMMUNS
AUX DEUX CONTINENTS.

Nous avons vu, par l'énumération précédente, que non-seulement les animaux des climats les plus chauds de l'Afrique et de l'Asie manquent à l'Amérique, mais même que la plupart de ceux des climats tempérés de l'Europe y manquent également. Il n'en est pas ainsi des animaux qui peuvent aisément supporter le froid et se multiplier dans les climats du Nord; on en trouve plusieurs dans l'Amérique septentrionale, et quoique ce ne soit jamais sans quelque différence assez marquée, on ne peut cependant se refuser à les regarder comme les mêmes, et à croire qu'ils ont autrefois passé de l'un à l'autre continent par des terres du Nord peut-être encore actuellement inconnues, ou plutôt anciennement submergées; et cette preuve, tirée de l'histoire naturelle, démontre mieux la contiguïté presque continue des deux continents vers le Nord, que toutes les conjectures de la géographie spéculative.

Les ours des Illinois de la Louisiane, etc., paraissent être les mêmes que nos ours : ceux-là sont seulement plus petits et plus noirs.

Le cerf du Canada, quoique plus petit que notre cerf, n'en diffère au reste que par la plus grande hauteur du bois, le plus grand nombre d'andouillers, et par la queue, qu'il a plus longue.

Il en est de même du chevreuil, qui se trouve au midi du Canada et dans la Louisiane, qui est aussi plus petit, et qui a la queue plus longue que le chevreuil d'Europe; et encore de l'original, qui est le même animal que l'élan, mais qui n'est pas si grand.

Le renne de Laponie, le daim de Groënland et le caribou de Canada me paraissent ne faire qu'un seul et même animal. Le daim ou cerf de Groënland, décrit et dessiné par Edwards, ressemble trop au renne pour qu'on puisse le regarder comme faisant une espèce différente; et à l'égard du caribou, dont on ne trouve nulle part de description exacte, nous avons cependant jugé, par toutes les indications que nous avons pu recueillir, que c'était le même animal que le renne. M. Brisson a cru devoir en faire une espèce différente, et il rapporte le caribou au *cervus Burgundicus* de Jonston; mais ce *cervus Burgundicus* est un animal inconnu, et qui sûrement n'existe ni en Bourgogne ni en Europe : c'est simplement un nom que l'on aura donné à quelque tête de cerf ou de daim dont le bois était bizarre; ou bien il se pourrait que la tête de caribou qu'a vue M. Brisson, et dont le bois n'était composé de chaque côté que d'un seul merrain droit, long de dix pouces, avec un andouiller près de la base tourné en avant, soit en effet une tête de renne femelle, ou bien une jeune tête d'une première ou d'une seconde année :

car on sait que dans le renne, la femelle porte un bois comme le mâle, mais beaucoup plus petit, et que dans tous deux la direction des premiers andouillers est en avant; et enfin que dans cet animal l'étendue et les ramifications du bois, comme dans tous les autres qui en portent, suivent exactement la progression des années.

Les lièvres, les écureuils, les hérissons, les rats musqués, les loutres, les marmottes, les rats, les musaraignes, les chauves-souris, les taupes, sont aussi des espèces qu'on pourrait regarder comme communes aux deux continents, quoique dans tous ces genres il n'y ait aucune espèce qui soit parfaitement semblable en Amérique à celles de l'Europe; et l'on sent qu'il est bien difficile, pour ne pas dire impossible, de prononcer si ce sont réellement des espèces différentes, ou seulement des variétés de la même espèce, qui ne sont devenues constantes que par l'influence du climat.

Les castors de l'Europe paraissent être les mêmes que ceux du Canada; ces animaux préfèrent les pays froids, mais ils peuvent aussi subsister et se multiplier dans les pays tempérés : il y en a encore quelques-uns en France dans les îles du Rhône; il y en avait autrefois en bien plus grand nombre, et il paraît qu'ils aiment encore moins les pays trop peuplés que les pays trop chauds : ils n'établissent leur société que dans les déserts éloignés de toute habitation; et dans le Canada même, qu'on doit encore regarder comme un vaste désert, ils se sont retirés fort loin des habitations de toute la colonie.

Les loups et les renards sont aussi des animaux communs aux deux continents : on les trouve dans toutes les parties de l'Amérique septentrionale, mais avec des variétés; il y a surtout des renards et des loups noirs, et tous y sont en général plus petits qu'en Europe, comme le sont aussi tous les autres animaux, tant ceux qui sont naturels au pays, que ceux qui y ont été transportés.

Quoique la belette et l'hermine fréquentent les pays froids en Europe, elles sont au moins très-rares en Amérique; il n'en est pas absolument de même des martes, des fouines et des putois.

La marte du nord de l'Amérique paraît être la même que celle de notre nord; le vison de Canada ressemble beaucoup à la fouine, et le putois rayé de l'Amérique septentrionale n'est peut-être qu'une variété de l'espèce du putois de l'Europe.

Le lynx ou loup cervier, qu'on trouve en Amérique comme en Europe, nous a paru le même animal; il habite les pays froids de préférence, mais il ne laisse pas de vivre et de multiplier sous les climats tempérés, et il se tient ordinairement dans les forêts et sur les montagnes.

Le phoca ou veau marin paraît confiné dans les pays du Nord, et se trouve également sur les côtes de l'Europe et de l'Amérique septentrionale.

Voilà tous les animaux, à très-peu près, qu'on peut regarder comme communs aux deux continents de l'Ancien et du Nouveau-Monde; et dans ce nombre qui, comme l'on voit, n'est pas considérable, on doit en retrancher peut-être encore plus d'un tiers, dont les espèces, quoique assez semblables en apparence, peuvent cependant être réellement différentes. Mais, en admettant même dans tous ces animaux l'identité d'espèce avec ceux d'Europe, on voit que le nombre de ces espèces communes aux deux continents est assez petit en comparaison de celui des espèces qui sont propres et particulières à chacun des deux : on voit de plus qu'il n'y a de tous ces animaux que ceux qui habitent ou fréquentent les terres du Nord qui soient communs aux deux mondes, et qu'aucun de ceux qui ne peuvent se multiplier que dans les pays chauds ou tempérés ne se trouve à la fois dans tous les deux.

Il ne paraît donc plus douteux que les deux continents ne soient ou n'aient été contigus vers le Nord, et que les animaux qui leur sont communs n'aient passé de l'un à l'autre par des terres qui nous sont inconnues. On serait fondé à croire, surtout d'après les nouvelles découvertes des Russes au nord de Kamtschatka, que c'est avec l'Asie que l'Amérique communique par des terres contiguës, et il semble, au contraire, que le nord de l'Europe en soit et en ait été toujours séparé par des mers assez considérables pour qu'aucun animal quadrupède n'ait pu les franchir: cependant les animaux du nord de l'Amérique ne sont pas précisément ceux du nord de l'Asie, ce sont plutôt ceux du nord de l'Europe. Il en est de même des animaux des contrées tempérées : l'argali, la zibeline, la taupe dorée de Sibérie, le musc de la Chine, ne se trouvent point à la baie d'Hudson, ni dans aucune autre partie du nord-ouest du nouveau continent; on trouve, au contraire, dans les terres du nord-est de l'Amérique non-seulement les animaux communs à celles du nord en Europe et en Asie, mais aussi ceux qui semblent être particuliers à l'Europe seule, comme l'élan, le renne, etc.; néanmoins il faut avouer que les parties orientales du nord de l'Asie sont encore si peu connues qu'on ne peut pas assurer si les animaux du nord de l'Europe s'y trouvent ou ne s'y trouvent pas.

Nous avons remarqué, comme une chose très-singulière, que dans le nouveau continent les animaux des provinces méridionales sont tous très-petits en comparaison des animaux des pays chauds de l'ancien continent. Il n'y a, en effet, nulle comparaison, pour la grandeur, de l'éléphant, du rhinocéros, de l'hippopotame, de la girafe, du chameau, du lion, du tigre, etc., tous animaux naturels et propres à l'ancien continent, et du tapir, du cabiai, du fourmilier, du lama, du puma, du jaguar, etc., qui sont les plus grands animaux du Nouveau-Monde; les premiers sont quatre, six, huit et dix fois plus gros que les derniers. Une autre observation qui vient encore à l'appui de ce fait général, c'est que tous les animaux qui ont été transportés d'Europe en Amérique, comme les chevaux, les ânes, les bœufs, les brebis, les chèvres, les cochons, les chiens, etc., tous ces animaux, dis-je, y sont devenus plus petits; et que ceux qui n'y ont pas été transportés et qui y sont allés d'eux-mêmes, ceux, en un mot, qui sont communs aux deux mondes, tels que les loups, les renards, les cerfs, les chevreuils, les élans, sont aussi considérablement plus petits en Amérique qu'en Europe, et cela sans aucune exception.

Il y a donc dans la combinaison des éléments et des autres causes physiques quelque chose de contraire à l'agrandissement de la nature vivante dans ce Nouveau-Monde; il y a des obstacles au développement et peut-être à la formation des grands germes; ceux même qui, par les douces influences d'un autre climat, ont reçu leur forme plénière et leur extension tout entière, se resserrent, se rapetissent sous ce ciel avare et dans cette terre vide, où l'homme en petit nombre était épars, errant; où, loin d'user en maître de ce territoire comme de son domaine, il n'avait nul empire; où ne s'étant jamais soumis ni les animaux ni les éléments, n'ayant ni dompté les mers, ni dirigé les fleuves, ni travaillé la terre, il n'était en lui-même qu'un animal du premier rang, et n'existait pour la nature que comme un être sans conséquence, une espèce d'automate impuissant, incapable de la réformer ou de la seconder; elle l'avait traité moins en mère qu'en marâtre en lui refusant le sentiment d'amour et le désir vif de se multiplier. Car, quoique le sauvage du Nouveau-Monde soit à peu près de même stature que l'homme de notre monde, cela ne suffit pas pour qu'il puisse faire une exception au fait général du rapetissement de la nature vivante dans tout ce continent : le sauvage est faible et petit par les organes de la génération; il n'a ni poil ni barbe, et nulle ardeur pour sa femelle; quoique plus léger que l'Européen parce qu'il a plus d'habitude à courir, il est cependant beaucoup moins fort de corps; il est aussi bien moins sensible, et cependant plus craintif et plus lâche; il n'a nulle vivacité, nulle activité dans l'âme; celle du corps est moins un exercice, un mouvement volontaire qu'une nécessité d'action causée par le besoin; ôtez-lui la faim et la soif, vous détruirez en même temps le principe actif de tous ses mouvements; il demeurera stupidement en repos sur ses jambes ou couché pendant des jours entiers. Il ne faut pas aller chercher plus loin la cause de la vie dispersée des sauvages et de leur éloignement pour la société : la plus précieuse étincelle du feu de la nature leur a été refusée; ils manquent d'ardeur pour leur femelle, et par conséquent d'amour pour leurs semblables; ne connaissant pas l'attachement le plus vif, le plus tendre de tous, leurs autres sentiments de ce genre sont froids et languissants; ils aiment faiblement leurs pères et leurs enfants; la société la plus intime de toutes, celle de la même famille, n'a donc chez eux que de faibles liens; la société d'une famille à l'autre n'en a point du tout : dès lors nulle réunion, nulle république, nul état social. Le physique de l'amour fait chez eux le moral des mœurs; leur cœur est glacé, leur société froide et leur empire dur. Ils ne regardent leurs femmes que comme des servantes de peine ou des bêtes de somme qu'ils chargent, sans ménagement, du fardeau de leur chasse, et qu'ils forcent sans pitié, sans reconnaissance, à des ouvrages qui souvent sont au-dessus de leurs forces : ils n'ont que peu d'enfants; ils en ont peu de soin; tout se ressent de leur premier défaut; ils sont indifférents parce qu'ils sont peu puissants, et cette indifférence pour le sexe est la tache originelle qui flétrit la nature, qui l'empêche de s'épanouir et qui, détruisant les germes de la vie, coupe en même temps la racine de la société.

L'homme ne fait donc point d'exception ici. La nature, en lui refusant les puissances de l'amour, l'a plus maltraité et plus rapetissé qu'aucun des animaux; mais, avant d'exposer les causes de cet effet général, nous ne devons pas dissimuler que, si la nature a rapetissé dans le Nouveau-Monde tous les animaux quadrupèdes, elle paraît avoir maintenu les reptiles et agrandi les insectes : car, quoique au Sénégal il y ait encore de plus gros lézards et de plus longs serpents que dans l'Amérique méridionale, il n'y a pas, à beaucoup près, la même différence entre ces animaux qu'entre les quadrupèdes; le plus gros serpent du Sénégal n'est pas double de la grande couleuvre de Cayenne, au lieu qu'un éléphant est peut-être dix fois plus gros que le tapir qui, comme nous l'avons dit, est le plus grand quadrupède de l'Amérique méridionale; mais, à l'égard des insectes, on peut dire qu'ils ne sont nulle part aussi grands que dans le Nouveau-Monde : les plus grosses araignées, les plus grands scarabées, les chenilles

les plus longues, les papillons les plus étendus, se trouvent au Brésil, à Cayenne et dans les autres provinces de l'Amérique méridionale ; ils l'emportent sur presque tous les insectes de l'ancien monde, non-seulement par la grandeur du corps et des ailes, mais aussi par la vivacité des couleurs, le mélange des nuances, la variété des formes, le nombre des espèces et la multiplication prodigieuse des individus dans chacune. Les crapauds, les grenouilles et les autres bêtes de ce genre sont aussi très-grosses en Amérique. Nous ne dirons rien des oiseaux ni des poissons, parce que, pouvant passer d'un monde à l'autre, il serait presque impossible de distinguer ceux qui appartiennent en propre à l'un ou à l'autre, au lieu que les insectes et les reptiles sont à peu près comme les quadrupèdes confinés chacun dans son continent.

Voyons donc pourquoi il se trouve de si grands reptiles, de si gros insectes, de si petits quadrupèdes et des hommes si froids dans ce nouveau monde. Cela tient à la qualité de la terre, à la condition du ciel, au degré de chaleur, à celui d'humidité, à la situation, à l'élévation des montagnes, à la quantité des eaux courantes ou stagnantes, à l'étendue des forêts, et surtout à l'état brut dans lequel on y voit la nature. La chaleur est, en général, beaucoup moindre dans cette partie du monde, et l'humidité beaucoup plus grande : si l'on compare le froid et le chaud dans tous les degrés de latitude, on trouvera qu'à Québec, c'est-à-dire sous celle de Paris, l'eau des fleuves gèle tous les ans de quelques pieds d'épaisseur, qu'une masse encore plus épaisse de neige y couvre la terre pendant plusieurs mois, que l'air y est si froid que tous les oiseaux fuient et disparaissent pour tout l'hiver, etc.; cette différence de température sous la même latitude dans la zone tempérée, quoique très-grande, l'est peut-être encore moins que celle de la chaleur sous la zone torride : on brûle au Sénégal, et sous la même ligne on jouit d'une douce température au Pérou; il en est de même sous toutes les autres latitudes qu'on voudra comparer. Le continent de l'Amérique est situé et formé de façon que tout concourt à diminuer l'action de la chaleur; on y trouve les plus hautes montagnes, et par la même raison les plus grands fleuves du monde : ces hautes montagnes forment une chaîne qui semble borner vers l'ouest le continent dans toute sa longueur; les plaines et les basses terres sont toutes situées en deçà des montagnes, et s'étendent depuis leur pied jusqu'à la mer, qui, de notre côté, sépare les continents : ainsi le vent d'est qui, comme l'on sait, est le vent constant et général entre les tropiques, n'arrive en Amérique qu'après avoir traversé une très-vaste étendue d'eau sur laquelle il se rafraîchit; et c'est par cette raison qu'il fait beaucoup moins chaud au Brésil, à Cayenne, etc., qu'au Sénégal, en Guinée, etc., où ce même vent d'est arrive chargé de la chaleur de toutes les terres et des sables brûlants qu'il parcourt en traversant et l'Afrique et l'Asie. Qu'on se rappelle ce que nous avons dit au sujet de la différente couleur des hommes, et en particulier de celle des Nègres; il paraît démontré que la teinte plus ou moins forte du tanné, du brun et du noir dépend entièrement de la situation du climat; que les Nègres de Nigritie et ceux de la côte occidentale de l'Afrique sont les plus noirs de tous, parce que ces contrées sont situées de manière que la chaleur y est constamment plus grande que dans aucun autre endroit du globe, le vent d'est avant d'y arriver ayant à traverser des trajets de terres immenses; qu'au contraire les Indiens méridionaux ne sont que tannés, et les Brésiliens bruns, quoique sous la même latitude que les Nègres, parce que la chaleur de leur climat est moindre et moins constante, le vent d'est n'y arrivant qu'après s'être rafraîchi sur les eaux et chargé de vapeurs humides. Les nuages qui interceptent la lumière et la chaleur du soleil, les pluies qui rafraîchissent l'air et la surface de la terre sont périodiques et durent plusieurs mois à Cayenne et dans les autres contrées de l'Amérique méridionale. Cette première cause rend donc toutes les côtes orientales de l'Amérique beaucoup plus tempérées que l'Afrique et l'Asie; et lorsque après être arrivé frais sur ces côtes, le vent d'est commence à reprendre un degré plus vif de chaleur en traversant les plaines de l'Amérique, il est tout à coup arrêté, refroidi par cette chaîne de montagnes énormes dont est composée toute la partie occidentale du nouveau continent; en sorte qu'il fait encore moins chaud sous la ligne au Pérou qu'au Brésil et à Cayenne, etc., à cause de l'élévation prodigieuse des terres : aussi les naturels du Pérou, du Chili, etc., ne sont que d'un brun rouge et tanné moins foncé que celui des Brésiliens. Supprimons pour un instant la chaîne des Cordillères, ou plutôt rabaissons ces montagnes au niveau des plaines adjacentes, la chaleur eût été excessive vers ces terres occidentales, et l'on eût trouvé les hommes noirs au Pérou et au Chili tels qu'on les trouve sur les côtes occidentales de l'Afrique.

Ainsi, par la seule disposition des terres de ce nouveau continent, la chaleur y serait déjà beaucoup moindre que dans l'ancien; et en même temps nous allons voir que l'humidité y est beaucoup plus grande. Les montagnes étant les plus hautes de la terre, et se trouvant opposées de face à la direction du vent d'est, arrêtent, condensent toutes les vapeurs de l'air, et produisent par conséquent une quantité infinie de sources vives qui par leur réunion forment bientôt des fleuves, les plus grands de la terre : il y a donc beaucoup plus d'eaux courantes dans le nouveau continent que dans l'ancien, proportionnellement à l'espace; et cette quantité d'eau se trouve encore prodigieusement augmentée par le défaut d'écoulement; les hommes n'ayant ni borné les torrents, ni dirigé les fleuves, ni séché les marais, les eaux stagnantes couvrent des terres immenses, augmentent encore l'humidité de l'air et en diminuent la chaleur : d'ailleurs la terre étant partout en friche et couverte dans toute son étendue d'herbes grossières, épaisses et touffues, elle ne s'échauffe, ne se sèche jamais; la transpiration de tant de végétaux, pressés les uns contre les autres, ne produit que des exhalaisons humides et malsaines; la nature, cachée sous ses vieux vêtements, ne montra jamais de parure nouvelle dans ces tristes contrées; n'étant ni caressée ni cultivée par l'homme, jamais elle n'avait ouvert son sein bienfaisant; jamais la terre n'avait vu sa surface dorée de ces riches épis qui font notre opulence et sa fécondité. Dans cet état d'abandon tout languit, tout se corrompt, tout s'étouffe; l'air et la terre, surchargés de vapeurs humides et nuisibles, ne peuvent s'épurer ni profiter des influences de l'astre de la vie; le soleil darde inutilement ses rayons les plus vifs sur cette masse froide, elle est hors d'état de répondre à son ardeur; elle ne produira que des êtres humides, des plantes, des reptiles, des insectes, et ne pourra nourrir que des hommes froids et des animaux faibles.

C'est donc principalement parce qu'il y avait peu d'hommes en Amérique, et parce que la plupart de ces hommes, menant la vie des animaux, laissaient la nature brute et négligeaient la terre, qu'elle est demeurée froide, impuissante à produire les principes actifs, à développer les germes des plus grands quadrupèdes auxquels il faut, pour croître et se multiplier, toute la chaleur, toute l'activité que le soleil peut donner à la terre amoureuse ; et c'est par la raison contraire que les insectes, les reptiles et toutes les espèces d'animaux qui se traînent dans la fange, dont le sang est de l'eau, et qui pullulent par la pourriture, sont plus nombreuses et plus grandes dans toutes les terres basses, humides et marécageuses de ce nouveau continent.

Lorsqu'on réfléchit sur ces différences si marquées qui se trouvent entre l'Ancien et le Nouveau-Monde, on serait tenté de croire que celui-ci est en effet bien plus nouveau, et qu'il a demeuré plus longtemps que le reste du globe sous les eaux de la mer ; car à l'exception des énormes montagnes qui le bornent vers l'ouest, et qui paraissent être des monuments de la plus haute antiquité du globe, toutes les parties basses de ce continent semblent être des terrains nouvellement élevés et formés par le dépôt des fleuves et le limon des eaux : on y trouve en effet, en plusieurs endroits, sous la première couche de la terre végétale, les coquilles et les madrépores de la mer, formant déjà des bancs, des masses de pierre à chaux, mais d'ordinaire moins dures et moins compactes que nos pierres de taille, qui sont de même nature. Si ce continent est réellement aussi ancien que l'autre, pourquoi y a-t-on trouvé si peu d'hommes ? pourquoi y étaient-ils presque tous sauvages et dispersés ? pourquoi ceux qui s'étaient réunis en société, les Mexicains et les Péruviens, ne comptaient-ils que deux ou trois cents ans depuis le premier homme qui les avait rassemblés? pourquoi ignoraient-ils encore l'art de transmettre à la postérité les faits par des signes durables, puisqu'ils avaient déjà trouvé celui de se communiquer de loin leurs idées, et de s'écrire en nouant des cordons? Pourquoi ne s'étaient-ils pas soumis les animaux, et ne se servaient-ils que du lama et du pacos, qui n'étaient pas, comme nos animaux domestiques, résidants, fidèles et dociles? Leurs arts étaient naissants comme leur société, leurs talents imparfaits, leurs idées non développées, leurs organes rudes et leur langue barbare; qu'on jette les yeux sur la liste des animaux, leurs noms sont presque tous si difficiles à prononcer, qu'il est étonnant que les Européens aient pris la peine de les écrire.

Tout semble donc indiquer que les Américains étaient des hommes nouveaux, ou pour mieux dire des hommes si anciennement dépaysés, qu'ils avaient perdu toute notion, toute idée de ce monde dont ils étaient issus. Tout semble s'accorder aussi pour prouver que la plus grande partie des continents de l'Amérique était une terre nouvelle encore hors de la main de l'homme, et dans laquelle la nature n'avait pas eu le temps d'établir tous ses plans, ni celui de se développer dans toute son étendue; que les hommes y sont froids et les animaux petits, parce que l'ardeur des uns et la grandeur des autres dépendent de la salubrité et de la chaleur de l'air, et que dans quelques siècles, lorsqu'on aura défriché les terres, abattu les forêts, dirigé les fleuves et contenu les eaux, cette même terre deviendra la plus féconde, la plus saine, la plus riche de toutes, comme elle paraît déjà l'être dans toutes les parties que l'homme a travaillées. Cependant nous ne voulons pas en conclure qu'il y naîtra pour lors des animaux plus grands : jamais le tapir et le cabiai n'atteindront à la taille de l'éléphant ou de l'hippopotame ; mais au moins les animaux qu'on y transportera ne diminueront pas de grandeur, comme ils l'ont fait dans les premiers temps : peu à peu l'homme remplira le vide de ces terres immenses qui n'étaient qu'un désert lorsqu'on les découvrit.

Les premiers historiens qui ont écrit les conquêtes des Espagnols ont, pour augmenter la gloire de leurs armes, prodigieusement exagéré le nombre de leurs ennemis : ces historiens pourront-ils persuader à un homme sensé qu'il y avait des millions d'hommes à Saint-Domingue et à Cuba, lorsqu'ils disent en même temps qu'il n'y avait parmi tous ces hommes ni monarchie, ni république, ni presque aucune société ; et quand on sait d'ailleurs que, dans ces deux grandes îles voisines l'une de l'autre, et en même temps peu éloignées de la terre ferme du continent, il n'y avait en tout que cinq espèces d'animaux quadrupèdes, dont la plus grande était à peu près de la grosseur d'un écureuil ou d'un lapin. Rien ne prouve mieux que ce fait combien la nature était vide et déserte dans cette terre nouvelle. « On ne trouva, dit de Laet, dans l'île de Saint-
« Domingue, que fort peu d'espèces d'animaux à quatre
« pieds, comme le *hutias*, qui est un petit animal peu dif-
« férent de nos lapins, mais un peu plus petit, avec les
« oreilles plus courtes et la queue comme une taupe... Le
« *chemi*, qui est presque de la même forme, mais un peu
« plus grand que le *hutias*... Le *mohui*, un peu plus petit
« que le *hutias*... Le *cori*, pareil en grandeur au lapin,
« ayant la gueule comme une taupe, sans queue, les jambes
« courtes ; il y en a de blancs et de noirs, et plus souvent
« mêlés des deux : c'est un animal domestique et grande-
« ment privé... De plus, une petite espèce de *chiens* qui
« étoient absolument muets ; aujourd'hui il y a fort peu de

« tous ces animaux, parce que les chiens d'Europe les ont
« détruits. Il n'y avoit, dit Acosta, aux îles de Saint-
« Domingue et de Cuba, non plus qu'aux Antilles, presque
« aucuns animaux du nouveau continent de l'Amérique, et
« pas un seul des animaux semblables à ceux d'Europe...
« Tout ce qu'il y a aux Antilles, dit le père du Tertre, de
« moutons, de chèvres, de chevaux, de bœufs, d'ânes, tant
« dans la Guadeloupe que dans les autres isles habitées par
« les François, a été apporté par eux ; les Espagnols n'y en
« mirent aucun, comme ils ont fait dans les autres isles,
« d'autant que les Antilles étant dans ce temps toutes cou-
« vertes de bois, le bétail n'y auroit pu subsister sans her-
« bages. » M. Fabry, que j'ai déjà eu occasion de citer
dans cet ouvrage, qui avait erré pendant quinze mois dans
les terres de l'ouest de l'Amérique, au delà du fleuve Mississipi, m'a assuré qu'il avait fait souvent trois et quatre
cents lieues sans rencontrer un seul homme. Nos officiers,
qui ont été de Québec à la belle rivière d'Ohio, et de cette
rivière à la Louisiane, conviennent tous qu'on pourrait
souvent faire cent et deux cents lieues dans la profondeur
des terres sans rencontrer une seule famille de sauvages :
tous ces témoignages indiquent assez jusqu'à quel point la
nature est déserte dans les contrées même de ce nouveau
continent, où la température est la plus agréable ; mais ce
qu'ils nous apprennent de plus particulier et de plus utile
pour notre objet, c'est à nous défier du témoignage postérieur des descripteurs de cabinets ou des nomenclateurs,
qui peuplent ce nouveau monde d'animaux, lesquels ne se
trouvent que dans l'ancien, et qui en désignent d'autres
comme originaires de certaines contrées, où cependant
jamais ils n'ont existé. Par exemple, il est clair et certain
qu'il n'y avait originairement dans l'île Saint-Domingue

aucun animal quadrupède plus fort qu'un lapin ; il est encore certain que, quand il y en aurait eu, les chiens européens, devenus sauvages et méchants comme des loups, les auraient détruits : cependant on a appelé *chat-tigre* ou *chat-tigré* de Saint-Domingue le *marac* ou *maracaia* du Brésil, qui ne se trouve que dans la terre ferme du continent. On a dit que le lézard écailleux ou diable de Java se trouvait en Amérique, et que les Brésiliens l'appelaient *tatoë*, tandis qu'il ne se trouve qu'aux Indes orientales ; on a prétendu que la civette, qui est un animal des parties méridionales de l'ancien continent, se trouvait aussi dans le nouveau, et surtout à la Nouvelle-Espagne, sans faire attention que les civettes étaient des animaux utiles, et qu'on élève en plusieurs endroits de l'Afrique, du Levant et des Indes comme des animaux domestiques, pour en recueillir le parfum dont il se fait un grand commerce ; les Espagnols n'auraient pas manqué d'en tirer le même avantage et de faire le même commerce, si la civette se fût en effet trouvée dans la Nouvelle-Espagne.

De la même manière que les nomenclateurs ont quelquefois peuplé mal à propos le nouveau monde d'animaux qui ne se trouvent que dans l'ancien continent, ils ont aussi transporté dans celui-ci ceux de l'autre ; ils ont mis des philandres aux Indes orientales, d'autres à Amboine, des paresseux à Ceylan, et cependant les philandres et les paresseux sont des animaux d'Amérique si remarquables, l'un par l'espèce de sac qu'il a sous le ventre et dans lequel il porte ses petits, l'autre par l'excessive lenteur de sa démarche et de tous ses mouvements, qu'il ne serait pas possible, s'ils eussent existé aux Indes orientales, que les voyageurs n'en eussent fait mention. Seba s'appuie du témoignage de François Valentin, au sujet du philandre des Indes orientales, mais cette autorité devient, pour ainsi dire, nulle, puisque ce François Valentin connaissait si peu les animaux et les poissons d'Amboine, ou que ses descriptions sont si mauvaises, qu'Artedi lui en fait le reproche, et déclare qu'il n'est pas possible de les reconnaître aux notices qu'il en donne.

Au reste, nous ne prétendons pas assurer affirmativement et généralement que de tous les animaux qui habitent les climats les plus chauds de l'un ou de l'autre continent, aucun ne se trouve dans tous les deux à la fois ; il faudrait, pour en être physiquement certain, les avoir tous vus : nous prétendons seulement en être moralement sûrs, puisque cela est évident pour tous les grands animaux, lesquels seuls ont été remarqués et bien désignés par les voyageurs ; que cela est encore assez clair pour la plupart des petits, et qu'il en reste peu sur lesquels nous ne puissions prononcer. D'ailleurs, quand il se trouverait à cet égard quelques exceptions évidentes (ce que j'ai bien de la peine à imaginer), elles ne porteraient jamais que sur un très-petit nombre d'animaux, et ne détruiraient pas la loi générale que je viens d'établir, et qui me paraît être la seule boussole qui puisse nous guider dans la connaissance des animaux. Cette loi, qui se réduit à les juger autant par le climat et par le naturel, que par la figure et la conformation, se trouvera très-rarement en défaut, et nous fera prévenir ou reconnaître beaucoup d'erreurs. Supposons, par exemple, qu'il soit question d'un animal d'Arabie, tel que l'hyène, nous pourrons assurer, sans crainte de nous tromper, qu'il ne se trouve point en Laponie, et nous ne dirons pas, comme quelques-uns de nos naturalistes, que l'hyène et le glouton sont le même animal. Nous ne dirons pas, avec Kolbe, que le renard croisé, qui habite les parties les plus boréales de l'ancien et du nouveau continent, se trouve en même temps au cap de Bonne-Espérance, et nous trouverons que l'animal dont il parle n'est point un renard, mais un chacal. Nous reconnaîtrons que l'animal du cap de Bonne-Espérance, que le même auteur désigne par le nom de *cochon de terre*, et qui vit de fourmis, ne doit pas être confondu avec les fourmiliers d'Amérique, et qu'en effet cet animal du Cap est vraisemblablement le lézard écailleux, qui n'a de commun avec les fourmiliers que de manger des fourmis. De même, s'il eût fait attention que l'élan est un animal du Nord, il n'eût pas appelé de ce nom un animal d'Afrique, qui n'est qu'une gazelle. Le phoca, qui n'habite que les rivages des mers septentrionales, ne doit pas se trouver au cap de Bonne-Espérance. La genette, qui est un animal de l'Espagne, de l'Asie Mineure, etc., et qui ne se trouve que dans l'ancien continent, ne doit pas être indiquée par le nom de *Coati*, qui est américain, comme on le trouve dans M. Klein. L'*ysquiepatl* du Mexique, animal qui répand une odeur empestée, et que, par cette raison, nous appellerons *mouffette*, ne doit pas être pris pour un petit renard ou pour un blaireau. Le coati-mondi d'Amérique ne doit pas être confondu, comme l'a fait Aldrovande, avec le blaireau-cochon, dont on n'a jamais parlé que comme d'un animal d'Europe. Mais je n'ai pas entrepris d'indiquer ici toutes les erreurs de la nomenclature des quadrupèdes ; je veux seulement prouver qu'il y en aurait moins, si l'on eût fait quelque attention à la différence des climats, si l'on eût assez étudié l'histoire des animaux pour reconnaître, comme nous l'avons fait les premiers, que ceux des parties méridionales de chaque continent ne se trouvent pas dans tous les deux à la fois ; et enfin si l'on se fût en même temps abstenu de faire des noms génériques qui confondent ensemble une grande quantité d'espèces, non-seulement différentes, mais souvent très-éloignées les unes des autres.

Le vrai travail d'un nomenclateur ne consiste point ici à faire des recherches pour allonger sa liste, mais des comparaisons raisonnées pour la raccourcir. Rien n'est plus aisé que de prendre dans tous les auteurs qui ont écrit des animaux les noms et les phrases pour en faire une table, qui deviendra d'autant plus longue, qu'on examinera moins : rien n'est plus difficile que de les comparer avec assez de discernement pour réduire cette table à sa juste dimension. Je le répète, il n'y a pas dans toute la terre habitable et connue deux cents espèces d'animaux quadrupèdes, en y comprenant même les singes pour quarante ; il ne s'agit donc que de leur assigner à chacun leur nom, et il ne faudra, pour posséder parfaitement cette nomenclature, qu'un très-médiocre usage de sa mémoire, puisqu'il ne s'agira que de retenir ces deux cents noms. A quoi sert-il donc d'avoir fait pour les quadrupèdes des classes, des genres, des méthodes en un mot, qui ne sont que des échafaudages qu'on a imaginés pour aider la mémoire dans la connaissance des plantes, dont le nombre est en effet trop grand, les différences trop petites, les espèces trop peu constantes, et le détail trop minutieux et trop indifférent pour ne pas les considérer par blocs, et en faire des tas ou des genres, en mettant ensemble celles qui paraissent se ressembler le plus ? Car, comme dans toutes les productions de l'esprit, ce qui est absolument inutile est toujours mal imaginé et devient souvent nuisible, il est arrivé qu'au lieu d'une liste de deux cents noms, à quoi se réduit toute la nomenclature des quadrupèdes, on a fait des dictionnaires d'un si grand nombre de termes et de phrases, qu'il faut plus de travail pour les débrouiller qu'il n'en a fallu pour les composer. Pourquoi faire du jargon et des phrases lorsqu'on peut parler clair, en ne prononçant qu'un nom simple? Pourquoi changer toutes les acceptions des termes, sous le prétexte de faire des classes et des genres? Pourquoi, lorsque l'on fait un genre d'une douzaine d'animaux par exemple, sous le nom de genre du *lapin*, le lapin même ne s'y trouve-t-il pas, et qu'il faut l'aller chercher dans le genre du lièvre? N'est-il pas absurde, disons mieux, il n'est que ridicule de faire des classes où l'on rassemble les genres les plus éloignés, par exemple, de mettre ensemble dans la première l'homme et la chauve-souris, dans la seconde l'éléphant et le lézard écailleux, dans la troisième le lion et le furet, dans la quatrième le cochon et la taupe, dans la cinquième le rhinocéros et le rat, etc. Ces idées mal conçues ne peuvent se soutenir : aussi les ouvrages qui les contiennent sont-ils successivement détruits par leurs propres auteurs; une édition contredit l'autre, et le tout n'a de mérite que pour des écoliers ou des enfants, toujours dupes du mystère, à qui l'air méthodique paraît scientifique, et qui ont enfin d'autant plus de respect pour leur maître, qu'il a plus d'art à leur présenter les choses les plus claires et les plus aisées sous un point de vue le plus obscur et le plus difficile.

En comparant la quatrième édition de l'ouvrage M. Linnæus avec la dixième, que nous venons de citer, l'homme n'est pas dans la première classe ou dans le premier ordre avec la chauve-souris, mais avec le lézard écailleux; l'éléphant, le cochon, le rhinocéros, au lieu de se trouver le premier avec le lézard écailleux, le second avec la taupe, et le troisième avec le rat, se trouvent tous trois ensemble avec la musaraigne : au lieu de cinq ordres ou classes principales *antropomorpha, feræ, glires, jumenta, pecora*, auxquelles il avait réduit tous les quadrupèdes, l'auteur dans cette dernière édition en a fait sept, *primates, brutæ, feræ, bestiæ, glires, pecora, belluæ*. On peut juger, par ces changements essentiels et très-généraux, de tous ceux qui se trouvent dans les genres, et combien les espèces, qui sont cependant les seules choses réelles, y sont ballottées, transportées et mal mises ensemble. Il y a maintenant deux espèces d'hommes, l'homme de jour et l'homme de nuit, *homo diurnus sapiens, homo nocturnus troglodites*; ce sont, dit l'auteur, deux espèces très-distinctes, et il faut bien se garder de croire que ce n'est qu'une variété. N'est-ce pas ajouter des fables à des absurdités ? et peut-on présenter le résultat des contes de bonnes femmes, ou les visions mensongères de quelques voyageurs suspects, comme faisant partie principale du système de la nature ? De plus, ne vaudrait-il pas mieux se taire sur les choses qu'on ignore que d'établir des caractères essentiels et des différences générales sur des erreurs grossières, en assurant, par exemple, que dans tous les *animaux à mamelles*, la femme seule a un clitoris ; tandis que nous savons, par la dissection que nous avons vu faire de plus de cent espèces d'animaux, que le clitoris ne manque à aucune femelle ? Mais j'abandonne cette critique, qui cependant pourrait être beaucoup plus longue, parce qu'elle ne fait point ici mon principal objet; j'en ai dit assez pour que l'on soit en garde contre les erreurs, tant générales que particulières, qui ne se trouvent nulle part en aussi grand nombre que dans ces ouvrages de nomenclature, parce que, voulant tout y comprendre, on est forcé d'y réunir tout ce que l'on ne sait pas au peu qu'on sait.

En tirant des conséquences générales de tout ce que nous avons dit, nous trouverons que l'homme est le seul des êtres vivants dont la nature soit assez forte, assez étendue, assez flexible pour pouvoir subsister, se multiplier partout, et se prêter aux influences de tous les climats de la terre ; nous verrons évidemment qu'aucun des animaux n'a obtenu ce grand privilége ; que, loin de pouvoir se multiplier partout, la plupart sont bornés et confinés dans de certains climats, et même dans des contrées particulières. L'homme est en tout l'ouvrage du ciel ; les animaux ne sont à beaucoup d'égards que des productions de la terre : ceux d'un continent ne se trouvent pas dans l'autre ; ceux qui s'y trouvent sont altérés, rapetissés, changés souvent au point d'être méconnaissables : en faut-il plus pour être convaincu que l'empreinte de leur forme n'est pas inaltérable, que leur nature, beaucoup moins constante que celle de l'homme, peut se varier et même se changer absolument avec le temps, que par la même raison les espèces les moins parfaites, les plus délicates, les plus pesantes, les moins agissantes, les moins armées, etc., ont déjà disparu ou disparaîtront? leur état, leur vie, leur être, dépendent de la forme que l'homme donne ou laisse à la surface de la terre.

Le prodigieux *mammouth*, animal quadrupède, dont nous avons souvent considéré les ossements énormes avec étonnement, et que nous avons jugé six fois au moins plus grand que le plus fort éléphant, n'existe plus nulle part ; et cependant on a trouvé de ses dépouilles en plusieurs endroits éloignés les uns des autres, comme en Irlande, en Sibérie, à la Louisiane, etc. Cette espèce était certainement la première, la plus grande, la plus forte de tous les quadrupèdes : puisqu'elle a disparu, combien d'autres plus petites, plus faibles et moins remarquables, ont dû périr aussi sans nous avoir laissé ni témoignages ni renseignements sur leur existence passée ! Combien d'autres espèces s'étant dénaturées, c'est-à-dire perfectionnées ou dégradées par les grandes vicissitudes de la terre et des eaux, par l'abandon ou la culture de la nature, par la longue influence d'un climat devenu contraire ou favorable, ne sont plus les mêmes qu'elles étaient autrefois ! et cependant les animaux quadrupèdes sont, après l'homme, les êtres dont la nature est la plus fixe et la forme la plus constante : celle des oiseaux et des poissons varie davantage, celle des insectes encore plus, et si l'on descend jusqu'aux plantes, que l'on ne doit point exclure de la nature vivante, on sera surpris de la promptitude avec laquelle les espèces varient, et de la facilité qu'elles ont à se dénaturer en prenant de nouvelles formes.

Il ne serait donc pas impossible que, même sans intervertir l'ordre de la nature, tous ces animaux du Nouveau-Monde ne fussent dans le fond les mêmes que ceux de l'ancien, desquels ils auraient autrefois tiré leur origine ; on pourrait dire qu'en ayant été séparés dans la suite par des mers immenses ou par des terres impraticables, ils auront avec le temps reçu toutes les impressions, subi tous les effets d'un climat devenu nouveau lui-même, et qui aurait aussi changé de qualité par les causes mêmes qui ont produit la séparation ; que par conséquent ils se seront avec le temps rapetissés, dénaturés, etc. Mais cela ne doit pas nous empêcher de les regarder aujourd'hui comme des animaux d'espèces différentes : de quelque cause que vienne cette différence, qu'elle ait été produite par le temps, le climat et la terre, ou qu'elle soit de même date que la création, elle n'en est pas moins réelle : la nature, je l'avoue, est dans un mouvement de flux continuel; mais c'est assez pour l'homme de la saisir dans l'instant de son siècle, et de jeter quelques regards en arrière et en avant pour tâcher d'entrevoir ce que jadis elle pouvait être, et ce que dans la suite elle pourrait devenir.

Et à l'égard de l'utilité particulière que nous pouvons tirer de ces recherches sur la comparaison des animaux, on sent bien qu'indépendamment des corrections de la nomenclature, dont nous avons donné quelques exemples, nos connaissances sur les animaux en seront plus étendues, moins imparfaites et plus sûres; que nous risquerons moins d'attribuer à un animal d'Amérique ce qui n'appartient qu'à celui des Indes orientales, qui porte le même nom; qu'en parlant des animaux étrangers sur les notices des voyageurs, nous saurons mieux distinguer les noms et les faits, et les rapporter aux vraies espèces; qu'enfin l'histoire des animaux que nous sommes chargé d'écrire en sera moins fautive, et peut-être plus lumineuse et plus complète.

HISTOIRE NATURELLE
DES ANIMAUX

LE LION.

Dans l'espèce humaine l'influence du climat ne se marque que par des variétés assez légères, parce que cette espèce est une, et qu'elle est très-distinctement séparée de toutes les autres espèces ; l'homme, blanc en Europe, noir en Afrique, jaune en Asie et rouge en Amérique, n'est que le même homme teint de la couleur du climat : comme il est fait pour régner sur la terre, que le globe entier est son domaine, il semble que sa nature se soit prêtée à toutes les situations ; sous les feux du Midi, dans les glaces du Nord, il vit, il multiplie, il se trouve partout si anciennement répandu, qu'il ne paraît affecter aucun climat particulier. Dans les animaux, au contraire, l'influence du climat est plus forte et se marque par des caractères plus sensibles, parce que les espèces sont diverses et que leur nature est infiniment moins perfectionnée, moins étendue que celle de l'homme. Non-seulement les variétés dans chaque espèce sont plus nombreuses et plus marquées que dans l'espèce humaine, mais les différences mêmes des espèces semblent dépendre des différents climats; les unes ne peuvent se propager que dans les pays chauds, les autres ne peuvent subsister que dans les climats froids; le lion n'a jamais habité les régions du Nord, le renne ne s'est jamais trouvé dans les contrées du Midi, et il n'y a peut-être aucun animal dont l'espèce soit, comme celle de l'homme, généralement répandue sur toute la surface de la terre; chacun a son pays, sa patrie naturelle, dans laquelle chacun est retenu par nécessité physique, chacun est fils de la terre qu'il habite, et c'est dans ce sens qu'on doit dire que tel ou tel animal est originaire de tel ou tel climat.

Dans les pays chauds, les animaux terrestres sont plus grands et plus forts que dans les pays froids ou tempérés; ils sont aussi plus hardis, plus féroces; toutes leurs qualités naturelles semblent tenir de l'ardeur du climat. Le lion, né sous le soleil brûlant de l'Afrique ou des Indes, est le plus fort, le plus fier, le plus terrible de tous : nos loups, nos autres animaux carnassiers, loin d'être ses rivaux, seraient à peine dignes d'être ses pourvoyeurs. Les lions d'Amérique, s'ils méritent ce nom, sont, comme le climat, infiniment plus doux que ceux de l'Afrique; et ce qui prouve évidemment que l'excès de leur férocité vient de l'excès de la chaleur, c'est que dans le même pays, ceux qui habitent les hautes montagnes où l'air est plus tempéré sont d'un naturel différent de ceux qui demeurent dans les plaines où la chaleur est extrême. Les lions du mont Atlas, dont la cime est quelquefois couverte de neige, n'ont ni la hardiesse, ni la force, ni la férocité des lions du Biledulgerid ou du Zaara, dont les plaines sont couvertes de sables brûlants. C'est surtout dans ces déserts ardents que se trouvent ces lions terribles, qui sont l'effroi des voyageurs et le fléau des provinces voisines ; heureusement l'espèce n'en est pas très-nombreuse ; il paraît même qu'elle diminue tous les jours, car de l'aveu de ceux qui ont parcouru cette partie de l'Afrique, il ne s'y trouve pas actuellement autant de lions, à beaucoup près, qu'il y en avait autrefois. Les Romains, dit M. Shaw, tiraient de la Libye, pour l'usage des spectacles, cinquante fois plus de lions qu'on ne pourrait y en trouver aujourd'hui. On a remarqué de même qu'en Turquie, en Perse et dans l'Inde, les lions sont maintenant beaucoup moins communs qu'ils ne l'étaient anciennement ; et comme ce puissant et courageux animal fait sa proie de tous les autres animaux, et n'est lui-même la proie d'aucun, on ne peut attribuer la diminution de quantité dans son espèce qu'à l'augmentation du nombre dans celle de l'homme ; car il faut avouer que la force de ce roi des animaux ne tient pas contre l'adresse d'un Hottentot ou d'un Nègre, qui souvent osent l'attaquer tête à tête avec des armes assez légères. Le lion, n'ayant d'autres ennemis que l'homme, et son espèce se trouvant aujourd'hui réduite à la cinquantième, ou, si l'on veut, à la dixième partie de ce qu'elle était autrefois, il en résulte que l'espèce humaine, au lieu d'avoir souffert une diminution considérable depuis le temps des Romains (comme bien des gens le prétendent), s'est au contraire augmentée, étendue et plus nombreusement répandue, même dans les contrées comme la Libye, où la puissance de l'homme paraît avoir été plus grande dans ce temps, qui était à peu près le siècle de Carthage, qu'elle ne l'est dans le siècle présent de Tunis et d'Alger.

L'industrie de l'homme augmente avec le nombre ; celle des animaux reste toujours la même : toutes les espèces nuisibles, comme celle du lion, paraissent être reléguées et réduites à un petit nombre, non-seulement parce que l'homme est partout devenu plus nombreux, mais aussi parce qu'il est devenu plus habile et qu'il a su fabriquer des armes terribles auxquelles rien ne peut résister : heureux s'il n'eût jamais combiné le fer et le feu que pour la destruction des lions ou des tigres !

Cette supériorité de nombre et d'industrie dans l'homme, qui brise la force du lion, en énerve aussi le courage : cette qualité, quoique naturelle, s'exalte ou se tempère dans l'animal suivant l'usage heureux ou malheureux qu'il a fait de sa force. Dans les vastes déserts du Zaara, dans ceux qui semblent séparer deux races d'hommes très-différentes, les Nègres et les Maures, entre le Sénégal et les extrémités de la Mauritanie, dans les terres inhabitées qui sont au-dessus du pays des Hottentots, et, en général, dans toutes les parties méridionales de l'Afrique et de l'Asie, où l'homme a dédaigné d'habiter, les lions sont encore en assez grand nombre, et sont tels que la nature les produit : accoutumés à mesurer leurs forces avec tous les animaux qu'ils rencontrent, l'habitude de vaincre les rend intrépides et terribles ; ne connaissant pas la puissance de l'homme, ils n'en ont nulle crainte ; n'ayant pas éprouvé la force de ses armes, ils semblent les braver ; les blessures les irritent, mais sans les effrayer ; ils ne sont pas même déconcertés à l'aspect du grand nombre ; un seul de ces lions du désert attaque souvent une caravane entière, et lorsque après un combat opiniâtre et violent il se sent affaibli, au lieu de fuir il continue de battre en retraite, en faisant toujours face et sans jamais tourner le dos. Les lions, au contraire, qui habitent aux environs des villes et des bourgades de l'Inde et de la Barbarie, ayant connu l'homme et la force de ses armes, ont perdu leur courage au point d'obéir à sa voix menaçante, de n'oser l'attaquer, de ne se jeter que sur le menu bétail, et enfin de s'enfuir en se laissant poursuivre par des femmes ou par des enfants qui leur font, à coups de bâton, quitter prise et lâcher indignement leur proie.

Ce changement, cet adoucissement dans le naturel du lion indique assez qu'il est susceptible des impressions qu'on lui donne, et qu'il doit avoir assez de docilité pour s'apprivoiser jusqu'à un certain point et pour recevoir une espèce d'éducation : aussi l'histoire nous parle de lions attelés à des chars de triomphe, de lions conduits à la guerre ou menés à la chasse, et qui, fidèles à leur maître, ne déployaient leur force et leur courage que contre ses ennemis. Ce qu'il y a de très-sûr, c'est que le lion, pris jeune et élevé parmi les animaux domestiques, s'accoutume aisément à vivre et même à jouer innocemment avec eux, qu'il est doux pour ses maîtres et même caressant, surtout dans le premier âge, et que, si sa férocité naturelle reparaît quelquefois, il la tourne rarement contre ceux qui lui ont fait du bien. Comme ses mouvements sont très-impétueux et ses appétits fort véhéments, on ne doit pas présumer que les impressions de l'éducation puissent toujours les balancer; aussi y aurait-il quelque danger à lui laisser souffrir trop longtemps la faim, ou à le contrarier en le tourmentant hors de propos; non-seulement il s'irrite des mauvais traitements, mais il en garde le souvenir et paraît en méditer la vengeance, comme il conserve aussi la mémoire et la reconnaissance des bienfaits. Je pourrais citer ici un grand nombre de faits particuliers, dans lesquels j'avoue que j'ai trouvé quelque exagération, mais qui cependant sont assez fondés pour prouver au moins, par leur réunion, que sa colère est noble, son courage magnanime, son naturel sensible. On l'a souvent vu dédaigner de petits ennemis, mépriser leurs insultes et leur pardonner des libertés offensantes; on l'a vu, réduit en captivité, s'ennuyer sans s'aigrir, prendre au contraire des habitudes douces, obéir à son maître, flatter la main qui le nourrit, donner quelquefois la vie à ceux qu'on avait dévoués à la mort en les lui jetant pour proie, et, comme s'il se fût attaché par cet acte généreux, leur continuer ensuite la même protection, vivre tranquillement avec eux, leur faire part de sa subsistance, se la laisser même quelquefois enlever tout entière, et souffrir plutôt la faim que de perdre le fruit de son premier bienfait.

On pourrait dire aussi que le lion n'est pas cruel, puisqu'il ne l'est que par nécessité, qu'il ne détruit qu'autant qu'il consomme, et que dès qu'il est repu il est en pleine paix; tandis que le tigre, le loup et tant d'autres animaux d'espèce inférieure, tels que le renard, la fouine, le putois, le furet, etc., donnent la mort pour le seul plaisir de la donner, et que dans leurs massacres nombreux ils semblent plutôt vouloir assouvir leur rage que leur faim.

L'extérieur du lion ne dément point ses grandes qualités intérieures: il a la figure imposante, le regard assuré, la démarche fière, la voix terrible; sa taille n'est point excessive comme celle de l'éléphant ou du rhinocéros; elle n'est ni lourde comme celle de l'hippopotame ou du bœuf, ni trop ramassée comme celle de l'hyène ou de l'ours, ni trop allongée ni déformée par des inégalités comme celle du chameau; mais elle est, au contraire, si bien prise et si bien proportionnée que le corps du lion paraît être le modèle de la force jointe à l'agilité ; aussi solide que nerveux, n'étant chargé ni de chair ni de graisse, et ne contenant rien de surabondant, il est tout nerf et muscle. Cette grande force musculaire se marque au dehors par les sauts et les bonds prodigieux que le lion fait aisément, par le mouvement brusque de sa queue qui est assez fort pour terrasser un homme, par la facilité avec laquelle il fait mouvoir la peau de sa face et surtout celle de son front, ce qui ajoute beaucoup à la physionomie ou plutôt à l'expression de la fureur, et enfin par la faculté qu'il a de remuer sa crinière, laquelle non-seulement se hérisse, mais se meut et s'agite en tout sens, lorsqu'il est en colère.

A toutes ces nobles qualités individuelles, le lion joint aussi la noblesse de l'espèce ; j'entends par espèces nobles dans la nature celles qui sont constantes, invariables, et qu'on ne peut soupçonner de s'être dégradées : ces espèces sont ordinairement isolées et seules de leur genre ; elles sont distinguées par des caractères si tranchés, qu'on ne peut ni les méconnaître ni les confondre avec aucune des autres. A commencer par l'homme, qui est l'être le plus noble de la création, l'espèce en est unique, puisque les hommes de toutes les races, de tous les climats, de toutes les couleurs, peuvent se mêler et produire ensemble, et qu'en même temps l'on ne doit pas dire qu'aucun animal appartienne à l'homme ni de près ni de loin par une parenté naturelle. Dans le cheval, l'espèce n'est pas aussi noble que l'individu, parce qu'elle a pour voisine l'espèce de l'âne, laquelle paraît même lui appartenir d'assez près, puisque ces deux animaux produisent ensemble des individus qu'à la vérité la nature traite comme des bâtards indignes de faire race, incapables même de perpétuer l'une ou l'autre des deux espèces desquelles ils sont issus, mais qui, provenant du mélange des deux, ne laisse pas de prouver leur grande affinité. Dans le chien, l'espèce est peut-être encore moins noble, parce qu'elle paraît tenir de près à celles du loup, du renard et du chacal, qu'on peut regarder comme des branches dégénérées de la même famille. Et en descendant par degrés aux espèces inférieures, comme à celles des lapins, des belettes, des rats, etc., on trouvera que chacune de ces espèces en particulier ayant un grand nombre de branches collatérales, l'on ne peut plus reconnaître la souche commune ni la tige directe de chacune de ces familles devenues trop nombreuses. Enfin dans les insectes, qu'on doit regarder comme les espèces infimes de la nature, chacune est accompagnée de tant d'espèces voisines, qu'il n'est plus possible de les considérer une à une, et qu'on est forcé d'en faire un bloc, c'est-à-dire un genre, lorsqu'on veut les dénommer. C'est là la véritable origine des méthodes, qu'on ne doit employer en effet que pour les dénombrements difficiles des plus petits objets de la nature, et qui deviennent totalement inutiles, et même ridicules, lorsqu'il s'agit des êtres du premier rang : classer l'homme avec le singe, le lion avec le chat, dire que le lion est *un chat à crinière et à queue longue*, c'est dégrader, défigurer la nature, au lieu de la décrire ou de la dénommer.

L'espèce du lion est donc une des plus nobles, puisqu'elle est unique et qu'on ne peut la confondre avec celle du tigre, du léopard, de l'once, etc.; et qu'au contraire ces espèces, qui semblent être les moins éloignées de celle du lion, sont assez peu distinctes entre elles pour avoir été confondues par les voyageurs et prises les unes pour les autres par les nomenclateurs.

Les lions de la plus grande taille ont environ huit ou neuf pieds de longueur[1] depuis le mufle jusqu'à l'origine de la queue, qui est elle-même longue d'environ quatre pieds; ces grands lions ont quatre ou cinq pieds de hauteur. Les lions de petite taille ont environ cinq pieds et demi de longueur sur trois pieds et demi de hauteur, et la queue longue d'environ trois pieds. La lionne est dans toutes les dimensions d'environ un quart plus petite que le lion.

Aristote distingue deux espèces de lions, les uns grands, les autres plus petits; ceux-ci, dit-il, ont le corps plus court à proportion, le poil plus crépu, et ils sont moins courageux que les autres; il ajoute qu'en général tous les lions sont de la même couleur, c'est-à-dire de couleur fauve. Le premier de ces faits me paraît douteux; car nous ne connaissons pas ces lions à poil crépu, aucun voyageur n'en a fait mention; quelques relations, qui d'ailleurs ne me paraissent pas mériter une confiance entière, parlent seulement d'un tigre à poil frisé qui se trouve au cap de Bonne-Espérance; mais presque tous les témoignages paraissent s'accorder sur l'unité de la couleur du lion, qui est fauve sur le dos et blanchâtre sur les côtés et sous le ventre. Cependant Ælien et Oppien ont dit qu'en Éthiopie les lions étaient noirs comme les hommes, qu'il y en avait aux Indes de tout blancs, et d'autres marqués ou rayés de différentes couleurs, rouges,

---

1. Un lion fort jeune, disséqué par Messieurs de l'Académie, avait sept pieds et demi de long depuis l'extrémité du mufle jusqu'au commencement de la queue, et quatre pieds et demi de hauteur depuis le haut du dos jusqu'à terre. Voyez les *Mémoires pour servir à l'histoire des animaux*. Paris, 1676, p. 6.

noires et bleues; mais cela ne nous paraît confirmé par aucun témoignage qu'on puisse regarder comme authentique; car Marc-Paul, Vénitien, ne parle pas de ces lions rayés comme les ayant vus, et Gessner remarque avec raison qu'il n'en fait mention que d'après Ælien. Il paraît, au contraire, qu'il y a très-peu ou point de variétés dans cette espèce, que les lions d'Afrique et les lions d'Asie se ressemblent en tout, et que si ceux des montagnes diffèrent de ceux des plaines, c'est moins par les couleurs de la robe que par la grandeur de la taille.

Le lion porte une crinière, ou plutôt un long poil qui couvre toutes les parties antérieures de son corps[1], et qui devient toujours plus longue à mesure qu'il avance en âge. La lionne n'a jamais ces longs poils, quelque vieille qu'elle soit. L'animal d'Amérique que les Européens ont appelé *lion*, et que les naturels du Pérou appellent *puma*, n'a point de crinière; il est aussi beaucoup plus petit, plus faible et plus poltron que le vrai lion. Il ne serait pas impossible que la douceur du climat de cette partie de l'Amérique méridionale eût assez influé sur la nature du lion pour le dépouiller de sa crinière, lui ôter son courage et réduire sa taille; mais ce qui paraît impossible, c'est que cet animal, qui n'habite que les climats situés entre les tropiques, et auquel la nature paraît avoir fermé tous les chemins du Nord, ait passé des parties méridionales de l'Asie ou de l'Afrique en Amérique, puisque ces continents sont séparés vers le midi par des mers immenses; c'est ce qui nous porte à croire que le puma n'est point un lion tirant son origine des lions de l'ancien continent, et qui aurait ensuite dégénéré dans le climat du Nouveau-Monde,

---

1. Cette crinière n'est pas du crin, mais du poil assez doux et lisse, comme celui du reste du corps.

mais que c'est un animal particulier à l'Amérique, comme le sont aussi la plupart des animaux de ce nouveau continent. Lorsque les Européens en firent la découverte, ils trouvèrent, en effet, que tout y était nouveau : les animaux quadrupèdes, les oiseaux, les poissons, les insectes, les plantes, tout parut inconnu, tout se trouva différent de ce qu'on avait vu jusqu'alors. Il fallut cependant dénommer les principaux objets de cette nouvelle nature; les noms du pays étaient pour la plupart barbares, très-difficiles à prononcer et encore plus à retenir : on emprunta donc des noms de nos langues d'Europe, et surtout de l'espagnole et de la portugaise. Dans cette disette de dénominations, un petit rapport dans la forme extérieure, une légère ressemblance de taille et de figure suffirent pour attribuer à ces objets inconnus les noms des choses connues; de là les incertitudes, l'équivoque, la confusion qui s'est encore augmentée, parce qu'en même temps qu'on donnait aux productions du Nouveau-Monde les dénominations de celles de l'ancien continent, on y transportait continuellement, et dans le même temps, les espèces d'animaux et de plantes qu'on n'y avait pas trouvées. Pour se tirer de cette obscurité et pour ne pas tomber à tout instant dans l'erreur, il est donc nécessaire de distinguer soigneusement ce qui appartient en propre à l'un et à l'autre continent, et tâcher de ne s'en pas laisser imposer par les dénominations actuelles, lesquelles ont presque toutes été mal appliquées; nous ferons sentir toute la nécessité de cette distinction dans l'article suivant, et nous donnerons en même temps une énumération raisonnée des animaux originaires de l'Amérique et de ceux qui y ont été transportés de l'ancien continent. M. de La Condamine, dont le témoignage mérite toute confiance, dit expressément qu'il ne sait pas si l'animal que les Espagnols de l'Amérique appellent *lion*, et les naturels du pays de Quito *puma*, mérite le nom de lion; il ajoute qu'il est beaucoup plus petit que le lion d'Afrique, et que le mâle n'a point de crinière. Frésier dit aussi que les animaux qu'on appelle *lions* au Pérou sont bien différents des lions d'Afrique; qu'ils fuient les hommes, qu'ils ne sont à craindre que pour les troupeaux; et il ajoute une chose très-remarquable, c'est que leur tête tient de celle du loup et de celle du tigre, et qu'il a la queue plus petite que l'un et l'autre. On trouve dans des relations plus anciennes que ces lions d'Amérique ne ressemblent point à ceux d'Afrique; qu'ils n'en ont ni la grandeur, ni la fierté, ni la couleur; qu'ils ne sont ni rouges, ni fauves, mais gris; qu'ils n'ont point de crinière, et qu'ils ont l'habitude de monter sur les arbres; ainsi ces animaux diffèrent du lion par la taille, par la couleur, par la forme de la tête, par la longueur de la queue, par le manque de crinière, et, enfin, par les habitudes naturelles, caractères assez nombreux et assez essentiels pour faire cesser l'équivoque du nom, et pour que dans la suite l'on ne confonde plus le *puma* d'Amérique avec le vrai lion, le lion de l'Afrique ou de l'Asie.

Quoique ce noble animal ne se trouve que dans les climats les plus chauds, il peut cependant subsister et vivre assez longtemps dans les pays tempérés; peut-être même avec beaucoup de soin pourrait-il y multiplier. Gessner rapporte qu'il naquit des lions dans la ménagerie de Florence; Willugby dit qu'à Naples une lionne, enfermée avec un lion dans la même tanière, avait produit cinq petits d'une seule portée : ces exemples sont rares, mais, s'ils sont vrais, ils suffisent pour prouver que les lions ne sont pas absolument étrangers au climat tempéré ; cependant il ne s'en trouve actuellement dans aucune des parties méridionales de l'Europe, et dès le temps d'Homère il n'y en avait point dans le Péloponèse, quoiqu'il y en eût alors, et même encore du temps d'Aristote, dans la Thrace, la Macédoine et la Thessalie : il paraît donc que dans tous les temps ils ont constamment donné la préférence aux climats les plus chauds, qu'ils se sont rarement habitués dans les pays tempérés, et qu'ils n'ont jamais habité dans les terres du Nord. Les naturalistes que nous venons de citer, et qui ont parlé de ces lions nés à Florence et à Naples, ne nous ont rien appris sur le temps de la gestation de la lionne, sur la grandeur des lionceaux lorsqu'ils viennent de naître, sur les degrés de leur accroissement. Ælien dit que la lionne porte deux mois ; Philostrate et Edoward Wuot disent, au contraire, qu'elle porte six mois ; s'il fallait opter entre ces deux opinions, je serais de la dernière ; car le lion est un animal de grande taille, et nous savons qu'en général, dans les gros animaux, la durée de la gestation est plus longue qu'elle ne l'est dans les petits. Il en est de même de l'accroissement du corps ; les anciens et les modernes conviennent que les lions nouveau-nés sont fort petits, de la grandeur à peu près d'une belette, c'est-à-dire de six ou sept pouces de longueur ; il leur faut donc au moins quelques années pour grandir de huit ou neuf pieds : ils disent aussi que les lionceaux ne sont en état de marcher que deux mois après leur naissance. Sans donner une entière confiance au rapport de ces faits, on peut présumer avec assez de vraisemblance que le lion, attendu la grandeur de sa taille, est au moins trois ou quatre ans à croître, et qu'il doit vivre environ sept fois trois ou quatre ans, c'est-à-dire à

7

peu près vingt-cinq ans. Le sieur de Saint-Martin, maître du Combat du taureau à Paris, qui a bien voulu me communiquer les remarques qu'il avait faites sur les lions qu'il a nourris, m'a fait assurer qu'il en avait gardé quelques-uns pendant seize ou dix-sept ans, et il croit qu'ils ne vivent guère que vingt ou vingt-deux ans; il en a gardé d'autres pendant douze ou quinze ans, et l'on sent bien que dans ces lions captifs le manque d'exercice, la contrainte et l'ennui ne peuvent qu'affaiblir leur santé et abréger leur vie.

Aristote assure, en deux endroits différents de son ouvrage sur la génération, que la lionne produit cinq ou six petits de la première portée, quatre ou cinq de la seconde, trois ou quatre de la troisième, deux ou trois de la quatrième, un ou deux de la cinquième, et qu'après cette dernière portée, qui est toujours la moins nombreuse de toutes, la lionne devient stérile. Je ne crois point cette assertion fondée, car dans tous les animaux les premières et les dernières portées sont moins nombreuses que les portées intermédiaires. Ce philosophe s'est encore trompé, et tous les naturalistes tant anciens que modernes se sont trompés d'après lui, lorsqu'ils ont dit que la lionne n'avait que deux mamelles; il est très-sûr qu'elle en a quatre et il est aisé de s'en assurer par la seule inspection : il dit aussi que les lions, les ours, les renards, naissent, informes, *presque inarticulés*, et l'on sait, à n'en pas douter, qu'à leur naissance tous ces animaux sont aussi formés que les autres, et que tous leurs membres sont distincts et développés; enfin il assure que les lions s'accouplent à rebours, tandis qu'il est de même démontré par la seule inspection des parties du mâle et de leur direction, lorsqu'elles sont dans l'état propre à l'accouplement, qu'il se fait à la manière ordinaire des autres quadrupèdes. J'ai cru devoir faire mention en détail de ces petites erreurs d'Aristote, parce que l'autorité de ce grand homme a entraîné presque tous ceux qui ont écrit après lui sur l'histoire naturelle des animaux. Ce qu'il dit encore au sujet du cou du lion, qu'il prétend ne contenir qu'un seul os, rigide, inflexible et sans division de vertèbres, a été démenti par l'expérience, qui même nous a donné sur cela un fait très-général, c'est que dans tous les quadrupèdes, sans en excepter aucun, et même dans l'homme, le cou est composé de sept vertèbres, ni plus, ni moins, et ces mêmes sept vertèbres se trouvent dans le cou du lion comme dans celui de tous les autres animaux quadrupèdes. Un autre fait encore, c'est qu'en général les animaux carnassiers ont le cou beaucoup plus court que les animaux frugivores, et surtout les animaux ruminants; mais cette différence de longueur dans le cou des quadrupèdes ne dépend que de la grandeur de chaque vertèbre et non pas de leur nombre, qui est toujours le même : on peut s'en assurer, en jetant les yeux sur l'immense collection de squelettes qui se trouve maintenant au Cabinet du Roi; on verra qu'à commencer par l'éléphant et à finir par la taupe, tous les animaux quadrupèdes ont sept vertèbres dans le cou, et qu'aucun n'en a ni plus ni moins. A l'égard de la solidité des os du lion, qu'Aristote dit être sans moelle et sans cavité, de leur dureté, qu'il compare à celle du caillou, de leur propriété de faire du feu par le frottement, c'est une erreur qui n'aurait pas dû être répétée par Kolbe, ni même parvenir jusqu'à nous, puisque, dans le siècle même d'Aristote, Épicure s'était moqué de cette assertion.

 Les lions sont très-ardents en amour; lorsque la femelle

est en chaleur, elle est quelquefois suivie de huit ou dix mâles, qui ne cessent de rugir autour d'elle et de se livrer des combats furieux, jusqu'à ce que l'un d'entre eux, vainqueur de tous les autres, en demeure paisible possesseur et s'éloigne avec elle. La lionne met bas au printemps et ne produit qu'une fois tous les ans : ce qui indique encore qu'elle est occupée pendant plusieurs mois à soigner et allaiter ses petits, et que par conséquent le temps de leur premier accroissement, pendant lequel ils ont besoin des secours de la mère, est au moins de quelques mois.

Dans ces animaux, toutes les passions, même les plus douces, sont excessives, et l'amour maternel est extrême. La lionne, naturellement moins forte, moins courageuse et plus tranquille que le lion, devient terrible dès qu'elle a des petits; elle se montre alors avec encore plus de hardiesse que le lion, elle ne connaît point le danger, elle se jette indifféremment sur les hommes et sur les animaux qu'elle rencontre, elle les met à mort, se charge ensuite de sa proie, la porte et la partage à ses lionceaux, auxquels elle apprend de bonne heure à sucer le sang et à déchirer la chair. D'ordinaire elle met bas dans des lieux très-écartés et de difficile accès, et lorsqu'elle craint d'être découverte, elle cache ses traces en retournant plusieurs fois sur ses pas, ou bien elle les efface avec sa queue; quelquefois même, lorsque l'inquiétude est grande, elle transporte ailleurs ses petits, et, quand on veut les lui enlever, elle devient furieuse et les défend jusqu'à la dernière extrémité.

On croit que le lion n'a pas l'odorat aussi parfait ni les yeux aussi bons que la plupart des autres animaux de proie : on a remarqué que la grande lumière du soleil paraît l'incommoder, qu'il marche rarement dans le milieu du jour, que c'est pendant la nuit qu'il fait toutes ses courses, que, quand il voit des feux allumés autour des troupeaux, il n'en approche guère, etc. On a observé qu'il n'évente pas de loin l'odeur des autres animaux, qu'il ne les chasse qu'à vue et non pas en les suivant à la piste, comme font les chiens et les loups, dont l'odorat est plus fin. On a même donné le nom de *guide* ou de *pourvoyeur du lion* à une espèce de lynx auquel on suppose la vue perçante et l'odorat exquis, et on prétend que ce lynx accompagne ou précède toujours le lion pour lui indiquer sa proie : nous connaissons cet animal, qui se trouve, comme le lion, en Arabie, en Libye, etc.; qui comme lui vit de proie, et le suit peut-être quelquefois pour profiter de ses restes, car étant faible et de petite taille, il doit fuir le lion plutôt que de le servir.

Le lion, lorsqu'il a faim, attaque de face tous les animaux qui se présentent ; mais comme il est très-redouté, et que tous cherchent à éviter sa rencontre, il est souvent obligé de se cacher et de les attendre au passage ; il se tapit sur le ventre dans un endroit fourré, d'où il s'élance avec tant de force qu'il les saisit souvent du premier bond : dans les déserts et les forêts, sa nourriture la plus ordinaire sont les gazelles et les singes, quoiqu'il ne prenne ceux-ci que lorsqu'ils sont à terre, car il ne grimpe pas sur les arbres comme le tigre ou le puma ; il mange beaucoup à la fois et se remplit pour deux ou trois jours ; il a les dents si fortes qu'il brise aisément les os, et il les avale avec la chair. On prétend qu'il supporte longtemps la faim ; comme son tempérament est excessivement chaud, il supporte moins patiemment la soif, et boit toutes les fois qu'il peut trouver de l'eau ; il prend l'eau en lapant comme un chien ; mais au lieu que la langue du chien se courbe en dessus pour laper, celle du lion se courbe en dessous, ce qui fait qu'il est longtemps à boire et qu'il perd beaucoup d'eau; il lui faut environ quinze livres de chair crue chaque jour; il préfère la chair des animaux vivants, de ceux surtout qu'il vient d'égorger; il ne se jette pas volontiers sur des cadavres infects, et il aime mieux chasser une nouvelle proie que de retourner chercher les restes de la première : mais quoique d'ordinaire il se nourrisse de chair fraîche, son haleine est très-forte et son urine a une odeur insupportable.

Le rugissement du lion est si fort, que, quand il se fait entendre par échos, la nuit dans les déserts, il ressemble au bruit du tonnerre; ce rugissement est sa voix ordinaire, car quand il est en colère il a un autre cri, qui est court et réitéré subitement, au lieu que le rugissement est un cri prolongé, une espèce de grondement d'un ton grave, mêlé d'un frémissement plus aigu : il rugit cinq ou six fois par jour, et plus souvent lorsqu'il doit tomber de la pluie [1]. Le cri qu'il fait lorsqu'il est en colère est encore plus terrible que le rugissement : alors il se bat les flancs de sa queue, il en bat la terre, il agite sa crinière, fait mouvoir la peau de sa face, remue ses gros sourcils, montre des dents menaçantes, et tire une langue armée de pointes si dures, qu'elle suffit seule pour écorcher la peau et entamer la chair sans le secours des dents ni des ongles, qui sont, après les dents, ses armes les plus cruelles. Il est beaucoup plus fort par la tête, les mâchoires et les jambes de devant, que par les parties postérieures du corps; il voit la nuit, comme les chats; il ne dort pas

---

1. C'est du sieur de Saint-Martin, maître du Combat du taureau, qui a nourri plusieurs lions, que nous tenons ces derniers faits.

longtemps, et s'éveille aisément; mais c'est mal à propos que l'on a prétendu qu'il dormait les yeux ouverts.

La démarche ordinaire du lion est fière, grave et lente, quoique toujours oblique; sa course ne se fait pas par des mouvements égaux, mais par sauts et par bonds, et ses mouvements sont si brusques qu'il ne peut s'arrêter à l'instant et qu'il passe presque toujours son but : lorsqu'il saute sur sa proie, il fait un bond de douze ou quinze pieds, tombe dessus, la saisit avec les pattes de devant, la déchire avec les ongles et ensuite la dévore avec les dents. Tant qu'il est jeune et qu'il a de la légèreté, il vit du produit de sa chasse, et quitte rarement ses déserts et ses forêts, où il trouve assez d'animaux sauvages pour subsister aisément; mais lorsqu'il devient vieux, pesant et moins propre à l'exercice de la chasse, il s'approche des lieux fréquentés et devient plus dangereux pour l'homme et pour les animaux domestiques; seulement on a remarqué que, lorsqu'il voit des hommes et des animaux ensemble, c'est toujours sur les animaux qu'il se jette et jamais sur les hommes, à moins qu'ils ne le frappent, car alors il reconnaît à merveille celui qui vient de l'offenser, et il quitte sa proie pour se venger. On prétend qu'il préfère la chair du chameau à celle de tous les autres animaux; il aime aussi beaucoup celle des jeunes éléphants; ils ne peuvent lui résister lorsque leurs défenses n'ont pas encore poussé et il en vient aisément à bout, à moins que la mère n'arrive à leur secours. L'éléphant, le rhinocéros, le tigre et l'hippopotame, sont les seuls animaux qui puissent résister au lion.

Quelque terrible que soit cet animal, on ne laisse pas de lui donner la chasse avec des chiens de grande taille et bien appuyés par des hommes à cheval; on le déloge, on le fait retirer ; mais il faut que les chiens et même les chevaux soient aguerris auparavant, car presque tous les animaux frémissent et s'enfuient à la seule odeur du lion. Sa peau, quoique d'un tissu ferme et serré, ne résiste point à la balle ni même au javelot ; néanmoins on ne le tue presque jamais d'un seul coup : on le prend souvent par adresse, comme nous prenons les loups, en le faisant tomber dans une fosse profonde qu'on recouvre avec des matières légères, au-dessus desquelles on attache un animal vivant. Le lion devient doux dès qu'il est pris ; et, si l'on profite des premiers moments de sa surprise ou de sa honte, on peut l'attacher, le museler et le conduire où l'on veut.

La chair du lion est d'un goût désagréable et fort ; cependant les Nègres et les Indiens ne la trouvent pas mauvaise et en mangent souvent : la peau, qui faisait autrefois la tunique des héros, sert à ces peuples de manteau et de lit ; ils en gardent aussi la graisse, qui est d'une qualité fort pénétrante, et qui même est de quelque usage dans notre médecine.

LES TIGRES.

Comme le nom de tigre est un nom générique qu'on a donné à plusieurs animaux d'espèces différentes, il faut commencer par les distinguer les uns des autres. Le léopard et la panthère, que l'on a souvent confondus ensemble, ont tous deux été appelés *tigres* par la plupart des voyageurs; l'once ou l'onça, qui est une petite espèce de panthère qui s'apprivoise aisément, et dont les Orientaux se servent pour la chasse, a été prise pour la panthère, et désignée comme elle par le nom de *tigre*. Le lynx ou loup-cervier, le pourvoyeur du lion, que les Turcs appellent *karackoulah* et les Persans *siyahgush*, ont quelquefois aussi reçu le nom de *panthère* ou d'*once*. Tous ces animaux sont communs en Afrique et dans toutes les parties méridionales de l'Asie; mais le vrai tigre, le seul qui doit porter ce nom, est un animal rare, peu connu des anciens et mal décrit par les modernes. Aristote, qui est en histoire naturelle le guide des uns et des autres, n'en fait aucune mention : Pline dit seulement que le tigre est un animal d'une vitesse terrible, *tremendæ velocitatis animal*, et il donne à entendre que de son temps il était bien plus rare que la panthère, puisque Auguste fut le premier qui présenta un tigre aux Romains pour la dédicace du théâtre de Marcellus, tandis que dès le temps de Scaurus, cet édile avait envoyé cent cinquante panthères, et qu'ensuite Pompée en avait fait venir quatre cent dix, et Auguste quatre cent vingt pour les spectacles de Rome; mais Pline ne nous donne aucune description, ni même ne nous indique aucun des caractères du tigre. Oppien et Solin, qui ont écrit après Pline, paraissent être les premiers qui aient dit que le tigre était marqué par des bandes longues, et la panthère par des taches rondes; c'est en effet l'un des caractères qui distinguent le vrai tigre, non-seulement de la panthère, mais de plusieurs autres animaux qu'on a depuis appelés tigres. Strabon cite Mégasthène au sujet du vrai tigre, et il dit d'après lui qu'il y a des tigres aux Indes qui sont une fois plus gros que des lions : le tigre est donc un animal féroce, d'une vitesse terrible, dont le corps est marqué de bandes longues, et dont la taille surpasse celle du lion. Voilà les seules notions que les anciens nous aient données d'un animal aussi remarquable; les modernes, comme Gessner et les autres naturalistes qui ont parlé du tigre, n'ont presque rien ajouté au peu qu'en ont dit les anciens.

Dans notre langue on a appelé peaux de tigres ou peaux tigrées toutes les peaux à poil court, qui se sont trouvées variées par des taches arrondies et séparées : les voyageurs, partant de cette fausse dénomination, ont à leur tour appelé tigres tous les animaux de proie dont la peau était *tigrée*, c'est-à-dire marquée de taches séparées. MM. de l'Académie des sciences ont suivi le torrent, et ont aussi appelé tigres les animaux à peau *tigrée* qu'ils ont disséqués, et qui cependant sont très-différents du vrai tigre.

La cause la plus générale des équivoques et des incertitudes qui se sont si fort multipliées en histoire naturelle, c'est, comme je l'ai indiqué dans l'article précédent, la nécessité où l'on s'est trouvé de donner des noms aux productions inconnues du Nouveau-Monde. Les animaux, quoique pour la plupart d'espèce et de nature très-différentes de ceux de l'ancien continent, ont reçu les mêmes noms, dès qu'on leur a trouvé quelque rapport ou quelque ressemblance avec ceux-ci. On s'était d'abord trompé en Europe, en appelant tigres tous les animaux à peau *tigrée* d'Asie et d'Afrique : cette erreur transportée en Amérique y a doublé, car ayant trouvé dans cette terre nouvelle des animaux dont la peau était marquée de taches arrondies et séparées, on leur a donné le nom de tigres, quoiqu'ils ne fussent ni de l'espèce du vrai tigre, ni même d'aucune de celles des animaux à peau *tigrée* de l'Asie ou de l'Afrique, auxquels on avait déjà mal à propos donné ce même nom; et comme ces animaux à peau tigrée, qui se sont trouvés en Amérique, sont en assez grand nombre, et qu'on n'a pas laissé de leur donner à tous le nom commun de *tigre*, quoiqu'ils fussent très-différents du tigre et différents entre eux, il se trouve qu'au lieu d'une seule espèce qui doit porter ce nom il y en a neuf ou dix, et que par conséquent l'histoire de ces animaux est très-embarrassée, très-difficile à faire, parce que les noms ont confondu les choses, et qu'en faisant mention de ces animaux l'on a souvent dit des uns ce qui devait être dit des autres.

Pour prévenir la confusion qui résulte de ces dénominations mal appliquées à la plupart des animaux du Nouveau-Monde, et en particulier à ceux que l'on a faussement appelés *tigres*, j'ai pensé que le moyen le plus sûr était de faire une énumération comparée des animaux quadrupèdes, dans laquelle je distingue : 1° ceux qui sont naturels et propres à l'ancien continent, c'est-à-dire à l'Europe, l'Afrique et l'Asie, et qui ne se sont point trouvés en Amérique lorsqu'on en fit la découverte; 2° ceux qui sont naturels et propres au nouveau continent, et qui n'étaient point connus dans l'ancien; 3° ceux qui, se trouvant également dans les deux continents, sans avoir été transportés par les hommes, doivent être regardés comme communs à l'un et à l'autre. Il a fallu pour cela recueillir et rassembler ce qui se trouve épars, au sujet des animaux, dans les voyageurs et dans les premiers historiens du Nouveau-Monde : c'est le précis de ces recherches que nous donnons ici avec quelque confiance, parce que nous les croyons utiles pour l'intelligence de toute l'histoire naturelle, et en particulier de l'histoire des animaux.

LE TIGRE.

Dans la classe des animaux carnassiers, le lion est le premier, le tigre est le second; et comme le premier, même dans un mauvais genre, est toujours le plus grand et souvent le meilleur, le second est ordinairement le plus méchant de tous. A la fierté, au courage, à la force, le lion joint la noblesse, la clémence, la magnanimité[1];

---

[1]. « J'ai peur que la générosité du lion ne soit aussi imaginaire que la
« sagesse de l'éléphant. Les faits qu'on en rapporte se réduisent à ce que des

tandis que le tigre est bassement féroce, cruel sans justice, c'est-à-dire sans nécessité. Il en est de même dans tout ordre de choses où les rangs sont donnés par la force; le premier, qui peut tout, est moins tyran que l'autre qui, ne pouvant jouir de la puissance plénière, s'en venge en abusant du pouvoir qu'il a pu s'arroger. Aussi le tigre est-il plus à craindre que le lion : celui-ci souvent oublie qu'il est le roi, c'est-à-dire le plus fort de tous les animaux ; marchant d'un pas tranquille, il n'attaque jamais l'homme, à moins qu'il ne soit provoqué ; il ne précipite ses pas, il ne court, il ne chasse que quand la faim le presse. Le tigre, au contraire, quoique rassasié de chair, semble toujours être altéré de sang ; sa fureur n'a d'autres intervalles que ceux du temps qu'il faut pour dresser des embûches; il saisit et déchire une nouvelle proie avec la même rage qu'il vient d'exercer, et non pas d'assouvir, en dévorant la première; il désole le pays qu'il habite, il ne craint ni l'aspect ni les armes de l'homme ; il égorge, il dévaste les troupeaux d'animaux domestiques, met à mort toutes les bêtes sauvages, attaque les petits éléphants, les jeunes rhinocéros, et quelquefois même ose braver le lion.

La forme du corps est ordinairement d'accord avec le naturel. Le lion a l'air noble ; la hauteur de ses jambes est proportionnée à la longueur de son corps, l'épaisse et grande crinière qui couvre ses épaules et ombrage sa face, son regard assuré, sa démarche grave, tout semble annoncer sa fière et majestueuse intrépidité. Le tigre, trop long de corps, trop bas sur ses jambes, la tête nue, les yeux hagards, la langue couleur de sang, toujours

« lions qui n'avaient pas faim ont épargné leurs victimes, ou à ce que, sur-
« pris par quelque objet inaccoutumé, ils ont lâché leur proie ; mais c'est ce
« qui peut arriver à tout animal, même au plus carnassier. » (CUVIER.)

hors de la gueule, n'a que les caractères de la basse méchanceté et de l'insatiable cruauté; il n'a pour tout instinct qu'une rage constante, une fureur aveugle qui ne connaît, qui ne distingue rien, et qui lui fait souvent dévorer ses propres enfants et déchirer leur mère lorsqu'elle veut les défendre. Que n'eût-il à l'excès cette soif de son sang! ne pût-il l'éteindre qu'en détruisant dès leur naissance la race entière des monstres qu'il produit!

Heureusement, pour le reste de la nature, l'espèce n'en est pas nombreuse, et paraît confinée aux climats les plus chauds de l'Inde orientale. Elle se trouve au Malabar, à Siam, au Bengale, dans les mêmes contrées qu'habitent l'éléphant et le rhinocéros; on prétend même que souvent le tigre accompagne ce dernier, et qu'il le suit pour manger sa fiente, qui lui sert de purgation ou de rafraîchissement; il fréquente avec lui les bords des fleuves et des lacs; car comme le sang ne fait que l'altérer, il a souvent besoin d'eau pour tempérer l'ardeur qui le consume; et d'ailleurs il attend près des eaux les animaux qui y arrivent, et que la chaleur du climat contraint d'y venir plusieurs fois chaque jour : c'est là qu'il choisit sa proie, ou plutôt qu'il multiplie ses massacres; car souvent il abandonne les animaux qu'il vient de mettre à mort pour en égorger d'autres; il semble qu'il cherche à goûter de leur sang, il le savoure, il s'en enivre; et lorsqu'il leur fend et déchire le corps, c'est pour y plonger la tête et pour sucer à longs traits le sang dont il vient d'ouvrir la source, qui tarit presque toujours avant que sa soif ne s'éteigne[1].

---

1. Buffon cède, comme toujours, au besoin qu'il a de peindre par le contraste. Il exagérait tout à l'heure la générosité du *lion;* il exagère à présent la férocité du *tigre*. On a eu bien souvent occasion d'étudier, à la ménagerie du Muséum, le *tigre* et le *lion* : tous deux sont également susceptibles d'une

Cependant quand il a mis à mort quelques gros animaux comme un cheval, un buffle, il ne les éventre pas sur la place, s'il craint d'y être inquiété; pour les dépecer à son aise il les emporte dans les bois, en les traînant avec tant de légèreté, que la vitesse de sa course paraît à peine ralentie par la masse énorme qu'il entraîne. Ceci seul suffirait pour faire juger de sa force; mais pour en donner une idée plus juste, arrêtons-nous un instant sur les dimensions et les proportions du corps de cet animal terrible. Quelques voyageurs l'ont comparé, pour la grandeur, à un cheval, d'autres à un buffle, d'autres ont seulement dit qu'il était beaucoup plus grand que le lion. Mais nous pouvons citer des témoignages plus récents et qui méritent une entière confiance. M. de la Lande-Magon nous a fait assurer qu'il avait vu aux Indes orientales un tigre de quinze pieds, en y comprenant sans doute la longueur de la queue ; si nous la supposons de quatre ou cinq pieds, ce tigre avait au moins dix pieds de longueur. Il est vrai que celui dont nous avons la dépouille au Cabinet du Roi n'a qu'environ sept pieds de longueur depuis l'extrémité du museau jusqu'à l'origine de la queue ; mais il avait été pris, amené tout jeune, et ensuite toujours enfermé dans une loge étroite à la Ménagerie, où le défaut de mouvement et le manque d'espace, l'ennui de la prison, la contrainte du corps, la nourriture peu convenable, ont abrégé sa vie et retardé le développement, ou même réduit l'accroissement du corps. On reconnaît, en étudiant l'histoire du cerf, que ces animaux, pris jeunes et renfermés dans des parcs trop peu spacieux, non-seulement ne prennent pas leur croissance entière, mais même se

---

sorte d'affection, de quelque reconnaissance, et tous deux également terribles dans leur fureur. (F₁.)

déforment et deviennent rachitiques et bassets avec des jambes torses. Nous savons d'ailleurs, par les dissections que nous avons faites d'animaux de toute espèce élevés et nourris dans des ménageries, qu'ils ne parviennent jamais à leur grandeur entière; que leur corps et leurs membres, qui ne peuvent s'exercer, restent au-dessous des dimensions de la nature; que les parties dont l'usage leur est absolument interdit, comme celles de la génération, sont si petites et si peu développées dans tous ces animaux captifs et célibataires, qu'on a de la peine à les trouver, et que souvent elles nous ont paru presque entièrement oblitérées. La seule différence du climat pourrait encore produire les mêmes effets que le manque d'exercice et la captivité : aucun animal des pays chauds ne peut produire dans les climats froids, y fût-il même très-libre et très-largement nourri; et comme la reproduction n'est qu'une suite naturelle de la pleine nutrition, il est évident que la première ne pouvant s'opérer, la seconde ne se fait pas complétement, et que dans ces animaux le froid seul suffit pour restreindre la puissance du moule intérieur et diminuer les facultés actives du développement, puisqu'il détruit celles de la reproduction.

Il n'est donc pas étonnant que ce tigre dont le squelette et la peau nous sont venus de la Ménagerie du Roi ne soit pas parvenu à sa juste grandeur; cependant la seule vue de cette peau bourrée donne encore l'idée d'un animal formidable; et l'examen du squelette ne permet pas d'en douter. L'on voit sur les os des jambes des rugosités qui marquent des attaches de muscles encore plus fortes que celles du lion; ces os sont aussi solides, mais plus courts, et comme nous l'avons dit, la hauteur des jambes dans le tigre n'est pas proportionnée à la grande longueur du corps. Ainsi cette vitesse terrible dont parle Pline, et que le nom même du tigre paraît indiquer, ne doit pas s'entendre des mouvements ordinaires de la démarche, ni même de la célérité des pas dans une course suivie ; il est évident qu'ayant les jambes courtes il ne peut marcher ni courir aussi vite que ceux qui les ont proportionnellement plus longues : mais cette vitesse terrible s'applique très-bien aux bonds prodigieux qu'il doit faire sans effort ; car en lui supposant, proportion gardée, autant de force et de souplesse qu'au chat, qui lui ressemble beaucoup par la conformation, et qui dans l'instant d'un clin d'œil fait un saut de plusieurs pieds d'étendue, on sentira que le tigre, dont le corps est dix fois plus long, peut dans un instant presque aussi court faire un bond de plusieurs toises. Ce n'est donc point la célérité de sa course, mais la vitesse du saut que Pline a voulu désigner, et qui rend en effet cet animal terrible, parce qu'il n'est pas possible d'en éviter l'effet.

Le tigre est peut-être le seul de tous les animaux dont on ne puisse fléchir le naturel : ni la force, ni la contrainte, ni la violence ne peuvent le dompter. Il s'irrite des bons comme des mauvais traitements ; la douce habitude, qui peut tout, ne peut rien sur cette nature de fer ; le temps, loin de l'amollir en tempérant les humeurs féroces, ne fait qu'aigrir le fiel de sa rage ; il déchire la main qui le nourrit comme celle qui le frappe ; il rugit à la vue de tout être vivant ; chaque objet lui paraît une nouvelle proie qu'il dévore d'avance de ses regards avides, qu'il menace par des frémissements affreux mêlés d'un grincement de dents, et vers lequel il s'élance souvent malgré les chaînes et les grilles qui brisent sa fureur sans pouvoir la calmer.

Pour achever de donner une idée de la force de ce cruel animal, nous croyons devoir citer ici ce que le père Tachard, témoin oculaire, rapporte d'un combat du tigre contre des éléphants : « On avoit élevé, dit cet
« auteur, une haute palissade de bambous d'environ cent
« pas en carré. Au milieu de l'enceinte étoient entrés trois
« éléphants destinés pour combattre le tigre. Ils avoient
« une espèce de grand plastron, en forme de masque, qui
« leur couvroit la tête et une partie de la trompe. Dès que
« nous fûmes arrivés sur le lieu, on fit sortir de la loge,
« qui étoit dans un enfoncement, un tigre d'une figure et
« d'une couleur qui parurent nouvelles aux François qui
« assistoient à ce combat; car outre qu'il étoit bien plus
« grand, bien plus gros et d'une taille moins effilée que
« ceux que nous avions vus en France, sa peau n'étoit pas
« mouchetée de même; mais au lieu de toutes ces taches
« semées sans ordre, il avoit de longues et larges bandes
« en forme de cercle ; ces bandes prenant sur le dos se
« rejoignoient par-dessous le ventre, et continuant le long
« de la queue, y faisoient comme des anneaux blancs et
« noirs, placés alternativement, dont elle étoit toute cou-
« verte. La tête n'avoit rien d'extraordinaire, non plus
« que les jambes, hors qu'elles étoient plus grandes et
« plus grosses que celles des tigres communs, quoique
« celui-ci ne fût qu'un jeune tigre qui avoit encore à
« croître, car M. Constance nous a dit qu'il y en avoit
« dans le royaume de plus gros trois fois que celui-là; et
« qu'un jour étant à la chasse avec le roi, il en vit un de
« fort près, qui étoit grand comme un mulet. Il y en a
« aussi de petits dans le pays, semblables à ceux qu'on
« apporte d'Afrique en Europe, et on nous en montra un
« le même jour à Louvo.

« On ne lâcha pas d'abord le tigre qui devoit com-
« battre, mais on le tint attaché par deux cordes, de sorte
« que n'ayant pas la liberté de s'élancer, le premier élé-
« phant qui l'approcha lui donna deux ou trois coups de
« sa trompe sur le dos : ce choc fut si rude que le tigre
« en fut renversé et demeura quelque temps étendu sur la
« place sans mouvement, comme s'il eût été mort;
« cependant dès qu'on l'eut délié, quoique cette pre-
« mière attaque eût bien rabattu de sa furie, il fit un cri
« horrible et voulut se jeter sur la trompe de l'éléphant
« qui s'avançoit pour le frapper; mais celui-ci la repliant
« adroitement la mit à couvert par ses défenses, qu'il pré-
« senta en même temps, et dont il atteignit le tigre si à
« propos, qu'il lui fit faire un grand saut en l'air; cet ani-
« mal en fut si étourdi qu'il n'osa plus approcher. Il fit
« plusieurs tours le long de la palissade, s'élançant quel-
« quefois vers les personnes qui paroissoient vers les gale-
« ries : on poussa ensuite trois éléphants contre lui, qui
« lui donnèrent tour à tour de si rudes coups qu'il fit
« encore une fois le mort, et ne pensa plus qu'à éviter
« leur rencontre : ils l'eussent tué sans doute, si l'on
« n'eût fait finir le combat. » Il est clair, par la description meme du père Tachard, que ce tigre qu'il a vu combattre des éléphants est le vrai tigre, qu'il parut aux
Français un animal nouveau, parce que probablement ils
n'avaient vu en France, dans les ménageries, que des
panthères ou des léopards d'Afrique, ou bien des jaguars
d'Amérique, et que les petits tigres qu'il vit à Louvo
n'étaient de même que des panthères. On sent aussi, par
ce simple récit, quelle doit être la force et la fureur de
cet animal, puisque celui-ci, quoique jeune encore et
n'ayant pas pris tout son accroissement, quoique réduit en

captivité, quoique retenu par des liens, quoique seul contre trois, était encore assez redoutable aux colosses qu'il combattait, pour qu'on fût obligé de les couvrir d'un plastron dans toutes les parties de leur corps, que la nature n'a pas cuirassées comme les autres d'une enveloppe impénétrable.

Le tigre dont le père Gouie a communiqué à l'Académie des sciences une description anatomique faite par les pères jésuites à la Chine, paraît être de l'espèce du vrai tigre, aussi bien que celui que les Portugais ont appelé tigre royal, duquel M. Perrault fait mention dans ses Mémoires sur les animaux, et dont il dit que la description a été faite à Siam. Dellon, dans ses *Voyages*, dit expressément que le Malabar est le pays des Indes où il y a le plus de tigres, qu'il y en a de plusieurs espèces, mais que le plus grand de tous, celui que les Portugais appellent *tigre royal*, est extrêmement rare, qu'il est grand comme un cheval, etc.

Le tigre royal ne paraît donc pas faire une espèce particulière et différente de celle du vrai tigre ; il ne se trouve qu'aux Indes orientales, et non pas au Brésil, comme l'ont écrit quelques-uns de nos naturalistes. Je suis même porté à croire que le vrai tigre ne se trouve qu'en Asie et dans les parties les plus méridionales de l'Afrique, dans l'intérieur des terres ; car la plupart des voyageurs qui ont fréquenté les côtes de l'Afrique parlent, à la vérité, de tigres, et disent même qu'ils y sont très-communs ; néanmoins, il est aisé de voir par les notices mêmes qu'ils donnent de ces animaux que ce ne sont pas de vrais tigres, mais des léopards, des panthères ou des onces, etc. Le docteur Shaw dit expressément qu'aux royaumes de Tunis et d'Alger le lion et la panthère tiennent le premier rang entre les bêtes féroces, mais que le tigre ne se trouve pas dans cette partie de la Barbarie : cela paraît vrai, car ce furent des ambassadeurs indiens, et non pas des Africains, qui présentèrent à Auguste, dans le temps qu'il était à Samos, le premier tigre qui ait été vu des Romains ; et ce fut aussi des Indes qu'Héliogabale fit venir ceux qu'il voulait atteler à son char pour contrefaire le dieu Bacchus.

L'espèce du tigre a donc toujours été plus rare et beaucoup moins répandue que celle du lion : cependant la tigresse produit, comme la lionne, quatre ou cinq petits ; elle est furieuse en tout temps, mais sa rage devient extrême lorsqu'on les lui ravit ; elle brave tous les périls, elle suit les ravisseurs qui, se trouvant pressés, sont obligés de lui relâcher un de ses petits ; elle s'arrête, le saisit, l'emporte pour le mettre à l'abri, revient quelques instants après et les poursuit jusqu'aux portes des villes ou jusqu'à leurs vaisseaux ; et lorsqu'elle a perdu tout espoir de recouvrer sa perte, des cris forcenés et lugubres, des hurlements affreux, expriment sa douleur cruelle et font encore frémir ceux qui les entendent de loin.

Le tigre fait mouvoir la peau de sa face, grince des dents, frémit, rugit comme fait le lion ; mais son rugissement est différent : quelques voyageurs l'ont comparé au cri de certains grands oiseaux. *Tigrides indomitæ rancant, rugiuntque leones.* (Auctor Philomelæ.) Ce mot *rancant* n'a point d'équivalent en français ; ne pourrions-nous pas lui en donner un, et dire, les tigres *rauquent* et les lions rugissent ; car le son de la voix du tigre est en effet très-rauque ?

La peau de ces animaux est assez estimée, surtout à la Chine ; les mandarins militaires en couvrent leurs chaises dans les marches publiques ; ils en font aussi des couvertures de coussins pour l'hiver. En Europe, ces peaux, quoique rares, ne sont pas d'un grand prix. On fait beaucoup plus de cas de celles du léopard de Guinée et du Sénégal, que nos fourreurs appellent tigre. Au reste, c'est la seule petite utilité qu'on puisse tirer de cet animal très-nuisible, dont on a prétendu que la sueur était un venin, et le poil de la moustache un poison sûr pour les hommes et pour les animaux; mais c'est assez du mal très-réel qu'il fait de son vivant, sans chercher encore des qualités imaginaires et des poisons dans sa dépouille ; d'autant que les Indiens mangent de sa chair et ne la trouvent ni malsaine ni mauvaise, et que si le poil de sa moustache pris en pilule tue, c'est qu'étant dur et roide, une telle pilule fait dans l'estomac le même effet qu'un paquet de petites aiguilles.

L'ÉLÉPHANT[1].

L'éléphant est, si nous voulons ne nous pas compter, l'être le plus considérable de ce monde : il surpasse tous les animaux terrestres en grandeur, et il approche de l'homme par l'intelligence, autant au moins que la matière peut approcher de l'esprit. L'éléphant, le chien, le castor et le singe sont de tous les êtres animés ceux dont l'in-

---

1. *Nota.* Nous distinguons aujourd'hui deux espèces d'*éléphants :* celui des Indes (*elephas indicus*, Cuv.) et celui d'Afrique (*elephas africanus*, Cuv.) — Celui dont Buffon donne ici l'histoire est l'*éléphant des Indes*.

stinct est le plus admirable; mais cet instinct, qui n'est que le produit de toutes les facultés, tant intérieures qu'extérieures de l'animal, se manifeste par des résultats bien différents dans chacune de ces espèces. Le chien est naturellement, et lorsqu'il est livré à lui seul, aussi cruel, aussi sanguinaire que le loup : seulement, il s'est trouvé dans cette nature féroce un point flexible sur lequel nous avons appuyé; le naturel du chien ne diffère donc de celui des autres animaux de proie que par ce point sensible qui le rend susceptible d'affection et capable d'attachement; c'est de la nature qu'il tient le germe de ce sentiment, que l'homme ensuite a cultivé, nourri, développé par une ancienne et constante société avec cet animal, qui seul en était digne; qui, plus susceptible, plus capable qu'un autre des impressions étrangères, a perfectionné dans le commerce toutes ses facultés relatives. Sa sensibilité, sa docilité, son courage, ses talents, tout, jusqu'à ses maniè-res, s'est modifié par l'exemple et modelé sur les qualités de son maître : l'on ne doit donc pas lui accorder en propre tout ce qu'il paraît avoir; ses qualités les plus relevées, les plus frappantes, sont empruntées de nous; il a plus d'acquis que les autres animaux, parce qu'il est plus à portée d'acquérir; que, loin d'avoir comme eux de la répugnance pour l'homme, il a pour lui du penchant; que ce sentiment doux, qui n'est jamais muet, s'est annoncé par l'envie de plaire, et a produit la docilité, la fidélité, la soumission constante, et en même temps le degré d'at-tention nécessaire pour agir en conséquence et toujours obéir à propos.

Le singe, au contraire, est indocile autant qu'extrava-gant : sa nature est en tout point également revêche; nulle sensibilité relative, nulle reconnaissance des bons traitements, nulle mémoire des bienfaits : de l'éloignement pour la société de l'homme, de l'horreur pour la contrainte, du penchant à toute espèce de mal, ou, pour mieux dire, une forte propension à faire tout ce qui peut nuire ou déplaire. Mais ces défauts réels sont compensés par des perfections apparentes ; il est extérieurement conformé comme l'homme ; il a des bras, des mains, des doigts : l'usage seul de ces parties le rend supérieur pour l'adresse aux autres animaux, et les rapports qu'elles lui donnent avec nous par la similitude des mouvements et par la conformité des actions nous plaisent, nous déçoivent, et nous font attribuer à des qualités intérieures ce qui ne dépend que de la forme des membres.

Le castor, qui paraît être fort au-dessous du chien et du singe par les facultés individuelles, a cependant reçu de la nature un don presque équivalent à celui de la parole : il se fait entendre à ceux de son espèce, et si bien entendre, qu'ils se réunissent en société, qu'ils agissent de concert, qu'ils entreprennent et exécutent de grands et longs travaux en commun, et cet amour social, aussi bien que le produit de leur intelligence réciproque, ont plus de droit à notre admiration que l'adresse du singe et la fidélité du chien.

Le chien n'a donc que de l'esprit (qu'on me permette, faute de termes, de profaner ce nom), le chien, dis-je, n'a donc que de l'esprit d'emprunt ; le singe n'en a que l'apparence, et le castor n'a du sens que pour lui seul et les siens. L'éléphant leur est supérieur à tous trois : il réunit leurs qualités les plus éminentes. La main est le principal organe de l'adresse du singe ; l'éléphant, au moyen de sa trompe, qui lui sert de bras et de main, et avec laquelle il peut enlever et saisir les plus petites choses comme les plus grandes, les porter à sa bouche, les poser sur son dos, les tenir embrassées ou les lancer au loin, a donc le même moyen d'adresse que le singe, et en même temps il a la docilité du chien, il est comme lui susceptible de reconnaissance et capable d'un fort attachement, il s'accoutume aisément à l'homme, se soumet moins par la force que par les bons traitements, le sert avec zèle, avec fidélité, avec intelligence, etc. Enfin, l'éléphant, comme le castor, aime la société de ses semblables, il s'en fait entendre; on les voit souvent se rassembler, se disperser, agir de concert, et s'ils n'édifient rien, s'ils ne travaillent point en commun, ce n'est peut-être que faute d'assez d'espace et de tranquillité, car les hommes se sont très-anciennement multipliés dans toutes les terres qu'habite l'éléphant : il vit donc dans l'inquiétude, et n'est nulle part paisible possesseur d'un espace assez grand, assez libre pour s'y établir à demeure. Nous avons vu qu'il faut toutes ces conditions et tous ces avantages pour que les talents du castor se manifestent, et que partout où les hommes se sont habitués, il perd son industrie et cesse d'édifier. Chaque être, dans la nature, a son prix réel et sa valeur relative : si l'on veut juger au juste de l'un et de l'autre dans l'éléphant, il faut lui accorder au moins l'intelligence du castor, l'adresse du singe, le sentiment du chien, et y ajouter ensuite les avantages particuliers, uniques, de la force, de la grandeur et de la longue durée de la vie : il ne faut pas oublier ses armes ou ses défenses, avec lesquelles il peut percer et vaincre le lion; il faut se représenter que, sous ses pas, il ébranle la terre; que de sa main il arrache les arbres; que d'un coup de son corps il fait brèche dans un mur; que, terrible par la force, il est encore invincible par la seule résistance de sa masse, par l'épaisseur du cuir qui la couvre; qu'il peut porter sur son dos une tour armée en guerre et chargée de plusieurs hommes; que, seul, il fait mouvoir des machines et transporte des fardeaux que six chevaux ne pourraient remuer; qu'à cette force prodigieuse il joint encore le courage, la prudence, le sang-froid, l'obéissance exacte; qu'il conserve de la modération même dans ses passions les plus vives; qu'il est plus constant qu'impétueux en amour; que, dans la colère, il ne méconnaît pas ses amis; qu'il n'attaque jamais que ceux qui l'ont offensé; qu'il se souvient des bienfaits aussi longtemps que des injures; que, n'ayant nul goût pour la chair et ne se nourrissant que de végétaux, il n'est pas né l'ennemi des autres animaux; qu'enfin il est aimé de tous, puisque tous le respectent et n'ont nulle raison de le craindre.

Aussi les hommes ont-ils eu dans tous les temps pour ce grand, pour ce premier animal une espèce de vénération. Les anciens le regardaient comme un prodige, un miracle de la nature (et c'est en effet son dernier effort); ils ont beaucoup exagéré ses facultés naturelles, ils lui ont attribué sans hésiter des qualités intellectuelles et des vertus morales. Pline, Ælien, Solin, Plutarque, et d'autres auteurs plus modernes n'ont pas craint de donner à ces animaux des mœurs raisonnées, une religion naturelle et innée, l'observance d'un culte, l'adoration continuelle du soleil et de la lune, l'usage de l'ablution avant l'adoration, la piété envers le ciel et pour leurs semblables qu'ils assistent à la mort, et qu'après leur décès ils arrosent de leurs larmes et recouvrent de terre, etc. Les Indiens, prévenus de l'idée de la métempsycose, sont encore persuadés aujourd'hui qu'un corps aussi majestueux que celui de l'éléphant ne peut être animé que par l'âme d'un grand homme ou d'un roi. On respecte à Siam, à Laos, à Pégu, etc., les éléphants blancs comme les mânes vivants des empereurs de l'Inde; ils ont chacun un palais, une maison composée d'un nombreux domestique, une vaisselle d'or, des mets choisis, des vêtements magnifiques, et sont dispensés de tout travail, de toute obéissance; l'empereur vivant est le seul devant lequel ils fléchissent les genoux, et ce salut leur est rendu par le monarque; cependant les attentions, les respects, les offrandes les flattent sans les corrompre; ils n'ont donc pas une âme humaine : cela seul devrait suffire pour le démontrer aux Indiens.

En écartant les fables de la crédule antiquité, en rejetant aussi les fictions puériles de la superstition toujours subsistante, il reste encore assez à l'éléphant, aux yeux mêmes du philosophe, pour qu'il doive le regarder comme un être de la première distinction; il est digne d'être connu, d'être observé; nous tâcherons donc d'en écrire l'histoire sans partialité, c'est-à-dire sans admiration ni mépris; nous le considérerons d'abord dans son état de nature lorsqu'il est indépendant et libre, et ensuite dans sa condition de servitude ou de domesticité, où la volonté de son maître est en partie le mobile de la sienne.

Dans l'état sauvage, l'éléphant n'est ni sanguinaire, ni féroce; il est d'un naturel doux, et jamais il ne fait abus de ses armes ou de sa force; il ne les emploie, il ne les exerce que pour se défendre lui-même ou pour protéger ses semblables; il a les mœurs sociales, on le voit rarement errant ou solitaire; il marche ordinairement de compagnie : le plus âgé conduit la troupe, le second d'âge la fait aller et marche le dernier; les jeunes et les faibles sont au milieu des autres; les mères portent leurs petits et les tiennent embrassés de leur trompe : ils ne gardent cet ordre que dans les marches périlleuses, lorsqu'ils vont paître sur des terres cultivées; ils se promènent ou voyagent avec moins de précaution dans les forêts et dans les solitudes, sans cependant se séparer absolument ni même s'écarter assez loin pour être hors de portée des secours et des avertissements : il y en a néanmoins quelques-uns qui s'égarent ou qui traînent après les autres, et ce sont les seuls que les chasseurs osent attaquer; car il faudrait une petite armée pour assaillir la troupe entière, et l'on ne pourrait la vaincre sans perdre beaucoup de monde; il serait même dangereux de leur faire la moindre injure; ils vont droit à l'offenseur, et quoique la masse de leur corps soit très-pesante, leur pas est si grand qu'ils atteignent aisément l'homme le plus léger à la course; ils le percent de leurs défenses, ou, le saisissant avec la trompe, le lancent comme une pierre et achèvent de le tuer en le foulant aux pieds; mais ce n'est que lorsqu'ils sont provoqués qu'ils font ainsi main basse sur les hommes; ils ne font aucun mal à ceux qui ne les cherchent pas; cependant comme ils sont susceptibles et délicats sur le fait des injures, il est bon d'éviter leur rencontre, et les voyageurs qui fréquentent leur pays allument de grands feux la nuit et battent de la caisse pour les empêcher d'approcher. On prétend que lorsqu'ils ont une fois été attaqués par les hommes, ou qu'ils sont tombés dans quelque embûche, ils ne l'oublient jamais et qu'ils cherchent à se venger en toute occasion; comme ils ont l'odorat excellent et peut-être plus parfait qu'aucun des animaux, à cause de la grande étendue de leur nez, l'odeur de l'homme les frappe de très-loin; ils pourraient aisément le suivre à la piste; les anciens ont écrit que les éléphants arrachent l'herbe des endroits où le chasseur a passé, et qu'ils se la donnent de main en main, pour que tous soient informés du passage et de la marche de l'ennemi. Ces animaux aiment le bord des fleuves, les profondes vallées, les lieux ombragés et les terrains humides; ils ne peuvent se passer d'eau et la troublent avant que de la boire; ils en remplissent souvent leur trompe, soit pour la porter à leur bouche ou seulement pour se rafraîchir le nez et s'amuser en la répandant à flot ou l'aspergeant à la ronde; ils ne peuvent supporter le froid et souffrent aussi de l'excès de la chaleur; car, pour éviter la trop grande ardeur du soleil, ils s'enfoncent autant qu'ils peuvent dans la profondeur des forêts les plus sombres; ils se mettent aussi assez souvent dans l'eau; le volume énorme de leur corps leur nuit moins qu'il ne leur aide à nager; ils enfoncent moins dans l'eau que les autres animaux, et d'ailleurs la longueur de leur trompe qu'ils redressent en haut et par laquelle ils respirent leur ôte toute crainte d'être submergés.

Leurs aliments ordinaires sont des racines, des herbes, des feuilles et du bois tendre; ils mangent aussi des fruits et des grains, mais ils dédaignent la chair et le poisson; lorsque l'un d'entre eux trouve quelque part un pâturage abondant, il appelle les autres et les invite à venir manger avec lui. Comme il leur faut une grande quantité de fourrage, ils changent souvent de lieu, et lorsqu'ils arrivent à des terres ensemencées, ils y font un dégât prodigieux; leur corps étant d'un poids énorme, ils écachent et détruisent dix fois plus de plantes avec leurs pieds qu'ils n'en consomment pour leur nourriture, laquelle peut monter à cent cinquante livres d'herbe par jour : n'arrivant jamais qu'en nombre, ils dévastent donc une campagne en une heure. Aussi les Indiens et les Nègres cherchent tous les moyens de prévenir leur visite et de les détourner, en faisant de grands bruits, de grands feux autour de leurs terres cultivées; souvent, malgré ces précautions, les éléphants viennent s'en emparer, en chassent le bétail domestique, font fuir les hommes, et quelquefois renversent de fond en comble leurs minces habitations. Il est difficile de les épouvanter, et ils ne sont guère susceptibles de crainte; la seule chose qui les surprenne et puisse les arrêter sont les feux d'artifice, les pétards qu'on leur lance, et dont l'effet subit et promptement renouvelé les saisit et leur fait quelquefois rebrousser chemin. On vient très-rarement à bout de les séparer les uns des autres, car ordinairement ils prennent tous ensemble le même parti d'attaquer, de passer indifféremment ou de fuir.

LES SINGES.

Comme endoctriner des écoliers, ou parler à des hommes, sont deux choses différentes; que les premiers reçoivent sans examen et même avec avidité l'arbitraire comme le réel, le faux comme le vrai, dès qu'il leur est présenté sous la forme de documents; que les autres au contraire rejettent avec dégoût ces mêmes documents lorsqu'ils ne sont pas fondés; nous ne nous servirons d'aucune des méthodes qu'on a imaginées pour entasser sous le même nom de *singes* une multitude d'animaux d'espèces différentes et même très-éloignées.

J'appelle *singe* un animal sans queue, dont la face est aplatie, dont les dents, les mains, les doigts et les ongles ressemblent à ceux de l'homme, et qui, comme lui, marche debout sur ses deux pieds[1] : cette définition, tirée de la nature même de l'animal et de ses rapports avec celle de l'homme, exclut, comme l'on voit, tous les animaux qui ont des queues, tous ceux qui ont la face relevée

---

1. Nul *singe* ne marche *debout sur ses deux pieds*. L'homme seul a ce privilége. Le *singe* marche en s'appuyant sur ses mains, et, lorsqu'il veut marcher ou se tenir debout, ce qu'il ne fait jamais qu'avec peine, son pied ne porte que sur le tranchant extérieur. (F.)

ou le museau long; tous ceux qui ont les ongles courbés, crochus ou pointus; tous ceux qui marchent plus volontiers sur quatre que sur deux pieds. D'après cette notion fixe et précise, voyons combien il existe d'espèces d'animaux auxquels on doive donner le nom de *singe*. Les anciens n'en connaissaient qu'une seule : le *pithecos* [1] des Grecs, le *simia* des Latins, est un *singe*, un vrai *singe*, et c'est celui sur lequel Aristote, Pline et Galien ont institué toutes les comparaisons physiques, et fondé toutes les relations du singe à l'homme; mais ce pithèque, ce singe des anciens, si ressemblant à l'homme par la conformation extérieure, et plus semblable encore par l'organisation intérieure, en diffère néanmoins par un attribut qui, quoique relatif en lui-même, n'en est cependant ici pas moins essentiel, c'est la grandeur; la taille de l'homme en général est au-dessus de cinq pieds, celle du pithèque n'atteint guère qu'au quart de cette hauteur : aussi ce singe eût-il encore été plus ressemblant à l'homme, les anciens auraient eu raison de ne le regarder que comme un homoncule, un nain manqué, un pygmée capable tout au plus de combattre avec les grues, tandis que l'homme sait dompter l'éléphant et vaincre le lion.

Mais depuis les anciens, depuis la découverte des parties méridionales de l'Afrique et des Indes, on a trouvé un autre singe [2] avec cet attribut de grandeur, un singe

---

[1]. Πίθηκος est le nom grec du singe en général; le singe dont Galien a donné l'anatomie n'est pas autre chose que le magot : Camper avait pensé que c'était l'orang-outang; mais il se trompait. — L'orang-outang n'a pas été connu des anciens. (F.)

[2]. *Un autre singe*. Buffon ne fait ici qu'un seul animal des deux : de l'*orang-outang* et du *chimpanzé*. L'*orang-outang* est des Indes; le *chimpanzé* est d'Afrique. — Nous connaissons aujourd'hui un troisième grand singe à formes humaines: le *gorille*. Le *gorille* est d'Afrique. (F.)

aussi haut, aussi fort que l'homme, aussi ardent pour les femmes que pour ses femelles ; un singe qui sait porter des armes, qui se sert de pierres pour attaquer, et de bâtons pour se défendre, et qui d'ailleurs ressemble encore à l'homme plus que le pithèque ; car, indépendamment de ce qu'il n'a point de queue, de ce que sa face est aplatie, que ses bras, ses mains, ses doigts, ses ongles sont pareils aux nôtres, et qu'il marche toujours debout, il a une espèce de visage, des traits approchant de ceux de l'homme, des oreilles de la même forme, des cheveux sur la tête, de la barbe au menton, et du poil ni plus ni moins que l'homme en a dans l'état de nature [1]. Aussi les habitants de son pays, les Indiens policés, n'ont pas hésité de l'associer à l'espèce humaine par le nom d'*orang-outang*, homme sauvage ; tandis que les Nègres, presque aussi sauvages, aussi laids que ces singes, et qui n'imaginent pas que pour être plus ou moins policé l'on soit plus ou moins homme, leur ont donné un nom propre (*Pongo*), un nom de bête et non pas d'homme ; et cet orang-outang ou ce pongo n'est en effet qu'un animal, mais un animal très-singulier, que l'homme ne peut voir sans rentrer en lui-même, sans se reconnaître, sans se convaincre que son corps n'est pas la partie la plus essentielle de sa nature.

Voilà donc deux animaux, le pithèque et l'orang-outang, auxquels on doit appliquer le nom de *singe*, et il y en a un troisième auquel on ne peut guère le refuser, quoiqu'il soit difforme, et par rapport à l'homme et par rapport au singe : cet animal, jusqu'à présent inconnu, et qui a été apporté des Indes orientales sous le nom de

---

1. L'homme, dans l'état de nature, n'est pas couvert de poil, comme l'*orang-outang*, qui l'est, lui, *ni plus ni moins* que le quadrupède.

gibbon, marche debout comme les deux autres, et a la face aplatie; il est aussi sans queue, mais ses bras, au lieu d'être proportionnés comme ceux de l'homme, ou du moins comme ceux de l'orang-outang ou du pithèque, à la hauteur du corps, sont d'une longueur si démesurée, que l'animal étant debout sur ses deux pieds, il touche encore la terre avec ses mains sans courber le corps et sans plier les jambes; ce singe est le troisième et le dernier[1] auquel on doive donner ce nom; c'est, dans ce genre, une espèce monstrueuse, hétéroclite, comme l'est, dans l'espèce humaine, la race des hommes à grosses jambes, dite de *Saint-Thomas*.

Après les singes, se présente une autre famille d'animaux, que nous indiquerons sous le nom générique de *babouin*; et, pour les distinguer nettement de tous les autres, nous dirons que le babouin est un animal à queue courte, à face allongée, à museau large et relevé, avec des dents canines plus grosses à proportion que celles de l'homme, et des callosités sur les fesses : par cette définition, nous excluons de cette famille tous les singes qui n'ont point de queue, toutes les guenons, tous les sapajous et sagouins qui n'ont pas la queue courte, mais qui tous l'ont aussi longue ou plus longue que le corps, et tous les makis, loris et autres quadrumanes qui ont le museau mince et pointu. Les anciens n'ont jamais eu de nom propre pour ces animaux; Aristote est le seul qui paraît avoir désigné l'un de ces babouins par le nom de *simia porcaria*, encore n'en donne-t-il qu'une indication

---

1. Il faut étendre aujourd'hui l'énumération de Buffon. Il y a l'*orang*, le *gorille* et le *chimpanzé* (et, très-probablement, plusieurs *orangs*, plusieurs *chimpanzés*, etc.). Il y a plusieurs *gibbons*: le *gibbon noir*, le *brun*, le *cendré*, le *siamang*, etc.

fort indirecte; les Italiens sont les premiers qui l'aient nommé *bâbuino*, les Allemands l'ont appelé *bavion*; les Français *babouin*, et tous les auteurs qui, dans ces derniers siècles, ont écrit en latin, l'ont désigné par le nom *papio*; nous l'appellerons nous-même *papion* pour le distinguer des autres babouins qu'on a trouvés depuis dans les provinces méridionales de l'Afrique et des Indes. Nous connaissons trois espèces de ces animaux : 1° le *papion* ou *babouin* proprement dit, dont nous venons de parler, qui se trouve en Libye, en Arabie, etc., et qui vraisemblablement est le *simia porcaria* d'Aristote; 2° le mandrill, qui est un babouin encore plus grand que le papion, avec la face violette, le nez et les joues sillonnés de rides profondes et obliques, qui se trouve en Guinée et dans les parties les plus chaudes de l'Afrique ; 3° l'ouanderou, qui n'est pas si gros que le papion, ni si grand que le mandrill, dont le corps est moins épais, et qui a la tête et toute la face environnée d'une espèce de crinière très-longue et très-épaisse; on le trouve à Ceylan, au Malabar et dans les autres provinces méridionales de l'Inde : ainsi voilà trois singes et trois babouins bien définis, bien séparés, et tous six distinctement différents les uns des autres.

Mais, comme la nature ne connaît pas nos définitions, qu'elle n'a jamais rangé ses ouvrages par tas, ni les êtres par genres, que sa marche au contraire va toujours par degrés, et que son plan est nuancé partout et s'étend en tous sens, il doit se trouver entre le genre du singe et celui du babouin quelque espèce intermédiaire qui ne soit précisément ni l'un ni l'autre, et qui cependant participe des deux. Cette espèce intermédiaire existe en effet, et c'est l'animal que nous appelons *magot;* il se trouve placé entre nos deux définitions ; il fait la nuance entre les singes et les babouins ; il diffère des premiers en ce qu'il a le museau allongé et de grosses dents canines ; il diffère des seconds parce qu'il n'a réellement point de queue, quoiqu'il ait un petit appendice de peau qui a l'apparence d'une naissance de queue ; il n'est par conséquent ni singe ni babouin, et tient en même temps de la nature des deux. Cet animal, qui est fort commun dans la haute Égypte ainsi qu'en Barbarie, était connu des anciens : les Grecs et les Latins l'ont nommé *cynocéphale*, parce que son museau ressemble assez à celui d'un dogue. Ainsi, pour présenter ces animaux, voici l'ordre dans lequel on doit les ranger : l'*orang-outang* ou *pongo*, premier singe ; le *pithèque*[1], second singe ; le *gibbon*, troisième singe, mais difforme ; le *cynocéphale* ou *magot*[2], quatrième singe ou premier babouin ; le *papion*, premier babouin ; le *mandrill*, second babouin ; l'*ouanderou*, troisième babouin ; cet ordre n'est ni arbitraire ni fictif, mais relatif à l'échelle même de la nature.

Après les singes et les babouins, se trouvent les guenons ; c'est ainsi que j'appelle, d'après notre idiome ancien, les animaux qui ressemblent aux singes ou aux babouins, mais qui ont de longues queues, c'est-à-dire des queues aussi longues ou plus longues que le corps. Le mot *guenon* a eu, dans ces derniers siècles, deux acceptions différentes de celle que nous lui donnons ici ; l'on a employé ce mot *guenon* généralement pour désigner les singes de petite taille, et en même temps on l'a employé particu-

---

1. Le *pithèque* est le *magot*.
2. Le *pithèque* et le *cynocéphale* de Buffon ne sont que le *magot*. — « Le *pithèque* de Buffon n'était qu'un jeune *magot*..... Son *petit cynocéphale* est aussi de cette espèce. » (Cuvier.)

lièrement pour nommer la femelle du singe; mais plus anciennement nous appelions *singes* ou *magots* les singes sans queue, et *guenons* ou *mones* ceux qui avaient une longue queue : je pourrais le prouver par quelques passages de nos voyageurs des xvie et xviie siècles. Le mot même de *guenon* ne s'éloigne pas, et peut-être a été dérivé de *kébos* ou *képos*, nom que les Grecs donnaient aux singes à longue queue. Ces *kébes* ou *guenons* sont plus petites et moins fortes que les babouins et les singes; elles sont aisées à distinguer des uns et des autres par cette différence, et surtout par leur longue queue. On peut aussi les séparer aisément des makis, parce qu'elles n'ont pas le museau pointu, et qu'au lieu de six dents incisives qu'ont les makis, elles n'en ont que quatre comme les singes et les babouins. Nous en connaissons neuf espèces, que nous indiquerons chacune par un nom différent, afin d'éviter toute confusion. Ces neuf espèces de guenons sont : 1° les macaques; 2° les patas; 3° les malbrouks; 4° les mangabeys; 5° la mone; 6° le callitriche; 7° le moustac; 8° le talapoin; 9° le douc. Les anciens Grecs ne connaissaient que deux de ces guenons, la mone et le callitriche, qui sont originaires de l'Arabie et des parties septentrionales de l'Afrique; ils n'avaient aucune notion des autres, parce qu'elles ne se trouvent que dans les provinces méridionales de l'Afrique et des Indes orientales, pays entièrement inconnus dans le temps d'Aristote. Ce grand philosophe, et les Grecs en général, étaient si attentifs à ne pas confondre les êtres par des noms communs et dès lors équivoques, qu'ayant appelé *pithecos* le singe sans queue, ils ont nommé *kébos* la guenon ou singe à longue queue; comme ils avaient reconnu que ces animaux étaient d'espèces différentes et même assez éloignées, ils leur avaient à chacun donné un nom propre, et ce nom était tiré du caractère le plus apparent; tous les singes et babouins qu'ils connaissaient, c'est-à-dire le *pithèque* ou *singe* proprement dit, le *cynocéphale* ou *magot*, et le *simia porcaria* ou *papion*, ont le poil d'une couleur à peu près uniforme; au contraire, la guenon que nous appelons ici *mone*, et que les Grecs appelaient *kébos*, a le poil varié de couleurs différentes : on l'appelle même vulgairement le *singe varié*; c'était l'espèce de guenon la plus commune et la mieux connue du temps d'Aristote, et c'est de ce caractère qu'est dérivé le nom de *kébos*, qui désigne en grec la variété dans les couleurs. Ainsi tous les animaux de la classe des singes, babouins et guenons, indiqués par Aristote, se réduisent à quatre : le *pythecos*, le *cynocephalos*, le *simia porcaria* et le *kébos*, que nous nous croyons fondé à représenter aujourd'hui comme étant réellement le *pithèque* ou *singe* proprement dit, le *magot*, le *papion* ou *babouin* proprement dit, et la *mone*; parce que, non-seulement les caractères particuliers que leur donne Aristote leur conviennent en effet, mais encore parce que les autres espèces que nous avons indiquées, et celles que nous indiquerons encore, devaient nécessairement lui être inconnues, puisqu'elles sont natives et exclusivement habitantes des terres où les voyageurs grecs n'avaient point encore pénétré de son temps.

Deux ou trois siècles après celui d'Aristote, on trouve dans les auteurs grecs deux nouveaux noms, *callithrix* et *cercopithecos*, tous deux relatifs aux *guenons* ou *singes* à longue queue : à mesure qu'on découvrait la terre et qu'on s'avançait vers le midi, soit en Afrique, soit en Asie, on trouvait de nouveaux animaux, d'autres espèces de guenons; et comme la plupart de ces guenons n'avaient pas, comme le *kébos*, les couleurs variées, les Grecs imaginèrent de faire un nom générique, *cercopithecos*, c'est-à-dire *singe à queue*, pour désigner toutes les espèces de guenons ou singes à longue queue ; et ayant remarqué parmi ces espèces nouvelles une guenon d'un poil verdâtre et de couleur vive, ils appelèrent cette espèce *callithrix*, qui signifie *beau poil*. Ce callithrix se trouve, en effet, dans la partie méridionale de la Mauritanie et dans les terres voisines du cap Vert ; c'est la guenon que l'on connaît vulgairement sous le nom de *singe vert ;* et comme nous rejetons dans cet ouvrage toutes les dénominations composées, nous lui avons conservé son nom ancien, *callithrix* ou *callitriche*.

A l'égard des sept autres espèces de guenons que nous avons indiquées ci-dessus par les noms de *macaque*, *patas*, *malbrouk*, *mangabey*, *moustac*, *talapoin* et *douc*, elles étaient inconnues des Grecs et des Latins. Le macaque est natif du Congo ; le patas, du Sénégal ; le mangabey, de Madagascar ; le malbrouk, du Bengale ; le moustac, de Guinée ; le talapoin, de Siam ; et le douc de la Cochinchine. Toutes ces terres étaient également ignorées des anciens, et nous avons eu grand soin de conserver aux animaux qu'on y a trouvés les noms propres de leur pays.

Et comme la nature est constante dans sa marche, qu'elle ne va jamais par sauts, et que toujours tout est gradué, nuancé, on trouve entre les babouins et les guenons une espèce intermédiaire, comme celle du magot l'est entre les singes et les babouins : l'animal qui remplit cet intervalle, et forme cette espèce intermédiaire, ressemble beaucoup aux guenons, surtout au macaque, et en même temps il a le museau fort large, et la queue courte comme les babouins : ne lui connaissant point de nom, nous l'avons appelé *maimon* pour le distinguer des autres ; il se trouve à Sumatra ; c'est le seul de tous ces animaux, tant babouins que guenons, dont la queue soit dégarnie de poil ; et c'est par cette raison que les auteurs qui en ont parlé l'ont désigné par la dénomination de *singe à queue de cochon*, ou de *singe à queue de rat*.

Voilà les animaux de l'ancien continent auxquels on a donné le nom commun de *singe*, quoiqu'ils soient non-seulement d'espèces éloignées, mais même de genres assez différents ; et ce qui a mis le comble à l'erreur et à la confusion, c'est qu'on a donné ces mêmes noms de *singe*, de *cynocéphale*, de *kébé* et de *cercopithèque*, noms faits il y a quinze cents ans par les Grecs, à des animaux d'un nouveau monde, qu'on n'a découverts que depuis deux ou trois siècles. On ne se doutait pas qu'il n'existait dans les parties méridionales de ce nouveau continent aucun des animaux de l'Afrique et des Indes orientales. On a trouvé en Amérique des bêtes avec des mains et des doigts ; ce rapport seul a suffi pour qu'on les ait appelées *singes*, sans faire attention que, pour transférer un nom, il faut au moins que le genre soit le même, et que, pour l'appliquer juste, il faut encore que l'espèce soit identique : or ces animaux d'Amérique, dont nous ferons deux classes sous les noms de *sapajous* et de *sagouins*, sont très-différents de tous les singes de l'Asie et de l'Afrique ; et de la même manière qu'il ne se trouve dans le nouveau continent ni singes, ni babouins, ni guenons, il n'existe aussi ni sapajous, ni sagouins dans l'ancien. Quoique nous ayons déjà posé ces faits en général dans notre Discours sur les animaux des deux continents, nous pouvons les prouver ici d'une manière plus particulière, et démontrer que de dix-sept espèces auxquelles on peut réduire tous les animaux appelés *singes* dans l'ancien continent, et de douze ou treize auxquelles on a transféré ce nom dans le nouveau, aucune n'est la même[1], ni ne se trouve également dans les deux : car sur ces dix-sept espèces de l'ancien continent, il faut d'abord retrancher les trois ou quatre singes, qui ne se trouvent certainement point en Amérique, et auxquels les sapajous et les sagouins ne ressemblent point du tout. 2° Il faut en retrancher les trois ou quatre babouins, qui sont beaucoup plus gros que les sagouins ou les sapajous, et qui sont aussi d'une figure très-différente : il ne reste donc que les neuf guenons auxquelles on puisse les comparer. Or toutes les guenons ont, aussi bien que les singes et les babouins, des caractères généraux et particuliers qui les séparent en entier des sapajous et des sagouins ; le premier de ces caractères est d'avoir les fesses pelées, et des callosités naturelles et inhérentes à ces parties ; le second, c'est d'avoir des abajoues, c'est-à-dire des poches au bas des joues, où elles peuvent garder leurs aliments ; et le troisième, d'avoir la cloison des narines étroite, et ces mêmes narines ouvertes au-dessous du nez comme celles de l'homme. Les sapajous et les sagouins n'ont aucun de ces caractères ; ils ont tous la cloison des narines fort épaisse, les narines ouvertes sur les côtés du nez et non pas en dessous ; ils ont du poil sur les fesses et point de callosités ; ils n'ont point d'abajoues ; ils diffèrent donc des guenons, non-seulement par l'espèce, mais même par le genre, puisqu'ils n'ont aucun des caractères généraux qui leur sont communs à toutes ; et cette différence dans le genre en suppose nécessairement de bien

---

1. Aucune espèce de *singe* n'est la même dans les deux continents. Ceci est une des belles *découvertes* de Buffon.

plus grandes dans les espèces, et démontre qu'elles sont très-éloignées.

C'est donc mal à propos que l'on a donné le nom de *singe* et de *guenon* aux *sapajous* et aux *sagouins*; il fallait leur conserver leurs noms, et, au lieu de les associer aux singes, commencer par les comparer entre eux : ces deux familles diffèrent l'une de l'autre par un caractère remarquable; tous les sapajous se servent de leur queue comme d'un doigt, pour s'accrocher et même pour saisir ce qu'ils ne peuvent prendre avec la main; les sagouins, au contraire, ne peuvent se servir de leur queue pour cet usage; leur face, leurs oreilles, leur poil, sont aussi différents: on peut donc en faire aisément deux genres distincts et séparés[1].

Sans nous servir de dénominations qui ne peuvent s'appliquer qu'aux singes, aux babouins et aux guenons, sans employer des noms qui leur appartiennent et qu'on ne doit pas donner à d'autres, nous avons tâché d'indiquer tous les sapajous et tous les sagouins par les noms propres qu'ils ont dans leur pays natal. Nous connaissons six ou sept

1. Buffon vient de nous exposer sa classification des *singes*, et elle est excellente.
Il établit, d'abord, deux grandes *familles :* celle des *singes* de l'ancien continent, et celle des *singes* du nouveau.
Il divise ensuite les *singes* de l'ancien continent en trois *genres :* les *singes* propres, sans queue ; les *papions*, à queue courte; et les *guenons*, à queue longue et à fesses calleuses; et il divise les *singes* du nouveau continent, qui tous sont sans *callosités,* en deux *genres :* les *sapajous*, à queue longue et prenante, et les *sagouins*, à queue longue et non prenante.
Depuis Buffon, le nombre des *espèces* s'est beaucoup accru, et, à mesure qu'il s'est accru, tous ces premiers *genres* ont dû être subdivisés; mais on n'a fait que les subdiviser: au fond, c'est avoir conservé la classification. Le genre *papion*, qui portait sur un caractère faux, la brièveté de la queue, est devenu, dans Cuvier, le *genre cynocéphale;* et ce même Cuvier a partagé le genre *sagouin* en deux genres: celui des *sagouins* proprement dits ou *sakis*, et celui des *ouistitis*.

espèces de sapajous et six espèces de sagouins, dont la plupart ont des variétés; nous en donnerons l'histoire plus loin; nous avons recherché leurs noms avec le plus grand soin dans tous les auteurs, et surtout dans les voyageurs qui les ont indiqués les premiers. En général, lorsque nous n'avons pu savoir le nom que chacun porte dans son pays, nous avons cru devoir le tirer de la nature même de l'animal, c'est-à-dire d'un caractère qui seul fût suffisant pour le faire reconnaître et distinguer de tous les autres. L'on verra dans chaque article les raisons qui nous ont fait adopter ces noms.

Et à l'égard des variétés, lesquelles dans la classe entière de ces animaux sont peut-être plus nombreuses que les espèces, on les trouvera aussi très-soigneusement comparées à chacune de leurs espèces propres. Nous connaissons et nous avons eu, la plupart vivants, quarante de ces animaux plus ou moins différents entre eux : il nous a paru qu'on devait les réduire à trente espèces, savoir, trois singes, une intermédiaire entre les singes et les babouins; trois babouins, une intermédiaire entre les babouins et les guenons; neuf guenons, sept sapajous et six sagouins, et que tous les autres ne doivent au moins, pour la plupart, être considérés que comme des variétés : mais, comme nous ne sommes pas absolument certains que quelques-unes de ces variétés ne puissent être en effet des espèces distinctes, nous tâcherons de leur donner aussi des noms qui ne seront que précaires, supposé que ce ne soient que des variétés, et qui pourront devenir propres et spécifiques, si ce sont réellement des espèces distinctes et séparées.

A l'occasion de toutes ces bêtes, dont quelques-unes ressemblent si fort à l'homme, considérons pour un instant les animaux de la terre sous un nouveau point de vue : c'est sans raison suffisante qu'on leur a donné généralement à tous le nom de quadrupèdes. Si les exceptions n'étaient qu'en petit nombre, nous n'attaquerions pas l'application de cette dénomination : nous avons dit, et nous savons que nos définitions, nos noms, quelque généraux qu'ils puissent être, ne comprennent jamais tout; qu'il existe toujours des êtres en deçà ou au delà; qu'il s'en trouve de mitoyens; que plusieurs, quoique placés en apparence au milieu des autres, ne laissent pas d'échapper à la liste; que le nom général qu'on voudrait leur imposer est une formule incomplète, une somme dont souvent ils ne font pas partie; parce que la nature ne doit jamais être présentée que par unités et non par agrégats; parce que l'homme n'a imaginé les noms généraux que pour aider à sa mémoire et tâcher de suppléer à la trop petite capacité de son entendement; parce qu'ensuite il en a fait abus en regardant ce nom général comme quelque chose de réel; parce qu'enfin il a voulu y rappeler des êtres, et même des classes d'êtres, qui demandaient un autre nom; je puis en donner et l'exemple et la preuve sans sortir de l'ordre des quadrupèdes, qui de tous les animaux sont ceux que l'homme connaît le mieux, et auxquels il était par conséquent en état de donner les dénominations les plus précises.

Le nom de *quadrupède* suppose que l'animal ait *quatre pieds*; s'il manque de deux pieds, comme le lamantin, il n'est plus quadrupède; s'il a des bras et des mains comme le singe, il n'est plus quadrupède; s'il a des ailes comme la chauve-souris, il n'est plus quadrupède, et l'on fait abus de cette dénomination générale lorsqu'on l'applique à ces animaux. Pour qu'il y ait de la précision dans les mots, il faut de la vérité dans les idées qu'ils représentent. Faisons pour les mains un nom pareil à celui qu'on a fait pour les pieds, et alors nous dirons avec vérité et précision que l'homme est le seul qui soit bimane et bipède, parce qu'il est le seul qui ait deux mains et deux pieds; que le lamantin n'est que bimane; que la chauve-souris n'est que bipède, et que le singe est quadrumane. Maintenant appliquons ces nouvelles dénominations générales à tous les êtres particuliers auxquels elles conviennent, car c'est ainsi qu'il faut toujours voir la nature; nous trouverons que sur environ deux cents espèces d'animaux qui peuplent la surface de la terre, et auxquelles on a donné le nom commun de *quadrupèdes*, il y a d'abord trente-cinq espèces de singes, babouins, guenons, sapajous, sagouins et makis, qu'on doit en retrancher, parce qu'ils sont quadrumanes; qu'à ces trente-cinq espèces il faut ajouter celles du loris, du sarigue, de la marmose, du cayopollin, du tarsier, du phalanger, etc., qui sont aussi quadrumanes comme les singes, guenons, sapajous et sagouins; que par conséquent la liste des quadrumanes étant au moins de quarante espèces, le nombre réel des quadrupèdes est déjà réduit d'un cinquième; qu'ensuite ôtant douze ou quinze espèces de bipèdes, savoir, les chauves-souris et les roussettes, dont les pieds de devant sont plutôt des ailes que des pieds, et en retranchant aussi trois ou quatre gerboises qui ne peuvent marcher que sur les pieds de derrière, parce que ceux de devant sont trop courts, en ôtant encore le lamantin, qui n'a point de pieds de derrière, les morses, le dugon et les phoques, auxquels ils sont inutiles, ce nombre des quadrupèdes se trouvera diminué de presque un tiers; et si on en voulait encore soustraire les animaux qui se servent des pieds de devant comme de mains, tels que les ours, les marmottes, les coatis, les agoutis, les écureuils, les rats et beaucoup d'autres, la dénomination de quadrupède paraîtra mal appliquée à plus de la moitié des animaux; et, en effet, les vrais quadrupèdes sont les solipèdes et les pieds-fourchus : dès qu'on descend à la classe des fissipèdes, on trouve des quadrumanes ou des quadrupèdes ambigus, qui se servent de leurs pieds de devant comme de mains, et qui doivent être séparés ou distingués des autres. Il y a trois espèces de solipèdes, le cheval, le zèbre et l'âne ; en y ajoutant l'éléphant, le rhinocéros, l'hippopotame, le chameau, dont les pieds, quoique terminés par des ongles, sont solides et ne leur servent qu'à marcher, l'on a déjà sept espèces auxquelles le nom de quadrupède convient parfaitement. Il y a un beaucoup plus grand nombre de pieds-fourchus que de solipèdes : les bœufs, les béliers, les chèvres, les gazelles, les bubales, les chevrotains, le lama, la vigogne, la girafe, l'élan, le renne, les cerfs, les daims, les chevreuils, etc., sont tous des pieds-fourchus et composent en tout un nombre d'environ quarante espèces ; ainsi voilà déjà cinquante animaux, c'est-à-dire dix solipèdes et quarante pieds-fourchus, auxquels le nom de quadrupède a été bien appliqué. Dans les fissipèdes, le lion, le tigre, les panthères, le léopard, les lynx, le chat, le loup, le chien, le renard, l'hyène, les civettes, le blaireau, les fouines, les belettes, les furets, les porcs-épics, les hérissons, les tatous, les fourmiliers et les cochons, qui font la nuance entre les fissipèdes et les pieds fourchus, forment un nombre de plus de quarante autres espèces auxquelles le nom de quadrupède convient aussi dans toute la rigueur de l'acception, parce que, quoiqu'ils aient le pied de devant divisé en quatre ou cinq doigts, ils ne s'en servent jamais comme de main ; mais tous les autres fissipèdes, qui se servent de leurs pieds de devant pour saisir et porter à leur gueule, ne sont pas de purs quadrupèdes : ces espèces, qui sont aussi au nombre de quarante, font une classe intermédiaire entre les quadrupèdes et les quadrumanes, et ne sont précisément ni des uns ni des autres : il y a donc dans le réel plus d'un quart des animaux auxquels le nom de quadrupède disconvient, et plus d'une moitié auxquels il ne convient pas dans toute l'étendue de son acception.

Les quadrumanes remplissent le grand intervalle qui se trouve entre l'homme et les quadrupèdes ; les bimanes sont un terme moyen dans la distance encore plus grande de l'homme aux cétacés [1] ; les bipèdes avec des ailes font la nuance des quadrupèdes aux oiseaux, et les fissipèdes, qui se servent de leurs pieds comme de mains, remplissent tous les degrés qui se trouvent entre les quadrumanes et les quadrupèdes ; mais c'est nous arrêter assez sur cette vue : quelque utile qu'elle puisse être pour la connaissance distincte des animaux, elle l'est encore plus par l'exemple, et par la nouvelle preuve qu'elle nous donne qu'il n'y a aucune de nos définitions qui soit précise, aucun de nos termes généraux qui soit exact, lorsqu'on vient à les appliquer en particulier aux choses ou aux êtres qu'ils représentent.

Mais par quelle raison ces termes généraux, qui paraissent être le chef-d'œuvre de la pensée, sont-ils si défectueux ? pourquoi ces définitions, qui semblent n'être que les purs résultats de la combinaison des êtres, sont-elles

---

1. *Nota.* Dans cette phrase et dans toutes les autres semblables, je n'entends parler que de l'homme physique, c'est-à-dire de la forme du corps de l'homme, comparée à la forme du corps des animaux.

si fautives dans l'application? est-ce erreur nécessaire, défaut de rectitude dans l'esprit humain? ou plutôt n'est-ce pas simple incapacité, pure impuissance de combiner et même de voir à la fois un grand nombre de choses? Comparons les œuvres de la nature aux ouvrages de l'homme; cherchons comment tous deux opèrent, et voyons si l'esprit, quelque actif, quelque étendu qu'il soit, peut aller de pair et suivre la même marche, sans se perdre lui-même ou dans l'immensité de l'espace, ou dans les ténèbres du temps, ou dans le nombre infini de la combinaison des êtres. Que l'homme dirige la marche de son esprit sur un objet quelconque : s'il voit juste, il prend la ligne droite, parcourt le moins d'espace et emploie le moins de temps possible pour atteindre à son but; combien ne lui faut-il pas déjà de réflexions et de combinaisons pour ne pas entrer dans les lignes obliques, pour éviter les fausses routes, les culs-de-sac, les chemins creux qui tous se présentent les premiers, et en si grand nombre que le choix du vrai sentier suppose la plus grande justesse de discernement; cela cependant est possible, c'est-à-dire n'est pas au-dessus des forces d'un bon esprit, il peut marcher droit sur sa ligne et sans s'écarter ; voilà sa manière d'aller la plus sûre et la plus ferme : mais il va sur une ligne pour arriver à un point, et s'il veut saisir un autre point, il ne peut l'atteindre que par une autre ligne; la trame de ses idées est un fil délié qui s'étend en longueur sans autres dimensions; la nature, au contraire, ne fait pas un seul pas qui ne soit en tout sens; en marchant en avant, elle s'étend à côté et s'élève au-dessus; elle parcourt et remplit à la fois les trois dimensions; et, tandis que l'homme n'atteint qu'un point, elle arrive au solide, en embrasse le volume et pénètre la masse dans toutes leurs parties. Que font nos Phidias lorsqu'ils donnent une forme à la matière brute? A force d'art et de temps ils parviennent à faire une surface qui représente exactement les dehors de l'objet qu'ils se sont proposé : chaque point de cette surface qu'ils ont créée leur a coûté mille combinaisons; leur génie a marché droit sur autant de lignes qu'il y a de traits dans leur figure; le moindre écart l'aurait déformée : ce marbre si parfait qu'il semble respirer n'est donc qu'une multitude de points auxquels l'artiste n'est arrivé qu'avec peine et successivement, parce que l'esprit humain ne saisissant à la fois qu'une seule dimension, et nos sens ne s'appliquant qu'aux surfaces, nous ne pouvons pénétrer la matière et ne savons que l'effleurer; la nature, au contraire, sait la brasser et la remuer à fond; elle produit ses formes par des actes presque instantanés; elle les développe en les étendant à la fois dans les trois dimensions; en même temps que son mouvement atteint à la surface, les forces pénétrantes dont elle est animée opèrent à l'intérieur; chaque molécule est pénétrée; le plus petit atome, dès qu'elle veut l'employer, est forcé d'obéir; elle agit donc en tout sens, elle travaille en avant, en arrière, en bas, en haut, à droite, à gauche, de tous côtés à la fois, et par conséquent elle embrasse non-seulement la surface, mais le volume, la masse et le solide entier dans toutes ses parties : aussi quelle différence dans le produit, quelle comparaison de la statue au corps organisé! mais aussi quelle inégalité dans la puissance, quelle disproportion dans les instruments! L'homme ne peut employer que la force qu'il a : borné à une petite quantité de mouvement qu'il ne peut communiquer que par la voie de l'impulsion, il ne peut agir que sur les surfaces, puisqu'en général la force d'impulsion ne se transmet que par le contact des superficies; il ne voit, il ne touche donc que la surface des corps; et lorsque, pour tâcher de les mieux connaître, il les ouvre, les divise et les sépare, il ne voit et ne touche encore que des surfaces. Pour pénétrer l'intérieur, il lui faudrait une partie de cette force qui agit sur la masse, qui fait la pesanteur et qui est le principal instrument de la nature; si l'homme pouvait disposer de cette force pénétrante comme il dispose de celle d'impulsion, si seulement il avait un sens qui y fût relatif, il verrait le fond de la matière; il pourrait l'arranger en petit comme la nature la travaille en grand : c'est donc faute d'instruments que l'art de l'homme ne peut approcher de celui de la nature; ses figures, ses reliefs, ses tableaux, ses dessins ne sont que des surfaces ou des imitations de surfaces, parce que les images qu'il reçoit par ses sens sont toutes superficielles et qu'il n'a nul moyen de leur donner du corps.

Ce qui est vrai pour les arts l'est aussi pour les sciences; seulement elles sont moins bornées, parce que l'esprit est leur seul instrument, parce que dans les arts il est subordonné aux sens, et que dans les sciences il leur commande, d'autant qu'il s'agit de connaître et non pas d'opérer, de comparer et non pas d'imiter. Or l'esprit, quoique resserré par les sens [1], quoique souvent abusé par leurs faux rapports, n'en est ni moins pur ni moins actif; l'homme, qui a voulu savoir, a commencé par les rectifier, par démontrer leurs erreurs; il les a traités comme des organes mécaniques, des instruments qu'il faut mettre en expérience pour les vérifier et juger de leurs effets : marchant ensuite la balance à la main et le compas de l'autre,

---

1. Pensée très-juste. Buffon touche ici à la plus haute philosophie : *l'esprit est resserré par les sens.*

il a mesuré et le temps et l'espace; il a reconnu tous les dehors de la nature, et, ne pouvant en pénétrer l'intérieur par les sens, il l'a deviné par comparaison et jugé par analogie; il a trouvé qu'il existait dans la matière une force générale, différente de celle d'impulsion, une force qui ne tombe point sous nos sens, et dont par conséquent nous ne pouvons disposer, mais que la nature emploie comme son agent universel; il a démontré que cette force appartenait à toute matière également, c'est-à-dire proportionnellement à sa masse ou quantité réelle; que cette force ou plutôt son action s'étendait à des distances immenses, en décroissant comme les espaces augmentent; ensuite tournant ses vues sur les êtres vivants, il a vu que la chaleur était une autre force nécessaire à leur production; que la lumière était une matière vive, douée d'une élasticité et d'une activité sans bornes; que la formation et le développement des êtres organisés se font par le concours de toutes ces forces réunies; que l'extension, l'accroissement des corps vivants ou végétants suit exactement les lois de la force attractive, et s'opère en effet en augmentant à la fois dans les trois dimensions; qu'un moule une fois formé doit, par ces mêmes lois d'affinité, en produire d'autres tout semblables, et ceux-ci d'autres encore sans aucune altération de la forme primitive. Combinant ensuite ces caractères communs, ces attributs égaux de la nature vivante et végétante, il a reconnu qu'il existait et dans l'une et dans l'autre un fonds inépuisable et toujours reversible de substance organique et vivante; substance aussi réelle, aussi durable que la matière brute; substance permanente à jamais dans son état de vie, comme l'autre dans son état de mort; substance universellement répandue, qui, passant des végétaux aux animaux par la voie de la nutrition, retournant des animaux aux végétaux par celle de la putréfaction, circule incessamment pour animer les êtres[1] : il a vu que ces molécules organiques[2] vivantes existaient dans tous les corps organisés, qu'elles y étaient combinées en plus ou moins grande quantité avec la matière morte, plus abondantes dans les animaux où tout est plein de vie, plus rares dans les végétaux où le mort domine et le vivant paraît éteint, où l'organique, surchargé par le brut, n'a plus ni mouvement progressif, ni sentiment, ni chaleur, ni vie, et ne se manifeste que par le développement et la reproduction ; et réfléchissant sur la manière dont l'un et l'autre s'opèrent, il a reconnu que chaque être vivant est un moule auquel s'assimilent les substances dont il se nourrit ; que c'est par cette assimilation que se fait l'accroissement du corps ; que son développement n'est pas une simple augmentation du volume, mais une extension dans toutes les dimensions, une pénétration de matière nouvelle dans toutes les parties de la masse ; que ces parties augmentant proportionnellement au tout, et le tout proportionnellement aux parties, la forme se conserve et demeure toujours la même jusqu'à son développement entier ; qu'enfin le corps ayant acquis toute son étendue, la même matière, jusqu'alors employée à son accroissement, est dès lors renvoyée, comme superflue, de toutes les parties auxquelles elle s'était assimilée ; et qu'en se réunissant dans un point commun elle y forme un nouvel

---

1. Après avoir fait ses *molécules organiques* indestructibles, comme les *monades* de Leibniz, Buffon les fait reversibles et passant d'un être à l'autre, comme les *âmes* de Pythagore. Il reproduit la *métempsycose*.

2. J'ai souvent parlé des *molécules organiques*, des *moules*, du *système* de Buffon sur la génération : je renvoie, sur tous ces points, aux notes des *OEuvres complètes de Buffon*. (12 volumes, chez Garnier frères.)

être semblable au premier, qui n'en diffère que du petit au grand, et qui n'a besoin, pour le représenter, que d'atteindre aux mêmes dimensions en se développant à son tour par la même voie de la nutrition. Il a reconnu que l'homme, le quadrupède, le cétacé, l'oiseau, le reptile, l'insecte, l'arbre, la plante, l'herbe, se nourrissent, se développent et se reproduisent par cette même loi ; et que si la manière dont s'exécutent leur nutrition et leur génération paraît si différente, c'est que, quoique dépendante d'une cause générale et commune, elle ne peut s'exercer en particulier que d'une façon relative à la forme de chaque espèce d'êtres ; et chemin faisant (car il a fallu des siècles à l'esprit humain pour arriver à ces grandes vérités, desquelles toutes les autres dépendent), il n'a cessé de comparer les êtres ; il leur a donné des noms particuliers pour les distinguer les uns des autres, et des noms généraux pour les réunir sous un même point de vue ; prenant son corps pour le module physique de tous les êtres vivants, et les ayant mesurés, sondés, comparés dans toutes leurs parties, il a vu que la forme de tout ce qui respire est à peu près la même ; qu'en disséquant le singe on pouvait donner l'anatomie de l'homme ; qu'en prenant un autre animal on trouvait toujours le même fond d'organisation, les mêmes sens, les mêmes viscères, les mêmes os, la même chair, le même mouvement dans les fluides, le même jeu, la même action dans les solides ; il a trouvé dans tous un cœur, des veines et des artères ; dans tous, les mêmes organes de circulation, de respiration, de digestion, de nutrition, d'excrétion ; dans tous, une charpente solide, composée des mêmes pièces, à peu près assemblées de la même manière ; et ce plan toujours le même, toujours suivi de l'homme au singe, du singe aux quadrupèdes, des quadrupèdes aux cétacés, aux oiseaux, aux poissons, aux reptiles ; ce plan, dis-je, bien saisi par l'esprit humain, est un exemplaire fidèle de la nature vivante, et la vue la plus simple et la plus générale sous laquelle on puisse la considérer : et lorsqu'on veut l'étendre et passer de ce qui vit à ce qui végète, on voit ce plan, qui d'abord n'avait varié que par nuances, se déformer par degrés des reptiles aux insectes, des insectes aux vers, des vers aux zoophytes, des zoophytes aux plantes, et, quoique altéré dans toutes ses parties extérieures, conserver néanmoins le même fond, le même caractère, dont les traits principaux sont la nutrition, le développement et la reproduction ; traits généraux et communs à toute substance organisée, traits éternels et divins que le temps, loin d'effacer ou de détruire, ne fait que renouveler et rendre plus évidents.

Si, de ce grand tableau des ressemblances dans lequel l'univers vivant se présente comme ne faisant qu'une même famille, nous passons à celui des différences, où chaque espèce réclame une place isolée et doit avoir son portrait à part, on reconnaîtra qu'à l'exception de quelques espèces majeures, telles que l'éléphant, le rhinocéros, l'hippopotame, le tigre, le lion, qui doivent avoir leur cadre, toutes les autres semblent se réunir avec leurs voisines et former des groupes de similitudes dégradées, des genres que nos nomenclateurs ont présentés par un lacis de figures dont les unes se tiennent par les pieds, les autres par les dents, par les cornes, par le poil et par d'autres rapports encore plus petits. Et ceux mêmes dont la forme nous paraît la plus parfaite, c'est-à-dire la plus approchante de la nôtre, les singes, se présentent ensemble et demandent déjà des yeux attentifs pour être distingués les uns des autres, parce que c'est moins à la forme qu'à la grandeur qu'est attaché le privilége de l'espèce isolée, et que l'homme lui-même, quoique d'espèce unique, infiniment différente de toutes celles des animaux, n'étant que d'une grandeur médiocre, est moins isolé et a plus de voisins que les grands animaux. On verra, dans l'histoire de l'orang-outang, que, si l'on ne faisait attention qu'à la figure, on pourrait également regarder cet animal comme le premier des singes ou le dernier des hommes, parce qu'à l'exception de l'âme, il ne lui manque rien de tout ce que nous avons, et parce qu'il diffère moins de l'homme pour le corps, qu'il ne diffère des autres animaux auxquels on a donné le même nom de singe.

L'âme, la pensée, la parole, ne dépendent donc pas de la forme ou de l'organisation du corps : rien ne prouve mieux que c'est un don particulier et fait à l'homme seul, puisque l'orang-outang, qui ne parle ni ne pense, a néanmoins le corps, les membres, les sens, le cerveau et la langue entièrement semblables à l'homme[1], puisqu'il peut faire ou contrefaire tous les mouvements, toutes les actions humaines, et que cependant il ne fait aucun acte de l'homme : c'est peut-être faute d'éducation, c'est encore faute d'équité dans votre jugement; vous comparez, dira-t-on, fort injustement le singe des bois avec l'homme des villes; c'est à côté de l'homme sauvage, de l'homme auquel l'éducation n'a rien transmis, qu'il faut le placer pour les juger l'un et l'autre, et a-t-on une idée juste de l'homme dans l'état de pure nature? la tête couverte de

---

1. Rien de ceci n'est absolument vrai, au sens anatomique : l'*orang-outang* n'a pas toutes ces parties, les *membres*, le *cerveau*, etc., entièrement semblables à l'homme; mais la proposition philosophique, que l'*âme*, que la *pensée* ne dépendent pas de la forme du *corps*, est d'une vérité supérieure.

cheveux hérissés ou d'une laine crépue; la face voilée par une longue barbe, surmontée de deux croissants de poils encore plus grossiers, qui par leur largeur et leur saillie raccourcissent le front et lui font perdre son caractère auguste, et non-seulement mettent les yeux dans l'ombre, mais les enfoncent et les arrondissent comme ceux des animaux; les lèvres épaisses et avancées; le nez aplati; le regard stupide ou farouche; les oreilles, le corps et les membres velus; la peau dure comme un cuir noir ou tanné; les ongles longs, épais et crochus; une semelle calleuse, en forme de corne, sous la plante des pieds; et pour attributs du sexe des mamelles longues et molles, la peau du ventre pendante jusque sur les genoux; les enfants se vautrant dans l'ordure et se traînant à quatre; le père et la mère, assis sur leurs talons, tout hideux, et couverts d'une crasse empestée. Et cette esquisse, tirée d'après le sauvage Hottentot, est encore un portrait flatté; car il y a plus loin de l'homme dans l'état de pure nature à l'Hottentot, que de l'Hottentot à nous : chargez donc encore le tableau si vous voulez comparer le singe à l'homme; ajoutez-y les rapports d'organisation, les convenances de tempérament, l'appétit véhément des singes mâles pour les femmes, la même conformation dans les parties génitales des deux sexes; l'écoulement périodique dans les femelles, et les mélanges forcés ou volontaires des Négresses aux singes, dont le produit est rentré dans l'une ou l'autre espèce[1]; et voyez, supposé qu'elles ne soient pas la même, combien l'intervalle qui les sépare est difficile à saisir.

Je l'avoue, si l'on ne devait juger que par la forme,

---

1. Phrase excessive et, sur ce dernier point, absurde.

l'espèce du singe pourrait être prise pour une variété dans l'espèce humaine : le Créateur n'a pas voulu faire pour le corps de l'homme un modèle absolument différent de celui de l'animal; il a compris sa forme, comme celle de tous les animaux, dans un plan général; mais en même temps qu'il lui a départi cette forme matérielle, semblable à celle du singe, il a pénétré ce corps animal de son souffle divin; s'il eût fait la même faveur, je ne dis pas au singe, mais à l'espèce la plus vile, à l'animal qui nous paraît le plus mal organisé, cette espèce serait bientôt devenue la rivale de l'homme; vivifiée par l'esprit, elle eût primé sur les autres; elle eût pensé, elle eût parlé : quelque ressemblance qu'il y ait donc entre l'Hottentot et le singe, l'intervalle qui les sépare est immense, puisqu'à l'intérieur il est rempli par la pensée, et au dehors par la parole.

Qui pourra jamais dire en quoi l'organisation d'un imbécile diffère de celle d'un autre homme? Le défaut est certainement dans les organes matériels, puisque l'imbécile a son âme comme un autre : or, puisque d'homme à homme, où tout est entièrement conforme et parfaitement semblable, une différence, si petite qu'on ne peut la saisir, suffit pour détruire la pensée ou l'empêcher de naître, doit-on s'étonner qu'elle ne soit jamais née dans le singe, qui n'en a pas le principe?

L'âme, en général, a son action propre et indépendante de la matière; mais comme il a plu à son divin auteur de l'unir avec le corps, l'exercice de ses actes particuliers dépend de la constitution des organes matériels; et cette dépendance est non-seulement prouvée par l'exemple de l'imbécile, mais même démontrée par ceux du malade en délire, de l'homme en santé qui dort, de l'enfant nouveau-né qui ne pense pas encore, et du vieillard décrépit qui ne pense plus : il semble même que l'effet principal de l'éducation soit moins d'instruire l'âme ou de perfectionner ses opérations spirituelles que de modifier les organes matériels, et de leur procurer l'état le plus favorable à l'exercice du principe pensant. Or il y a deux éducations qui me paraissent devoir être soigneusement distinguées, parce que leurs produits sont fort différents : l'éducation de l'individu qui est commune à l'homme et aux animaux, et l'éducation de l'espèce qui n'appartient qu'à l'homme. Un jeune animal, tant par l'incitation que par l'exemple, apprend en quelques semaines d'âge à faire tout ce que ses père et mère font; il faut des années à l'enfant, parce qu'en naissant il est, sans comparaison, beaucoup moins avancé, moins fort et moins formé que ne le sont les petits animaux; il l'est même si peu que dans ce premier temps il est nul pour l'esprit relativement à ce qu'il doit être un jour : l'enfant est donc beaucoup plus lent que l'animal à recevoir l'éducation individuelle; mais par cette raison même il devient susceptible de celle de l'espèce; les secours multipliés, les soins continuels qu'exige pendant longtemps son état de faiblesse entretiennent, augmentent l'attachement des père et mère, et en soignant le corps ils cultivent l'esprit; le temps qu'il faut au premier pour se fortifier tourne au profit du second; le commun des animaux est plus avancé pour les facultés du corps à deux mois que l'enfant ne peut l'être à deux ans : il y a donc douze fois plus de temps employé à sa première éducation, sans compter les fruits de celle qui suit, sans considérer que les animaux se détachent de leurs petits dès qu'ils les voient en état de se pourvoir d'eux-mêmes; que dès lors ils se séparent et bientôt ne se connaissent plus ; en sorte que tout attachement, toute éducation cessent de très-bonne heure, et dès le moment où les secours ne sont plus nécessaires : or, ce temps d'éducation étant si court, le produit ne peut en être que très-petit, et il est même étonnant que les animaux acquièrent en deux mois tout ce qui leur est nécessaire pour l'usage du reste de la vie ; et si nous supposions qu'un enfant dans ce même petit temps devînt assez formé, assez fort de corps pour quitter ses parents et s'en séparer sans besoin, sans retour, y aurait-il une différence apparente et sensible entre cet enfant et l'animal? quelque spirituels que fussent les parents, auraient-ils pu, dans ce court espace de temps, préparer, modifier ses organes, et établir la moindre communication de pensée entre leur âme et la sienne? pourraient-ils éveiller sa mémoire, ni la toucher par des actes assez souvent réitérés pour y faire impression? pourraient-ils même exercer ou dégourdir l'organe de la parole ? Il faut, avant que l'enfant prononce un seul mot, que son oreille soit mille et mille fois frappée du même son ; et avant qu'il ne puisse l'appliquer et le prononcer à propos, il faut encore mille et mille fois lui présenter la même combinaison du mot et de l'objet auquel il a rapport : l'éducation, qui seule peut développer son âme, veut donc être suivie longtemps et toujours soutenue; si elle cessait, je ne dis pas à deux mois comme celle des animaux, mais même à un an d'âge, l'âme de l'enfant qui n'aurait rien reçu serait sans exercice, et faute de mouvement communiqué demeurerait inactive comme celle de l'imbécile, à laquelle le défaut des organes empêche que rien ne soit transmis ; et à plus forte raison si l'enfant était né dans l'état de pure nature, s'il n'avait pour instituteur que sa mère hottentote, et qu'à deux mois d'âge il fût assez formé de corps pour se passer de ses soins et s'en séparer pour toujours, cet enfant ne serait-il pas au-dessous de l'imbécile, et quant à l'extérieur tout à fait de pair avec les animaux? Mais dans ce même état de nature, la première éducation, l'éducation de nécessité, exige autant de temps que dans l'état civil; parce que, dans tous deux, l'enfant est également faible, également lent à croître; que par conséquent il a besoin de secours pendant un temps égal; qu'enfin il périrait s'il était abandonné avant l'âge de trois ans. Or cette habitude nécessaire, continuelle et commune entre la mère et l'enfant pendant un si long temps suffit pour qu'elle lui communique tout ce qu'elle possède; et quand on voudrait supposer faussement que cette mère dans l'état de nature ne possède rien, pas même la parole, cette longue habitude avec son enfant ne suffirait-elle pas pour faire naître une langue? Ainsi cet état de pure nature, où l'on suppose l'homme sans pensée, sans parole, est un état idéal, imaginaire, qui n'a jamais existé; la nécessité de la longue habitude des parents à l'enfant produit la société au milieu du désert; la famille s'entend et par signes et par sons, et ce premier rayon d'intelligence, entretenu, cultivé, communiqué, a fait ensuite éclore tous les germes de la pensée : comme l'habitude n'a pu s'exercer, se soutenir si longtemps sans produire des signes mutuels et des sons réciproques, ces signes ou ces sons toujours répétés et gravés peu à peu dans la mémoire de l'enfant deviennent des expressions constantes; quelque courte qu'en soit la liste, c'est une langue qui deviendra bientôt plus étendue si la famille augmente, et qui toujours suivra dans sa marche tous les progrès de la société. Dès qu'elle commence à se former, l'éducation de l'enfant n'est plus une éducation purement individuelle, puisque ses parents lui communiquent non-seulement ce qu'ils tiennent de la nature, mais encore ce qu'ils ont reçu de leurs aïeux et de la société dont ils font partie ; ce n'est plus une communication faite par des individus isolés, qui, comme dans les animaux, se bornerait à transmettre leurs simples facultés ; c'est une institution à laquelle l'espèce entière a part, et dont le produit fait la base et le lien de la société.

Parmi les animaux mêmes, quoique tous dépourvus du principe pensant, ceux dont l'éducation est la plus longue sont aussi ceux qui paraissent avoir le plus d'intelligence : l'éléphant, qui de tous est le plus longtemps à croître, et qui a besoin des secours de sa mère pendant toute la première année, est aussi le plus intelligent de tous ; le cochon d'Inde, auquel il ne faut que trois semaines d'âge pour prendre tout son accroissement et se trouver en état d'engendrer, est peut-être par cette seule raison l'un des plus stupides ; et à l'égard du singe, dont il s'agit ici de décider la nature, quelque ressemblant qu'il soit à l'homme, il a néanmoins une si forte teinture d'animalité, qu'elle se reconnaît dès le moment de la naissance ; car il est à proportion plus fort et plus formé que l'enfant ; il croît beaucoup plus vite, les secours de la mère ne lui sont nécessaires que pendant les premiers mois ; il ne reçoit qu'une éducation purement individuelle, et par conséquent aussi stérile que celle des autres animaux.

Il est donc animal, et malgré sa ressemblance à l'homme, bien loin d'être le second dans notre espèce, il n'est pas le premier dans l'ordre des animaux, puisqu'il n'est pas le plus intelligent[1] : c'est uniquement sur ce

1. « L'orang-outang, jeune, et tel qu'on l'a vu en Europe, est un animal « assez doux, qui s'apprivoise et s'attache aisément, qui, par sa conformation,

rapport de ressemblance corporelle qu'est appuyé le préjugé de la grande opinion qu'on s'est formée des facultés du singe ; il nous ressemble, a-t-on dit, tant à l'extérieur qu'à l'intérieur ; il doit donc non-seulement nous imiter, mais faire encore de lui-même tout ce que nous faisons. On vient de voir que toutes les actions qu'on doit appeler *humaines* sont relatives à la société, qu'elles dépendent d'abord de l'âme et ensuite de l'éducation, dont le principe physique est la nécessité de la longue habitude des parents à l'enfant ; que dans le singe cette habitude est fort courte, qu'il ne reçoit, comme les autres animaux, qu'une éducation purement individuelle, et qu'il n'est pas même susceptible de celle de l'espèce ; par conséquent il ne peut rien faire de tout ce que l'homme fait, puisque aucune de ses actions n'a le même principe ni la même fin ; et à l'égard de l'imitation qui paraît être le caractère le plus marqué, l'attribut le plus frappant de l'espèce du singe, et que le vulgaire lui accorde comme un talent unique, il faut, avant de décider, examiner si cette imitation est libre ou forcée : le singe nous imite-t-il parce qu'il le veut, ou bien parce que sans le vouloir il le peut ? J'en appelle sur cela volontiers à tous ceux qui ont observé cet animal sans prévention, et je suis convaincu qu'ils diront avec moi qu'il n'y a rien de libre, rien de volontaire dans cette imitation ; le singe ayant des bras et des mains s'en sert comme nous, mais sans songer à nous : la similitude des membres et des organes produit nécessairement des mouvements et quelquefois même des suites de mou-

---

« parvient à imiter un grand nombre de nos actions, mais dont l'intelli-
« gence ne parait pas s'élever autant qu'on l'a dit, ni même surpasser beau-
« coup celle du chien. » (Cuvier). — Voyez, sur quelques faits particuliers relatifs à l'intelligence de l'*orang-outang*, mon livre intitulé : *De l'instinct et de l'intelligence des animaux*. (F.)

vements qui ressemblent aux nôtres; étant conformé comme l'homme, le singe ne peut que se mouvoir comme lui; mais se mouvoir de même n'est pas agir pour imiter. Qu'on donne à deux corps bruts la même impulsion; qu'on construise deux pendules, deux machines pareilles, elles se mouvront de même, et l'on aurait tort de dire que ces corps bruts ou ces machines ne se meuvent ainsi que pour s'imiter; il en est de même du singe relativement au corps de l'homme : ce sont deux machines construites, organisées de même, qui par nécessité de nature se meuvent à très-peu près de la même façon : néanmoins parité n'est pas imitation; l'une gît dans la matière, et l'autre n'existe que par l'esprit; l'imitation suppose le dessein d'imiter; le singe est incapable de former ce dessein, qui demande une suite de pensées, et par cette raison l'homme peut, s'il le veut, imiter le singe, et le singe ne peut pas même vouloir imiter l'homme.

Et cette parité, qui n'est que le physique de l'imitation, n'est pas aussi complète ici que la similitude, dont cependant elle émane comme effet immédiat; le singe ressemble plus à l'homme par le corps et les membres que par l'usage qu'il en fait; en l'observant avec quelque attention, on s'apercevra aisément que tous ses mouvements sont brusques, intermittents, précipités; et que pour les comparer à ceux de l'homme, il faudrait leur supposer une autre échelle, ou plutôt un module différent. Toutes les actions du singe tiennent de son éducation, qui est purement animale; elles nous paraissent ridicules, inconséquentes, extravagantes, parce que nous nous trompons d'échelle en les rapportant à nous, et que l'unité qui doit leur servir de mesure est très-différente de la nôtre : comme sa nature est vive, son tempérament chaud, son naturel pétulant, qu'aucune de ses affections n'a été mitigée par l'éducation, toutes ses habitudes sont excessives, et ressemblent beaucoup plus aux mouvements d'un maniaque qu'aux actions d'un homme ou même d'un animal tranquille; c'est par la même raison que nous le trouvons indocile, et qu'il reçoit difficilement les habitudes qu'on voudrait lui transmettre; il est insensible aux caresses, et n'obéit qu'au châtiment; on peut le tenir en captivité, mais non pas en domesticité; toujours triste ou revêche, toujours répugnant, grimaçant, on le dompte plutôt qu'on ne le prive : aussi l'espèce n'a jamais été domestique nulle part; et, par ce rapport, il est encore plus éloigné de l'homme que la plupart des animaux; car la docilité suppose quelque analogie entre celui qui donne et celui qui reçoit; c'est une qualité relative qui ne peut être exercée que lorsqu'il se trouve des deux parts un certain nombre de facultés communes, qui ne diffèrent entre elles que parce qu'elles sont actives dans le maître et passives dans le sujet. Or le passif du singe a moins de rapport avec l'actif de l'homme que le passif du chien ou de l'éléphant, qu'il suffit de bien traiter pour leur communiquer les sentiments doux et même délicats de l'attachement fidèle, de l'obéissance volontaire, du service gratuit et du dévouement sans réserve.

Le singe est donc plus loin de l'homme que la plupart des autres animaux par les qualités relatives : il en diffère aussi beaucoup par le tempérament: l'homme peut habiter tous les climats; il vit, il multiplie dans ceux du Nord et dans ceux du Midi; le singe a de la peine à vivre dans les contrées tempérées, et ne peut multiplier que dans les pays les plus chauds. Cette différence dans le tempérament en suppose d'autres dans l'organisation, qui, quoique cachées, n'en sont pas moins réelles; elle doit aussi influer beaucoup sur le naturel ; l'excès de chaleur qui est nécessaire à la pleine vie de cet animal rend excessives toutes ses affections, toutes ses qualités ; et il ne faut pas chercher une autre cause à sa pétulance, à sa lubricité et à ses autres passions, qui toutes nous paraissent aussi violentes que désordonnées.

Ainsi ce singe que les philosophes, avec le vulgaire, ont regardé comme un être difficile à définir, dont la nature était au moins équivoque et moyenne entre celle de l'homme et celle des animaux, n'est dans la vérité qu'un pur animal portant à l'extérieur un masque de figure humaine, mais dénué à l'intérieur de la pensée et de tout ce qui fait l'homme; un animal au-dessous de plusieurs autres par les facultés relatives, et encore essentiellement différent de l'homme par le naturel, par le tempérament et aussi par la mesure du temps nécessaire à l'éducation, à la gestation, à l'accroissement du corps, à la durée de la vie, c'est-à-dire par toutes les habitudes réelles qui constituent ce qu'on appelle *nature* dans un être particulier [1].

---

[1]. Il semble que Buffon n'exagérait si fort tout à l'heure la ressemblance physique de l'homme et de l'*orang-outang*, que pour se ménager le moyen de faire ressortir ici avec plus d'éclat la distance immense, l'abîme profond, infini, qui sépare l'instinct borné de la brute de la raison supérieure de l'homme.

« En réfléchissant sur les qualités de l'âme, dit excellemment Aristote, les
« anciens philosophes oubliaient ce qui rapproche l'homme de l'animal;
« c'était avec la divinité même qu'ils le comparaient: ils le regardaient
« comme participant de la nature divine. » (F.)

LES ORANGS-OUTANGS, OU LE PONGO ET LE JOCKO.

Nous présentons ces deux animaux ensemble, parce qu'il se peut qu'ils ne fassent tous deux qu'une seule et même espèce [1]. Ce sont de tous les singes ceux qui ressemblent le plus à l'homme, ceux qui par conséquent sont les plus dignes d'être observés; nous avons vu le petit orang-outang ou le jocko vivant, et nous en avons conservé les dépouilles [2]; mais nous ne pouvons parler du pongo ou grand orang-outang que d'après les relations des voyageurs : si elles étaient fidèles, si souvent elles n'étaient pas obscures, fautives, exagérées, nous ne douterions pas qu'il ne fût d'une autre espèce que le jocko, d'une espèce plus parfaite et plus voisine encore de l'espèce de l'homme. Bontius, qui était médecin en chef à Batavia, et qui nous a laissé de bonnes observations sur l'histoire naturelle de cette partie des Indes, dit expressément qu'il a vu avec admiration quelques individus de cette espèce marchant debout sur leurs pieds, et entre autres une femelle (dont il donne la figure) qui semblait avoir de la pudeur, qui se couvrait de sa main à l'aspect des hommes qu'elle ne connaissait pas, qui pleurait, gémissait, et faisait les autres actions humaines, de manière qu'il semblait que rien ne lui manquât que la parole. M. Linnæus dit, d'après Kjoep

---

1. Ils font deux espèces, aujourd'hui bien distinguées : le *chimpanzé* et l'*orang-outang*. Le *chimpanzé* est d'Afrique ; l'*orang-outang* est des Indes.
2. Ce prétendu *petit orang-outang* ou *jocko* est le *chimpanzé*. — Nous avons encore, au Muséum, une partie du squelette de ce *jocko*, vu vivant par Buffon, et disséqué par Daubenton. (F.)

et quelques autres voyageurs, que cette faculté même ne manque pas à l'orang-outang, qu'il pense, qu'il parle et s'exprime en sifflant; il l'appelle *homme nocturne*, et en donne en même temps une description par laquelle il ne serait guère possible de décider si c'est un animal ou un homme. Seulement on doit remarquer que cet être, quel qu'il soit, n'a, selon lui, que la moitié de la hauteur de l'homme; et comme Bontius ne fait nulle mention de la grandeur de son orang-outang, on pourrait penser avec M. Linnæus que c'est le même : mais alors cet orang-outang de Linnæus et de Bontius ne serait pas le véritable, qui est de la taille des plus grands hommes; ce ne serait pas non plus celui que nous appelons *jocko* et que j'ai vu vivant; car, quoiqu'il soit de la taille que M. Linnæus donne au sien, il en diffère néanmoins par tous les autres caractères. Je puis assurer, l'ayant vu plusieurs fois, que non-seulement il ne parle ni ne siffle pour s'exprimer, mais même qu'il ne fait rien qu'un chien bien instruit ne pût faire : et d'ailleurs il diffère presque en tout de la description que M. Linnæus donne de l'orang-outang, et se rapporte beaucoup mieux à celle du *satyrus* de ce même auteur : je doute donc beaucoup de la vérité de la description de cet *homme nocturne*; je doute même de son existence, et c'est probablement un Nègre blanc, un chacrelas, que les voyageurs cités par M. Linnæus auront mal vu et mal décrit; car ces chacrelas ont en effet, comme l'*homme nocturne* de cet auteur, les cheveux blancs, laineux et frisés, les yeux rouges, la vue faible, etc. Mais ce sont des hommes, et ces hommes ne sifflent pas et ne sont pas des pygmées de trente pouces de hauteur; ils pensent, parlent et agissent comme les autres hommes, et sont aussi de la même grandeur.

En écartant donc cet être mal décrit, en supposant aussi un peu d'exagération dans le récit de Bontius, un peu de préjugé dans ce qu'il raconte de la pudeur de sa femelle orang-outang, il ne nous restera qu'un animal, un singe, dont nous trouvons ailleurs des indications plus précises. Edward Tyson, célèbre anatomiste anglais, qui a fait une très-bonne description tant des parties extérieures qu'intérieures de l'orang-outang, dit qu'il y en a de deux espèces, et que celui qu'il décrit n'est pas si grand que l'autre appelé *barris* ou *baris* par les voyageurs, et vulgairement *drill* par les Anglais. Ce *barris* ou *drill* est en effet le grand orang-outang des Indes orientales, ou le pongo de Guinée; et le pygmée décrit par Tyson est le jocko que nous avons vu vivant. Le philosophe Gassendi ayant avancé, sur le rapport d'un voyageur nommé Saint-Amand, qu'il y avait dans l'île de Java une espèce de créature qui faisait la nuance entre l'homme et le singe, on n'hésita pas à nier le fait: pour le prouver, Peiresc produisit une lettre d'un M. Noël (*Natalis*), médecin qui demeurait en Afrique, par laquelle il assure qu'on trouve en Guinée[1] de très-grands singes appelés *barris*, qui marchent sur deux pieds, qui ont plus de gravité et beaucoup plus d'intelligence que tous les autres singes, et qui sont très-ardents pour les femmes. Darcos, et ensuite Nieremberg et Dapper disent à peu près les mêmes choses du barris. Battel l'appelle *pongo*, et assure « qu'il est, « dans toutes ses proportions, semblable à l'homme, seu-« lement qu'il est plus grand; grand, dit-il, comme un

---

1. Buffon mêle ici les deux histoires de l'*orang-outang* et du *chimpanzé*. — Gassendi parle d'un singe de Java : c'est l'*orang-outang;* Peiresc parle d'un singe de Guinée: c'est le *chimpanzé*.—Le lecteur, averti, rapportera au *chimpanzé* tout ce qui est dit ici du singe de Guinée, et à l'*orang-outang* tout ce qui y est dit du *singe* de l'Inde. (F.)

« géant; qu'il a la face comme l'homme, les yeux enfon-
« cés, de longs cheveux aux côtés de la tête, le visage nu
« et sans poil, aussi bien que les oreilles et les mains; le
« corps légèrement velu, et qu'il ne diffère de l'homme à
« l'extérieur que par les jambes, parce qu'il n'a que peu
« ou point de mollets; que cependant il marche toujours
« debout; qu'il dort sur les arbres et se construit une
« hutte, un abri contre le soleil et la pluie; qu'il vit de
« fruits et ne mange point de chair; qu'il ne peut parler,
« quoiqu'il ait plus d'entendement que les autres animaux;
« que quand les Nègres font du feu dans les bois, ces pon-
« gos viennent s'asseoir autour et se chauffer, mais qu'ils
« n'ont pas assez d'esprit pour entretenir le feu en y met-
« tant du bois; qu'ils vont de compagnie, et tuent quel-
« quefois des Nègres dans les lieux écartés; qu'ils atta-
« quent même l'éléphant, qu'ils le frappent à coups de
« bâton et le chassent de leurs bois; qu'on ne peut prendre
« ces pongos vivants, parce qu'ils sont si forts que dix
« hommes ne suffiraient pas pour en dompter un seul;
« qu'on ne peut donc attraper que les petits tout jeunes;
« que la mère les porte marchant debout, et qu'ils se
« tiennent attachés à son corps avec les mains et les
« genoux; qu'il y a deux espèces de ces singes très-
« ressemblants à l'homme, le pongo, qui est aussi grand
« et plus gros qu'un homme, et l'enjoko, qui est beaucoup
« plus petit, etc. » : c'est de ce passage très-précis que
j'ai tiré les noms de *pongo* et de *jocko*[1]. Battel dit encore
que, lorsqu'un de ces animaux meurt, les autres couvrent
son corps d'un amas de branches et de feuillages. Purchass

1. Encore une fois, l'*orang-outang* n'est point en Afrique; mais nous connaissons aujourd'hui deux très-grands singes d'Afrique : le *chimpanzé* et le *gorille*. (F.)

ajoute, en forme de note, que, dans les conversations qu'il avait eues avec Battel, il avait appris de lui qu'un pongo lui enleva un petit Nègre qui passa un an entier dans la société de ces animaux ; qu'à son retour ce petit Nègre raconta qu'ils ne lui avaient fait aucun mal ; que communément ils étaient de la hauteur de l'homme, mais qu'ils sont plus gros, et qu'ils ont à peu près le double du volume d'un homme ordinaire. Jobson assure avoir vu dans les endroits fréquentés par ces animaux une sorte d'habitation composée de branches entrelacées, qui pouvaient servir du moins à les garantir de l'ardeur du soleil. « Les singes de Guinée, dit Bosman, que l'on appelle « *smitten* en flamand, sont de couleur fauve, et deviennent « extrêmement grands : j'en ai vu, ajoute-t-il, un de mes « propres yeux qui avait cinq pieds de haut... Ces singes « ont une assez vilaine figure, aussi bien que ceux d'une « seconde espèce qui leur ressemblent en tout, si ce n'est « que quatre de ceux-ci seraient à peine aussi gros qu'un « de la première espèce... On peut leur apprendre presque « tout ce que l'on veut. » Gauthier Schoutten dit « que « les singes appelés par les Indiens *orangs-outangs* sont « presque de la même figure et de la même grandeur que « les hommes, mais qu'ils ont le dos et les reins tout cou- « verts de poil, sans en avoir néanmoins au devant du « corps ; que les femelles ont deux grosses mamelles ; que « tous ont le visage rude, le nez plat, même enfoncé, les « oreilles comme les hommes : qu'ils sont robustes, agiles, « hardis ; qu'ils se mettent en défense contre les hommes « armés ; qu'ils sont passionnés pour les femmes ; qu'il n'y « a point de sûreté pour elles à passer dans les bois, où « elles se trouvent tout d'un coup attaquées et violentées « par ces singes. » Dampier, Froger et d'autres voyageurs

assurent qu'ils enlèvent de petites filles de huit ou dix ans, qu'ils les emportent au-dessus des arbres, et qu'on a mille peines à les leur ôter. Nous pouvons ajouter à tous ces témoignages celui de M. de la Brosse, qui a écrit son voyage à la côte d'Angole en 1738, et dont on nous a communiqué l'extrait : ce voyageur assure que les orangs-outangs, qu'il appelle *quimpezés*, « tâchent de surprendre
« des Négresses ; qu'ils les gardent avec eux pour en jouir ;
« qu'ils les nourrissent très-bien. J'ai connu, dit-il, à
« Lowango une Négresse qui était restée trois ans avec ces
« animaux ; ils croissent de six à sept pieds de haut ; ils
« sont d'une force sans égale ; ils cabanent et se servent de
« bâtons pour se défendre ; ils ont la face plate, le nez
« camus et épaté, les oreilles plates, sans bourrelet, la
« peau un peu plus claire que celle d'un mulâtre, un poil
« long et clair-semé dans plusieurs parties du corps, le
« ventre extrêmement tendu, les talons plats et élevés
« d'un demi-pouce environ par derrière ; ils marchent sur
« leurs deux pieds, et sur les quatre quand ils en ont la
« fantaisie : nous en achetâmes deux jeunes, un mâle qui
« avait quatorze lunes, et une femelle qui n'avait que
« douze lunes d'âge, etc. »

Voilà ce que nous avons trouvé de plus précis et de plus certain au sujet du grand *orang-outang* ou *pongo* ; et comme la grandeur est le seul caractère bien marqué par lequel il diffère du jocko, je persiste à croire qu'ils sont de la même espèce ; car il y a ici deux choses possibles : la première, que le jocko soit une variété constante, c'est-à-dire une race beaucoup plus petite que celle du pongo : à la vérité, ils sont tous deux du même climat ; ils vivent de la même façon, et devraient par conséquent se ressembler en tout, puisqu'ils subissent et reçoivent également les mêmes altérations, les mêmes influences de la terre et du ciel; mais n'avons-nous pas dans l'espèce humaine un exemple de variété semblable? Le Lapon et le Finlandais, sous le même climat, diffèrent entre eux presque autant par la taille, et beaucoup plus pour les autres attributs, que le *jocko* ou *petit orang-outang* ne diffère du grand. La seconde chose possible, c'est que le *jocko* ou *petit orang-outang* que nous avons vu vivant, celui de Tulpius, celui de Tyson et les autres qu'on a transportés en Europe, n'étaient peut-être tous que de jeunes animaux qui n'avaient encore pris qu'une partie de leur accroissement[1]. Celui que j'ai vu avait près de deux pieds et demi de hauteur. Le sieur Nonfoux, auquel il appartenait, m'assura qu'il n'avait que deux ans : il aurait donc pu parvenir à plus de cinq pieds de hauteur s'il eût vécu, en supposant son accroissement proportionnel à celui de l'homme. L'orang-outang de Tyson était encore plus jeune, car il n'avait qu'environ deux pieds de hauteur, et ses dents n'étaient pas entièrement formées. Celui de Tulpius était à peu près de la grandeur de celui que j'ai vu; il en est de même de celui qui est gravé dans les Glanures de M. Edwards : il est donc très-probable que ces jeunes animaux auraient pris avec l'âge un accroissement considérable, et que, s'ils eussent été en liberté dans leur climat, ils auraient acquis la même hauteur, les mêmes dimensions que les voyageurs donnent à leur grand orang-outang; ainsi nous ne considérerons plus ces deux animaux comme différents entre eux, mais comme ne faisant qu'une seule et même espèce, en attendant

---

1. C'est, en effet, ce qui était. Le *jocko* ou *petit orang-outang* de Buffon, le *satyre d'Angola* de Tulpius et le *pygmée* de Tyson étaient de jeunes *chimpanzés*. (F.)

que des connaissances plus précises détruisent ou confirment cette opinion, qui nous paraît fondée.

L'orang-outang que j'ai vu marchait toujours debout sur ses deux pieds, même en portant des choses lourdes ; son air était assez triste, sa démarche grave, ses mouvements mesurés, son naturel doux et très-différent de celui des autres singes ; il n'avait ni l'impatience du magot, ni la méchanceté du babouin, ni l'extravagance des guenons ; il avait été, dira-t-on, instruit et bien appris, mais les autres que je viens de citer, et que je lui compare, avaient eu de même leur éducation ; le signe et la parole suffisaient pour faire agir notre orang-outang, il fallait le bâton pour le babouin et le fouet pour tous les autres, qui n'obéissent guère qu'à la force des coups. J'ai vu cet animal présenter sa main pour reconduire les gens qui venaient le visiter, se promener gravement avec eux et comme de compagnie ; je l'ai vu s'asseoir à table, déployer sa serviette, s'en essuyer les lèvres, se servir de la cuillère et de la fourchette pour porter à sa bouche, verser lui-même sa boisson dans un verre, le choquer lorsqu'il y était invité, aller prendre une tasse et une soucoupe, l'apporter sur la table, y mettre du sucre, y verser du thé, le laisser refroidir pour le boire, et tout cela sans autre instigation que les signes ou la parole de son maître, et souvent de lui-même. Il ne faisait du mal à personne, s'approchait même avec circonspection, et se présentait comme pour demander des caresses ; il aimait prodigieusement les bonbons, tout le monde lui en donnait ; et comme il avait une toux fréquente et la poitrine attaquée, cette grande quantité de choses sucrées contribua sans doute à abréger sa vie : il ne vécut à Paris qu'un été, et mourut l'hiver suivant à Londres ; il mangeait presque de

tout, seulement il préférait les fruits mûrs et secs à tous les autres aliments; il buvait du vin, mais en petite quantité, et le laissait volontiers pour du lait, du thé ou d'autres liqueurs douces. Tulpius, qui a donné une bonne description avec la figure d'un de ces animaux qu'on avait présenté vivant à Frédéric-Henri, prince d'Orange, en raconte les mêmes choses à peu près que celles que nous avons vues nous-mêmes, et que nous venons de rapporter; mais si l'on veut reconnaître ce qui appartient en propre à cet animal, et le distinguer de ce qu'il avait reçu de son maître, si l'on veut séparer sa nature de son éducation, qui en effet lui était étrangère, puisque, au lieu de la tenir de ses père et mère, il l'avait reçue des hommes, il faut comparer ces faits, dont nous avons été témoins, avec ceux que nous ont donnés les voyageurs qui ont vu ces animaux dans leur état de nature, en liberté et en captivité. M. de la Brosse, qui avait acheté d'un Nègre deux petits orangs-outangs qui n'avaient qu'un an d'âge, ne dit pas si le Nègre les avait éduqués; il paraît assurer, au contraire, que c'était d'eux-mêmes qu'ils faisaient une grande partie des choses que nous avons rapportées ci-dessus. « Ces animaux, dit-il, ont
« l'instinct de s'asseoir à table comme les hommes; ils
« mangent de tout sans distinction; ils se servent du cou-
« teau, de la cuillère et de la fourchette pour couper et
« prendre ce qu'on leur sert sur l'assiette; ils boivent du
« vin et d'autres liqueurs : nous les portâmes à bord;
« quand ils étaient à table, ils se faisaient entendre des
« mousses lorsqu'ils avaient besoin de quelque chose; et
« quelquefois, quand ces enfants refusaient de leur donner
« ce qu'ils demandaient, ils se mettaient en colère, leur
« saisissaient les bras, les mordaient et les abattaient sous

« eux... Le mâle fut malade en rade; il se faisait soigner
« comme une personne; il fut même saigné deux fois au
« bras droit : toutes les fois qu'il se trouva depuis incom-
« modé, il montrait son bras pour qu'on le saignât, comme
« s'il eût su que cela lui avait fait du bien. »

Henri Grosse dit « qu'il se trouve de ces animaux vers
« le nord de Coromandel, dans les forêts du domaine du
« raïa de Carnate; qu'on en fit présent de deux, l'un mâle,
« l'autre femelle, à M. Horne, gouverneur de Bombay;
« qu'ils avaient à peine deux pieds de haut, mais la forme
« entièrement humaine; qu'ils marchaient sur leurs deux
« pieds, et qu'ils étaient d'un blanc pâle, sans autres che-
« veux ni poil qu'aux endroits où nous en avons commu-
« nément; que leurs actions étaient très-semblables pour
« la plupart aux actions humaines, et que leur mélancolie
« faisait voir qu'ils sentaient fort bien leur captivité; qu'ils
« faisaient leur lit avec soin dans la cage dans laquelle
« on les avait envoyés sur le vaisseau; que quand on les
« regardait, ils cachaient avec leurs mains les parties
« que la modestie empêche de montrer. La femelle,
« ajoute-t-il, mourut de maladie sur le vaisseau, et
« le mâle, donnant toutes sortes de signes de douleur,
« prit tellement à cœur la mort de sa compagne, qu'il
« refusa de manger et ne lui survécut pas plus de deux
« jours. »

François Pyrard rapporte « qu'il se trouve dans la
« province de Sierra-Leona une espèce d'animaux, appelée
« *baris*, qui sont gros et membrus, lesquels ont une telle
« industrie que si on les nourrit et instruit de jeunesse,
« ils servent comme une personne; qu'ils marchent d'or-
« dinaire sur les deux pattes de derrière seulement; qu'ils
« pilent ce qu'on leur donne à piler dans des mortiers;

« qu'ils vont querir de l'eau à la rivière dans de petites
« cruches qu'ils portent toutes pleines sur leur tête, mais
« qu'arrivant à la porte de la maison, si on ne leur prend
« bientôt leurs cruches, ils les laissent tomber, et, voyant
« la cruche versée et rompue, ils se mettent à crier et à
« pleurer. » Le P. du Jarric, cité par Nieremberg, dit la
même chose et presque dans les mêmes termes. Le témoignage de Schoutten s'accorde avec celui de Pyrard au sujet de l'éducation de ces animaux : « On en prend,
« dit-il, avec des lacs, on les apprivoise, on leur apprend
« à marcher sur les pieds de derrière et à se servir des
« pieds de devant, qui sont à peu près comme des mains,
« pour faire certains ouvrages et même ceux du ménage,
« comme rincer des verres, donner à boire, tourner la
« broche, etc. » — « J'ai vu à Java, dit le Guat, un singe
« fort extraordinaire; c'était une femelle; elle était de
« grande taille et marchait souvent fort droit sur ses pieds
« de derrière ; alors elle cachait d'une de ses mains l'en-
« droit de son corps qui distinguait son sexe; elle avait le
« visage sans autre poil que celui des sourcils, et elle
« ressemblait assez en général à ces faces grotesques des
« femmes Hottentotes que j'ai vues au Cap : elle faisait
« tous les jours proprement son lit, s'y couchait la tête
« sur un oreiller et se couvrait d'une couverture... Quand
« elle avait mal à la tête, elle se serrait d'un mouchoir, et
« c'était un plaisir de la voir ainsi coiffée dans son lit. Je
« pourrais en raconter diverses autres petites choses qui
« paraissent extrêmement singulières; mais j'avoue que
« je ne pouvais pas admirer cela autant que le faisait la
« multitude, parce que, n'ignorant pas le dessein qu'on
« avait de porter cet animal en Europe pour le faire voir,
« j'avais beaucoup de penchant à supposer qu'on l'avait

« dressé à la plupart des singeries que le peuple regardait
« comme lui étant naturelles : à la vérité, c'était une
« supposition. Il mourut à la hauteur du cap de Bonne-
« Espérance dans un vaisseau sur lequel j'étais ; il est
« certain que la figure de ce singe ressemblait beaucoup
« à celle de l'homme, etc. » Gemelli-Carreri dit en avoir
vu un qui se plaignait comme un enfant, qui marchait
sur les deux pieds de derrière, en portant sa natte sous
son bras pour se coucher et dormir. Ces singes, ajoute-
t-il, paraissent avoir plus d'esprit que les hommes à certains égards ; car, quand ils ne trouvent plus de fruits sur
les montagnes, ils vont au bord de la mer où ils attrapent
des crabes, des huîtres et autres choses semblables. Il y a
une espèce d'huîtres qu'on appelle *taclovo*, qui pèsent plusieurs livres et qui sont souvent ouvertes sur le rivage ; or
le singe craignant que, quand il veut les manger, elles ne
lui attrapent la patte en se refermant, jette une pierre
dans la coquille qui l'empêche de se fermer, et ensuite il
mange l'huître sans crainte.

« Sur les côtes de la rivière de Gambie, dit Froger,
« les singes sont plus gros et plus méchants qu'en aucun
« endroit de l'Afrique ; les Nègres les craignent, et ils ne
« peuvent aller seuls dans la campagne sans courir risque
« d'être attaqués par ces animaux qui leur présentent un
« bâton et les obligent à se battre... Souvent on les a vus
« porter sur les arbres des enfants de sept à huit ans
« qu'on avait une peine incroyable à leur ôter ; la plupart
« des Nègres croient que c'est une nation étrangère qui
« est venue s'établir dans leur pays, et que, s'ils ne
« parlent pas, c'est qu'ils craignent qu'on ne les oblige à
« travailler. »

« On se passerait bien, dit un autre voyageur, de

« voir à Macaçar un aussi grand nombre de singes, car
« leur rencontre est souvent funeste ; il faut toujours
« être bien armé pour s'en défendre... Ils n'ont point
« de queue, ils se tiennent toujours droits comme des
« hommes, et ne vont jamais que sur les deux pieds de
« derrière. »

Voilà du moins, à très-peu près, tout ce que les voyageurs les moins crédules et les plus véridiques nous disent de cet animal ; j'ai cru devoir rapporter leurs passages en entier, parce que tout peut paraître important dans l'histoire d'une bête si ressemblante à l'homme : et pour qu'on puisse prononcer avec encore plus de connaissance sur sa nature, nous allons exposer aussi toutes les différences qui éloignent cette espèce de l'espèce humaine et toutes les conformités qui l'en approchent ; il diffère de l'homme à l'extérieur par le nez qui n'est pas proéminent, par le front qui est trop court, par le menton qui n'est pas relevé à la base ; il a les oreilles proportionnellement trop grandes, les yeux trop voisins l'un de l'autre, l'intervalle entre le nez et la bouche est aussi trop étendu ; ce sont là les seules différences de la face de l'orang-outang avec le visage de l'homme. Le corps et les membres diffèrent en ce que les cuisses sont relativement trop courtes, les bras trop longs, les pouces trop petits, la paume des mains trop longue et trop serrée, les pieds plutôt faits comme des mains que comme des pieds humains ; les parties de la génération du mâle ne sont différentes de celles de l'homme qu'en ce qu'il n'y a point de frein au prépuce : les parties de la femelle sont à l'extérieur fort semblables à celles de la femme.

A l'intérieur, cette espèce diffère de l'espèce humaine par le nombre des côtes ; l'homme n'en a que douze, l'orang-outang en a treize [1]; il a aussi les vertèbres du cou plus courtes, les os du bassin plus serrés, les hanches plus plates, les orbites des yeux plus enfoncées; il n'y a point d'apophyse épineuse à la première vertèbre du cou ; les reins sont plus ronds que ceux de l'homme, et les uretères ont une forme différente, aussi bien que la vessie et la vésicule du fiel qui sont plus étroites et plus longues que dans l'homme ; toutes les autres parties du corps, de la tête et des membres, tant extérieures qu'intérieures, sont si parfaitement semblables à celles de l'homme qu'on ne peut les comparer sans admiration et sans être étonné que d'une conformation si pareille et d'une organisation qui est absolument la même [2] il n'en résulte pas les mêmes effets. Par exemple, la langue et tous les organes de la voix [3] sont les mêmes que dans l'homme, et cependant l'orang-outang ne parle pas; le cerveau est absolument de la même forme et de la même proportion, et il ne pense pas : y a-t-il une preuve plus évidente que la matière seule, quoique parfaitement organisée, ne peut produire ni la pensée ni la parole qui en est le signe, à moins qu'elle ne soit animée par un principe supérieur? L'homme et l'orang-outang sont les seuls qui aient des fesses et des mollets, et qui par conséquent soient faits pour marcher debout [4]; les seuls qui aient la poitrine

---

1. C'est le *chimpanzé* qui en a treize ; mais c'est, en effet, le *chimpanzé* que décrit Buffon. Le gorille en a aussi treize. L'*orang-outang* en a douze.

2. Elle n'est pas absolument la même : il s'en faut beaucoup.

3. Les organes de la voix sont différents : le *larynx* de l'*orang-outang*, du *chimpanzé*, du *gorille* porte deux grands sacs membraneux qui communiquent avec les ventricules de la glotte.

4. Le bassin de l'*orang-outang*, du *chimpanzé*, du *gorille* est trop étroit pour que l'animal puisse se tenir debout; ces singes n'ont pas de mollet, ou du moins n'en ont-ils qu'un très-petit : l'homme seul a un mollet et des fesses, comme l'a très-bien dit Aristote. (F.)

large, les épaules aplaties et les vertèbres conformées l'une comme l'autre ; les seuls dont le cerveau, le cœur, les poumons, le foie, la rate, le pancréas, l'estomac, les boyaux, soient absolument pareils, les seuls qui aient l'appendice vermiculaire au cœcum ; enfin l'orang-outang ressemble plus à l'homme qu'à aucun des animaux, plus même qu'aux babouins et aux guenons, non-seulement par toutes les parties que je viens d'indiquer, mais encore par la largeur du visage, la forme du crâne, des mâchoires, des dents, des autres os de la tête et de la face, par la grosseur des doigts et du pouce, par la figure des ongles, par le nombre des vertèbres lombaires et sacrées, par celui des os du coccyx, et, enfin, par la conformité dans les articulations, dans la grandeur et la figure de la rotule, dans celle du sternum, etc.; en sorte qu'en comparant cet animal avec ceux qui lui ressemblent le plus, comme avec le magot, le babouin ou la guenon, il se trouve encore avoir plus de conformité avec l'homme qu'avec ces animaux, dont les espèces cependant paraissent être si voisines de la sienne qu'on les a toutes désignées par le même nom de *singes :* ainsi les Indiens sont excusables de l'avoir associé à l'espèce humaine par le nom d'*orang-outang,* homme sauvage, puisqu'il ressemble à l'homme par le corps plus qu'il ne ressemble aux autres singes ou à aucun autre animal.

LE CASTOR.

Autant l'homme s'est élevé au-dessus de l'état de nature, autant les animaux se sont abaissés au-dessous : soumis et réduits en servitude, ou traités comme rebelles et dispersés par la force, leurs sociétés se sont évanouies, leur industrie est devenue stérile, leurs faibles arts ont disparu; chaque espèce a perdu ses qualités générales, et tous n'ont conservé que leurs propriétés individuelles, perfectionnées dans les uns par l'exemple, l'imitation, l'éducation, et dans les autres par la crainte et par la nécessité où ils sont de veiller continuellement à leur sûreté. Quelles vues, quels desseins, quels projets peuvent avoir des esclaves sans âme, ou des relégués sans puissance? ramper ou fuir, et toujours exister d'une manière solitaire, ne rien édifier, ne rien produire, ne rien transmettre, et toujours languir dans la calamité, déchoir, se perpétuer sans se multiplier, perdre, en un mot, par la durée autant et plus qu'ils n'avaient acquis par le temps.

Aussi ne reste-t-il quelques vestiges de leur merveilleuse industrie que dans ces contrées éloignées et désertes, ignorées de l'homme pendant une longue suite de siècles, où chaque espèce pouvait manifester en liberté ses talents naturels et les perfectionner dans le repos en se réunissant en société durable. Les castors sont peut-être le seul exemple qui subsiste comme un ancien monument de cette espèce d'intelligence des brutes[1], qui, quoique infiniment

---

1. Il y a, en effet, dans certains animaux, dans le *chien*, dans le *cheval*, dans l'*éléphant*, par exemple, une *espèce d'intelligence*; le *castor* n'a que de l'*instinct*. (F.)

inférieure par son principe à celle de l'homme, suppose cependant des projets communs et des vues relatives; projets qui ayant pour base la société, et pour objet une digue à construire, une bourgade à élever, une espèce de république à fonder, supposent aussi une manière quelconque de s'entendre et d'agir de concert.

Les castors, dira-t-on, sont parmi les quadrupèdes ce que les abeilles sont parmi les insectes. Quelle différence! Il y a dans la nature, telle qu'elle nous est parvenue, trois espèces de sociétés qu'on doit considérer avant de les comparer : la société libre de l'homme, de laquelle, après Dieu, il tient toute sa puissance; la société gênée des animaux, toujours fugitive devant celle de l'homme; et, enfin, la société forcée de quelques petites bêtes, qui, naissant toutes en même temps dans le même lieu, sont contraintes d'y demeurer ensemble. Un individu, pris solitairement et au sortir des mains de la nature, n'est qu'un être stérile, dont l'industrie se borne au simple usage des sens; l'homme lui-même, dans l'état de pure nature, dénué de lumières et de tous les secours de la société, ne produit rien, n'édifie rien. Toute société, au contraire, devient nécessairement féconde, quelque fortuite, quelque aveugle qu'elle puisse être, pourvu qu'elle soit composée d'êtres de même nature : par la seule nécessité de se chercher ou de s'éviter, il s'y formera des mouvements communs dont le résultat sera souvent un ouvrage qui aura l'air d'avoir été conçu, conduit et exécuté avec intelligence. Ainsi l'ouvrage des abeilles qui, dans un lieu donné, tel qu'une ruche ou le creux d'un vieux arbre, bâtissent chacune leur cellule; l'ouvrage des mouches de Cayenne, qui non-seulement font aussi leurs cellules, mais construisent même la ruche qui doit les contenir, sont des travaux purement mécaniques qui ne supposent aucune intelligence, aucun projet concerté, aucune vue générale ; des travaux qui n'étant que le produit d'une nécessité physique, un résultat de mouvements communs, s'exercent toujours de la même façon, dans tous les temps et dans tous les lieux, par une multitude qui ne s'est point assemblée par choix, mais qui se trouve réunie par force de nature. Ce n'est donc pas la société, c'est le nombre seul qui opère ici ; c'est une puissance aveugle qu'on ne peut comparer à la lumière qui dirige toute société : je ne parle point de cette lumière pure, de ce rayon divin qui n'a été départi qu'à l'homme seul ; les castors en sont assurément privés, comme tous les autres animaux ; mais leur société n'étant point une réunion forcée [1], se faisant au contraire par une espèce de choix, et supposant au moins un concours général et des vues communes dans ceux qui la composent, suppose au moins aussi une lueur d'intelligence qui, quoique très-différente de celle de l'homme par le principe, produit cependant des effets assez semblables pour qu'on puisse les comparer, non pas dans la société plénière et puissante, telle qu'elle existe parmi les peuples anciennement policés, mais dans la société naissante chez des hommes sauvages, laquelle seule peut, avec équité, être comparée à celle des animaux.

Voyons donc le produit de l'une et l'autre de ces sociétés ; voyons jusqu'où s'étend l'art du castor, et où se borne celui du sauvage. Rompre une branche pour s'en faire un bâton, se bâtir une hutte, la couvrir de feuillages

---

1. La *société* des *castors* n'est qu'une réunion machinale, aveugle, purement *instinctive*. A ce premier fonds, à ce premier germe de *société*, dû à l'*instinct*, l'homme a joint tout ce qui constitue sa nature supérieure, son intelligence progressive et réfléchie, sa raison. (F.)

pour se mettre à l'abri, amasser de la mousse ou du foin pour se faire un lit, sont des actes communs à l'animal et au sauvage ; les ours font des huttes, les singes ont des bâtons; plusieurs autres animaux se pratiquent un domicile propre, commode, impénétrable à l'eau. Frotter une pierre pour la rendre tranchante et s'en faire une hache, s'en servir pour couper, pour écorcer du bois, pour aiguiser des flèches, pour creuser un vase, écorcher un animal pour se revêtir de sa peau, en prendre les nerfs pour faire une corde d'arc, attacher ces mêmes nerfs à une épine dure, et se servir de tous deux comme de fil et d'aiguille, sont des actes purement individuels, que l'homme en solitude peut tous exécuter sans être aidé des autres, des actes qui dépendent de sa seule conformation, puisqu'ils ne supposent que l'usage de la main ; mais couper et transporter un gros arbre, élever un carbet, construire une pirogue, sont, au contraire, des opérations qui supposent nécessairement un travail commun et des vues concertées. Ces ouvrages sont aussi les seuls résultats de la société naissante chez des nations sauvages, comme les ouvrages des castors sont les fruits de la société perfectionnée parmi ces animaux : car il faut observer qu'ils ne songent point à bâtir, à moins qu'ils n'habitent un pays libre [1] et qu'ils n'y soient parfaitement tranquilles. Il y a des castors en Languedoc, dans les îles du Rhône ; il y en a en plus grand nombre dans les provinces du nord de l'Europe ; mais comme toutes ces contrées sont habitées, ou du moins fort fréquentées par les hommes, les castors y sont, comme tous les autres animaux, dispersés,

---

1. Un castor, pris tout jeune sur les bords du Rhône, et élevé dans notre Jardin des Plantes, y a *bâti*, quoiqu'il y fût isolé, solitaire et même en cage. (Voyez mon livre sur l'*Instinct et l'intelligence des animaux*.) (F.)

solitaires, fugitifs, ou cachés dans un terrier ; on ne les a jamais vus se réunir, se rassembler, ni rien entreprendre, ni rien construire ; au lieu que, dans ces terres désertes où l'homme en société n'a pénétré que bien tard, et où l'on ne voyait auparavant que quelques vestiges de l'homme sauvage, on a partout trouvé les castors réunis, formant des sociétés, et l'on n'a pu s'empêcher d'admirer leurs ouvrages. Nous tâcherons de ne citer que des témoins judicieux, irréprochables, et nous ne donnerons pour certains que les faits sur lesquels ils s'accordent : moins porté peut-être que quelques-uns d'entre eux à l'admiration, nous nous permettrons le doute, et même la critique sur tout ce qui nous paraîtra trop difficile à croire.

Tous conviennent que le castor, loin d'avoir une supériorité marquée sur les autres animaux, paraît au contraire être au-dessous de quelques-uns d'entre eux pour les qualités purement individuelles ; et nous sommes en état de confirmer ce fait, ayant encore actuellement un jeune castor vivant qui nous a été envoyé de Canada, et que nous gardons depuis près d'un an. C'est un animal assez doux, assez tranquille, assez familier, un peu triste, même un peu plaintif, sans passions violentes, sans appétits véhéments, ne se donnant que peu de mouvement, ne faisant d'efforts pour quoi que ce soit, cependant occupé sérieusement du désir de sa liberté, rongeant de temps en temps les portes de sa prison, mais sans fureur, sans précipitation, et dans la seule vue d'y faire une ouverture pour en sortir ; au reste assez indifférent, ne s'attachant pas volontiers, ne cherchant point à nuire et assez peu à plaire. Il paraît inférieur au chien par les qualités relatives qui pourraient l'approcher de l'homme ; il ne semble fait ni pour servir, ni pour commander, ni même pour commercer avec une autre espèce que la sienne : son sens, renfermé dans lui-même, ne se manifeste en entier qu'avec ses semblables; seul, il a peu d'industrie personnelle, encore moins de ruses, pas même assez de défiance pour éviter des piéges grossiers : loin d'attaquer les autres animaux, il ne sait pas même se bien défendre; il préfère la fuite au combat, quoiqu'il morde cruellement et avec acharnement, lorsqu'il se trouve saisi par la main du chasseur. Si l'on considère donc cet animal dans l'état de nature, ou plutôt dans son état de solitude et de dispersion, il ne paraîtra pas, pour les qualités inférieures, au-dessus des autres animaux; il n'a pas plus d'esprit que le chien, de sens que l'éléphant, de finesse que le renard, etc.; il est plutôt remarquable par des singularités de conformation extérieure que par la supériorité apparente de ses qualités intérieures. Il est le seul parmi les quadrupèdes qui ait la queue plate, ovale et couverte d'écailles, de laquelle il se sert comme d'un gouvernail pour se diriger dans l'eau; le seul qui ait des nageoires aux pieds de derrière, et en même temps les doigts séparés dans ceux du devant, qu'il emploie comme des mains pour porter à sa bouche; le seul qui, ressemblant aux animaux terrestres par les parties antérieures de son corps, paraisse en même temps tenir des animaux aquatiques par les parties postérieures : il fait la nuance des quadrupèdes aux poissons, comme la chauve-souris fait celle des quadrupèdes aux oiseaux. Mais ces singularités seraient plutôt des défauts que des perfections, si l'animal ne savait tirer de cette conformation, qui nous paraît bizarre, des avantages uniques, et qui le rendent supérieur à tous les autres.

Les castors commencent par s'assembler au mois de juin ou de juillet, pour se réunir en société ; ils arrivent en nombre et de plusieurs côtés, et forment bientôt une troupe de deux ou trois cents : le lieu du rendez-vous est ordinairement le lieu de l'établissement, et c'est toujours au bord des eaux. Si ce sont des eaux plates, et qui se soutiennent à la même hauteur comme dans un lac, ils se dispensent d'y construire une digue ; mais dans les eaux courantes, et qui sont sujettes à hausser ou baisser, comme sur les ruisseaux, les rivières, ils établissent une chaussée, et par cette retenue ils forment une espèce d'étang ou de pièce d'eau, qui se soutient toujours à la même hauteur : la chaussée traverse la rivière comme une écluse, et va d'un bord à l'autre ; elle a souvent quatre-vingts ou cent pieds de longueur sur dix ou douze pieds d'épaisseur à sa base. Cette construction paraît énorme pour des animaux de cette taille, et suppose en effet un travail immense [1] ; mais la solidité avec laquelle l'ouvrage est construit étonne encore plus que sa grandeur. L'endroit de la rivière où ils établissent cette digue est ordinairement peu profond ; s'il se trouve sur le bord un gros arbre qui puisse tomber dans l'eau, ils commencent par l'abattre pour en faire la pièce principale de leur construction : cet arbre est souvent plus gros que le corps d'un homme ; ils le scient, ils le rongent au pied, et sans autre instrument que leurs quatre dents incisives ils le coupent en assez peu de temps, et le font tomber du côté qu'il leur plaît, c'est-à-dire en travers sur la rivière ; ensuite ils coupent les branches de la cime de cet arbre

---

1. Les plus grands castors pèsent cinquante ou soixante livres, et n'ont guère que trois pieds de longueur depuis le bout du museau jusqu'à l'origine de la queue. (B.)

tombé, pour le mettre de niveau et le faire porter partout également. Ces opérations se font en commun ; plusieurs castors rongent ensemble le pied de l'arbre pour l'abattre, plusieurs aussi vont ensemble pour en couper les branches lorsqu'il est abattu ; d'autres parcourent en même temps les bords de la rivière et coupent de moindres arbres, les uns gros comme la jambe, les autres comme la cuisse ; ils les dépècent et les scient à une certaine hauteur pour en faire des pieux ; ils amènent ces pièces de bois d'abord par terre jusqu'au bord de la rivière, et ensuite par eau jusqu'au lieu de leur construction ; ils en font une espèce de pilotis serré, qu'ils enfoncent encore en entrelaçant des branches entre les pieux. Cette opération suppose bien des difficultés vaincues ; car pour dresser ces pieux et les mettre dans une situation à peu près perpendiculaire, il faut qu'avec les dents ils élèvent le gros bout contre le bord de la rivière, ou contre l'arbre qui la traverse ; que d'autres plongent en même temps jusqu'au fond de l'eau pour y creuser avec les pieds de devant un trou dans lequel ils font entrer la pointe du pieu, afin qu'il puisse se tenir debout. A mesure que les uns plantent ainsi leurs pieux, les autres vont chercher de la terre qu'ils gâchent avec leurs pieds et battent avec leur queue ; ils la portent dans leur gueule et avec les pieds de devant, et ils en transportent une si grande quantité, qu'ils en remplissent tous les intervalles de leur pilotis. Ce pilotis est composé de plusieurs rangs de pieux, tous égaux en hauteur, et tous plantés les uns contre les autres ; il s'étend d'un bord à l'autre de la rivière, il est rempli et maçonné partout : les pieux sont plantés verticalement du côté de la chute de l'eau ; tout l'ouvrage est au contraire en talus du côté qui en soutient la charge, en sorte que la chaussée, qui a dix ou douze pieds de largeur à sa base, se réduit à deux ou trois pieds d'épaisseur au sommet; elle a donc non-seulement toute l'étendue, toute la solidité nécessaire, mais encore la forme la plus convenable pour retenir l'eau, l'empêcher de passer, en soutenir le poids et en rompre les efforts. Au haut de la chaussée, c'est-à-dire dans la partie où elle a le moins d'épaisseur, ils pratiquent deux ou trois ouvertures en pente, qui sont autant de décharges de superficie qu'ils élargissent ou rétrécissent selon que la rivière vient à hausser ou baisser; et lorsque par des inondations trop grandes ou trop subites il se fait quelques brèches à leur digue, ils savent les réparer, et travaillent de nouveau dès que les eaux sont baissées.

Il serait superflu, après cette exposition de leurs travaux pour un ouvrage public, de donner encore le détail de leurs constructions particulières, si dans une histoire l'on ne devait pas compte de tous les faits, et si ce premier grand ouvrage n'était pas fait dans la vue de rendre plus commodes leurs petites habitations : ce sont des cabanes, ou plutôt des espèces de maisonnettes bâties dans l'eau sur un pilotis plein tout près du bord de leur étang avec deux issues, l'une pour aller à terre, l'autre pour se jeter à l'eau. La forme de cet édifice est presque toujours ovale ou ronde; il y en a de plus grands et de plus petits, depuis quatre ou cinq jusqu'à huit ou dix pieds de diamètre; il s'en trouve aussi quelquefois qui sont à deux ou trois étages; les murailles ont jusqu'à deux pieds d'épaisseur; elles sont élevées à plomb sur le pilotis plein, qui sert en même temps de fondement et de plancher à la maison. Lorsqu'elle n'a qu'un étage, les murailles ne s'élèvent droites qu'à quelques pieds de hauteur, au-dessus de laquelle elles prennent la courbure d'une voûte en anse de panier ; cette voûte termine l'édifice et lui sert de couvert ; il est maçonné avec solidité et enduit avec propreté en dehors et en dedans ; il est impénétrable à l'eau des pluies et résiste aux vents les plus impétueux ; les parois en sont revêtues d'une espèce de stuc si bien gâché et si proprement appliqué, qu'il semble que la main de l'homme y ait passé ; aussi la queue leur sert-elle de truelle pour appliquer ce mortier qu'ils gâchent avec leurs pieds. Ils mettent en œuvre différentes espèces de matériaux, des bois, des pierres et des terres sablonneuses qui ne sont point sujettes à se délayer par l'eau : les bois qu'ils emploient sont presque tous légers et tendres ; ce sont des aunes, des peupliers, des saules, qui naturellement croissent au bord des eaux et qui sont plus faciles à écorcer, à couper, à voiturer que des arbres dont le bois serait plus pesant et plus dur. Lorsqu'ils attaquent un arbre, ils ne l'abandonnent pas qu'il ne soit abattu, dépecé, transporté ; ils le coupent toujours à un pied ou un pied et demi de hauteur de terre ; ils travaillent assis, et, outre l'avantage de cette situation commode, ils ont le plaisir de ronger continuellement de l'écorce et du bois dont le goût leur est fort agréable, car ils préfèrent l'écorce fraîche et le bois tendre à la plupart des aliments ordinaires ; ils en font ample provision pour se nourrir pendant l'hiver[1] ; ils n'aiment pas le bois sec. C'est dans l'eau et près de leurs habitations qu'ils établissent leur

---

1. La provision pour huit ou dix castors est de vingt-cinq ou trente pieds en carré, sur huit ou dix pieds de profondeur ; ils n'en apportent dans leurs cabanes que quand ils sont coupés menu, et tout prêts à manger ; ils aiment mieux le bois frais que le bois flotté, et vont de temps en temps pendant l'hiver en manger dans les bois. *Mémoires de l'Académie des Sciences*, année 1704. *Mémoire de M. de Sarrazin.* (B.)

magasin; chaque cabane a le sien, proportionné au nombre
de ses habitants, qui tous y ont un droit commun et ne
vont jamais piller leurs voisins. On a vu des bourgades
composées de vingt ou de vingt-cinq cabanes; ces grands
établissements sont rares, et cette espèce de république
est ordinairement moins nombreuse; elle n'est le plus
souvent composée que de dix ou douze tribus, dont chacune a son quartier, son magasin, son habitation séparée;
ils ne souffrent pas que des étrangers viennent s'établir
dans leurs enceintes. Les plus petites cabanes contiennent
deux, quatre, six, et les plus grandes dix-huit, vingt, et
même, dit-on, jusqu'à trente castors, presque toujours en
nombre pair, autant de femelles que de mâles; ainsi, en
comptant même au rabais, on peut dire que leur société
est souvent composée de cent cinquante ou deux cents
ouvriers associés, qui tous ont travaillé d'abord en corps
pour élever le grand ouvrage public, et ensuite par com-
pagnies pour édifier des habitations particulières. Quelque
nombreuse que soit cette société, la paix s'y maintient
sans altération; le travail commun a resserré leur union;
les commodités qu'ils se sont procurées, l'abondance des
vivres qu'ils amassent et consomment ensemble, servent à
l'entretenir; des appétits modérés, des goûts simples, de
l'aversion pour la chair et le sang, leur ôtent jusqu'à
l'idée de rapine et de guerre : ils jouissent de tous les
biens que l'homme ne fait que désirer. Amis entre eux,
s'ils ont quelques ennemis au dehors, ils savent les éviter;
ils s'avertissent en frappant avec leur queue sur l'eau un
coup qui retentit au loin dans toutes les voûtes des habitations; chacun prend son parti, ou de plonger dans le
lac ou de se recéler dans leurs murs qui ne craignent que
le feu du ciel ou le fer de l'homme, et qu'aucun animal

n'ose entreprendre d'ouvrir ou renverser. Ces asiles sont non-seulement très-sûrs, mais encore très-propres et très-commodes; le plancher est jonché de verdure; des rameaux de buis et de sapin leur servent de tapis, sur lequel ils ne font ni ne souffrent jamais aucune ordure: la fenêtre qui regarde sur l'eau leur sert de balcon pour se tenir au frais et prendre le bain pendant la plus grande partie du jour; ils s'y tiennent debout, la tête et les parties postérieures plongées dans l'eau : cette fenêtre est percée avec précaution; l'ouverture en est assez élevée pour ne pouvoir jamais être fermée par les glaces qui, dans le climat de nos castors, ont quelquefois deux ou trois pieds d'épaisseur: ils en abaissent alors la tablette, coupent en pente les pieux sur lesquels elle était appuyée, et se font une issue jusqu'à l'eau sous la glace. Cet élément liquide leur est si nécessaire, ou plutôt leur fait tant de plaisir, qu'ils semblent ne pouvoir s'en passer; ils vont quelquefois assez loin sous la glace : c'est alors qu'on les prend aisément en attaquant d'un côté la cabane et les attendant en même temps à un trou qu'on pratique dans la glace à quelque distance, et où ils sont obligés d'arriver pour respirer. L'habitude qu'ils ont de tenir continuellement la queue et toutes les parties postérieures du corps dans l'eau, paraît avoir changé la nature de leur chair; celle des parties antérieures jusqu'aux reins a la qualité, le goût, la consistance de la chair des animaux de la terre et de l'air; celle des cuisses et de la queue a l'odeur, la saveur et toutes les qualités de celle du poisson : cette queue longue d'un pied, épaisse d'un pouce, et large de cinq ou six, est même une extrémité, une vraie portion de poisson attachée au corps d'un quadrupède: elle est entièrement recouverte d'écailles et d'une peau toute semblable à celle des gros poissons : on peut enlever ces écailles en les raclant au couteau, et, lorsqu'elles sont tombées, l'on voit encore leur empreinte sur la peau comme dans tous nos poissons.

C'est au commencement de l'été que les castors se rassemblent; ils emploient les mois de juillet et d'août à construire leur digue et leurs cabanes; ils font leur provision d'écorce et de bois dans le mois de septembre, ensuite ils jouissent de leurs travaux, ils goûtent les douceurs domestiques; c'est le temps du repos, c'est mieux, c'est la saison des amours. Se connaissant, prévenus l'un pour l'autre par l'habitude, par les plaisirs et les peines d'un travail commun, chaque couple ne se forme point au hasard, ne se joint pas par pure nécessité de nature, mais s'unit par choix et s'assortit par goût : ils passent ensemble l'automne et l'hiver; contents l'un de l'autre, ils ne se quittent guère; à l'aise dans leur domicile, ils n'en sortent que pour faire des promenades agréables et utiles; ils en rapportent des écorces fraîches qu'ils préfèrent à celles qui sont sèches ou trop imbibées d'eau. Les femelles portent, dit-on, quatre mois; elles mettent bas sur la fin de l'hiver, et produisent ordinairement deux ou trois petits; les mâles les quittent à peu près dans ce temps, ils vont à la campagne jouir des douceurs et des fruits du printemps; ils reviennent de temps en temps à la cabane, mais ils n'y séjournent plus : les mères y demeurent occupées à allaiter, à soigner, à élever leurs petits, qui sont en état de les suivre au bout de quelques semaines; elles vont à leur tour se promener, se rétablir à l'air, manger du poisson, des écrevisses, des écorces nouvelles, et passent ainsi l'été sur les eaux, dans les bois. Ils ne se rassemblent qu'en automne, à moins que les inondations n'aient renversé leur digue ou détruit leurs cabanes, car alors ils se réunissent de bonne heure pour en réparer les brèches.

Il y a des lieux qu'ils habitent de préférence, où l'on a vu qu'après avoir détruit plusieurs fois leurs travaux, ils venaient tous les étés pour les réédifier, jusqu'à ce qu'enfin, fatigués de cette persécution et affaiblis par la perte de plusieurs d'entre eux, ils ont pris le parti de changer de demeure et de se retirer au loin dans les solitudes les plus profondes. C'est principalement en hiver que les chasseurs les cherchent, parce que leur fourrure n'est parfaitement bonne que dans cette saison ; et lorsque après avoir ruiné leurs établissements il arrive qu'ils en prennent en grand nombre, la société trop réduite ne se rétablit point, le petit nombre de ceux qui ont échappé à la mort ou à la captivité se disperse ; ils deviennent fuyards, leur génie flétri par la crainte ne s'épanouit plus, ils s'enfouissent eux et tous leurs talents dans un terrier, où, rabaissés à la condition des autres animaux, ils mènent une vie timide, ne s'occupent plus que des besoins pressants, n'exercent que leurs facultés individuelles, et perdent sans retour les qualités sociales que nous venons d'admirer.

Quelque admirables en effet, quelque merveilleuses que puissent paraître les choses que nous venons d'exposer au sujet de la société et des travaux de nos castors, nous osons dire qu'on ne peut douter de leur réalité [1]. Toutes les relations, faites en différents temps par un grand nombre de témoins oculaires, s'accordent sur tous les faits que nous avons rapportés ; et si notre récit diffère de celui

---

1. Il y a sans doute, dans ces récits, un certain fonds de *réalité*, mais Buffon les embellit beaucoup par la forme, par cette allusion continuelle des qualités, des défauts, des mœurs des animaux au *moral* de l'homme : c'est là une partie de son art, et c'est par ce tour ingénieux qu'il attache. (F.)

de quelques-uns d'entre eux, ce n'est que dans les points où ils nous ont paru enfler le merveilleux, aller au delà du vrai, et quelquefois même de toute vraisemblance. Car on ne s'est pas borné à dire que les castors avaient des mœurs sociales et des talents évidents pour l'architecture, mais on a assuré qu'on ne pouvait leur refuser des idées générales de police et de gouvernement; que leur société étant une fois formée, ils savaient réduire en esclavage les voyageurs, les étrangers; qu'ils s'en servaient pour porter leur terre, traîner leur bois; qu'ils traitaient de même les paresseux d'entre eux qui ne voulaient et les vieux qui ne pouvaient pas travailler; qu'ils les renversaient sur le dos, les faisaient servir de charrette pour voiturer leurs matériaux; que ces républicains ne s'assemblaient jamais qu'en nombre impair, pour que dans leurs conseils il y eût toujours une voix prépondérante; que la société entière avait un président; que chaque tribu avait son intendant; qu'ils avaient des sentinelles établies pour la garde publique; que, quand ils étaient poursuivis, ils ne manquaient pas de s'arracher les testicules pour satisfaire à la cupidité des chasseurs; qu'ils se montraient ainsi mutilés pour trouver grâce à leurs yeux, etc., etc. Autant nous sommes éloignés de croire à ces fables, ou de recevoir ces exagérations, autant il nous paraît difficile de se refuser à admettre des faits constatés, confirmés et moralement très-certains. On a mille fois vu, revu, détruit, renversé leurs ouvrages; on les a mesurés, dessinés, gravés; enfin, ce qui ne laisse aucun doute, ce qui est plus fort que tous les témoignages passés, c'est que nous en avons de récents et d'actuels; c'est qu'il en subsiste encore de ces ouvrages singuliers qui, quoique moins communs que dans les premiers temps de la découverte de l'Amérique septentrionale, se trouvent cependant en assez grand nombre pour que tous les missionnaires, tous les voyageurs, même les plus nouveaux, qui se sont avancés dans les terres du nord assurent en avoir rencontré.

Tous s'accordent à dire qu'outre les castors qui sont en société, on rencontre partout, dans le même climat, des castors solitaires, lesquels rejetés, disent-ils, de la société pour leurs défauts, ne participent à aucun de ses avantages, n'ont ni maison ni magasin, et demeurent, comme le blaireau, dans un boyau sous terre : on a même appelé ces castors solitaires, *castors terriers*; ils sont aisés à reconnaître : leur robe est sale, le poil est rongé sur le dos par le frottement de la terre; ils habitent comme les autres assez volontiers au bord des eaux, où quelques-uns mêmes creusent un fossé de quelques pieds de profondeur, pour former un petit étang qui arrive jusqu'à l'ouverture de leur terrier, qui s'étend quelquefois à plus de cent pieds en longueur, et va toujours en s'élevant, afin qu'ils aient la facilité de se retirer en haut à mesure que l'eau s'élève dans les inondations; mais il s'en trouve aussi, de ces castors solitaires, qui habitent assez loin des eaux dans les terres. Tous nos bièvres d'Europe sont des castors terriers et solitaires, dont la fourrure n'est pas à beaucoup près aussi belle que celle des castors qui vivent en société. Tous diffèrent par la couleur, suivant le climat qu'ils habitent; dans les contrées du nord les plus reculées, ils sont tout noirs, et ce sont les plus beaux; parmi ces castors noirs, il s'en trouve quelquefois de tout blancs, ou de blancs tachés de gris et mêlés de roux sur le chignon et sur la croupe. A mesure qu'on s'éloigne du nord, la couleur s'éclaircit et se mêle; ils sont couleur de marron dans la partie septentrionale du Canada, châtains vers la partie méridionale, et jaunes ou couleur de paille chez les Illinois. On trouve des castors en Amérique, depuis le trentième degré de latitude nord jusqu'au soixantième et au delà; ils sont très-communs vers le nord, et toujours en moindre nombre à mesure qu'on avance vers le midi : c'est la même chose dans l'ancien continent; on n'en trouve en quantité que dans les contrées les plus septentrionales, et ils sont très-rares en France, en Espagne, en Italie, en Grèce et en Égypte. Les anciens les connaissaient; il était défendu de les tuer dans la religion des mages; ils étaient communs sur les rives du Pont-Euxin; on a même appelé le castor *canis ponticus,* mais apparemment que ces animaux n'étaient pas assez tranquilles sur les bords de cette mer, qui en effet sont fréquentés par les hommes de temps immémorial, puisque aucun des anciens ne parle de leur société ni de leurs travaux. Ælien surtout, qui marque un si grand faible pour le merveilleux, et qui, je crois, a écrit le premier que le castor se coupe les testicules pour les laisser ramasser au chasseur, n'aurait pas manqué de parler des merveilles de leur république, en exagérant leur génie et leurs talents pour l'architecture. Pline lui-même, Pline, dont l'esprit fier, triste et sublime, déprise toujours l'homme pour exalter la nature, se serait-il abstenu de comparer les travaux de Romulus à ceux de nos castors! Il paraît donc certain qu'aucun des anciens n'a connu leur industrie pour bâtir, et quoiqu'on ait trouvé dans les derniers siècles des castors cabanés en Norwége et dans les autres provinces les plus septentrionales de l'Europe, et qu'il y ait apparence que les anciens castors bâtissaient aussi bien que les castors modernes, comme les Romains n'avaient pas pénétré jusque-là, il n'est pas surprenant que leurs écrivains n'en fassent aucune mention.

Plusieurs auteurs ont écrit que le castor étant un animal aquatique, il ne pouvait vivre sur terre et sans eau : cette opinion n'est pas vraie, car le castor que nous avons vivant ayant été pris tout jeune en Canada, et ayant été toujours élevé dans la maison, ne connaissait pas l'eau lorsqu'on nous l'a remis; il craignait et refusait d'y entrer; mais l'ayant une fois plongé et retenu d'abord par force dans un bassin, il s'y trouva si bien au bout de quelques minutes, qu'il ne cherchait point à en sortir, et lorsqu'on le laissait libre, il y retournait très-souvent de lui-même; il se vautrait aussi dans la boue et sur le pavé mouillé. Un jour il s'échappa, et descendit par un escalier de cave dans les voûtes des carrières qui sont sous le terrain du Jardin royal; il s'enfuit assez loin, en nageant sur les mares d'eau qui sont au fond de ces carrières; cependant, dès qu'il vit la lumière des flambeaux que nous y fîmes porter pour le chercher, il revint à ceux qui l'appelaient, et se laissa prendre aisément. Il est familier sans être caressant; il demande à manger à ceux qui sont à table; ses instances sont un petit cri plaintif et quelques gestes de la main; dès qu'on lui donne un morceau, il l'emporte, et se cache pour le manger à son aise; il dort assez souvent, et se repose sur le ventre; il mange de tout, à l'exception de la viande, qu'il refuse constamment, cuite ou crue; il ronge tout ce qu'il trouve, les étoffes, les meubles, le bois, et l'on a été obligé de doubler de fer-blanc le tonneau dans lequel il a été transporté.

Les castors habitent de préférence sur les bords des lacs, des rivières et des autres eaux douces; cependant il s'en trouve au bord de la mer, mais c'est principalement sur les mers septentrionales, et surtout dans les golfes méditerranés qui reçoivent de grands fleuves, et dont les eaux sont peu salées. Ils sont ennemis de la loutre ; ils la chassent, et ne lui permettent pas de paraître sur les eaux qu'ils fréquentent. La fourrure du castor est encore plus belle et plus fournie que celle de la loutre : elle est composée de deux sortes de poils : l'un plus court, mais très-touffu, fin comme le duvet, impénétrable à l'eau, revêt immédiatement la peau ; l'autre plus long, plus ferme, plus lustré, mais plus rare, recouvre ce premier vêtement, lui sert, pour ainsi dire, de surtout, le défend des ordures, de la poussière, de la fange : ce second poil n'a que peu de valeur ; ce n'est que le premier que l'on emploie dans nos manufactures. Les fourrures les plus noires sont ordinairement les plus fournies, et par conséquent les plus estimées ; celles des castors terriers sont fort inférieures à celles des castors cabanés. Les castors sont sujets à la mue pendant l'été, comme tous les autres quadrupèdes ; aussi la fourrure de ceux qui sont pris dans cette saison n'a que peu de valeur. La fourrure des castors blancs est estimée à cause de sa rareté, et les parfaitement noirs sont presque aussi rares que les blancs.

Mais indépendamment de la fourrure, qui est ce que le castor fournit de plus précieux, il donne encore une matière dont on a fait un grand usage en médecine. Cette matière, que l'on a appelée *castoreum*, est contenue dans deux grosses vésicules que les anciens avaient prises pour les testicules de l'animal : nous n'en donnerons pas la description ni les usages, parce qu'on les trouve dans toutes les pharmacopées. Les sauvages tirent, dit-on, de la queue du castor une huile dont ils se servent comme de topique pour différents maux. La chair du castor, quoique grasse et délicate, a toujours un goût amer assez désagréable : on assure qu'il a les os excessivement durs, mais nous n'avons pas été à portée de vérifier ce fait, n'en ayant disséqué qu'un jeune : ses dents sont très-dures, et si tranchantes qu'elles servent de couteau aux sauvages pour couper, creuser et polir le bois. Ils s'habillent de peaux de castors, et les portent en hiver le poil contre la chair : ce sont ces fourrures imbibées de la sueur des sauvages que l'on appelle *castor gras*, dont on ne se sert que pour les ouvrages les plus grossiers.

Le castor se sert de ses pieds de devant comme de mains, avec une adresse au moins égale à celle de l'écureuil; les doigts en sont bien séparés, bien divisés, au lieu que ceux des pieds de derrière sont réunis entre eux par une forte membrane; ils lui servent de nageoires, et s'élargissent comme ceux de l'oie, dont le castor a aussi en partie la démarche sur la terre. Il nage beaucoup mieux qu'il ne court : comme il a les jambes de devant bien plus courtes que celles de derrière, il marche toujours la tête baissée et le dos arqué. Il a les sens très-bons, l'odorat très-fin, et même susceptible; il paraît qu'il ne peut supporter ni la malpropreté, ni les mauvaises odeurs : lorsqu'on le retient trop longtemps en prison, et qu'il se trouve forcé d'y faire ses ordures, il les met près du seuil de la porte, et dès qu'elle est ouverte il les pousse dehors. Cette habitude de propreté leur est naturelle, et notre jeune castor ne manquait jamais de nettoyer ainsi sa chambre. A l'âge d'un an, il a donné des signes de chaleur, ce qui paraît indiquer qu'il avait pris dans cet espace de temps la plus grande partie de son accroissement; ainsi la durée de sa vie ne peut être bien longue, et c'est peut-être trop que de l'étendre à quinze ou vingt ans. Ce castor était très-petit pour son âge, et l'on ne doit pas s'en étonner : ayant presque dès sa naissance toujours été contraint, élevé, pour ainsi dire, à sec, ne connaissant pas l'eau jusqu'à l'âge de neuf mois, il n'a pu ni croître, ni se développer comme les autres, qui jouissent de leur liberté et de cet élément qui paraît leur être presque aussi nécessaire que l'usage de la terre.

LE LOUP[1].

Le loup est l'un de ces animaux dont l'appétit pour la chair est le plus véhément; et quoique avec ce goût il ait reçu de la nature les moyens de le satisfaire, qu'elle lui ait donné des armes, de la ruse, de l'agilité, de la force, tout ce qui est nécessaire en un mot pour trouver, attaquer, vaincre, saisir et dévorer sa proie, cependant il meurt souvent de faim, parce que l'homme lui ayant déclaré la guerre, l'ayant même proscrit en mettant sa tête à prix, le force à fuir, à demeurer dans les bois, où il ne trouve que quelques animaux sauvages qui lui échappent par la vitesse de leur course, et qu'il ne peut surprendre que par hasard ou par patience, en les attendant longtemps, et souvent en vain, dans les endroits où ils doivent passer. Il est naturellement grossier et poltron, mais il devient ingénieux par besoin, et hardi par nécessité; pressé par la famine, il brave le danger, vient atta-

1. *Canis lupus* (Linn.). — Ordre des *Carnassiers;* famille des *Carnivores;* tribu des *Digitigrades;* genre *Chien*. (Cuvier.)

quer les animaux qui sont sous la garde de l'homme, ceux surtout qu'il peut emporter aisément, comme les agneaux, les petits chiens, les chevreaux; et lorsque cette maraude lui réussit, il revient souvent à la charge, jusqu'à ce qu'ayant été blessé ou chassé et maltraité par les hommes et les chiens, il se recèle pendant le jour dans son fort, n'en sort que la nuit, parcourt la campagne, rôde autour des habitations, ravit les animaux abandonnés, vient attaquer les bergeries, gratte et creuse la terre sous les portes, entre furieux, met tout à mort avant de choisir et d'emporter sa proie. Lorsque ces courses ne lui produisent rien, il retourne au fond des bois, se met en quête, cherche, suit à la piste, chasse, poursuit les animaux sauvages dans l'espérance qu'un autre loup pourra les arrêter, les saisir dans leur fuite, et qu'ils en partageront la dépouille. Enfin, lorsque le besoin est extrême, il s'expose à tout, attaque les femmes et les enfants, se jette même quelquefois sur les hommes, devient furieux par ces excès, qui finissent ordinairement par la rage et la mort.

Le loup, tant à l'extérieur qu'à l'intérieur, ressemble si fort au chien, qu'il paraît être modelé sur la même forme; cependant il n'offre tout au plus que le revers de l'empreinte, et ne présente les mêmes caractères que sous une face entièrement opposée : si la forme est semblable, ce qui en résulte est bien contraire; le naturel est si différent que, non-seulement ils sont incompatibles, mais antipathiques par nature, ennemis par instinct. Un jeune chien frissonne au premier aspect du loup; il fuit à l'odeur seule, qui quoique nouvelle, inconnue, lui répugne si fort, qu'il vient en tremblant se ranger entre les jambes de son maître : un mâtin qui connaît ses forces se hérisse, s'indigne, l'attaque avec courage, tâche de le mettre en fuite, et fait tous ses efforts pour se délivrer d'une présence qui lui est odieuse ; jamais ils ne se rencontrent sans se fuir ou sans combattre, et combattre à outrance, jusqu'à ce que la mort suive. Si le loup est le plus fort, il déchire, il dévore sa proie ; le chien au contraire, plus généreux, se contente de la victoire, et ne trouve pas que *le corps d'un ennemi mort sente bon* ; il l'abandonne pour servir de pâture aux corbeaux, et même aux autres loups ; car ils s'entre-dévorent, et lorsqu'un loup est grièvement blessé, les autres le suivent au sang, et s'attroupent pour l'achever.

Le chien, même sauvage, n'est pas d'un naturel farouche ; il s'apprivoise aisément, s'attache et demeure fidèle à son maître. Le loup, pris jeune, se prive, mais ne s'attache point, la nature est plus forte que l'éducation ; il reprend avec l'âge son caractère féroce, et retourne, dès qu'il le peut, à son état sauvage. Les chiens, même les plus grossiers, cherchent la compagnie des autres animaux ; ils sont naturellement portés à les suivre, à les accompagner, et c'est par instinct seul et non par éducation qu'ils savent conduire et garder les troupeaux. Le loup est, au contraire, l'ennemi de toute société, il ne fait pas même compagnie à ceux de son espèce ; lorsqu'on les voit plusieurs ensemble, ce n'est point une société de paix, c'est un attroupement de guerre, qui se fait à grand bruit avec des hurlements affreux, et qui dénote un projet d'attaquer quelque gros animal, comme un cerf, un bœuf, ou de se défaire de quelque redoutable mâtin. Dès que leur expédition militaire est consommée, ils se séparent et retournent en silence à leur solitude. Il n'y a pas même une grande habitude entre le mâle et la femelle ; ils ne se cherchent qu'une fois par an, et ne demeurent que peu de temps ensemble. C'est en hiver que les louves deviennent en chaleur : plusieurs mâles suivent la même femelle, et cet attroupement est encore plus sanguinaire que le premier ; car ils se la disputent cruellement, ils grondent, ils frémissent, ils se battent, ils se déchirent, et il arrive souvent qu'ils mettent en pièces celui d'entre eux qu'elle a préféré. Ordinairement elle fuit longtemps, lasse tous ses aspirants, et se dérobe, pendant qu'ils dorment, avec le plus alerte ou le mieux aimé.

La chaleur ne dure que douze ou quinze jours, et commence par les plus vieilles louves ; celle des plus jeunes n'arrive que plus tard. Les mâles n'ont point de rut marqué, ils pourraient s'accoupler en tout temps ; ils passent successivement de femelles en femelles à mesure qu'elles deviennent en état de les recevoir ; ils ont des vieilles à la fin de décembre, et finissent par les jeunes au mois de février et au commencement de mars. Le temps de la gestation est d'environ trois mois et demi, et l'on trouve des louveteaux nouveau-nés depuis la fin d'avril jusqu'au mois de juillet. Cette différence dans la durée de la gestation entre les louves, qui portent plus de cent jours[1], et les chiennes, qui n'en portent guère plus de soixante, prouve que le loup et le chien, déjà si différents par le naturel, le sont aussi par le tempérament et par l'un des principaux résultats des fonctions de l'économie animale. Aussi le loup et le chien n'ont jamais été pris pour le même animal que par les nomenclateurs en histoire naturelle qui, ne connaissant la nature que superficiellement, ne la considèrent jamais pour lui donner toute son éten-

1. La *louve* porte de soixante à soixante-quatre jours, comme la *chienne* : aussi produit-elle avec le *chien*. (F.)

due, mais seulement pour la resserrer et la réduire à leur méthode, toujours fautive, et souvent démentie par les faits. Le chien et la louve ne peuvent ni s'accoupler, ni produire ensemble; il n'y a pas de races intermédiaires entre eux; ils sont d'un naturel tout opposé, d'un tempérament différent; le loup vit plus longtemps que le chien, les louves ne portent qu'une fois par an, les chiennes portent deux ou trois fois. Ces différences si marquées sont plus que suffisantes pour démontrer que ces animaux sont d'espèces assez éloignées : d'ailleurs, en y regardant de près, on reconnaît aisément que, même à l'extérieur, le loup diffère du chien par des caractères essentiels et constants. L'aspect de la tête est différent, la forme des os l'est aussi; le loup a la cavité de l'œil obliquement posée, l'orbite inclinée, les yeux étincelants, brillants pendant la nuit; il a le hurlement au lieu de l'aboiement, les mouvements différents, la démarche plus égale, plus uniforme, quoique plus prompte et plus précipitée, le corps beaucoup plus fort et bien moins souple[1], les membres plus fermes, les mâchoires et les dents plus grosses, le poil plus rude et plus fourré.

Mais ces animaux se ressemblent beaucoup par la conformation des parties intérieures. Les loups s'accouplent comme les chiens; ils ont comme eux la verge osseuse environnée d'un bourrelet qui se gonfle et les empêche de se séparer. Lorsque les louves sont prêtes à mettre bas, elles cherchent au fond du bois un fort, un endroit bien fourré, au milieu duquel elles aplanissent un espace assez consi-

1. Aristote a dit mal à propos que le loup avait dans le cou un seul os continu; le loup a, comme le chien et comme les autres animaux quadrupèdes, plusieurs vertèbres dans le cou, et il peut le fléchir et le plier de la même façon : on trouve seulement quelquefois une des vertèbres lombaires adhérente à la vertèbre voisine. (B.)

dérable en coupant, en arrachant les épines avec les dents; elles y apportent ensuite une grande quantité de mousse, et préparent un lit commode pour leurs petits; elles en font ordinairement cinq ou six, quelquefois sept, huit et même neuf, et jamais moins de trois; ils naissent les yeux fermés comme les chiens; la mère les allaite pendant quelques semaines et leur apprend bientôt à manger de la chair qu'elle leur prépare en la mâchant. Quelque temps après elle leur apporte des mulots, des levrauts, des perdrix, des volailles vivantes; les louveteaux commencent par jouer avec elles et finissent par les étrangler; la louve ensuite les déplume, les écorche, les déchire et en donne une part à chacun. Ils ne sortent du fort où ils ont pris naissance qu'au bout de six semaines ou deux mois; ils suivent alors leur mère, qui les mène boire dans quelque tronc d'arbre ou à quelque mare voisine; elle les ramène au gîte ou les oblige à se recéler ailleurs, lorsqu'elle craint quelque danger. Ils la suivent ainsi pendant plusieurs mois. Quand on les attaque, elle les défend de toutes ses forces, et même avec fureur, quoique dans les autres temps elle soit, comme toutes les femelles, plus timide que le mâle; lorsqu'elle a des petits, elle devient intrépide, semble ne rien craindre pour elle, et s'expose à tout pour les sauver : aussi ne l'abandonnent-ils que quand leur éducation est faite, quand ils se sentent assez forts pour n'avoir plus besoin de secours; c'est ordinairement à dix mois ou un an, lorsqu'ils ont refait leurs premières dents, qui tombent à six mois[1], et lorsqu'ils ont acquis de la force, des armes et des talents pour la rapine.

1. Voyez la *Vénerie de du Fouilloux*. Paris, 1613, p. 100, verso.

Les mâles et les femelles sont en état d'engendrer à l'âge d'environ deux ans. Il est à croire que les femelles, comme dans presque toutes les autres espèces, sont à cet égard plus précoces que les mâles : ce qu'il y a de sûr, c'est qu'elles ne deviennent en chaleur tout au plus tôt qu'au second hiver de leur vie, ce qui suppose dix-huit ou vingt mois d'âge, et qu'une louve que j'ai fait élever n'est entrée en chaleur qu'au troisième hiver, c'est-à-dire à plus de deux ans et demi. Les chasseurs[1] assurent que dans toutes les portées il y a plus de mâles que de femelles; cela confirme cette observation qui paraît générale, du moins dans ces climats, que dans toutes les espèces, à commencer par celle de l'homme, la nature produit plus de mâles que de femelles. Ils disent aussi qu'il y a des loups qui dès le temps de la chaleur s'attachent à leur femelle, l'accompagnent toujours jusqu'à ce qu'elle soit sur le point de mettre bas; qu'alors elle se dérobe, cache soigneusement ses petits de peur que leur père ne les dévore en naissant; mais que, lorsqu'ils sont nés, il prend de l'affection pour eux, leur apporte à manger, et que si la mère vient à manquer, il la remplace et en prend soin comme elle. Je ne puis assurer ces faits, qui me paraissent même un peu contradictoires. Ces animaux, qui sont deux ou trois ans à croître, vivent quinze ou vingt ans; ce qui s'accorde encore avec ce que nous avons observé sur beaucoup d'autres espèces, dans lesquelles le temps de l'accroissement fait la septième partie de la durée totale de la vie. Les loups blanchissent dans la vieillesse; ils ont alors toutes les dents usées. Ils dorment lorsqu'ils sont rassasiés ou fatigués, mais plus le jour que la nuit, et toujours d'un

---

1. Voyez le *Nouveau traité de la Vénerie*, p. 276.

sommeil léger; ils boivent fréquemment, et dans les temps de sécheresse, lorsqu'il n'y a point d'eau dans les ornières ou dans les vieux troncs d'arbres, ils viennent plus d'une fois par jour aux mares et aux ruisseaux. Quoique très-voraces, ils supportent aisément la diète; ils peuvent passer quatre ou cinq jours sans manger, pourvu qu'ils ne manquent pas d'eau.

Le loup a beaucoup de force, surtout dans les parties antérieures du corps, dans les muscles du cou et de la mâchoire. Il porte avec sa gueule un mouton sans le laisser toucher à terre, et court en même temps plus vite que les bergers; en sorte qu'il n'y a que les chiens qui puissent l'atteindre et lui faire lâcher prise. Il mord cruellement, et toujours avec d'autant plus d'acharnement qu'on lui résiste moins; car il prend des précautions avec les animaux qui peuvent se défendre. Il craint pour lui et ne se bat que par nécessité, et jamais par un mouvement de courage : lorsqu'on le tire et que la balle lui casse quelque membre, il crie, et cependant, lorsqu'on l'achève à coups de bâton, il ne se plaint pas comme le chien; il est plus dur, moins sensible, plus robuste; il marche, court, rôde des jours entiers et des nuits; il est infatigable, et c'est peut-être de tous les animaux le plus difficile à forcer à la course. Le chien est doux et courageux; le loup, quoique féroce, est timide. Lorsqu'il tombe dans un piége, il est si fort et si longtemps épouvanté qu'on peut ou le tuer sans qu'il se défende, ou le prendre vivant sans qu'il résiste; on peut lui mettre un collier, l'enchaîner, le museler, le conduire ensuite partout où l'on veut sans qu'il ose donner le moindre signe de colère ou même de mécontentement. Le loup a les sens très-bons, l'œil, l'oreille, et surtout l'odorat; il sent souvent de plus loin qu'il ne voit; l'odeur du carnage l'attire de plus d'une lieue ; il sent aussi de loin les animaux vivants, il les chasse même assez longtemps en les suivant aux portées. Lorsqu'il veut sortir du bois, jamais il ne manque de prendre le vent; il s'arrête sur la lisière, évente de tous côtés, et reçoit ainsi les émanations des corps morts ou vivants que le vent lui apporte de loin. Il préfère la chair vivante à la chair morte, et cependant il dévore les voiries les plus infectes. Il aime la chair humaine, et, peut-être, s'il était le plus fort, n'en mangerait-il pas d'autre. On a vu des loups suivre les armées, arriver en nombre à des champs de bataille où l'on n'avait enterré que négligemment les corps, les découvrir, les dévorer avec une insatiable avidité; et ces mêmes loups, accoutumés à la chair humaine, se jeter ensuite sur les hommes, attaquer le berger plutôt que le troupeau, dévorer des femmes, emporter des enfants, etc. L'on a appelé ces mauvais loups *loups-garous*, c'est-à-dire loups dont il faut se garer.

On est donc obligé quelquefois d'armer tout un pays pour se défaire des loups. Les princes ont des équipages pour cette chasse, qui n'est point désagréable, qui est utile et même nécessaire. Les chasseurs distinguent les loups en *jeunes loups, vieux loups* et *grands vieux loups*; ils les connaissent par les *pieds*, c'est-à-dire par les *voies*, les traces qu'ils laissent sur la terre : plus le loup est âgé, plus il a le pied gros; la louve l'a plus long et plus étroit; elle a aussi le talon plus petit et les ongles plus minces. On a besoin d'un bon limier pour la quête du loup; il faut même l'animer, l'encourager lorsqu'il tombe sur la voie; car tous les chiens ont de la répugnance pour le loup et se rabattent froidement. Quand le loup est détourné, on amène les lévriers qui doivent le chasser, on les partage en deux ou trois laisses, on n'en garde qu'une pour le lancer, et on mène les autres en avant pour servir de relais. On lâche donc d'abord les premiers à sa suite; un homme à cheval les appuie; on lâche les seconds à sept ou huit cents pas plus loin, lorsque le loup est prêt à passer, et ensuite les troisièmes, lorsque les autres chiens commencent à le joindre et à le harceler. Tous ensemble le réduisent bientôt aux dernières extrémités, et le veneur l'achève en lui donnant un coup de couteau. Les chiens n'ont nulle ardeur pour le fouler, et répugnent si fort à manger sa chair qu'il faut la préparer et l'assaisonner, lorsqu'on veut leur en faire curée. On peut aussi le chasser avec des chiens courants; mais comme il perce toujours droit en avant, et qu'il court tout un jour sans être rendu, cette chasse est ennuyeuse, à moins que les chiens courants ne soient soutenus par des lévriers qui le saisissent, le harcèlent et leur donnent le temps de l'approcher.

Dans les campagnes, on fait des battues à force d'hommes et de mâtins, on tend des piéges, on présente des appâts, on fait des fosses, on répand des boulettes empoisonnées; tout cela n'empêche pas que ces animaux ne soient toujours en même nombre, surtout dans les pays où il y a beaucoup de bois. Les Anglais prétendent en avoir purgé leur île; cependant on m'a assuré qu'il y en avait en Écosse. Comme il y a peu de bois dans la partie méridionale de la Grande-Bretagne, on a eu plus de facilité pour les détruire.

La couleur et le poil de ces animaux changent suivant les différents climats, et varient quelquefois dans le même pays. On trouve en France et en Allemagne, outre les loups ordinaires, quelques loups à poil plus épais et tirant sur le jaune. Ces loups, plus sauvages et moins nuisibles que les autres, n'approchent jamais ni des maisons ni des troupeaux, et ne vivent que de chasse et non pas de rapine. Dans les pays du Nord, on en trouve de tout blancs et de tout noirs ; ces derniers sont plus grands et plus forts que les autres. L'espèce commune est très-généralement répandue ; on l'a trouvée en Asie[1], en Afrique[2] et en Amérique[3] comme en Europe. Les loups du Sénégal ressemblent à ceux de France ; cependant ils sont un peu plus gros et beaucoup plus cruels ; ceux d'Égypte sont plus petits que ceux de Grèce. En Orient, et surtout en Perse, on fait servir les loups à des spectacles pour le peuple ; on les exerce de jeunesse à la danse, ou plutôt à une espèce de lutte contre un grand nombre d'hommes. On achète jusqu'à cinq cents écus, dit Chardin, un loup bien dressé à la danse. Ce fait prouve au moins qu'à force de temps et de contrainte ces animaux sont susceptibles de quelque espèce d'éducation. J'en ai fait élever et nourrir quelques-uns chez moi : tant qu'ils sont jeunes, c'est-à-dire dans la première et la seconde année, ils sont assez dociles, ils sont même caressants, et, s'ils sont bien nourris, ils ne se jettent ni sur la volaille, ni sur les autres animaux ; mais à dix-huit mois ou deux ans ils reviennent à leur naturel ; on est forcé de les enchaîner pour les empêcher de s'enfuir et de faire du mal. J'en ai eu un qui, ayant été élevé en toute liberté dans une basse-cour avec des poules pendant dix-huit ou dix-neuf mois, ne les avait jamais attaquées ; mais, pour son coup d'essai, il les tua toutes en une nuit sans en manger aucune ; un autre qui, ayant

---

1. Voyez le *Voyage de Pietro della Valle*. Rouen, 1745, vol. IV, p. 4 et 5.
2. Voyez l'*Histoire générale des voyages*, par M. l'abbé Prévost, t. V, p. 85.
3. Voyez le *Voyage du père le Clerq*. Paris, 1691, p. 488 et 489.

rompu sa chaîne à l'âge d'environ deux ans, s'enfuit après avoir tué un chien avec lequel il était familier; une louve que j'ai gardée trois ans, et qui, quoique enfermée toute jeune et seule avec un mâtin de même âge dans une cour assez spacieuse, n'a pu pendant tout ce temps s'accoutumer à vivre avec lui, ni le souffrir, même quand elle devint en chaleur. Quoique plus faible, elle était la plus méchante; elle provoquait, elle attaquait, elle mordait le chien, qui d'abord ne fit que se défendre, mais qui finit par l'étrangler.

Il n'y a rien de bon dans cet animal que sa peau; on en fait des fourrures grossières, qui sont chaudes et durables. Sa chair est si mauvaise qu'elle répugne à tous les animaux, et il n'y a que le loup qui mange volontiers du loup. Il exhale une odeur infecte par la gueule : comme, pour assouvir sa faim, il avale indistinctement tout ce qu'il trouve, des chairs corrompues, des os, du poil, des peaux à demi tannées et encore toutes couvertes de chaux, il vomit fréquemment, et se vide encore plus souvent qu'il ne se remplit. Enfin, désagréable en tout, la mine basse, l'aspect sauvage, la voix effrayante, l'odeur insupportable, le naturel pervers, les mœurs féroces, il est odieux, nuisible de son vivant, inutile après sa mort.

LE RENARD[1].

Le renard est fameux par ses ruses, et mérite en partie sa réputation; ce que le loup ne fait que par la force, il le fait par adresse, et réussit plus souvent. Sans chercher à combattre les chiens ni les bergers, sans attaquer les troupeaux, sans traîner les cadavres, il est plus sûr de vivre. Il emploie plus d'esprit que de mouvement, ses ressources semblent être en lui-même : ce sont, comme l'on sait, celles qui manquent le moins. Fin autant que circonspect, ingénieux et prudent, même jusqu'à la patience, il varie sa conduite; il a des moyens de réserve qu'il sait n'employer qu'à propos. Il veille de près à sa conservation; quoique aussi infatigable, et même plus léger que le loup, il ne se fie pas entièrement à la vitesse de sa course; il sait se mettre en sûreté en se pratiquant un asile où il se retire dans les dangers pressants, où il s'établit, où il élève ses petits : il n'est point animal vagabond, mais animal domicilié.

Cette différence, qui se fait sentir même parmi les hommes, a de bien plus grands effets, et suppose de bien plus grandes causes parmi les animaux. L'idée seule du domicile présuppose une attention singulière sur soi-même; ensuite le choix du lieu, l'art de faire son manoir, de le rendre commode, d'en dérober l'entrée, sont autant d'indices d'un sentiment supérieur. Le renard en est doué, et tourne tout à son profit; il se loge au bord des bois,

---

1. *Canis vulpes* (Linn.). — Ordre des *Carnassiers*, famille des *Carnivores*, tribu des *Digitigrades*, genre *Chien* (Cuvier).

à portée des hameaux; il écoute le chant des coqs et le cri des volailles; il les savoure de loin; il prend habilement son temps, cache son dessein et sa marche, se glisse, se traîne, arrive, et fait rarement des tentatives inutiles. S'il peut franchir les clôtures, ou passer par-dessous, il ne perd pas un instant; il ravage la basse-cour, il y met tout à mort, se retire ensuite lestement en emportant sa proie, qu'il cache sous la mousse ou porte à son terrier; il revient quelques moments après en chercher une autre, qu'il emporte et cache de même, mais dans un autre endroit, ensuite une troisième, une quatrième, etc., jusqu'à ce que le jour ou le mouvement dans la maison l'avertisse qu'il faut se retirer et ne plus revenir. Il fait la même manœuvre dans les pipées et dans les boqueteaux où l'on prend les grives et les bécasses au lacet; il devance le piqueur, va de très-grand matin, et souvent plus d'une fois par jour, visiter les lacets, les gluaux, emporte successivement les oiseaux qui se sont empêtrés, les dépose tous en différents endroits, surtout au bord des chemins, dans les ornières, sous de la mousse, sous un genièvre, les y laisse quelquefois deux ou trois jours, et sait parfaitement les retrouver au besoin. Il chasse les jeunes levrauts en plaine, saisit quelquefois les lièvres au gîte, ne les manque jamais lorsqu'ils sont blessés, déterre les lapereaux dans les garennes, découvre les nids de perdrix, de cailles, prend la mère sur les œufs, et détruit une quantité prodigieuse de gibier. Le loup nuit plus au paysan, le renard nuit plus au gentilhomme.

La chasse du renard demande moins d'appareil que celle du loup; elle est plus facile et plus amusante. Tous les chiens ont de la répugnance pour le loup, tous les chiens au contraire chassent le renard volontiers, et même avec plaisir ; car, quoiqu'il ait l'odeur très-forte, ils le préfèrent souvent au cerf, au chevreuil et au lièvre. On peut le chasser avec des bassets, des chiens courants, des briquets : dès qu'il se sent poursuivi, il court à son terrier ; les bassets à jambes torses sont ceux qui s'y glissent le plus aisément : cette manière est bonne pour prendre une portée entière de renards, la mère avec les petits ; pendant qu'elle se défend et combat les bassets, on tâche de découvrir le terrier par-dessus, et on la tue ou on la saisit vivante avec des pinces. Mais comme les terriers sont souvent dans des rochers, sous des troncs d'arbres, et quelquefois trop enfoncés sous terre, on ne réussit pas toujours. La façon la plus ordinaire, la plus agréable et la plus sûre de chasser le renard est de commencer par boucher les terriers ; on place les tireurs à portée, on quête alors avec les briquets ; dès qu'ils sont tombés sur la voie, le renard gagne son gîte, mais en arrivant il essuie une première décharge : s'il échappe à la balle, il fuit de toute sa vitesse, fait un grand tour, et revient encore à son terrier, où on le tire une seconde fois, et où trouvant l'entrée fermée, il prend le parti de se sauver au loin en perçant droit en avant pour ne plus revenir. C'est alors qu'on se sert des chiens courants, lorsqu'on veut le poursuivre : il ne laissera pas de les fatiguer beaucoup, parce qu'il passe à dessein dans les endroits les plus fourrés, où les chiens ont grand'peine à le suivre, et que, quand il prend la plaine, il va très-loin sans s'arrêter.

Pour détruire les renards, il est encore plus commode de tendre des piéges, où l'on met de la chair pour appât, un pigeon, une volaille vivante, etc. Je fis un jour suspendre à neuf pieds de hauteur, sur un arbre, les débris d'une halte de chasse, de la viande, du pain, des os ; dès la première nuit, les renards s'étaient si fort exercés à sauter, que le terrain autour de l'arbre était battu comme une aire de grange. Le renard est aussi vorace que carnassier ; il mange de tout avec une égale avidité, des œufs, du lait, du fromage, des fruits, et surtout des raisins : lorsque les levrauts et les perdrix lui manquent, il se rabat sur les rats, les mulots, les serpents, les lézards, les crapauds, etc.; il en détruit un grand nombre : c'est là le seul bien qu'il procure. Il est très-avide de miel ; il attaque les abeilles sauvages, les guêpes, les frelons, qui d'abord tâchent de le mettre en fuite, en le perçant de mille coups d'aiguillon; il se retire en effet, mais c'est en se roulant pour les écraser, et il revient si souvent à la charge qu'il les oblige à abandonner le guêpier; alors il le déterre et en mange le miel et la cire. Il prend aussi les hérissons, les roule avec ses pieds, et les force à s'étendre. Enfin il mange du poisson, des écrevisses, des hannetons, des sauterelles, etc.

Cet animal ressemble beaucoup au chien, surtout par les parties intérieures; cependant il en diffère par la tête, qu'il a plus grosse à proportion de son corps; il a aussi les oreilles plus courtes, la queue beaucoup plus grande, le poil plus long et plus touffu, les yeux plus inclinés [1]; il en diffère encore par une mauvaise odeur très-forte qui lui est particulière, et enfin par le caractère le plus essentiel, par le naturel, car il ne s'apprivoise pas aisément, et jamais tout à fait : il languit lorsqu'il n'a pas la liberté, et meurt d'ennui quand on veut le garder trop longtemps

---

1. Ce qui fait le caractère différentiel le plus tranché entre le *chien* et le *renard*, c'est que le *chien* a la *pupille* ronde, et que le *renard* a la pupille allongée : le *chien* est un animal diurne; le *renard* voit mieux la nuit que le jour. (F.)

en domesticité. Il ne s'accouple point avec la chienne; s'ils ne sont pas antipathiques, ils sont au moins indifférents. Il produit en moindre nombre, et une seule fois par an; les portées sont ordinairement de quatre ou cinq, rarement de six, et jamais moins de trois. Lorsque la femelle est pleine, elle se recèle, sort rarement de son terrier, dans lequel elle prépare un lit à ses petits. Elle devient en chaleur en hiver, et l'on trouve déjà de petits renards au mois d'avril : lorsqu'elle s'aperçoit que sa retraite est découverte, et qu'en son absence ses petits ont été inquiétés, elle les transporte tous les uns après les autres, et va chercher un autre domicile. Ils naissent les yeux fermés; ils sont, comme les chiens, dix-huit mois ou deux ans à croître, et vivent de même treize ou quatorze ans.

Le renard a les sens aussi bons que le loup, le sentiment plus fin, et l'organe de la voix plus souple et plus parfait. Le loup ne se fait entendre que par des hurlements affreux; le renard glapit, aboie, et pousse un son triste, semblable au cri du paon; il a des tons différents, selon les sentiments différents dont il est affecté; il a la voix de la chasse, l'accent du désir, le son du murmure, le ton plaintif de la tristesse, le cri de la douleur, qu'il ne fait jamais entendre qu'au moment où il reçoit un coup de feu qui lui casse quelque membre; car il ne crie point pour toute autre blessure, et il se laisse tuer à coups de bâton, comme le loup, sans se plaindre, mais toujours en se défendant avec courage. Il mord dangereusement, opiniâtrément, et l'on est obligé de se servir d'un ferrement ou d'un bâton pour le faire démordre. Son glapissement est une espèce d'aboiement qui se fait par des sons semblables et très-précipités. C'est ordinairement à la fin du glapissement qu'il donne un coup de voix plus fort, plus élevé, et semblable au cri du paon. En hiver, surtout pendant la neige et la gelée, il ne cesse de donner de la voix, et il est au contraire presque muet en été. C'est dans cette saison que son poil tombe et se renouvelle ; l'on fait peu de cas de la peau des jeunes renards, ou des renards pris en été. La chair du renard est moins mauvaise que celle du loup ; les chiens et même les hommes en mangent en automne, surtout lorsqu'il s'est nourri et engraissé de raisins, et sa peau d'hiver fait de bonnes fourrures. Il a le sommeil profond, on l'approche aisément sans l'éveiller : lorsqu'il dort, il se met en rond comme les chiens ; mais lorsqu'il ne fait que se reposer, il étend les jambes de derrière et demeure étendu sur le ventre ; c'est dans cette posture qu'il épie les oiseaux le long des haies. Ils ont pour lui une si grande antipathie que, dès qu'ils l'aperçoivent, ils font un petit cri d'avertissement : les geais, les merles surtout, le conduisent du haut des arbres, répètent souvent le petit cri d'avis, et le suivent quelquefois à plus de deux ou trois cents pas.

J'ai fait élever quelques renards pris jeunes : comme ils ont une odeur très-forte, on ne peut les tenir que dans des lieux éloignés, dans des écuries, des étables, où l'on n'est pas à portée de les voir souvent ; et c'est peut-être par cette raison qu'ils s'apprivoisent moins que le loup, qu'on peut garder plus près de la maison. Dès l'âge de cinq à six mois les jeunes renards couraient après les canards et les poules, et il fallut les enchaîner. J'en fis garder trois pendant deux ans, une femelle et deux mâles : on tenta inutilement de les faire accoupler avec des chiennes ; quoiqu'ils n'eussent jamais vu de femelles de leur espèce, et qu'ils parussent pressés du besoin de jouir, ils ne purent s'y déterminer; ils refusèrent constamment toutes les chiennes; mais dès qu'on leur présenta leur femelle légitime, ils la couvrirent quoique enchaînés, et elle produisit quatre petits. Ces mêmes renards, qui se jetaient sur les poules lorsqu'ils étaient en liberté, n'y touchaient plus dès qu'ils avaient leur chaîne : on attachait souvent auprès d'eux une poule vivante, on les laissait passer la nuit ensemble, on les faisait même jeûner auparavant: malgré le besoin et la commodité, ils n'oubliaient pas qu'ils étaient enchaînés et ne touchaient point à la poule.

Cette espèce est une des plus sujettes aux influences du climat, et l'on y trouve presque autant de variétés que dans les espèces d'animaux domestiques. La plupart de nos renards sont roux, mais il s'en trouve aussi dont le poil est gris argenté: tous deux ont le bout de la queue blanc. Les derniers s'appellent en Bourgogne renards *charbonniers*, parce qu'ils ont les pieds plus noirs que les autres. Ils paraissent aussi avoir le corps plus court, parce que leur poil est plus fourni. Il y en a d'autres qui ont le corps réellement plus long que les autres, et qui sont d'un gris sale, à peu près de la couleur des vieux loups; mais je ne puis décider si cette différence de couleur est une vraie variété ou si elle n'est produite que par l'âge de l'animal, qui peut-être blanchit en vieillissant. Dans les pays du Nord, il y en a de toutes couleurs, des noirs, des bleus, des gris, des gris de fer, des gris argentés, des blancs, des blancs à pieds fauves, des blancs à tête noire, des blancs avec le bout de la queue noir, des roux avec la gorge et le ventre entièrement blancs, sans aucun mélange de noir, et enfin des croisés qui ont une ligne noire le long de l'épine du dos, et une autre ligne noire sur les épaules, qui traverse la première : ces derniers sont plus grands que les autres et ont la gorge noire. L'espèce commune est plus généralement répandue qu'aucune des autres ; on la trouve partout, en Europe, dans l'Asie septentrionale et tempérée ; on la retrouve de même en Amérique, mais elle est fort rare en Afrique et dans les pays voisins de l'équateur. Les voyageurs qui disent en avoir vu à Calicut et dans les autres provinces méridionales des Indes ont pris les chacals pour des renards. Aristote lui-même est tombé dans une erreur semblable, lorsqu'il a dit que les renards d'Égypte étaient plus petits que ceux de Grèce ; ces petits renards d'Égypte sont des putois, dont l'odeur est insupportable. Nos renards, originaires des climats froids, sont devenus naturels aux pays tempérés, et ne se sont pas étendus vers le Midi au delà de l'Espagne et du Japon. Ils sont originaires des pays froids, puisqu'on y trouve toutes les variétés de l'espèce, et qu'on ne les trouve que là : d'ailleurs, ils supportent aisément le froid le plus extrême ; il y en a du côté du pôle antarctique comme vers le pôle arctique. La fourrure des renards blancs n'est pas fort estimée, parce que le poil tombe aisément ; les gris argentés sont meilleurs ; les bleus et les croisés sont recherchés à cause de leur rareté ; mais les noirs sont les plus précieux de tous ; c'est, après la zibeline, la fourrure la plus belle et la plus chère. On en trouve au Spitzberg, en Groënland, en Laponie, en Canada, où il y en a aussi de croisés, et où l'espèce commune est moins rousse qu'en France, et a le poil plus long et plus fourni.

LA LOUTRE[1].

La loutre est un animal vorace, plus avide de poisson que de chair, qui ne quitte guère le bord des rivières ou des lacs, et qui dépeuple quelquefois les étangs; elle a plus de facilité qu'un autre pour nager, plus même que le castor, car il n'a des membranes qu'aux pieds de derrière, et il a les doigts séparés dans les pieds de devant, tandis que la loutre a des membranes à tous les pieds; elle nage presque aussi vite qu'elle marche; elle ne va point à la mer, comme le castor, mais elle parcourt les eaux douces et remonte ou descend les rivières à des distances considérables: souvent elle nage entre deux eaux et y demeure assez longtemps; elle vient ensuite à la surface, afin de respirer. A parler exactement, elle n'est point animal amphibie, c'est-à-dire animal qui peut vivre également et dans l'air et dans l'eau; elle n'est pas conformée pour demeurer dans ce dernier élément, et elle a besoin de respirer à peu près comme tous les autres animaux terrestres: si même il arrive qu'elle s'engage dans une nasse à la poursuite d'un poisson, on la trouve noyée, et l'on voit qu'elle n'a pas eu le temps d'en couper tous les osiers pour en sortir. Elle a les dents comme la fouine, mais plus grosses et plus fortes relativement au volume de son corps. Faute de poisson, d'écrevisses, de grenouilles, de rats d'eau, ou d'autre nourriture, elle coupe les jeunes rameaux et mange l'écorce des arbres aquatiques; elle mange aussi

1. *Mustela lutra* (Linn.). — Ordre des *Carnassiers*, famille des *Carnivores*, tribu des *Digitigrades*, genre *Loutre* (Cuvier).

de l'herbe nouvelle au printemps ; elle ne craint pas plus le froid que l'humidité; elle devient en chaleur en hiver et met bas au mois de mars : on m'a souvent apporté des petits au commencement d'avril; les portées sont de trois ou quatre. Ordinairement les jeunes animaux sont jolis; les jeunes loutres sont plus laides que les vieilles. La tête mal faite, les oreilles placées bas, des yeux trop petits et couverts, l'air obscur, les mouvements gauches, toute la figure ignoble, informe, un cri qui paraît machinal, et qu'elles répètent à tout moment, sembleraient annoncer un animal stupide; cependant la loutre devient industrieuse avec l'âge, au moins assez pour faire la guerre avec grand avantage aux poissons, qui pour l'instinct et le sentiment sont très-inférieurs aux autres animaux; mais j'ai grand'peine à croire qu'elle ait, je ne dis pas les talents du castor, mais même les habitudes qu'on lui suppose, comme celle de commencer toujours par remonter les rivières, afin de revenir plus aisément et de n'avoir plus qu'à se laisser entraîner au fil de l'eau, lorsqu'elle s'est rassasiée ou chargée de proie; celle d'approprier son domicile et d'y faire un plancher pour n'être point incommodée de l'humidité; celle d'y faire une ample provision de poisson, afin de n'en pas manquer; et enfin la docilité et la facilité de s'apprivoiser au point de pêcher pour son maître, et d'apporter le poisson jusque dans la cuisine. Tout ce que je sais, c'est que les loutres ne creusent point leur domicile elles-mêmes, qu'elles se gîtent dans le premier trou qui se présente, sous les racines des peupliers, des saules, dans les fentes des rochers, et même dans les piles de bois à flotter; qu'elles y font aussi leurs petits sur un lit fait de bûchettes et d'herbes; que l'on trouve dans leur gîte des têtes et des arêtes de poisson; qu'elles changent souvent de lieu; qu'elles emmènent ou dispersent leurs petits au bout de six semaines ou de deux mois; que ceux que j'ai voulu priver cherchaient à mordre, même en prenant du lait et avant que d'être assez forts pour mâcher du poisson; qu'au bout de quelques jours ils devenaient plus doux, peut-être parce qu'ils étaient malades et faibles; que, loin de s'accoutumer aisément à la vie domestique, tous ceux que j'ai essayé de faire élever sont morts dans le premier âge; qu'enfin la loutre est, de son naturel, sauvage et cruelle; que, quand elle peut entrer dans un vivier, elle y fait ce que le putois fait dans un poulailler; qu'elle tue beaucoup plus de poissons qu'elle ne peut en manger, et qu'ensuite elle en emporte un dans sa gueule.

Le poil de la loutre ne mue guère; sa peau d'hiver est cependant plus brune et se vend plus cher que celle d'été; elle fait une très-bonne fourrure. Sa chair se mange en maigre et a, en effet, un mauvais goût de poisson, ou plutôt de marais. Sa retraite est infectée de la mauvaise odeur des débris du poisson qu'elle y laisse pourrir; elle sent elle-même assez mauvais : les chiens la chassent volontiers et l'atteignent aisément, lorsqu'elle est éloignée de son gîte et de l'eau; mais quand ils la saisissent, elle se défend, les mord cruellement, et quelquefois avec tant de force et d'acharnement qu'elle leur brise les os des jambes, et qu'il faut la tuer pour la faire démordre. Le castor cependant, qui n'est pas un animal bien fort, chasse la loutre et ne lui permet pas d'habiter sur les bords qu'il fréquente.

Cette espèce, sans être en très-grand nombre, est généralement répandue en Europe, depuis la Suède jusqu'à Naples, et se retrouve dans l'Amérique septentrionale; elle était bien connue des Grecs, et se trouve vraisemblablement dans tous les climats tempérés, surtout dans les lieux où il y a beaucoup d'eau ; car la loutre ne peut habiter ni les sables brûlants ni les déserts arides ; elle fuit également les rivières stériles et les fleuves trop fréquentés. Je ne crois pas qu'elle se trouve dans les pays très-chauds ; car le jiya ou carigueibeju, qu'on a appelé *loutre du Brésil*, et qui se trouve aussi à Cayenne, paraît être d'une espèce voisine, mais différente ; au lieu que la loutre de l'Amérique septentrionale ressemble en tout à celle d'Europe, si ce n'est que la fourrure est encore plus noire et plus belle que celle de la loutre de Suède ou de Moscovie.

LES OISEAUX.

LE PERROQUET[1].

Les animaux que l'homme a le plus admirés sont ceux qui lui ont paru participer à sa nature; il s'est émerveillé toutes les fois qu'il en a vu quelques-uns faire ou contrefaire des actions humaines; le singe, par la ressemblance des formes extérieures, et le perroquet, par l'imitation de la parole, lui ont paru des êtres privilégiés, intermédiaires entre l'homme et la brute : faux jugement produit par la première apparence, mais bientôt détruit par l'examen et la réflexion. Les sauvages, très-insensibles au grand spectacle de la nature, très-indifférents pour toutes ses merveilles, n'ont été saisis d'étonnement qu'à la vue des perroquets et des singes : ce sont les seuls animaux qui aient fixé leur stupide attention. Ils arrêtent leurs canots pen-

[1]. Cet article général sur les *perroquets* est l'expression éloquente d'une philosophie supérieure. La *métaphysique de la parole* y est exposée avec une justesse de vue et un talent d'analyse également admirables. « Vous ne me « marquez pas, » écrivait Buffon à l'abbé Bexon, « si le préambule des per- « roquets vous a fait plaisir : il me semble que la métaphysique de la parole « y est assez bien jasée... » (Voyez mon *Histoire des travaux et des idées de Buffon*, au chapitre intitulé : *Revue des éditions de Buffon*.) (F.)

dant des heures entières pour considérer les cabrioles des sapajous, et les perroquets sont les seuls oiseaux qu'ils se fassent un plaisir de nourrir, d'élever, et qu'ils aient pris la peine de chercher à perfectionner ; car ils ont trouvé le petit art, encore inconnu parmi nous, de varier et de rendre plus riches les belles couleurs qui parent le plumage de ces oiseaux.

L'usage de la main, la marche à deux pieds, la ressemblance, quoique grossière, de la face, le manque de queue, les fesses nues, la similitude des parties sexuelles, la situation des mamelles, l'écoulement périodique dans les femelles, l'amour passionné des mâles pour nos femmes, tous les actes qui peuvent résulter de cette conformité d'organisation ont fait donner au singe le nom d'*homme sauvage* par des hommes, à la vérité, qui l'étaient à demi, et qui ne savaient comparer que les rapports extérieurs. Que serait-ce, si, par une combinaison de nature aussi possible que toute autre, le singe eût eu la voix du perroquet et comme lui la faculté de la parole? Le singe parlant eût rendu muette d'étonnement l'espèce humaine entière, et l'aurait séduite au point que le philosophe aurait eu grande peine à démontrer qu'avec tous ces beaux attributs humains le singe n'en était pas moins une bête. Il est donc heureux, pour notre intelligence, que la nature ait séparé et placé dans deux espèces très-différentes l'imitation de la parole et celle de nos gestes; et qu'ayant doué tous les animaux des mêmes sens, et quelques-uns d'entre eux de membres et d'organes semblables à ceux de l'homme, elle lui ait réservé la faculté de se perfectionner : caractère unique et glorieux, qui seul fait notre prééminence et constitue l'empire de l'homme sur tous les autres êtres.

Car il faut distinguer deux genres de perfectibilité : l'un stérile, et qui se borne à l'éducation de l'individu, et l'autre fécond, qui se répand sur toute l'espèce, et qui s'étend autant qu'on le cultive par les institutions de la société. Aucun des animaux n'est susceptible de cette perfectibilité d'espèce ; ils ne sont aujourd'hui que ce qu'ils ont été, que ce qu'ils seront toujours, et jamais rien de plus, parce que, leur éducation étant purement individuelle, ils ne peuvent transmettre à leurs petits que ce qu'ils ont eux-mêmes reçu de leurs père et mère ; au lieu que l'homme reçoit l'éducation de tous les siècles, recueille toutes les institutions des autres hommes, et peut, par un sage emploi du temps, profiter de tous les instants de la durée de son espèce pour la perfectionner toujours de plus en plus. Aussi, quel regret ne devons-nous pas avoir à ces âges funestes où la barbarie a non-seulement arrêté nos progrès, mais nous a fait reculer au point d'imperfection d'où nous étions partis? Sans ces malheureuses vicissitudes, l'espèce humaine eût marché et marcherait encore constamment vers cette perfection glorieuse qui est le plus beau titre de sa supériorité et qui seule peut faire son bonheur.

Mais l'homme purement sauvage qui se refuserait à toute société, ne recevant qu'une éducation individuelle, ne pourrait perfectionner son espèce et ne serait pas différent, même pour l'intelligence, de ces animaux auxquels on a donné son nom ; il n'aurait pas même la parole, s'il fuyait sa famille et abandonnait ses enfants peu de temps après leur naissance. C'est donc à la tendresse des mères que sont dus les premiers germes de la société ; c'est à leur constante sollicitude et aux soins assidus de leur tendre affection qu'est dû le développement de ces germes précieux. La faiblesse de l'enfant exige des attentions continuelles et produit la nécessité de cette durée d'affection pendant laquelle les cris du besoin et les réponses de la tendresse commencent à former une langue dont les expressions deviennent constantes et l'intelligence réciproque, par la répétition de deux ou trois ans d'exercice mutuel; tandis que dans les animaux, dont l'accroissement est bien plus prompt, les signes respectifs de besoins et de secours, ne se répétant que pendant six semaines ou deux mois, ne peuvent faire que des impressions légères, fugitives, et qui s'évanouissent au moment que le jeune animal se sépare de sa mère. Il ne peut donc y avoir de langue, soit de paroles, soit par signes, que dans l'espèce humaine, par cette seule raison que nous venons d'exposer; car l'on ne doit pas attribuer à la structure particulière de nos organes la formation de notre parole, dès que le perroquet peut la prononcer comme l'homme; mais jaser n'est pas parler, et les paroles ne font langue que quand elles expriment l'intelligence et qu'elles peuvent la communiquer. Or, ces oiseaux, auxquels rien ne manque pour la facilité de la parole, manquent de cette expression de l'intelligence qui seule fait la haute faculté du langage [1];

---

1. Buffon reproduit ici, avec un nouveau bonheur d'analyse, la belle distinction qu'il a déjà faite entre l'*imitation physique* de la parole et l'*expression de l'intelligence*, qui seule fait la *haute faculté du langage*... « Les singes « sont tout au plus des gens à talents que nous prenons pour des gens d'es- « prit : quoiqu'ils aient l'art de nous imiter, ils n'en sont pas moins de la « nature des bêtes... C'est par les rapports de mouvement que le chien prend « les habitudes de son maître, c'est par les rapports de figure que le singe « contrefait les gestes humains, c'est par les rapports d'organisation que le « serin répète des airs de musique, et que le perroquet imite le signe le « moins équivoque de la pensée, la parole, qui met à l'extérieur autant de « différence entre l'homme et l'homme qu'entre l'homme et la bête, puis- « qu'elle exprime dans les uns la lumière et la supériorité de l'esprit, qu'elle « ne laisse apercevoir dans les autres qu'une confusion d'idées obscures ou

ils en sont privés comme tous les autres animaux et par les mêmes causes, c'est-à-dire par leur prompt accroissement dans le premier âge, par la courte durée de leur société avec leurs parents, dont les soins se bornent à l'éducation corporelle, et ne se répètent ni ne se continuent assez de temps pour faire des impressions durables et réciproques, ni même assez pour établir l'union d'une famille constante, premier degré de toute société et source unique de toute intelligence.

La faculté de l'imitation de la parole ou de nos gestes ne donne donc aucune prééminence aux animaux qui sont doués de cette apparence de talent naturel. Le singe qui gesticule, le perroquet qui répète nos mots, n'en sont pas plus en état de croître en intelligence et de perfectionner leur espèce : ce talent se borne, dans le perroquet, à le rendre plus intéressant pour nous, mais ne suppose en lui aucune supériorité sur les autres oiseaux, sinon qu'ayant plus éminemment qu'aucun d'eux cette facilité d'imiter la parole, il doit avoir le sens de l'ouïe et les organes de la voix plus analogues à ceux de l'homme; et ce rapport de conformité, qui dans le perroquet est au plus haut degré, se trouve, à quelques nuances près, dans plusieurs autres oiseaux dont la langue est épaisse, arrondie, et de la même forme à peu près que celle du perroquet : les sansonnets, les merles, les geais, les choucas, etc., peuvent imiter la parole; ceux qui ont la langue fourchue, et ce sont presque tous nos petits oiseaux, sifflent plus aisément qu'ils ne jasent; enfin, ceux dans lesquels cette organisa-

« empruntées, et que dans l'imbécile ou le perroquet elle marque le dernier
« degré de la stupidité, c'est-à-dire l'impossibilité où ils sont tous deux de
« produire intérieurement la pensée, quoiqu'il ne leur manque aucun des
« organes nécessaires pour la rendre au dehors. »

tion propre à siffler se trouve réunie avec la sensibilité de l'oreille et la réminiscence des sensations reçues par cet organe, apprennent aisément à répéter des airs, c'est-à-dire à siffler en musique : le serin, la linotte, le tarin, le bouvreuil, semblent être naturellement musiciens. Le perroquet, soit par imperfection d'organes ou défaut de mémoire, ne fait entendre que des cris ou des phrases très-courtes, et ne peut ni chanter ni répéter des airs modulés : néanmoins il imite tous les bruits qu'il entend, le miaulement du chat, l'aboiement du chien et les cris des oiseaux, aussi facilement qu'il contrefait la parole ; il peut donc exprimer et même articuler les sons, mais non les moduler ni les soutenir par des expressions cadencées, ce qui prouve qu'il a moins de mémoire, moins de flexibilité dans les organes, et le gosier aussi sec, aussi agreste que les oiseaux chanteurs l'ont moelleux et tendre.

D'ailleurs, il faut distinguer aussi deux sortes d'imitation, l'une réfléchie ou sentie, et l'autre machinale et sans intention, la première acquise, et la seconde pour ainsi dire innée : l'une n'est que le résultat de l'instinct commun répandu dans l'espèce entière, et ne consiste que dans la similitude des mouvements et des opérations de chaque individu, qui tous semblent être induits ou contraints à faire les mêmes choses ; plus ils sont stupides, plus cette imitation tracée dans l'espèce est parfaite : un mouton ne fait et ne fera jamais que ce qu'ont fait et font tous les autres moutons ; la première cellule d'une abeille ressemble à la dernière ; l'espèce entière n'a pas plus d'intelligence qu'un seul individu ; et c'est en cela que consiste la différence de l'esprit à l'instinct : ainsi l'imitation naturelle n'est, dans chaque espèce, qu'un résultat de similitude, une nécessité d'autant moins intelligente et plus aveugle, qu'elle est plus également répartie : l'autre imitation, qu'on doit regarder comme artificielle, ne peut ni se répartir ni se communiquer à l'espèce; elle n'appartient qu'à l'individu qui la reçoit, qui la possède sans pouvoir la donner; le perroquet le mieux instruit ne transmettra pas le talent de la parole à ses petits. Toute imitation communiquée aux animaux par l'art et par les soins de l'homme reste dans l'individu qui en a reçu l'empreinte; et quoique cette imitation soit, comme la première, entièrement dépendante de l'organisation, cependant elle suppose des facultés particulières qui semblent tenir à l'intelligence, telles que la sensibilité, l'attention, la mémoire; en sorte que les animaux qui sont capables de cette imitation et qui peuvent recevoir des impressions durables et quelques traits d'éducation de la part de l'homme, sont des espèces distinguées dans l'ordre des êtres organisés; et si cette éducation est facile, et que l'homme puisse la donner aisément à tous les individus, l'espèce, comme celle du chien, devient réellement supérieure aux autres espèces d'animaux, tant qu'elle conserve ses relations avec l'homme, car le chien abandonné à sa seule nature retombe au niveau du renard ou du loup, et ne peut de lui-même s'élever au-dessus.

Nous pouvons donc ennoblir tous les êtres en nous approchant d'eux, mais nous n'apprendrons jamais aux animaux à se perfectionner d'eux-mêmes; chaque individu peut emprunter de nous sans que l'espèce en profite, et c'est toujours faute d'intelligence entre eux : aucun ne peut communiquer aux autres ce qu'il a reçu de nous; mais tous sont à peu près également susceptibles d'éducation individuelle; car quoique les oiseaux, par les proportions du corps et par la forme de leurs membres, soient très-différents des animaux quadrupèdes, nous verrons néanmoins que, comme ils ont les mêmes sens, ils sont susceptibles des mêmes degrés d'éducation : on apprend aux agamis à faire à peu près tout ce que font nos chiens; un serin bien élevé marque son affection par des caresses aussi vives, plus innocentes et moins fausses que celles du chat; nous avons des exemples frappants de ce que peut l'éducation sur les oiseaux de proie, qui de tous paraissent être les plus farouches et les plus difficiles à dompter. On connaît en Asie le petit art d'instruire le pigeon à porter et rapporter des billets à cent lieues de distance : l'art plus grand et mieux connu de la fauconnerie nous démontre qu'en dirigeant l'instinct naturel des oiseaux, on peut le perfectionner autant que celui des autres animaux. Tout me semble prouver que, si l'homme voulait donner autant de temps et de soins à l'éducation d'un oiseau ou de tout autre animal qu'on en donne à celle d'un enfant, ils feraient par imitation tout ce que celui-ci fait par intelligence; la seule différence serait dans le produit : l'intelligence, toujours féconde, se communique et s'étend à l'espèce entière, toujours en augmentant, au lieu que l'imitation, nécessairement stérile, ne peut ni s'étendre ni même se transmettre par ceux qui l'ont reçue.

Et cette éducation par laquelle nous rendons les animaux, les oiseaux plus utiles ou plus aimables pour nous, semble les rendre odieux à tous les autres, et surtout à ceux de leur espèce : dès que l'oiseau privé prend son essor et va dans la forêt, les autres s'assemblent d'abord pour l'admirer, et bientôt ils le maltraitent et le poursuivent comme s'il était d'une espèce ennemie; on peut en voir un exemple dans la buse; je l'ai vu de même sur la pie, sur le geai : lorsqu'on leur donne la liberté, les sauvages de leur espèce se réunissent pour les assaillir et les chasser ; ils ne les admettent dans leur compagnie que quand ces oiseaux privés ont perdu tous les signes de leur affection pour nous, et tous les caractères qui les rendaient différents de leurs frères sauvages, comme si ces mêmes caractères rappelaient à ceux-ci le sentiment de la crainte qu'ils ont de l'homme, leur tyran, et la haine que méritent ses suppôts ou ses esclaves.

Au reste, les oiseaux sont, de tous les êtres de la nature, les plus indépendants et les plus fiers de leur liberté, parce qu'elle est plus entière et plus étendue que celle de tous les autres animaux ; comme il ne faut qu'un instant à l'oiseau pour franchir tout obstacle et s'élever au-dessus de ses ennemis, qu'il leur est supérieur par la vitesse du mouvement et par l'avantage de sa position dans un élément où ils ne peuvent atteindre, il voit tous les animaux terrestres comme des êtres lourds et rampants attachés à la terre ; il n'aurait même nulle crainte de l'homme, si la balle et la flèche ne leur avaient appris que, sans sortir de sa place, il peut atteindre, frapper et porter la mort au loin. La nature, en donnant des ailes aux oiseaux, leur a départi les attributs de l'indépendance et les instruments de la haute liberté : aussi n'ont-ils de patrie que le ciel qui leur convient ; ils en prévoient les vicissitudes et changent de climat en devançant les saisons ; ils ne s'y établissent qu'après en avoir pressenti la température ; la plupart n'arrivent que quand la douce haleine du printemps a tapissé les forêts de verdure, quand elle fait éclore les germes qui doivent les nourrir ; quand ils peuvent s'établir, se gîter, se cacher sous l'ombrage ; quand enfin, la nature vivifiant les puissances de l'amour, le ciel et la terre semblent réunir leurs bienfaits pour combler leur bonheur. Cependant cette saison de plaisir devient bientôt un temps d'inquiétude ; tout à l'heure ils auront à craindre ces mêmes ennemis au-dessus desquels ils planaient avec mépris : le chat sauvage, la marte, la belette, chercheront à dévorer ce qu'ils ont de plus cher ; la couleuvre rampante gravira pour avaler leurs œufs et détruire leur progéniture : quelque élevé, quelque caché que puisse être leur nid, ils sauront le découvrir, l'atteindre, le dévaster ; et les enfants, cette aimable portion du genre humain, mais toujours malfaisante par désœuvrement, violeront sans raison ces dépôts sacrés du produit de l'amour : souvent la tendre mère se sacrifie dans l'espérance de sauver ses petits, elle se laisse prendre plutôt que de les abandonner, elle préfère de partager et de subir le malheur de leur sort à celui d'aller seule l'annoncer par ses cris à son amant, qui néanmoins pourrait seul la consoler en partageant sa douleur. L'affection maternelle est donc un sentiment plus fort que celui de la crainte et plus profond que celui de l'amour, puisque ici cette affection l'emporte sur les deux dans le cœur d'une mère et lui fait oublier son amour, sa liberté, sa vie.

Pourquoi le temps des grands plaisirs est-il aussi celui des grandes sollicitudes ? pourquoi les jouissances les plus délicieuses sont-elles toujours accompagnées d'inquiétudes cruelles, même dans les êtres les plus libres et les plus innocents ? n'est-ce pas un reproche qu'on peut faire à la nature, cette mère commune de tous les êtres ? Sa bienfaisance n'est jamais pure ni de longue durée. Ce couple heureux qui s'est réuni par choix, qui a établi de concert et construit en commun son domicile d'amour et prodigué les soins les plus tendres à sa famille naissante, craint à chaque instant qu'on ne la lui ravisse; et s'il parvient à l'élever, c'est alors que des ennemis encore plus redoutables viennent l'assaillir avec plus d'avantage : l'oiseau de proie arrive comme la foudre et fond sur la famille entière; le père et la mère sont souvent ses premières victimes, et les petits, dont les ailes ne sont pas encore assez exercées, ne peuvent lui échapper. Ces oiseaux de carnage frappent tous les autres oiseaux d'une frayeur si vive, qu'on les voit frémir à leur aspect; ceux mêmes qui sont en sûreté dans nos basses-cours, quelque éloigné que soit l'ennemi, tremblent au moment qu'ils l'aperçoivent, et ceux de la campagne, saisis du même effroi, le marquent par des cris et par leur fuite précipitée vers les lieux où ils peuvent se cacher. L'état le plus libre de la nature a donc aussi ses tyrans, et malheureusement c'est à eux seuls qu'appartient cette suprême liberté dont ils abusent et cette indépendance absolue qui les rend les plus fiers de tous les animaux : l'aigle méprise le lion et lui enlève impunément sa proie; il tyrannise également les habitants de l'air et ceux de la terre, et il aurait peut-être envahi l'empire d'une grande portion de la nature, si les armes de l'homme ne l'eussent relégué sur le sommet des montagnes et repoussé jusqu'aux lieux inaccessibles, où il jouit encore sans trouble et sans rivalité de tous les avantages de sa domination tyrannique.

Le coup d'œil que nous venons de jeter rapidement sur les facultés des oiseaux suffit pour nous démontrer que, dans la chaîne du grand ordre des êtres, ils doivent être, après l'homme, placés au premier rang[1]. La nature

1. Buffon ne juge ici la question que par un seul côté, par l'avantage que donne à l'oiseau sa plus grande puissance de mobilité. Ailleurs, où il juge la question plus généralement, il place l'oiseau à son véritable rang, c'est-à-

a rassemblé, concentré dans le petit volume de leur corps plus de force qu'elle n'en a départi aux grandes masses des animaux les plus puissants; elle leur a donné plus de légèreté sans rien ôter à la solidité de leur organisation; elle leur a cédé un empire plus étendu sur les habitants de l'air, de la terre et des eaux ; elle leur a livré les pouvoirs d'une domination exclusive sur le genre entier des insectes, qui ne semblent tenir d'elle leur existence que pour maintenir et fortifier celle de leurs destructeurs, auxquels ils servent de pâture; ils dominent de même sur les reptiles, dont ils purgent la terre sans redouter leur venin; sur les poissons, qu'ils enlèvent hors de leur élément pour les dévorer; et enfin sur les animaux quadrupèdes, dont ils font également des victimes. On a vu la buse assaillir le renard, le faucon arrêter la gazelle, l'aigle enlever la brebis, attaquer le chien comme le lièvre, les mettre à mort et les emporter dans son aire; et si nous ajoutons à toutes ces prééminences de force et de vitesse celles qui rapprochent les oiseaux de la nature de l'homme, la marche à deux pieds, l'imitation de la parole, la mémoire musicale, nous les verrons plus près de nous que leur forme extérieure ne paraît l'indiquer, en même temps que, par la prérogative unique de l'attribut des ailes et par la prééminence du vol sur la course, nous reconnaîtrons leur supériorité sur tous les animaux terrestres.

Mais descendons de ces considérations générales sur les

dire au second rang après l'homme. « Les animaux qui ressemblent le plus à « l'homme par leur figure et par leur organisation seront maintenus dans la « possession où ils étaient d'êtres supérieurs à tous les autres..., en sorte que « le singe, le chien, l'éléphant et les autres quadrupèdes seront au premier « rang...; les oiseaux seront au second, parce que, à tout prendre, ils dif- « fèrent de l'homme plus que les quadrupèdes... » (F.)

oiseaux à l'examen particulier du genre des perroquets :
ce genre, plus nombreux qu'aucun autre, ne laissera pas
de nous fournir de grands exemples d'une vérité nouvelle :
c'est que, dans les oiseaux comme dans les animaux quadrupèdes, il n'existe dans les terres méridionales du Nouveau-Monde aucune des espèces des terres méridionales
de l'ancien continent, et cette exclusion est réciproque ;
aucun des perroquets de l'Afrique et des Grandes-Indes ne
se trouve dans l'Amérique méridionale, et réciproquement
aucun de ceux de cette partie du Nouveau-Monde ne se
trouve dans l'ancien continent. C'est sur ce fait général
que j'ai établi le fondement de la nomenclature de ces
oiseaux, dont les espèces sont très-diversifiées et si multipliées que, indépendamment de celles qui nous sont inconnues, nous en pouvons compter plus de cent, et de ces
cent espèces il n'y en a pas une seule qui soit commune
aux deux continents. Y a-t-il une preuve plus démonstrative de cette vérité générale que nous avons exposée dans
l'histoire des animaux quadrupèdes? Aucun de ceux qui
ne peuvent supporter la rigueur des climats froids n'a pu
passer d'un continent à l'autre, parce que ces continents
n'ont jamais été réunis que dans les régions du Nord. Il
en est de même des oiseaux qui, comme les perroquets,
ne peuvent vivre et se multiplier que dans les climats
chauds; ils sont, malgré la puissance de leurs ailes, demeurés confinés, les uns dans les terres méridionales du
Nouveau-Monde, et les autres dans celles de l'ancien,
et ils n'occupent dans chacun qu'une zone de vingt-cinq
degrés de chaque côté de l'équateur.

Mais, dira-t-on, puisque les éléphants et les autres
animaux quadrupèdes de l'Afrique et des Grandes-Indes
ont primitivement occupé les terres du Nord dans les deux

continents, les perroquets kakatoës, les loris et les autres oiseaux de ces mêmes contrées méridionales de notre continent n'ont-ils pas dû se trouver aussi primitivement dans les parties septentrionales des deux mondes? comment est-il donc arrivé que ceux qui habitaient jadis l'Amérique septentrionale n'aient pas gagné les terres chaudes de l'Amérique méridionale? car ils n'auront pas été arrêtés, comme les éléphants, par les hautes montagnes ni par les terres étroites de l'isthme, et la raison que vous avez tirée de ces obstacles ne peut s'appliquer aux oiseaux, qui peuvent aisément franchir ces montagnes : ainsi les différences qui se trouvent constamment entre les oiseaux de l'Amérique méridionale et ceux de l'Afrique supposent quelques autres causes que celle de votre système sur le refroidissement de la terre et sur la migration de tous les animaux du Nord au Midi.

Cette objection, qui d'abord paraît fondée, n'est cependant qu'une nouvelle question qui, de quelque manière qu'on cherche à la faire valoir, ne peut ni s'opposer, ni nuire à l'explication des faits généraux de la naissance primitive des animaux dans les terres du Nord, de leur migration vers celles du Midi et de leur exclusion des terres de l'Amérique méridionale; ces faits, quelque difficulté qu'ils puissent présenter, n'en sont pas moins constants, et l'on peut, ce me semble, répondre à la question d'une manière satisfaisante sans s'éloigner du système : car les espèces d'oiseaux auxquelles il faut une grande chaleur pour subsister et se multiplier n'auront, malgré leurs ailes, pas mieux franchi que les éléphants les sommets glacés des montagnes. Jamais les perroquets et les autres oiseaux du Midi ne s'élèvent assez haut dans la région de l'air pour être saisis d'un froid contraire à leur nature, et par conséquent ils n'auront pu pénétrer dans les terres de l'Amérique méridionale, mais auront péri comme les éléphants dans les contrées septentrionales de ce continent à mesure qu'elles se sont refroidies; ainsi cette objection, loin d'ébranler le système, ne fait que le confirmer et le rendre plus général, puisque non-seulement les animaux quadrupèdes, mais même les oiseaux du midi de notre continent, n'ont pu pénétrer ni s'établir dans le continent isolé de l'Amérique méridionale. Nous conviendrons néanmoins que cette exclusion n'est pas aussi générale pour les oiseaux que pour les quadrupèdes, pour lesquels il n'y a aucune espèce commune à l'Afrique et à l'Amérique, tandis que dans les oiseaux on en peut compter un petit nombre dont les espèces se trouvent également dans ces deux continents; mais c'est par des raisons particulières et seulement pour de certains genres d'oiseaux qui, joignant à une grande puissance de vol la faculté de s'appuyer et de se reposer sur l'eau au moyen des larges membranes de leurs pieds, ont traversé et traversent encore la vaste étendue des mers qui séparent les deux continents vers le Midi. Et comme les perroquets n'ont ni les pieds palmés, ni le vol élevé et longtemps soutenu, aucun de ces oiseaux n'a pu passer d'un continent à l'autre, à moins d'y avoir été transporté par les hommes; on en sera convaincu par l'exposition de leur nomenclature et par la comparaison des descriptions de chaque espèce, auxquelles nous renvoyons tous les détails de leurs ressemblances et de leurs différences, tant génériques que spécifiques[1].

Les Grecs ne connurent d'abord qu'une espèce de per-

---

[1]. Pour ces détails, qui nous mèneraient trop loin, et que nous serons forcés d'omettre ici, voir notre édition des *OEuvres complètes de Buffon* en 12 volumes. (*Note des éditeurs.*)

roquet ou plutôt de perruche : c'est celle que nous nommons aujourd'hui *grande perruche à collier*, qui se trouve dans le continent de l'Inde. Les premiers de ces oiseaux furent apportés de l'île Trapobane en Grèce par Onésicrite, commandant de la flotte d'Alexandre ; ils y étaient si nouveaux et si rares, qu'Aristote lui-même ne paraît pas en avoir vu et semble n'en parler que par relation. Mais la beauté de ces oiseaux et leur talent d'imiter la parole en firent bientôt un objet de luxe chez les Romains : le sévère Caton leur en fait un reproche ; ils logeaient cet oiseau dans des cages d'argent, d'écaille et d'ivoire, et le prix d'un perroquet fut quelquefois plus grand chez eux que celui d'un esclave.

On ne connaissait de perroquets à Rome que ceux qui venaient des Indes, jusqu'au temps de Néron où des émissaires de ce prince en trouvèrent dans une île du Nil, entre Siène et Méroë, ce qui revient à la limite de 24 à 25 degrés que nous avons posée pour ces oiseaux, et qu'il ne paraît pas qu'ils aient passée. Au reste, Pline nous apprend que le nom *psittacus*, donné par les Latins au perroquet, vient de son nom indien *psittace* ou *sittace*.

Les Portugais, qui les premiers ont doublé le cap de Bonne-Espérance et reconnu les côtes de l'Afrique, trouvèrent les terres de Guinée et toutes les îles de l'océan Indien peuplées, comme le continent, de diverses espèces de perroquets, toutes inconnues à l'Europe et en si grand nombre qu'à Calicut, à Bengale et sur les côtes d'Afrique, les Indiens et les Nègres étaient obligés de se tenir dans leurs champs de maïs et de riz vers le temps de la maturité pour en éloigner ces oiseaux qui viennent les dévaster.

Cette grande multitude de perroquets dans toutes les régions qu'ils habitent semble prouver qu'ils réitèrent leurs pontes, puisque chacune est assez peu nombreuse ; mais rien n'égale la variété d'espèces d'oiseaux de ce genre qui s'offrirent aux navigateurs sur toutes les plages méridionales du Nouveau-Monde, lorsqu'ils en firent la découverte. Plusieurs îles reçurent le nom d'*îles des Perroquets*. Ce furent les seuls animaux que Colomb trouva dans la première où il aborda, et ces oiseaux servirent d'objets d'échange dans le premier commerce qu'eurent les Européens avec les Américains. Enfin, on apporta des perroquets d'Amérique et d'Afrique en si grand nombre que le perroquet des anciens fut oublié : on ne le connaissait plus du temps de Belon que par la description qu'ils en avaient laissée ; et cependant, dit Aldrovande, nous n'avons encore vu qu'une partie de ces espèces, dont les îles et les terres du Nouveau-Monde nourrissent une si grande multitude, que, pour exprimer leur incroyable variété aussi bien que le brillant de leurs couleurs et toute leur beauté, il faudrait quitter la plume et prendre le pinceau [1].

LE KAMICHI [2].

Ce n'est point en se promenant dans nos campagnes cultivées, ni même en parcourant toutes les terres du

---

1. Nous nous bornons ici aux généralités, sans entrer dans le détail, curieux d'ailleurs, des classes et des familles diverses de ces oiseaux. Par l'abondance de la matière, ce détail appartient aux OEuvres complètes. (*Note des éditeurs.*)

2. *Palamedea cornuta* (Linn.). — Ordre des *Échassiers*, famille des *Macrodactyles*, genre *Kamichi* (Cuvier).

domaine de l'homme, que l'on peut connaître les grands effets des variétés de la nature; c'est en se transportant des sables brûlants de la torride aux glacières des pôles, c'est en descendant du sommet des montagnes au fond des mers, c'est en comparant les déserts avec les déserts, que nous la jugerons mieux et l'admirerons davantage. En effet, sous le point de vue de ses sublimes contrastes et de ses majestueuses oppositions, elle paraît plus grande en se montrant telle qu'elle est. Nous avons peint ailleurs les déserts arides de l'Arabie Pétrée, ces solitudes nues où l'homme n'a jamais respiré sous l'ombrage, où la terre sans verdure n'offre aucune subsistance aux animaux, aux oiseaux, aux insectes, où tout paraît mort, parce que rien ne peut naître, et que l'élément nécessaire au développement des germes de tout être vivant ou végétant, loin d'arroser la terre par des ruisseaux d'eau vive, ou de la pénétrer par des pluies fécondes, ne peut même l'humecter d'une simple rosée. Opposons ce tableau de sécheresse absolue dans une terre trop ancienne à celui des vastes plaines de fange des savanes noyées du nouveau continent, nous y verrons par excès ce que l'autre n'offrait que par défaut : des fleuves d'une largeur immense, tels que l'Amazone, la Plata, l'Orénoque, roulant à grands flots leurs vagues écumantes et se débordant en toute liberté, semblent menacer la terre d'un envahissement, et faire effort pour l'occuper tout entière. Des eaux stagnantes, et répandues près et loin de leurs cours, couvrent le limon vaseux qu'elles ont déposé; et ces vastes marécages, exhalant leurs vapeurs en brouillards fétides, communiqueraient à l'air l'infection de la terre, si bientôt elles ne retombaient en pluies précipitées par les orages ou dispersées par les vents. Et ces plages, alternativement sèches et noyées, où la terre et l'eau semblent se disputer des possessions illimitées ; et ces brossailles[1] de mangles jetées sur les confins indécis de ces deux éléments ne sont peuplées que d'animaux immondes qui pullulent dans ces repaires, cloaques de la nature, où tout retrace l'image des déjections monstrueuses de l'antique limon. Des énormes serpents tracent de larges sillons sur cette terre bourbeuse ; les crocodiles, les crapauds, les lézards et mille autres reptiles à larges pattes en pétrissent la fange ; des millions d'insectes enflés par la chaleur humide en soulèvent la vase ; et tout ce peuple impur, rampant sur le limon ou bourdonnant dans l'air, qu'il obscurcit encore, toute cette vermine dont fourmille la terre, attire de nombreuses cohortes d'oiseaux ravisseurs dont les cris confus, multipliés et mêlés aux croassements des reptiles, en troublant le silence de ces affreux déserts, semblent ajouter la crainte à l'horreur pour en écarter l'homme et en interdire l'entrée aux autres êtres sensibles : terres d'ailleurs impraticables, encore informes, et qui ne serviraient qu'à lui rappeler l'idée de ces temps voisins du premier chaos où les éléments n'étaient pas séparés, où la terre et l'eau ne faisaient qu'une masse commune, et où les espèces vivantes n'avaient pas encore trouvé leur place dans les différents districts de la nature.

Au milieu de ces sons discordants d'oiseaux criards et de reptiles croassants, s'élève par intervalles une grande voix qui leur en impose à tous, et dont les eaux retentissent au loin : c'est la voix du kamichi, grand oiseau noir très-remarquable par la force de son cri et par celle de ses armes ; il porte sur chaque aile deux puissants

---

1. Buffon dit toujours brossailles, et place ce mot dans ses plus éloquents tableaux. — « Le bel usage est pour *brossailles*, » dit Richelet. (F.)

éperons, et sur la tête une corne pointue de trois ou quatre pouces de longueur sur deux ou trois lignes de diamètre à sa base; cette corne, implantée sur le haut du front, s'élève droit et finit en une pointe aiguë un peu courbée en avant, et vers sa base elle est revêtue d'un fourreau semblable au tuyau d'une plume. Nous parlerons des éperons ou ergots que portent aux épaules certains oiseaux, tels que les jacanas, plusieurs espèces de pluviers, de vanneaux, etc.; mais le kamichi est de tous le mieux armé : car indépendamment de sa corne à la tête, il a sur chaque aileron deux éperons qui sont dirigés en avant lorsque l'aile est pliée : ces éperons sont des apophyses de l'os du métacarpe, et sortent de la partie antérieure des deux extrémités de cet os; l'éperon supérieur est le plus grand, il est triangulaire, long de deux pouces, large de neuf lignes à sa base, un peu courbé et finissant en pointe; il est aussi revêtu d'un étui de même substance que celui qui garnit la base de la corne. L'apophyse inférieure du métacarpe, qui fait le second éperon, n'a que quatre lignes de longueur et autant de largeur à sa base, et il est recouvert d'un fourreau comme l'autre.

Avec cet appareil d'armes très-offensives et qui le rendraient formidable au combat, le kamichi n'attaque point les autres oiseaux, et ne fait la guerre qu'aux reptiles; il a même les mœurs douces et le naturel profondément sensible, car le mâle et la femelle se tiennent toujours ensemble : fidèles jusqu'à la mort, l'amour qui les unit semble survivre à la perte que l'un ou l'autre fait de sa moitié; celui qui reste erre sans cesse en gémissant, et se consume près des lieux où il a perdu ce qu'il aime.

Ces affections touchantes forment dans cet oiseau, avec

sa vie de proie, le même contraste en qualités morales que celui qui se trouve dans sa structure physique ; il vit de proie, et cependant son bec est celui d'un oiseau granivore[1] ; il a des éperons et une corne, et néanmoins sa tête ressemble à celle d'un gallinacée ; il a les jambes courtes, mais les ailes et la queue fort longues ; la partie supérieure du bec s'avance sur l'inférieure et se recourbe un peu à sa pointe ; la tête est garnie de petites plumes duvetées, relevées, et comme demi-bouclées, mêlées de noir et de blanc ; ce même plumage frisé couvre le haut du cou ; le bas est revêtu de plumes plus larges, plus fournies, noires au bord et grises en dedans : tout le manteau est noir brun, avec des reflets verdâtres, et quelquefois mêlé de taches blanches ; les épaules sont marquées de roux, et cette couleur s'étend sur le bord des ailes, qui sont très-amples ; elles atteignent presque au bout de la queue, qui a neuf pouces de longueur ; le bec, long de deux pouces, est large de huit lignes et épais de dix à sa base ; le pied, joint à une petite partie nue de la jambe, est haut de sept pouces et demi ; il est couvert d'une peau rude et noire, dont les écailles sont fortement exprimées sur les doigts, qui sont très-longs ; celui du milieu, l'ongle compris, a cinq pouces ; ces ongles sont demi-crochus et creusés par-dessous en gouttière ; le postérieur est d'une forme particulière, étant effilé, presque droit et très-long, comme celui de l'alouette : la grandeur totale de l'oiseau est de trois pieds. Nous n'avons pas pu vérifier ce que dit Marcgrave de la différence considérable de grandeur qu'il indique entre le mâle et la femelle ; plu-

---

1. « On a dit qu'il chassait (le *kamichi*) aux reptiles ; mais, quoique son « estomac soit peu musculeux, il ne se nourrit guère que d'herbes et de « graines aquatiques. » (Cuvier.)

sieurs de ces oiseaux que nous avons vus nous ont paru à peu près de la grosseur et de la taille de la poule d'Inde.

Willughby remarque avec raison que l'espèce du kamichi est seule dans son genre [1]; sa forme est en effet composée de parties disparates, et la nature lui a donné des attributs extraordinaires; la corne sur la tête suffit seule pour en faire une espèce isolée, et même un phénomène dans le genre entier des oiseaux; c'est donc sans aucun fondement que Barrère en a fait un aigle, puisqu'il n'en a ni le bec, ni la tête, ni les pieds. Pison dit avec raison que le kamichi est un oiseau demi-aquatique; il ajoute qu'il construit son nid en forme de four au pied d'un arbre, qu'il marche le cou droit, la tête haute, et qu'il hante les forêts. Cependant plusieurs voyageurs nous ont assuré qu'on le trouve encore plus souvent dans les savanes.

LE CYGNE [2].

Dans toute société, soit des animaux, soit des hommes, la violence fit les tyrans, la douce autorité fait les rois : le lion et le tigre sur la terre, l'aigle et le vautour dans les airs, ne règnent que par la guerre, ne dominent que par l'abus de la force et par la cruauté; au lieu que le cygne règne sur les eaux à tous les titres qui fondent un empire de paix, la grandeur, la majesté, la douceur : avec des

1. « Avis est singularis et sui generis. » (Willughby, p. 203.)
2. Buffon réunit dans cet article deux espèces distinctes, le cygne à bec rouge et le cygne à bec noir.

puissances, des forces, du courage et la volonté de n'en pas abuser, et de ne les employer que pour la défense, il sait combattre et vaincre, sans jamais attaquer; roi paisible des oiseaux d'eau, il brave les tyrans de l'air; il attend l'aigle sans le provoquer, sans le craindre; il repousse ses assauts, en opposant à ses armes la résistance de ses plumes, et les coups précipités d'une aile vigoureuse qui lui sert d'égide, et souvent la victoire couronne ses efforts. Au reste, il n'a que ce fier ennemi; tous les autres oiseaux de guerre le respectent, et il est en paix avec toute la nature; il vit en ami plutôt qu'en roi au milieu des nombreuses peuplades des oiseaux aquatiques, qui toutes semblent se ranger sous sa loi; il n'est que le chef, le premier habitant d'une république tranquille, où les citoyens n'ont rien à craindre d'un maître qui ne demande qu'autant qu'il leur accorde, et ne veut que calme et liberté.

Les grâces de la figure, la beauté de la forme répondent, dans le cygne, à la douceur du naturel; il plaît à tous les yeux, il décore, embellit tous les lieux qu'il fréquente; on l'aime, on l'applaudit, on l'admire; nulle espèce ne le mérite mieux; la nature en effet n'a répandu sur aucune autant de ces grâces nobles et douces qui nous rappellent l'idée de ses plus charmants ouvrages : coupe de corps élégante, formes arrondies, gracieux contours, blancheur éclatante et pure, mouvements flexibles et ressentis, attitudes tantôt animées, tantôt laissées dans un mol abandon; tout dans le cygne respire la volupté, l'enchantement que nous font éprouver les grâces et la beauté, tout nous l'annonce, tout le peint comme l'oiseau de l'amour, tout justifie la spirituelle et riante mythologie d'avoir donné ce charmant oiseau pour père à la plus belle des mortelles.

A sa noble aisance, à la facilité, la liberté de ses mouvements sur l'eau, on doit le reconnaître, non-seulement comme le premier des navigateurs ailés, mais comme le plus beau modèle que la nature nous ait offert pour l'art de la navigation. Son cou élevé et sa poitrine relevée et arrondie semblent en effet figurer la proue du navire fendant l'onde; son large estomac en représente la carène; son corps, penché en avant pour cingler, se redresse à l'arrière et se relève en poupe; la queue est un vrai gouvernail; les pieds sont de larges rames, et ses grandes ailes, demi-ouvertes au vent et doucement enflées, sont les voiles qui poussent le vaisseau vivant, navire et pilote à la fois.

Fier de sa noblesse, jaloux de sa beauté, le cygne semble faire parade de tous ses avantages; il a l'air de chercher à recueillir des suffrages, à captiver les regards, et il les captive en effet, soit que, voguant en troupe, on voie de loin, au milieu des grandes eaux, cingler la flotte ailée, soit que, s'en détachant et s'approchant du rivage aux signaux qui l'appellent, il vienne se faire admirer de plus près en étalant ses beautés et développant ses grâces par mille mouvements doux, ondulants et suaves.

Aux avantages de la nature le cygne réunit ceux de la liberté; il n'est pas du nombre de ces esclaves que nous puissions contraindre ou renfermer : libre sur nos eaux, il n'y séjourne, ne s'établit qu'en y jouissant d'assez d'indépendance pour exclure tout sentiment de servitude et de captivité; il peut à son gré parcourir les eaux, débarquer au rivage, s'éloigner au large ou venir, longeant la rive, s'abriter sous les bords, se cacher dans les joncs, s'enfoncer dans les anses les plus écartées, puis, quittant sa solitude, revenir à la société et jouir du plaisir qu'il paraît prendre et goûter en s'approchant de l'homme, pourvu qu'il trouve en nous ses hôtes et ses amis, et non ses maîtres et ses tyrans.

Chez nos ancêtres, trop simples ou trop sages pour remplir leurs jardins des beautés froides de l'art en place des beautés vives de la nature, les cygnes étaient en possession de faire l'ornement de toutes les pièces d'eau; ils animaient, égayaient les tristes fossés des châteaux; ils décoraient la plupart des rivières, et même celle de la capitale, et l'on vit l'un des plus sensibles et des plus aimables de nos princes mettre au nombre de ses plaisirs celui de peupler de ces beaux oiseaux les bassins de ses maisons royales; on peut encore jouir aujourd'hui du même spectacle sur les belles eaux de Chantilly, où les cygnes font un des ornements de ce lieu vraiment délicieux dans lequel tout respire le noble goût du maître.

Le cygne nage si vite, qu'un homme, marchant rapidement au rivage, a grand'peine à le suivre. Ce que dit Albert, *qu'il nage bien, marche mal et vole médiocrement*, ne doit s'entendre, quant au vol, que du cygne abâtardi par une domesticité forcée; car libre sur nos eaux et surtout sauvage, il a le vol très-haut et très-puissant: Hésiode lui donne l'épithète d'*altivolans*; Homère le range avec les oiseaux grands voyageurs, les grues et les oies, et Plutarque attribue à deux cygnes ce que Pindare feint des deux aigles que Jupiter fit partir des deux côtés opposés du monde pour en marquer le milieu au point où ils se rencontrèrent.

Le cygne, supérieur en tout à l'oie, qui ne vit guère que d'herbages et de graines, sait se procurer une nourriture plus délicate et moins commune; il ruse sans cesse pour attraper et saisir du poisson; il prend mille attitudes différentes pour le succès de sa pêche, et tire tout l'avantage possible de son adresse et de sa grande force; il sait éviter ses ennemis ou leur résister : un vieux cygne ne craint pas dans l'eau le chien le plus fort; son coup d'aile pourrait casser la jambe d'un homme, tant il est prompt et violent; enfin il paraît que le cygne ne redoute aucune embûche, aucun ennemi, parce qu'il a autant de courage que d'adresse et de force.

Les cygnes sauvages volent en grandes troupes, et de même les cygnes domestiques marchent et nagent attroupés; leur instinct social est en tout très-fortement marqué. Cet instinct, le plus doux de la nature, suppose des mœurs innocentes, des habitudes paisibles et ce naturel délicat et sensible qui semble donner aux actions produites par ce sentiment l'intention et le prix des qualités morales. Le cygne a de plus l'avantage de jouir jusqu'à un âge extrêmement avancé de sa belle et douce existence; tous les observateurs s'accordent à lui donner une très-longue vie; quelques-uns même en ont porté la durée jusqu'à trois cents ans, ce qui sans doute est fort exagéré; mais Willughby ayant vu une oie qui, par preuve certaine, avait vécu cent ans, n'hésite pas à conclure de cet exemple que la vie du cygne peut et doit être plus longue, tant parce qu'il est plus grand que parce qu'il faut plus de temps pour faire éclore ses œufs, l'incubation dans les oiseaux répondant au temps de la gestation dans les animaux, et ayant peut-être quelque rapport au temps de l'accroissement du corps, auquel est proportionnée la durée de la vie : or, le cygne est plus de deux ans à croître, et c'est beaucoup, car dans les oiseaux le développement entier du corps est bien plus prompt que dans les animaux quadrupèdes.

La femelle du cygne couve pendant six semaines au

moins; elle commence à pondre au mois de février : elle met, comme l'oie, un jour d'intervalle entre la ponte de chaque œuf; elle en produit de cinq à huit, et communément six ou sept; ces œufs sont blancs et oblongs, ils ont la coque épaisse et sont d'une grosseur très-considérable ; le nid est placé tantôt sur un lit d'herbes sèches au rivage, tantôt sur un tas de roseaux abattus, entassés et même flottants sur l'eau. Le couple amoureux se prodigue les plus douces caresses, et semble chercher dans le plaisir les nuances de la volupté : ils y préludent en entrelaçant leurs cous; ils respirent ainsi l'ivresse d'un long embrassement; ils se communiquent le feu qui les embrase, et lorsque enfin le mâle s'est pleinement satisfait, la femelle brûle encore, elle le suit, l'excite, l'enflamme de nouveau, et finit par le quitter à regret pour aller éteindre le reste de ses feux en se lavant dans l'eau.

Les fruits d'amours si vives sont tendrement chéris et soignés; la mère recueille nuit et jour ses petits sous ses ailes, et le père se présente avec intrépidité pour les défendre contre tout assaillant; son courage dans ces moments n'est comparable qu'à la fureur avec laquelle il combat un rival qui vient le troubler dans la possession de sa bien-aimée ; dans ces deux circonstances, oubliant sa douceur, il devient féroce et se bat avec acharnement; souvent un jour entier ne suffit pas pour vider leur duel opiniâtre; le combat commence à grands coups d'ailes, continue corps à corps, et finit ordinairement par la mort d'un des deux, car ils cherchent réciproquement à s'étouffer en se serrant le cou et se tenant par force la tête plongée dans l'eau : ce sont vraisemblablement ces combats qui ont fait croire aux anciens que les cygnes se dévoraient les uns les autres ; rien n'est moins vrai, mais seulement ici comme ailleurs les passions furieuses naissent de la passion la plus douce, et c'est l'amour qui enfante la guerre.

En tout autre temps ils n'ont que des habitudes de paix, tous leurs sentiments sont dictés par l'amour : aussi propres que voluptueux, ils font toilette assidue chaque jour; on les voit arranger leur plumage, le nettoyer, le lustrer et prendre de l'eau dans leur bec pour la répandre sur le dos, sur les ailes, avec un soin qui suppose le désir de plaire, et ne peut être payé que par le plaisir d'être aimé. Le seul temps où la femelle néglige sa toilette est celui de la couvée; les soins maternels l'occupent alors tout entière, et à peine donne-t-elle quelques instants aux besoins de la nature et à sa subsistance.

Les petits naissent fort laids et seulement couverts d'un duvet gris ou jaunâtre, comme les oisons; leurs plumes ne poussent que quelques semaines après, et sont encore de la même couleur; ce vilain plumage change à la première mue, au mois de septembre; ils prennent alors beaucoup de plumes blanches, d'autres plus blondes que grises, surtout à la poitrine et sur le dos; ce plumage chamarré tombe à la seconde mue, et ce n'est qu'à dix-huit mois et même à deux ans d'âge que ces oiseaux ont pris leur belle robe d'un blanc pur et sans tache : ce n'est aussi que dans ce temps qu'ils sont en état de produire.

Les jeunes cygnes suivent leur mère pendant le premier été, mais ils sont forcés de la quitter au mois de novembre; les mâles adultes les chassent pour être plus libres auprès des femelles; ces jeunes oiseaux, tous exilés de leur famille, se rassemblent par la nécessité de leur sort commun; ils se réunissent en troupes et ne se quittent plus que pour s'apparier et former eux-mêmes de nouvelles familles.

Comme le cygne mange assez souvent des herbes de marécages et principalement de l'algue, il s'établit de préférence sur les rivières d'un cours sinueux et tranquille, dont les rives sont bien fournies d'herbages; les anciens ont cité le Méandre, le Mincio, le Strymon, le Caystre, fleuves fameux par la multitude des cygnes dont on les voit couverts : l'île chérie de Vénus, Paphos, en était remplie. Strabon parle des cygnes d'Espagne, et, suivant Ælien, l'on en voyait de temps en temps paraître sur la mer d'Afrique; d'où l'on peut juger, ainsi que par d'autres indications, que l'espèce se porte jusque dans les régions du Midi; néanmoins, celles du Nord semblent être la vraie patrie du cygne et son domicile de choix, puisque c'est dans les contrées septentrionales qu'il niche et multiplie. Dans nos provinces nous ne voyons guère de cygnes sauvages que dans les hivers les plus rigoureux. Gessner dit qu'en Suisse on s'attend à un rude et long hiver quand on voit arriver beaucoup de cygnes sur les lacs. C'est dans cette même saison rigoureuse qu'ils paraissent sur les côtes de France, d'Angleterre, et sur la Tamise, où il est défendu de les tuer, sous peine d'une grosse amende; plusieurs de nos cygnes domestiques partent alors avec les sauvages, si l'on n'a pas pris la précaution d'ébarber les grandes plumes de leurs ailes.

Néanmoins, quelques-uns nichent et passent l'été dans les parties septentrionales de l'Allemagne, dans la Prusse et la Pologne; et en suivant à peu près cette latitude, on les trouve sur les fleuves près d'Azof et vers Astracan, en Sibérie chez les Jakutes, à Séléginskoi, et jusqu'au Kamtschatka; dans cette même saison des nichées, on les voit en très-grand nombre sur les rivières et les lacs de la Laponie; ils s'y nourrissent d'œufs et de chrysalides d'une espèce de moucheron dont souvent la surface de ces lacs est couverte. Les Lapons les voient arriver au printemps du côté de la mer d'Allemagne : une partie s'arrête en Suède et surtout en Scanie. Horrebows prétend qu'ils restent toute l'année en Islande, et qu'ils habitent la mer lorsque les eaux douces sont glacées; mais, s'il en demeure en effet quelques-uns, le grand nombre suit la loi commune de migration, et fuit un hiver que l'arrivée des glaces du Groënland rend encore plus rigoureux en Islande qu'en Laponie.

Ces oiseaux se sont trouvés en aussi grande quantité dans les parties septentrionales de l'Amérique, que dans celles de l'Europe. Ils peuplent la baie d'Hudson, d'où vient le nom de *cary-swan's-nest,* que l'on peut traduire : *porte-nid de cygne,* imposé par le capitaine Button à cette longue pointe de terre qui s'avance du nord dans la baie. Ellis a trouvé des cygnes jusque sur l'*île de Marbre,* qui n'est qu'un amas de rochers bouleversés à l'entour de quelques petits lacs d'eau douce ; ces oiseaux sont de même très-nombreux au Canada, d'où il paraît qu'ils vont hiverner en Virginie et à la Louisiane; et ces cygnes du Canada et de la Louisiane, comparés à nos cygnes sauvages, n'ont offert aucune différence. Quant aux cygnes à tête noire des îles Malouines et de quelques côtes de la mer du Sud, dont parlent les voyageurs, l'espèce en est trop mal décrite pour décider si elle doit se rapporter ou non à celle de notre cygne.

Les différences qui se trouvent entre le cygne sauvage et le cygne privé ont fait croire qu'ils formaient deux espèces distinctes et séparées : le cygne sauvage est plus petit, son plumage est communément plus gris que blanc; il n'a pas de caroncule sur le bec, qui toujours est noir à la pointe, et qui n'est jaune que près de la tête; mais, à bien apprécier ces différences, on verra que l'intensité de la couleur, de même que la caroncule ou bourrelet charnu du front, sont moins des caractères de nature, que des indices et des empreintes de domesticité; les couleurs du plumage et du bec étant sujettes à varier dans les cygnes comme dans les autres oiseaux domestiques, on peut donner pour exemple le cygne privé à bec rouge dont parle le docteur Plott : d'ailleurs cette différence dans la couleur du plumage n'est pas aussi grande qu'elle le paraît d'abord; nous avons vu que les jeunes cygnes domestiques naissent et restent longtemps gris; il paraît que cette couleur subsiste plus longtemps encore dans les sauvages, mais qu'enfin ils deviennent blancs avec l'âge; car Edwards a observé que dans le grand hiver de 1740 on vit aux environs de Londres plusieurs de ces cygnes sauvages qui étaient entièrement blancs; le cygne domestique doit donc être regardé comme une race tirée anciennement et originairement de l'espèce sauvage. MM. Klein, Frisch et Linnæus l'ont présumé comme moi, quoique Willughby et Ray prétendent le contraire.

Belon regarde le cygne comme le plus grand des oiseaux d'eau, ce qui est assez vrai, en observant néanmoins que le pélican a beaucoup plus d'envergure; que le grand albatros a tout au moins autant de corpulence, et que le flammant ou phénicoptère a bien plus de hauteur, eu égard à ses jambes démesurées. Les cygnes, dans la race domestique, sont constamment un peu plus gros et plus grands que dans l'espèce sauvage : il y en a qui pèsent jusqu'à vingt-cinq livres; la longueur du bec à la queue est quelquefois de quatre pieds et demi, et l'envergure de huit pieds, au reste, la femelle est en tout un peu plus petite que le mâle.

Le bec, ordinairement long de trois pouces et plus, est, dans la race domestique, surmonté à sa base par un tubercule charnu, renflé et proéminent, qui donne à la physionomie de cet oiseau une sorte d'expression ; ce tubercule est revêtu d'une peau noire, et les côtés de la face, sous les yeux, sont aussi couverts d'une peau de même couleur ; dans les petits cygnes de la race domestique le bec est d'une teinte plombée, il devient ensuite jaune ou orangé avec la pointe noire ; dans la race sauvage le bec est entièrement noir avec une membrane jaune au front ; sa forme paraît avoir servi de modèle pour le bec des deux familles les plus nombreuses des oiseaux palmipèdes, les oies et les canards ; dans tous, le bec est aplati, épaté, dentelé sur les bords, arrondi en pointe mousse, et terminé à sa partie supérieure par un onglet de substance cornée.

Dans toutes les espèces de cette nombreuse tribu il se trouve, au-dessous des plumes extérieures, un duvet bien fourni qui garantit le corps de l'oiseau des impressions de l'eau. Dans le cygne, ce duvet est d'une grande finesse, d'une mollesse extrême et d'une blancheur parfaite ; on en fait de beaux manchons et des fourrures aussi délicates que chaudes.

La chair du cygne est noire et dure, et c'est moins comme un bon mets que comme un plat de parade, qu'il était servi dans les festins chez les anciens, et, par la même ostentation, chez nos ancêtres ; quelques personnes m'ont néanmoins assuré que la chair des jeunes cygnes était aussi bonne que celle des oies du même âge.

Quoique le cygne soit assez silencieux, il a néanmoins les organes de la voix conformés comme ceux des oiseaux d'eau les plus loquaces ; la trachée-artère, descendue dans le sternum, fait un coude, se relève, s'appuie sur les clavicules, et de là, par une seconde inflexion, arrive aux poumons. A l'entrée et au-dessus de la bifurcation, se trouve placé un vrai larynx garni de son os hyoïde, ouvert dans sa membrane en bec de flûte; au-dessous de ce larynx le canal se divise en deux branches, lesquelles, après avoir formé chacune un renflement, s'attachent au poumon; cette conformation, du moins quant à la position du larynx, est commune à beaucoup d'oiseaux d'eau, et même quelques oiseaux de rivage ont les mêmes plis et inflexions à la trachée-artère, comme nous l'avons remarqué dans la grue, et, selon toute apparence, c'est ce qui donne à leur voix ce retentissement bruyant et rauque, ces sons de trompette ou de clairon qu'ils font entendre du haut des airs et sur les eaux.

Néanmoins, la voix habituelle du cygne privé est plutôt sourde qu'éclatante : c'est une sorte de *strideur* parfaitement semblable à ce que le peuple appelle le *jurement du chat*, et que les anciens avaient bien exprimé par le mot imitatif *drensant* : c'est, à ce qu'il paraît, un accent de menace ou de colère; l'on n'a pas remarqué que l'amour en eût de plus doux, et ce n'est point du tout sur des cygnes presque muets, comme le sont les nôtres dans la domesticité, que les anciens avaient pu modeler ces cygnes harmonieux qu'ils ont rendus si célèbres. Mais il paraît que le cygne sauvage a mieux conservé ses prérogatives, et qu'avec le sentiment de la pleine liberté il en a aussi les accents : l'on distingue en effet dans ses cris, ou plutôt dans les éclats de sa voix, une sorte de chant mesuré, modulé, des sons bruyants de clairon, mais dont les tons aigus et peu diversifiés sont néanmoins très-éloignés de la tendre mélodie et de la variété douce et brillante du ramage de nos oiseaux chanteurs.

Au reste, les anciens ne s'étaient pas contentés de faire du cygne un chantre merveilleux : seul entré tous les êtres qui frémissent à l'aspect de leur destruction, il chantait encore au moment de son agonie, et préludait par des sons harmonieux à son dernier soupir : c'était, disaient-ils, près d'expirer, et faisant à la vie un adieu triste et tendre, que le cygne rendait ces accents si doux et si touchants, et qui, pareils à un léger et douloureux murmure, d'une voix basse, plaintive et lugubre, formaient son chant funèbre : on entendait ce chant, lorsqu'au lever de l'aurore les vents et les flots étaient calmés ; on avait même vu des cygnes expirant en musique et chantant leurs hymnes funéraires. Nulle fiction en histoire naturelle, nulle fable chez les anciens, n'a été plus célébrée, plus répétée, plus accréditée ; elle s'était emparée de l'imagination vive et sensible des Grecs : poëtes, orateurs, philosophes même l'ont adoptée comme une vérité trop agréable pour vouloir en douter. Il faut bien leur pardonner leurs fables ; elles étaient aimables et touchantes, elles valaient bien de tristes, d'arides vérités : c'étaient de doux emblèmes pour les âmes sensibles. Les cygnes, sans doute, ne chantent point leur mort ; mais toujours, en parlant du dernier essor et des derniers élans d'un beau génie prêt à s'éteindre, on rappellera avec sentiment cette expression touchante : *C'est le chant du cygne!*

LE PAON[1].

Si l'empire appartenait à la beauté et non à la force, le paon serait, sans contredit, le roi des oiseaux; il n'en est point sur qui la nature ait versé ses trésors avec plus de profusion : la taille grande, le port imposant, la démarche fière, la figure noble, les proportions du corps élégantes et sveltes, tout ce qui annonce un être de distinction lui a été donné; une aigrette mobile et légère, peinte des plus riches couleurs, orne sa tête et l'élève sans la charger; son incomparable plumage semble réunir tout ce qui flatte nos yeux dans le coloris tendre et frais des plus belles fleurs, tout ce qui les éblouit dans les reflets pétillants des pierreries, tout ce qui les étonne dans l'éclat majestueux de l'arc-en-ciel; non-seulement la nature a réuni sur le plumage du paon toutes les couleurs du ciel et de la terre, pour en faire le chef-d'œuvre de sa magnificence, elle les a encore mêlées, assorties, nuancées, fondues de son inimitable pinceau et en a fait un tableau unique, où elles tirent de leur mélange avec des nuances plus sombres, et de leurs oppositions entre elles, un nouveau lustre et des effets de lumière si sublimes que notre art ne peut ni les imiter ni les décrire.

Tel paraît à nos yeux le plumage du paon, lorsqu'il se

---

[1]. *Pavo cristatus* (Linn.). — Le *paon domestique* (Cuv.). — Ordre *id.*, genre *Paons* (Cuv.). — Ce superbe oiseau, originaire du nord de l'Inde, a été apporté en Europe par Alexandre. — L'histoire du paon passe pour le chef-d'œuvre de la plume de Gueneau de Montbeillard. Et, en effet, quel éclat! quelle richesse de coloris! C'est beau, c'est très-beau, mais d'un autre beau que celui de Buffon (*voyez l'avertissement*). (F.)

promène paisible et seul dans un beau jour de printemps; mais si sa femelle vient tout à coup à paraître, si les feux de l'amour, se joignant aux secrètes influences de la saison, le tirent de son repos, lui inspirent une nouvelle ardeur et de nouveaux désirs, alors toutes ses beautés se multiplient, ses yeux s'animent et prennent de l'expression, son aigrette s'agite sur sa tête et annonce l'émotion intérieure; les longues plumes de sa queue déploient, en se relevant, leurs richesses éblouissantes; sa tête et son cou, se renversant noblement en arrière, se dessinent avec grâce sur ce fond radieux, où la lumière du soleil se joue en mille manières, se perd et se reproduit sans cesse, et semble prendre un nouvel éclat plus doux et plus moelleux, de nouvelles couleurs plus variées et plus harmonieuses; chaque mouvement de l'oiseau produit des milliers de nuances nouvelles, des gerbes de reflets ondoyants et fugitifs, sans cesse remplacés par d'autres reflets et d'autres nuances toujours diverses et toujours admirables.

Le paon ne semble alors connaître ses avantages que pour en faire hommage à sa compagne, qui en est privée sans en être moins chérie, et la vivacité que l'ardeur de l'amour mêle à son action ne fait qu'ajouter de nouvelles grâces à ses mouvements, qui sont naturellement nobles, fiers et majestueux, et qui, dans ces moments, sont accompagnés d'un murmure énergique et sourd qui exprime le désir.

Mais ces plumes brillantes, qui surpassent en éclat les plus belles fleurs, se flétrissent aussi comme elles, et tombent chaque année; le paon, comme s'il sentait la honte de sa perte, craint de se faire voir dans cet état humiliant, et cherche les retraites les plus sombres pour s'y cacher à tous les yeux, jusqu'à ce qu'un nouveau printemps, lui rendant sa parure accoutumée, le ramène sur la scène pour y jouir des hommages dus à sa beauté : car on prétend qu'il en jouit en effet, qu'il est sensible à l'admiration, que le vrai moyen de l'engager à étaler ses belles plumes, c'est de lui donner des regards d'attention et des louanges; et qu'au contraire, lorsqu'on paraît le regarder froidement et sans beaucoup d'intérêt, il replie tous ses trésors et les cache à qui ne sait point les admirer.

Quoique le paon soit depuis longtemps comme naturalisé en Europe, cependant il n'en est pas plus originaire : ce sont les Indes orientales, c'est le climat qui produit le saphir, le rubis, la topaze, qui doit être regardé comme son pays natal; c'est de là qu'il a passé dans la partie occidentale de l'Asie, où, selon le témoignage positif de Théophraste, cité par Pline, il avait été apporté d'ailleurs; au lieu qu'il ne paraît pas avoir passé de la partie la plus orientale de l'Asie, qui est la Chine, dans les Indes; car les voyageurs s'accordent à dire que, quoique les paons soient fort communs aux Indes orientales, on ne voit à la Chine que ceux qu'on y transporte des autres pays, ce qui prouve au moins qu'ils sont très-rares à la Chine.

Élien assure que ce sont les barbares qui ont fait présent à la Grèce de ce bel oiseau; et ces barbares ne peuvent guère être que les Indiens, puisque c'est aux Indes qu'Alexandre, qui avait parcouru l'Asie, et qui connaissait bien la Grèce, en a vu pour la première fois : d'ailleurs, il n'est point de pays où ils soient plus généralement répandus et en aussi grande abondance que dans les Indes. Mandeslo et Thévenot en ont trouvé en grand nombre dans la province de Guzarate; Tavernier, dans toutes les Indes, mais particulièrement dans les territoires de Baroche, de Cambaya et de Broudra; François Pyrard, aux environs de

Calicut; les Hollandais, sur toute la côte de Malabar; Lintscot, dans l'île de Ceylan; l'auteur du second Voyage de Siam, dans les forêts sur les frontières de ce royaume, du côté de Camboge, et aux environs de la rivière de Meinam; Le Gentil, à Java; Gemelli Careri, dans les îles Calamianes, situées entre les Philippines et Bornéo. Si on ajoute à cela que dans presque toutes ces contrées les paons vivent dans l'état de sauvages, qu'ils ne sont nulle part ni si grands ni si féconds, on ne pourra s'empêcher de regarder les Indes comme leur climat naturel; et, en effet, un si bel oiseau ne pouvait guère manquer d'appartenir à ce pays si riche, si abondant en choses précieuses, où se trouvent la beauté, la richesse en tout genre, l'or, les perles, les pierreries, et qui doit être regardé comme le climat du luxe de la nature. Cette opinion est confirmée en quelque sorte par le texte sacré; car nous voyons que les paons sont comptés parmi les choses précieuses que la flotte de Salomon rapportait tous les trois ans; et il est clair que c'est ou des Indes ou de la côte d'Afrique la plus voisine des Indes, que cette flotte, formée et équipée sur la mer Rouge, et qui ne pouvait s'éloigner des côtes, tirait ses richesses : or, il y a de fortes raisons de croire que ce n'était point des côtes d'Afrique, car jamais voyageur n'a dit avoir aperçu dans toute l'Afrique, ni même dans les îles adjacentes, des paons sauvages qui pussent être regardés comme propres et naturels à ces pays, si ce n'est dans l'île de Sainte-Hélène, où l'amiral Verhowen trouva des paons qu'on ne pouvait prendre qu'en les tuant à coups de fusil; mais on ne se persuadera pas apparemment que la flotte de Salomon, qui n'avait point de boussole, se rendît tous les trois ans à l'île de Sainte-Hélène, où d'ailleurs elle n'aurait trouvé ni or, ni argent, ni ivoire, ni presque rien de tout ce qu'elle cherchait : de plus, il me paraît vraisemblable que cette île, éloignée de plus de trois cents lieues du continent, n'avait pas même de paons du temps de Salomon, mais que ceux qu'y trouvèrent les Hollandais y avaient été lâchés par les Portugais, à qui elle avait appartenu, ou par d'autres, et qu'ils s'y étaient multipliés d'autant plus facilement que l'île de Sainte-Hélène n'a, dit-on, ni bête venimeuse ni animal vorace.

On ne peut guère douter que les paons que Kolbe a vus au cap de Bonne-Espérance, et qu'il dit être parfaitement semblables à ceux d'Europe, quoique la figure qu'il en donne s'en éloigne beaucoup, n'eussent la même origine que ceux de Sainte-Hélène, et qu'ils n'y eussent été apportés par quelques-uns des vaisseaux européens qui arrivent en foule sur cette côte.

On peut dire la même chose de ceux que les voyageurs ont aperçus au royaume de Congo avec des dindons qui certainement n'étaient point des oiseaux d'Afrique, et encore de ceux que l'on trouve sur les confins d'Angola, dans un bois environné de murs, où on les entretient pour le roi du pays : cette conjecture est fortifiée par le témoignage de Bosman, qui dit en termes formels qu'il n'y a point de paons sur la côte d'Or, et que l'oiseau pris par M. de Foquembrog et par d'autres pour un paon, est un oiseau tout différent, appelé *kroon-vogel*.

De plus, la dénomination de paon d'Afrique, donnée par la plupart des voyageurs aux demoiselles de Numidie, est encore une preuve directe que l'Afrique ne produit point de paons; et si l'on en a vu anciennement en Libye, comme le rapporte Eustathe, c'en était sans doute qui avaient passé ou qu'on avait portés dans cette contrée de l'Afrique, l'une des plus voisines de la Judée, où Salomon en avait mis longtemps auparavant; mais il ne paraît pas qu'ils l'eussent adoptée pour leur patrie et qu'ils s'y fussent beaucoup multipliés, puisqu'il y avait des lois très-sévères contre ceux qui en avaient tué ou seulement blessé quelques-uns.

Il est donc à présumer que ce n'était point des côtes d'Afrique que la flotte de Salomon rapportait les paons, des côtes d'Afrique, dis-je, où ils sont fort rares, et où l'on n'en trouve point dans l'état de sauvages, mais bien des côtes d'Asie où ils abondent, où ils vivent presque partout en liberté, où ils subsistent et se multiplient sans le secours de l'homme, où ils ont plus de grosseur, plus de fécondité que partout ailleurs, où ils sont, en un mot, comme sont tous les animaux dans leur climat naturel.

Des Indes ils auront facilement passé dans la partie occidentale de l'Asie : aussi voyons-nous, dans Diodore de Sicile, qu'il y en avait beaucoup dans la Babylonie; la Médie en nourrissait aussi de très-beaux et en si grande quantité que cet oiseau en a eu le surnom d'*avis Medica*. Philostrate parle de ceux du Phase, qui avaient une huppe bleue, et les voyageurs en ont vu en Perse.

De l'Asie ils ont passé dans la Grèce, où ils furent d'abord si rares qu'à Athènes on les montra pendant trente ans à chaque néoménie comme un objet de curiosité, et qu'on accourait en foule des villes voisines pour les voir.

On ne trouve pas l'époque certaine de cette migration du paon de l'Asie dans la Grèce; mais il y a preuve qu'il n'a commencé à paraître dans ce dernier pays que depuis le temps d'Alexandre, et que sa première station au sortir de l'Asie a été l'île de Samos.

Les paons n'ont donc paru dans la Grèce que depuis

Alexandre; car ce conquérant n'en vit pour la première fois que dans les Indes, comme je l'ai déjà remarqué, et il fut tellement frappé de leur beauté qu'il défendit de les tuer sous des peines très-sévères; mais il y a toute apparence que peu de temps après Alexandre, et même avant la fin de son règne, ils devinrent fort communs ; car nous voyons dans le poëte Antiphanes, contemporain de ce prince, et qui lui a survécu, qu'une seule paire de paons apportée en Grèce s'y était multipliée à un tel point qu'il y en avait autant que de cailles : et d'ailleurs Aristote, qui ne survécut que deux ans à son élève, parle en plusieurs endroits des paons comme d'oiseaux fort connus.

En second lieu, que l'île de Samos ait été leur première station à leur passage d'Asie en Europe, c'est ce qui est probable par la position même de cette île, qui est très-voisine du continent de l'Asie; et, de plus, cela est prouvé par un passage formel de Menodotus : quelques-uns même, forçant le sens de ce passage, et se prévalant de certaines médailles samiennes fort antiques, où était représentée Junon avec un paon à ses pieds, ont prétendu que Samos était la patrie première du paon, le vrai lieu de son origine, d'où il s'était répandu dans l'Orient comme dans l'Occident; mais il est aisé de voir, en pesant les paroles de Menodotus, qu'il n'a voulu dire autre chose sinon qu'on avait vu des paons à Samos avant d'en avoir vu dans aucune autre contrée située hors du continent de l'Asie, de même qu'on avait vu dans l'Éolie (ou l'Étolie) des méléagrides qui sont bien connues pour être des oiseaux d'Afrique, avant d'en voir en aucun autre lieu de la Grèce (*Veluti... quas meleagridas vocant ex Ætoliâ*) : d'ailleurs, l'île de Samos offrait aux paons un climat qui leur convenait, puisqu'ils y subsistaient dans l'état de sauvages, et qu'Aulu-Gelle regarde ceux de cette île comme les plus beaux de tous.

Ces raisons étaient plus que suffisantes pour servir de fondement à la dénomination d'oiseau de Samos, que quelques auteurs ont donnée au paon; mais on ne pourrait pas la lui appliquer aujourd'hui, puisque M. de Tournefort ne fait aucune mention du paon dans la description de cette île, qu'il dit être pleine de perdrix, de bécasses, de bécassines, de grives, de pigeons sauvages, de tourterelles, de bec-figues et d'une volaille excellente; et il n'y a pas d'apparence que M. de Tournefort ait voulu comprendre sous la dénomination générique de volaille un oiseau aussi considérable et aussi distingué.

Les paons, ayant passé de l'Asie dans la Grèce, se sont ensuite avancés dans les parties méridionales de l'Europe, et de proche en proche en France, en Allemagne, en Suisse et jusque dans la Suède, où, à la vérité, ils ne subsistent qu'en petit nombre, à force de soins, et non sans une altération considérable de leur plumage, comme nous le verrons dans la suite.

Enfin les Européens qui, par l'étendue de leur commerce et de leur navigation, embrassent le globe entier, les ont répandus d'abord sur les côtes d'Afrique et dans quelques îles adjacentes; ensuite dans le Mexique et de là dans le Pérou et dans quelques-unes des Antilles, comme Saint-Domingue et la Jamaïque, où l'on en voit beaucoup aujourd'hui, et où avant cela il n'y en avait pas un seul, par une suite de la loi générale du climat, qui exclut du Nouveau Monde tout animal terrestre attaché par sa nature aux pays chauds de l'ancien continent, loi à laquelle les oiseaux pesants ne sont pas moins assujettis que les quadrupèdes : or, l'on ne peut nier que les paons ne soient des oiseaux pesants, et les anciens l'avaient fort bien remarqué. Il ne faut que jeter un coup d'œil sur leur conformation extérieure pour juger qu'ils ne peuvent pas voler bien haut ni bien longtemps ; la grosseur du corps, la brièveté des ailes et la longueur embarrassante de la queue sont autant d'obstacles qui les empêchent de fendre l'air avec légèreté : d'ailleurs les climats septentrionaux ne conviennent point à leur nature, et ils n'y restent jamais de leur plein gré.

Le coq paon n'a guère moins d'ardeur pour ses femelles, ni guère moins d'acharnement à se battre avec les autres mâles que le coq ordinaire ; il en aurait même davantage, s'il était vrai, ce qu'on en dit, que, lorsqu'il n'a qu'une ou deux poules, il les tourmente, les fatigue, les rend stériles à force de les féconder, et trouble l'œuvre de la génération à force d'en répéter les actes : dans ce cas, les œufs sortent de l'*oviductus* avant qu'ils aient eu le temps d'acquérir leur maturité. Pour mettre à profit cette violence de tempérament, il faut donner au mâle cinq ou six femelles ; au lieu que le coq ordinaire, qui peut suffire à quinze ou vingt poules, s'il est réduit à une seule, la féconde encore utilement et la rend mère d'une multitude de petits poussins.

Les paonnes ont le tempérament fort lascif ; et, lorsqu'elles sont privées de mâles, elles s'excitent entre elles et en se frottant dans la poussière (car ce sont oiseaux pulvérateurs) ; et, se procurant une fécondité imparfaite, elles pondent des œufs clairs et sans germe, dont il ne résulte rien de vivant ; mais cela n'arrive guère qu'au printemps, lorsque le retour d'une chaleur douce et vivifiante réveille la nature, et ajoute un nouvel aiguillon au penchant qu'ont tous les êtres animés à se reproduire ;

et c'est peut-être par cette raison qu'on a donné à ces œufs le nom de zéphyriens (*ova zephyria*), non qu'on se soit persuadé qu'un doux zéphyr suffise pour imprégner les paonnes et tous les oiseaux femelles qui pondent sans la coopération du mâle; mais parce qu'elles ne pondent guère de ces œufs que dans la nouvelle saison, annoncée ordinairement, et même désignée par les zéphyrs.

Je croirais aussi fort volontiers que la vue de leur mâle, piaffant autour d'elles, étalant sa belle queue, faisant la roue et leur montrant toute l'expression du désir, peut les animer encore davantage et leur faire produire un plus grand nombre de ces œufs stériles; mais ce que je ne croirai jamais, c'est que ce manége agréable, ces caresses superficielles, et, si j'ose ainsi parler, toutes ces courbettes de petit-maître, puissent opérer une fécondation véritable tant qu'il ne s'y joindra pas une union plus intime et des approches plus efficaces; et si quelques personnes ont cru que des paonnes avaient été fécondées ainsi par les yeux, c'est qu'apparemment ces paonnes avaient été couvertes réellement sans qu'on s'en fût aperçu.

L'âge de la pleine fécondité pour ces oiseaux est à trois ans, selon Aristote et Columelle, et même selon Pline, qui, en répétant ce qu'a dit Aristote, y fait quelques changements; Varron fixe cet âge à deux ans, et des personnes qui ont observé ces oiseaux m'assurent que les femelles commencent déjà à pondre dans notre climat, à un an, sans doute des œufs stériles; mais presque tous s'accordent à dire que l'âge de trois ans est celui où les mâles ont pris leur entier accroissement, où ils sont en état de cocher leur poule, et où la puissance d'engendrer s'annonce en eux par une production nouvelle très-considérable, celle des longues et belles plumes de leur queue, et par l'habitude qu'ils prennent aussitôt de les déployer en se pavanant et faisant la roue : le superflu de la nourriture, n'ayant plus rien à produire dans l'individu, va s'employer désormais à la reproduction de l'espèce.

C'est au printemps que ces oiseaux se recherchent et se joignent : si on veut les avancer, on leur donnera le matin à jeun, tous les cinq jours, des fèves légèrement grillées, selon le précepte de Columelle.

La femelle pond ses œufs peu de temps après qu'elle a été fécondée: elle ne pond pas tous les jours, mais seulement de trois ou quatre jours l'un. Elle ne fait qu'une ponte par an, selon Aristote, et cette ponte est de huit œufs la première année, et de douze les années suivantes; mais cela doit s'entendre des paonnes à qui on laisse le soin de couver elles-mêmes leurs œufs et de mener leurs petits, au lieu que, si on leur enlève leurs œufs à mesure qu'elles pondent pour les faire couver par des poules vulgaires, elles feront trois pontes, selon Columelle : la première de cinq œufs, la seconde de quatre, et la troisième de deux ou trois. Il paraît qu'elles sont moins fécondes dans ce pays-ci, où elles ne pondent guère que quatre ou cinq œufs par an; et qu'au contraire elles sont beaucoup plus fécondes aux Indes, où, selon Pierre Martyr, elles en pondent de vingt à trente, comme je l'ai remarqué plus haut. C'est qu'en général la température du climat a beaucoup d'influence sur tout ce qui a rapport à la génération, et c'est la clef de plusieurs contradictions apparentes qui se trouvent entre ce que disent les anciens et ce qui se passe sous nos yeux. Dans un pays plus chaud les mâles seront plus ardents, ils se battront entre eux, il leur faudra un plus grand nombre de femelles, et celles-ci pondront un plus grand nombre d'œufs; au lieu que dans un pays plus froid elles seront moins fécondes, et les mâles moins chauds et plus paisibles.

Si on laisse à la paonne la liberté d'agir selon son instinct, elle déposera ses œufs dans un lieu secret et retiré : ses œufs sont blancs et tachetés comme ceux de dinde, et à peu près de la même grosseur; lorsque sa ponte est finie, elle se met à couver.

On prétend qu'elle est sujette à pondre pendant la nuit, ou plutôt à laisser échapper ses œufs de dessus le juchoir où elle est perchée : c'est pourquoi on recommande d'étendre de la paille au-dessous pour empêcher qu'ils ne se brisent.

Pendant tout le temps de l'incubation, la paonne évite soigneusement le mâle, et tâche surtout de lui dérober sa marche lorsqu'elle retourne à ses œufs; car dans cette espèce, comme dans celle du coq et de bien d'autres, le mâle, plus ardent et moins fidèle au vœu de la nature, est plus occupé de son plaisir particulier que de la multiplication de son espèce; et s'il peut surprendre la couveuse sur ses œufs, il les casse en s'approchant d'elle, et peut-être y met-il de l'intention, et cherche-t-il à se délivrer d'un obstacle qui l'empêche de jouir : quelques-uns ont cru qu'il ne les cassait que par son empressement à les couver lui-même; ce serait un motif bien différent. L'histoire naturelle aura toujours beaucoup d'incertitudes; il faudrait, pour les lui ôter, observer tout par soi-même : mais qui peut tout observer?

La paonne couve de vingt-sept à trente jours, plus ou moins, selon la température du climat et de la saison; pendant ce temps on a soin de lui mettre à portée une quantité suffisante de nourriture, de peur qu'étant obligée d'aller se repaître au loin, elle ne quittât ses œufs trop longtemps et ne les laissât refroidir. Il faut aussi prendre garde de la troubler dans son nid et de lui donner de l'ombrage; car, par une suite de son naturel inquiet et défiant, si elle se voit découverte, elle abandonnera ses œufs et recommencera une nouvelle ponte qui ne vaudra pas la première, à cause de la proximité de l'hiver.

On prétend que la paonne ne fait jamais éclore tous ses œufs à la fois; mais que, dès qu'elle voit quelques poussins éclos, elle quitte tout pour les conduire : dans ce cas il faudra prendre les œufs qui ne seront point encore ouverts et les mettre éclore sous une autre couveuse, ou dans un four d'incubation.

Élien nous dit que la paonne ne reste pas constamment sur ses œufs, et qu'elle passe quelquefois deux jours sans y revenir, ce qui nuit à la réussite de la couvée. Mais je soupçonne quelque méprise dans ce passage d'Élien, qui aura appliqué à l'incubation ce qu'Aristote et Pline ont dit de la ponte, laquelle en effet est interrompue par deux ou trois jours de repos; au lieu que de pareilles interruptions dans l'action de couver paraissent contraires à l'ordre de la nature, et à ce qui s'observe dans toutes les espèces connues des oiseaux, si ce n'est dans les pays où la chaleur de l'air et du sol approche du degré nécessaire pour l'incubation.

Quand les petits sont éclos, il faut les laisser sous la mère pendant vingt-quatre heures, après quoi on pourra les transporter sous une mue; Frisch veut qu'on ne les rende à la mère que quelques jours après.

Leur première nourriture sera la farine d'orge détrempée dans du vin, du froment ramolli dans l'eau, ou même de la bouillie cuite et refroidie : dans la suite on pourra leur donner du fromage blanc bien pressé et sans aucun petit-lait, mêlé avec des poireaux hachés, et même des sauterelles, dont on dit qu'ils sont très-friands; mais il faut auparavant ôter les pieds à ces insectes. Quand ils auront six mois, ils mangeront du froment, de l'orge, du marc de cidre et de poiré, et même ils pinceront l'herbe tendre; mais cette nourriture seule ne suffirait point, quoique Athénée les appelle *graminivores*.

On a observé que les premiers jours la mère ne revenait jamais coucher avec sa couvée dans le nid ordinaire, ni même deux fois dans un même endroit; et comme cette couvée si tendre, et qui ne peut encore monter sur les arbres, est exposée à beaucoup de risques, on doit y veiller de près pendant ces premiers jours, épier l'endroit que la mère aura choisi pour son gîte, et mettre ses petits en sûreté sous une mue ou dans une enceinte formée en plein champ avec des claies préparées, etc.

Les paonneaux, jusqu'à ce qu'ils soient un peu forts, portent mal leurs ailes, les ont traînantes, et ne savent pas encore s'en servir : dans ces commencements, la mère les prend tous les soirs sur son dos et les porte l'un après l'autre sur la branche où ils doivent passer la nuit; le lendemain matin elle saute devant eux du haut de l'arbre en bas, et les accoutume à en faire autant pour la suivre, et à faire usage de leurs ailes.

Une mère paonne, et même une poule ordinaire, peut mener jusqu'à vingt-cinq petits paonneaux, selon Columelle, mais seulement quinze selon Palladius; et ce dernier nombre est plus que suffisant dans les pays froids, où les petits ont besoin de se réchauffer de temps en temps et de se mettre à l'abri sous les ailes de la mère, qui ne pourrait pas en garantir vingt-cinq à la fois.

On dit que si une poule ordinaire, qui mène ses poussins, voit une couvée de petits paonneaux, elle est tellement frappée de leur beauté qu'elle se dégoûte de ses petits et les abandonne pour s'attacher à ces étrangers; ce que je rapporte ici non comme un fait vrai, mais comme un fait à vérifier, d'autant plus qu'il me paraît s'écarter du cours ordinaire de la nature, et que dans les premiers temps les petits paonneaux ne sont pas beaucoup plus beaux que les poussins.

A mesure que les jeunes paonneaux se fortifient, ils commencent à se battre (surtout dans les pays chauds); et c'est pour cela que les anciens, qui paraissent s'être beaucoup plus occupés que nous de l'éducation de ces oiseaux, les tenaient dans de petites cases séparées : mais les meilleurs endroits pour les élever, c'était, selon eux, ces petites îles qui se trouvent en quantité sur les côtes d'Italie, telles, par exemple, que celle de Planasie appartenant aux Pisans : ce sont en effet les seuls endroits où l'on puisse les laisser en liberté, et presque dans l'état de sauvages, sans craindre qu'ils s'échappent, attendu qu'ils volent peu et ne nagent point du tout, et sans craindre qu'ils deviennent la proie de leurs ennemis, dont la petite île doit être purgée. Ils peuvent y vivre selon leur naturel et leurs appétits, sans contrainte, sans inquiétude; ils y prospéraient mieux, et, ce qui n'était pas négligé par les Romains, leur chair était d'un meilleur goût : seulement pour avoir l'œil dessus et reconnaître si leur nombre augmentait ou diminuait, on les accoutumait à se rendre tous les jours, à une heure marquée et à un certain signal, autour de la maison, où on leur jetait quelques poignées de grain pour les attirer.

Lorsque les petits ont un mois d'âge, ou un peu plus,

l'aigrette commence à leur pousser, et alors ils sont malades comme les dindonneaux lorsqu'ils poussent *le rouge*: ce n'est que de ce moment que le coq paon les reconnaît pour les siens; car, tant qu'ils n'ont point d'aigrette, il les poursuit comme étrangers; on ne doit néanmoins les mettre avec les grands que lorsqu'ils ont sept mois, et, s'ils ne se perchent pas d'eux-mêmes sur le juchoir, il faut les y accoutumer, et ne point souffrir qu'ils dorment à terre, à cause du froid et de l'humidité.

L'aigrette est composée de petites plumes, dont la tige est garnie depuis la base jusqu'auprès du sommet, non de barbes, mais de petits filets rares et détachés; le sommet est formé de barbes ordinaires unies ensemble et peintes des plus belles couleurs.

Le nombre de ces petites plumes est variable; j'en ai compté vingt-cinq dans un mâle et trente dans une femelle; mais je n'ai pas observé un assez grand nombre d'individus pour assurer qu'il ne puisse pas y en avoir plus ou moins.

L'aigrette n'est pas un cône renversé, comme on le pourrait croire; sa base, qui est en haut, forme une ellipse fort allongée, dont le grand axe est posé selon la longueur de la tête: toutes les plumes qui la composent ont un mouvement particulier assez sensible par lequel elles s'approchent ou s'écartent les unes des autres, au gré de l'oiseau, et un mouvement général par lequel l'aigrette entière tantôt se renverse en arrière et tantôt se relève sur la tête.

Les sommets de cette aigrette ont, ainsi que tout le reste du plumage, des couleurs bien plus éclatantes dans le mâle que dans la femelle: outre cela, le coq paon se distingue de sa poule, dès l'âge de trois mois, par un peu de jaune qui paraît au bout de l'aile; dans la suite il s'en distingue par la grosseur, par un éperon à chaque pied, par la longueur de sa queue, et par la faculté de la relever et d'en étaler les belles plumes, ce qui s'appelle *faire la roue*. Willughby croit que le paon ne partage qu'avec le dindon cette faculté remarquable : cependant on verra, dans le cours de cette histoire, qu'elle leur est commune avec quelques tétras ou coqs de bruyère, quelques pigeons, etc.

Les plumes de la queue, ou plutôt ces longues couvertures qui naissent de dessus le dos auprès du croupion, sont en grand ce que celles de l'aigrette sont en petit; leur tige est pareillement garnie, depuis sa base jusque près de l'extrémité, de filets détachés de couleur changeante, et elle se termine par une plaque de barbes réunies, ornée de ce qu'on appelle l'*œil* ou le *miroir*. C'est une tache brillante, émaillée des plus belles couleurs : jaune doré de plusieurs nuances, vert changeant en bleu et en violet éclatant, selon les différents aspects, et tout cela empruntant encore un nouveau lustre de la couleur du centre qui est un beau noir velouté.

Les deux plumes du milieu ont environ quatre pieds et demi, et sont les plus longues de toutes, les latérales allant toujours en diminuant de longueur jusqu'à la plus extérieure ; l'aigrette ne tombe point, mais la queue tombe chaque année, en tout ou en partie, vers la fin de juillet, et repousse au printemps; et pendant cet intervalle l'oiseau est triste et se cache.

La couleur la plus permanente de la tête, de la gorge, du cou et de la poitrine, c'est le bleu avec différents reflets de violet, d'or et de vert éclatant; tous ces reflets, qui renaissent et se multiplient sans cesse sur son plumage, sont une ressource que la nature semble s'être ménagée pour y faire paraître successivement, et sans confusion, un nombre de couleurs beaucoup plus grand que son étendue ne semblait le comporter : ce n'est qu'à la faveur de cette heureuse industrie que le paon pouvait suffire à recevoir tous les dons qu'elle lui destinait.

De chaque côté de la tête on voit un renflement formé par les petites plumes qui recouvrent le trou de l'oreille.

Les paons paraissent se caresser réciproquement avec le bec ; mais, en y regardant de plus près, j'ai reconnu qu'ils se grattaient les uns les autres autour de la tête, où ils ont des poux très-vifs et très-agiles ; on les voit courir sur la peau blanche qui entoure leurs yeux, et cela ne peut manquer de leur causer une sensation incommode ; aussi se prêtent-ils avec beaucoup de complaisance lorsqu'un autre les gratte.

Ces oiseaux se rendent les maîtres dans la basse-cour, et se font respecter de l'autre volaille, qui n'ose prendre sa pâture qu'après qu'ils ont fini leur repas : leur façon de manger est à peu près celle des gallinacés ; ils saisissent le grain de la pointe du bec et l'avalent sans le broyer.

Pour boire ils plongent le bec dans l'eau, où ils font cinq ou six mouvements assez prompts de la mâchoire inférieure, puis, en se relevant et tenant leur tête dans une situation horizontale, ils avalent l'eau dont leur bouche s'était remplie sans faire aucun mouvement du bec.

Les aliments sont reçus dans l'œsophage, où l'on a observé, un peu au-dessus de l'orifice antérieur de l'estomac, un bulbe glanduleux, rempli de petits tuyaux qui donnent en abondance une liqueur limpide.

L'estomac est revêtu à l'extérieur d'un grand nombre de fibres motrices.

Dans un de ces oiseaux, qui a été disséqué par Gaspard Bartholin, il y avait bien deux conduits biliaires, mais il ne se trouva qu'un seul canal pancréatique, quoique d'ordinaire il y en ait deux dans les oiseaux.

Le *cæcum* était double, et dirigé d'arrière en avant; il égalait en longueur tous les autres intestins ensemble, et les surpassait en capacité.

Le croupion est très-gros, parce qu'il est chargé des muscles qui servent à redresser la queue et à l'épanouir.

Les excréments sont ordinairement moulés; et chargés d'un peu de cette matière blanche qui se trouve sur les excréments de tous les gallinacés et de beaucoup d'autres oiseaux.

On m'assure qu'ils dorment, tantôt en cachant la tête sous l'aile, tantôt en faisant rentrer leur cou en eux-mêmes et ayant le bec au vent.

Les paons aiment la propreté, et c'est par cette raison qu'ils tâchent de recouvrir et d'enfouir leurs ordures, et non parce qu'ils envient à l'homme les avantages qu'il pourrait retirer de leurs excréments, qu'on dit être bons pour le mal des yeux, pour améliorer la terre, etc., mais dont apparemment ils ne connaissent pas toutes les propriétés.

Quoiqu'ils ne puissent pas voler beaucoup, ils aiment à grimper; ils passent ordinairement la nuit sur les combles des maisons, où ils causent beaucoup de dommage, et sur les arbres les plus élevés : c'est de là qu'ils font souvent entendre leur voix, qu'on s'accorde à trouver désagréable, peut-être parce qu'elle trouble le sommeil, et d'après laquelle on prétend que s'est formé leur nom dans presque toutes les langues.

On prétend que la femelle n'a qu'un seul cri, qu'elle

ne fait guère entendre qu'au printemps, mais que le mâle en a trois; pour moi, j'ai reconnu qu'il avait deux tons, l'un plus grave, qui tient plus du hautbois, l'autre plus aigu, précisément à l'octave du premier, et qui tient plus des sons perçants de la trompette; et j'avoue qu'à mon oreille ces deux tons n'ont rien de choquant, de même que je n'ai rien pu voir de difforme dans ses pieds; et ce n'est qu'en prêtant aux paons nos mauvais raisonnements et même nos vices, qu'on a pu supposer que leur cri n'était autre chose qu'un gémissement arraché à leur vanité toutes les fois qu'ils aperçoivent la laideur de leurs pieds.

Théophraste avance que leurs cris, souvent répétés, sont un présage de pluie; d'autres, qu'ils l'annoncent aussi lorsqu'ils grimpent plus haut que de coutume; d'autres, que ces mêmes cris pronostiquaient la mort à quelque voisin; d'autres, enfin, que ces oiseaux portaient toujours sous l'aile un morceau de racine de lin comme une amulette naturelle pour se préserver des fascinations....., tant il est vrai que toute chose dont on a beaucoup parlé a fait dire beaucoup d'inepties!

Outre les différents cris dont j'ai fait mention, le mâle et la femelle produisent encore un certain bruit sourd, un craquement étouffé, une voix intérieure et renfermée qu'ils répètent souvent, et quand ils sont inquiets, et quand ils paraissent tranquilles ou même contents.

Pline dit qu'on a remarqué de la sympathie entre les pigeons et les paons; et Cléarque parle d'un de ces derniers qui avait pris un tel attachement pour une jeune personne, que, l'ayant vue mourir, il ne put lui survivre. Mais une sympathie plus naturelle et mieux fondée, c'est celle qui a été observée entre les paons et les dindons : ces deux oiseaux sont du petit nombre des oiseaux qui redressent leur queue et font la roue, ce qui suppose bien des qualités communes, aussi s'accordent-ils mieux ensemble qu'avec tout le reste de la volaille; et l'on prétend même qu'on a vu un coq-paon couvrir une poule-dinde, ce qui indiquerait une grande analogie entre les deux espèces.

La durée de la vie du paon est de vingt-cinq ans, selon les anciens; et cette détermination me paraît bien fondée, puisqu'on sait que le paon est entièrement formé avant trois ans, et que les oiseaux en général vivent plus longtemps que les quadrupèdes, parce que leurs os sont plus ductiles; mais je suis surpris que M. Willughby ait cru, sur l'autorité d'Élien, que cet oiseau vivait jusqu'à cent ans, d'autant plus que le récit d'Élien est mêlé de plusieurs circonstances visiblement fabuleuses.

J'ai déjà dit que le paon se nourrissait de toutes sortes de grains comme les gallinacés; les anciens lui donnaient ordinairement, par mois, un boisseau de froment pesant environ vingt livres. Il est bon de savoir que la fleur de sureau leur est contraire, et que la feuille d'ortie est mortelle aux jeunes paonneaux, selon Franzius.

Comme les paons vivent aux Indes dans l'état de sauvages, c'est aussi dans ce pays qu'on a inventé l'art de leur donner la chasse; on ne peut guère les approcher de jour, quoiqu'ils se répandent dans les champs par troupes assez nombreuses, parce que, dès qu'ils découvrent le chasseur, ils fuient devant lui plus vite que la perdrix, et s'enfoncent dans des broussailles où il n'est guère possible de les suivre; ce n'est donc que la nuit qu'on parvient à les prendre, et voici de quelle manière se fait cette chasse aux environs de Cambaie:

On s'approche de l'arbre sur lequel ils sont perchés, on leur présente une espèce de bannière qui porte deux chandelles allumées, et où l'on a peint des paons au naturel : le paon, ébloui par cette lumière, ou bien occupé à considérer les paons en peinture qui sont sur la bannière, avance le cou, le retire, l'allonge encore, et lorsqu'il se trouve dans un nœud coulant qui y a été placé exprès, on tire la corde et on se rend maître de l'oiseau.

Nous avons vu que les Grecs faisaient grand cas du paon, mais ce n'était que pour rassasier leurs yeux de la beauté de son plumage, au lieu que les Romains, qui ont poussé plus loin tous les excès du luxe parce qu'ils étaient plus puissants, se sont rassasiés réellement de sa chair ; ce fut l'orateur Hortensius qui imagina le premier d'en faire servir sur sa table, et son exemple ayant été suivi, cet oiseau devint très-cher à Rome ; et les empereurs renchérissant sur le luxe des particuliers, on vit un Vitellius, un Héliogabale mettre leur gloire à remplir des plats immenses de têtes ou de cervelles de paons, de langues de phénicoptères, de foies de scares, et à en composer des mets insipides, qui n'avaient d'autre mérite que de supposer une dépense prodigieuse et un luxe excessivement destructeur.

Dans ces temps-là un troupeau de cent de ces oiseaux pouvait rendre soixante mille sesterces, en n'exigeant de celui à qui on en confiait le soin que trois paons par couvée ; ces soixante mille sesterces reviennent, selon l'évaluation de Gassendi, à dix ou douze mille francs ; chez les Grecs, le mâle et la femelle se vendaient mille dragmes, ce qui revient à huit cent quatre-vingt-sept livres dix sous, selon la plus forte évaluation, et à vingt-quatre livres, selon la plus faible ; mais il paraît que cette dernière est beaucoup trop faible, sans quoi le passage suivant d'Athénée ne signifierait rien : « N'y a-t-il pas de la

« fureur à nourrir des paons dont le prix n'est pas moindre
« que celui des statues? » Ce prix était bien tombé au
commencement du xvie siècle, puisque dans la Nouvelle
Coutume du Bourbonnais, qui est de 1521, un paon n'était
estimé que deux sous six deniers de ce temps-là, que
M. Dupré de Saint-Maur évalue à trois livres quinze sous
d'aujourd'hui; mais il paraît que, peu après cette époque,
le prix de ces oiseaux se releva; car Bruyer nous apprend
qu'aux environs de Lisieux, où on avait la facilité de les
nourrir avec du marc de cidre, on en élevait des troupeaux
dont on tirait beaucoup de profit, parce que, comme ils
étaient fort rares dans le reste du royaume, on en envoyait
de là dans toutes les grandes villes pour les repas d'appareil : au reste, il n'y a guère que les jeunes que l'on puisse
manger : les vieux sont trop durs, et d'autant plus durs
que leur chair est naturellement fort sèche; et c'est sans
doute à cette qualité qu'elle doit la propriété singulière, et qui paraît assez avérée, de se conserver sans
corruption pendant plusieurs années. On en sert cependant quelquefois de vieux, mais c'est plus pour l'appareil que pour l'usage, car on les sert revêtus de leurs belles
plumes; et c'est une recherche de luxe assez bien entendue, que l'élégance industrieuse des modernes a ajoutée à la magnificence effrénée des anciens : c'était sur un
paon ainsi préparé que nos anciens chevaliers faisaient,
dans les grandes occasions, leur vœu appelé le *vœu du
paon*.

On employait autrefois les plumes de paon à faire des
espèces d'éventails; on en formait des couronnes, en guise
de laurier, pour les poëtes appelés *troubadours*; Gessner a
vu une étoffe dont la chaîne était de soie et de fil d'or, et
la trame de ces mêmes plumes : tel était sans doute le

manteau tissu de plumes de paon qu'envoya le pape Paul III au roi Pépin.

Selon Aldrovande, les œufs de paon sont regardés par tous les modernes comme une mauvaise nourriture, tandis que les anciens les mettaient au premier rang, et avant ceux d'oie et de poule commune; il explique cette contradiction en disant qu'ils sont bons au goût et mauvais à la santé : reste à examiner si la température du climat n'aurait pas encore ici quelque influence.

LE ROSSIGNOL [1].

Il n'est point d'homme bien organisé à qui ce nom ne rappelle quelqu'une de ces belles nuits de printemps où, le ciel étant serein, l'air calme, toute la nature en silence, et pour ainsi dire attentive, il a écouté avec ravissement le ramage de ce chantre des forêts. On pourrait citer quelques autres oiseaux chanteurs, dont la voix le dispute à certains égards à celle du rossignol : les alouettes, le serin, le pinson, les fauvettes, la linotte, le chardonneret, le merle commun, le merle solitaire, le moqueur d'Amérique, se font écouter avec plaisir lorsque le rossignol se tait : les uns ont d'aussi beaux sons, les autres ont le timbre aussi pur et plus doux; d'autres ont des tours de

---

1. *Motacilla luscinia* (Linn.). — Ordre *id.*, genre *Becs-Fins*, sous-genre *Fauvettes* (Cuv.). — L'histoire du Rossignol est encore de Gueneau de Montbeillard; et c'est encore un chef-d'œuvre, mais à sa manière, qui est très-distincte de celle de Buffon. (F.)

gosier aussi flatteurs; mais il n'en est pas un seul que le rossignol n'efface par la réunion complète de ces talents divers, et par la prodigieuse variété de son ramage; en sorte que la chanson de chacun de ces oiseaux, prise dans toute son étendue, n'est qu'un couplet de celle du rossignol : le rossignol charme toujours et ne se répète jamais, du moins jamais servilement; s'il redit quelque passage, ce passage est animé d'un accent nouveau, embelli par de nouveaux agréments; il réussit dans tous les genres; il rend toutes les expressions, il saisit tous les caractères, et de plus il sait en augmenter l'effet par les contrastes. Ce coryphée du printemps se prépare-t-il à chanter l'hymne de la nature, il commence par un prélude timide, par des tons faibles, presque indécis, comme s'il voulait essayer son instrument et intéresser ceux qui l'écoutent; mais ensuite prenant de l'assurance, il s'anime par degrés, il s'échauffe, et bientôt il déploie dans leur plénitude toutes les ressources de son incomparable organe : coups de gosier éclatants, batteries vives et légères; fusées de chant, où la netteté est égale à la volubilité; murmure intérieur et sourd qui n'est point appréciable à l'oreille, mais très-propre à augmenter l'éclat des tons appréciables; roulades précipitées, brillantes et rapides, articulées avec force et même avec une dureté de bon goût; accents plaintifs cadencés avec mollesse; sons filés sans art, mais enflés avec âme; sons enchanteurs et pénétrants; vrais soupirs d'amour et de volupté qui semblent sortir du cœur et font palpiter tous les cœurs, qui causent à tout ce qui est sensible une émotion si douce, une langueur si touchante : c'est dans ces tons passionnés que l'on reconnaît le langage du sentiment qu'un époux heureux adresse à une compagne chérie, et qu'elle seule peut lui inspirer;

tandis que dans d'autres phrases plus étonnantes peut-être, mais moins expressives, on reconnaît le simple projet de l'amuser et de lui plaire, ou bien de disputer devant elle le prix du chant à des rivaux jaloux de sa gloire et de son bonheur.

Ces différentes phrases sont entremêlées de silences, de ces silences qui dans tout genre de mélodies concourent si puissamment aux grands effets : on jouit des beaux sons que l'on vient d'entendre et qui retentissent encore dans l'oreille ; on en jouit mieux parce que la jouissance est plus intime, plus recueillie, et n'est point troublée par des sensations nouvelles ; bientôt on attend, on désire une autre reprise : on espère que ce sera celle qui plaît ; si l'on est trompé, la beauté du morceau que l'on entend ne permet pas de regretter celui qui n'est que différé, et l'on conserve l'intérêt de l'espérance pour les reprises qui suivront. Au reste, une des raisons pourquoi le chant du rossignol est plus remarqué et produit plus d'effet, c'est, comme dit très-bien M. Barrington, parce que chantant la nuit, qui est le temps le plus favorable, et chantant seul, sa voix a tout son éclat, et n'est offusquée par aucune autre voix ; il efface tous les autres oiseaux, suivant le même M. Barrington, par ses sons moelleux et flûtés, et par la durée non interrompue de son ramage, qu'il soutient quelquefois pendant vingt secondes ; le même observateur a compté dans ce ramage seize reprises différentes, bien déterminées par leurs premières et dernières notes, et dont l'oiseau sait varier avec goût les notes intermédiaires ; enfin, il s'est assuré que la sphère que remplit la voix du rossignol n'a pas moins d'un mille de diamètre, surtout lorsque l'air est calme, ce qui égale au moins la portée de la voix humaine.

Il est étonnant qu'un si petit oiseau, qui ne pèse pas une demi-once, ait tant de force dans les organes de la voix : aussi M. Hunter a-t-il observé que les muscles du larynx, ou si l'on veut du gosier, étaient plus forts à proportion dans cette espèce que dans toute autre, et même plus forts dans le mâle qui chante que dans la femelle qui ne chante point.

Aristote et Pline, d'après lui, disent que le chant du rossignol dure dans toute sa force quinze jours et quinze nuits, sans interruption, dans le temps où les arbres se couvrent de verdure, ce qui doit ne s'entendre que des rossignols sauvages et n'être pas pris à la rigueur, car ces oiseaux ne sont pas muets avant ni après l'époque fixée par Aristote : à la vérité, ils ne chantent pas alors avec autant d'ardeur ni aussi constamment ; ils commencent d'ordinaire au mois d'avril, et ne finissent tout à fait qu'au mois de juin, vers le solstice ; mais la véritable époque où leur chant diminue beaucoup, c'est celle où leurs petits viennent à éclore, parce qu'ils s'occupent alors du soin de les nourrir, et que, dans l'ordre des instincts, la nature a donné la prépondérance à ceux qui tendent à la conservation des espèces. Les rossignols captifs continuent de chanter pendant neuf ou dix mois, et leur chant est non-seulement plus longtemps soutenu, mais encore plus parfait et mieux formé : de là M. Barrington tire cette conséquence, que dans cette espèce, ainsi que dans bien d'autres, le mâle ne chante pas pour amuser sa femelle ni pour charmer ses ennuis durant l'incubation, conséquence juste et de toute vérité. En effet, la femelle qui couve remplit cette fonction par un instinct, ou plutôt par une passion plus forte en elle que la passion même de l'amour ; elle y trouve des jouissances intérieures dont nous ne pouvons bien juger, mais qu'elle paraît sentir vivement, et qui ne permettent pas de supposer que dans ces moments elle ait besoin de consolation. Or, puisque ce n'est ni par devoir ni par vertu que la femelle couve, ce n'est point non plus par procédé que le mâle chante; il ne chante pas en effet durant la seconde incubation : c'est l'amour, et surtout le premier période de l'amour, qui inspire aux oiseaux leur ramage ; c'est au printemps qu'ils éprouvent et le besoin d'aimer et celui de chanter ; ce sont les mâles qui ont le plus de désirs, et ce sont eux qui chantent le plus; ils chantent la plus grande partie de l'année, lorsqu'on sait faire régner autour d'eux un printemps perpétuel qui renouvelle incessamment leur ardeur, sans leur offrir aucune occasion de l'éteindre ; c'est ce qui arrive aux rossignols que l'on tient en cage, et même, comme nous venons de le dire, à ceux que l'on prend adultes; on en a vu qui se sont mis à chanter de toutes leurs forces peu d'heures après avoir été pris. Il s'en faut bien cependant qu'ils soient insensibles à la perte de leur liberté, surtout dans les commencements ; ils se laisseraient mourir de faim les sept ou huit premiers jours, si on ne leur donnait la becquée, et ils se casseraient la tête contre le plafond de leur cage, si on ne leur attachait les ailes; mais à la longue, la passion de chanter l'emporte, parce qu'elle est entretenue par une passion plus profonde. Le chant des autres oiseaux, le son des instruments, les accents d'une voix douce et sonore, les excitent aussi beaucoup ; ils accourent, ils s'approchent, attirés par les beaux sons, mais les duos semblent les attirer encore plus puissamment, ce qui prouverait qu'ils ne sont pas insensibles aux effets de l'harmonie ; ce ne sont point des auditeurs muets, ils se mettent à l'unisson et font tous leurs efforts pour éclipser leurs rivaux, pour couvrir toutes les autres voix et même tous les autres bruits : on prétend qu'on en a vu tomber morts aux pieds de la personne qui chantait; on en a vu un autre qui s'agitait, gonflait sa gorge et faisait entendre un gazouillement de colère toutes les fois qu'un serin qui était près de lui se disposait à chanter, et il était venu à bout par ses menaces de lui imposer silence; tant il est vrai que la supériorité n'est pas toujours exempte de jalousie! Serait-ce par une suite de cette passion de primer, que ces oiseaux sont si attentifs à prendre leurs avantages, et qu'ils se plaisent à chanter dans un lieu résonnant, ou bien à portée d'un écho?

Tous les rossignols ne chantent pas également bien : il y en a dont le ramage est si médiocre, que les amateurs ne veulent point les garder; on a même cru s'apercevoir que les rossignols d'un pays ne chantaient pas comme ceux d'un autre; les curieux en Angleterre préfèrent, dit-on, ceux de la province de Surrey à ceux de Middlesex, comme ils préfèrent les pinsons de la province d'Essex et les chardonnerets de celle de Kent. Cette diversité de ramage dans des oiseaux d'une même espèce a été comparée, avec raison, aux différences qui se trouvent dans les dialectes d'une même langue : il est difficile d'en assigner les vraies causes, parce que la plupart sont accidentelles. Un rossignol aura entendu, par hasard, d'autres oiseaux chanteurs, les efforts que l'émulation lui aura fait faire auront perfectionné son chant, et il l'aura transmis ainsi perfectionné à ses descendants; car chaque père est le maître à chanter de ses petits; et l'on sent combien, dans la suite des générations, ce même chant peut être encore perfectionné ou modifié diversement par d'autres hasards semblables.

Passé le mois de juin, le rossignol ne chante plus, et il ne lui reste qu'un cri rauque, une sorte de croassement, où l'on ne reconnaît point du tout la mélodieuse Philomèle; et il n'est pas surprenant qu'autrefois, en Italie, on lui donnât un autre nom dans cette circonstance : c'est en effet un autre oiseau, un oiseau absolument différent, du moins quant à la voix, et même un peu quant aux couleurs du plumage.

Dans l'espèce du rossignol, comme dans toutes les autres, il se trouve quelquefois des femelles qui participent à la constitution du mâle, à ses habitudes, et spécialement à celle de chanter. J'ai vu une de ces femelles chantantes qui était privée; son ramage ressemblait à celui du mâle; cependant il n'était ni aussi fort ni aussi varié; elle le conserva jusqu'au printemps; mais alors, subordonnant l'exercice de ce talent qui lui était étranger aux véritables fonctions de son sexe, elle se tut pour faire son nid et sa ponte, quoiqu'elle n'eût point de mâle. Il semble que dans les pays chauds, tels que la Grèce, il est assez ordinaire de voir de ces femelles chantantes, et dans cette espèce et dans beaucoup d'autres; du moins c'est ce qui résulte d'un passage d'Aristote.

Un musicien, dit M. Frisch, devrait étudier le chant du rossignol et le noter; c'est ce qu'essaya jadis le jésuite Kircher, et ce qu'a tenté nouvellement M. Barrington; mais, de l'aveu de ce dernier, ç'a été sans aucun succès; ces airs notés, étant exécutés par le plus habile joueur de flûte, ne ressemblaient point du tout au chant du rossignol. M. Barrington soupçonne que la difficulté vient de ce qu'on ne peut apprécier au juste la durée relative, ou, si l'on veut, la valeur de chaque note; cependant, quoiqu'il ne soit point aisé de déterminer la mesure que suit le rossignol lorsqu'il chante, de saisir ce rhythme si varié dans ses mouvements, si nuancé dans ses transitions, si libre dans sa marche, si indépendant de toutes nos règles de convention, et par cela même si convenable au chantre de la nature, ce rhythme, en un mot, fait pour être finement senti par un organe délicat, et non pour être marqué à grand bruit par un bâton d'orchestre; il me paraît encore plus difficile d'imiter avec un instrument mort les sons du rossignol, ses accents si pleins d'âme et de vie, ses tours de gosier, son expression, ses soupirs; il faut pour cela un instrument vivant, et d'une perfection rare, je veux dire une voix sonore, harmonieuse et légère, un timbre pur, moelleux, éclatant, un gosier de la plus grande flexibilité, et tout cela guidé par une oreille juste, soutenu par un tact sûr, et vivifié par une sensibilité exquise : voilà les instruments avec lesquels on peut rendre le chant du rossignol. J'ai vu deux personnes qui n'en auraient pas noté un seul passage, et qui cependant l'imitaient dans toute son étendue, et de manière à faire illusion; c'étaient deux hommes : ils sifflaient plutôt qu'ils ne chantaient; mais l'un sifflait si naturellement, qu'on ne pouvait distinguer à la conformation de ses lèvres si c'était lui ou son voisin qu'on entendait; l'autre sifflait avec plus d'effort; il était même obligé de prendre une attitude contrainte; mais, quant à l'effet, son imitation n'était pas moins parfaite; enfin on voyait, il y a fort peu d'années, à Londres, un homme qui, par son chant, savait attirer les rossignols au point qu'ils venaient se percher sur lui et se laissaient prendre à la main.

Comme il n'est pas donné à tout le monde de s'approprier le chant du rossignol par une imitation fidèle, et que tout le monde est curieux d'en jouir, plusieurs ont tâché

de se l'approprier d'une manière plus simple, je veux dire
en se rendant maîtres du rossignol lui-même, et le réduisant à l'état de domesticité; mais c'est un domestique
d'une humeur difficile, et dont on ne tire le service désiré
qu'en ménageant son caractère. L'amour et la gaieté ne se
commandent pas, encore moins les chants qu'ils inspirent:
si l'on veut faire chanter le rossignol captif, il faut le
bien traiter dans sa prison, il faut en peindre les murs de
la couleur de ses bosquets, l'environner, l'ombrager de
feuillages, étendre de la mousse sous ses pieds, le garantir du froid et des visites importunes, lui donner une
nourriture abondante et qui lui plaise; en un mot, il faut
lui faire illusion sur sa captivité, et tâcher de la rendre
aussi douce que la liberté, s'il était possible. A ces conditions, le rossignol chantera dans la cage : si c'est un vieux
pris dans le commencement du printemps, il chantera au
bout de huit jours, et même plus tôt, et il recommencera
à chanter tous les ans au mois de mai et sur la fin de
décembre; si ce sont des jeunes de la première ponte, élevés à la brochette, ils commenceront à gazouiller dès
qu'ils commenceront à manger seuls; leur voix se haussera, se formera par degrés; elle sera dans toute sa force
sur la fin de décembre, et ils l'exerceront tous les jours de
l'année, excepté au temps de la mue; ils chanteront beaucoup mieux que les rossignols sauvages; ils embelliront
leur chant naturel de tous les passages qui leur plairont
dans le chant des autres oiseaux qu'on leur fera entendre,
et de tous ceux que leur inspirera l'envie de les surpasser;
ils apprendront à chanter des airs, si on a la patience et le
mauvais goût de les siffler avec la *rossignolette*; ils apprendront même à chanter alternativement avec un chœur,
et à répéter leur couplet à propos; enfin, ils apprendront

à parler quelle langue on voudra. Les fils de l'empereur Claude en avaient qui parlaient grec et latin; mais ce qu'ajoute Pline est plus merveilleux, c'est que tous les jours ces oiseaux préparaient de nouvelles phrases, et même des phrases assez longues, dont ils régalaient leurs maîtres. L'adroite flatterie a pu faire croire cela à de jeunes princes; mais un philosophe tel que Pline ne devait se permettre ni de le croire, ni de chercher à le faire croire, parce que rien n'est plus contagieux que l'erreur appuyée d'un grand nom; aussi plusieurs écrivains, se prévalant de l'autorité de Pline, ont renchéri sur le merveilleux de son récit. Gessner, entre autres, rapporte la lettre d'un homme digne de foi (comme on va le voir) où il est question de deux rossignols appartenant à un maître d'hôtellerie de Ratisbonne, lesquels passaient les nuits à converser en allemand sur les intérêts politiques de l'Europe, sur ce qui s'était passé, sur ce qui devait arriver bientôt, et qui arriva en effet : à la vérité, pour rendre la chose plus croyable, l'auteur de la lettre avoue que ces rossignols ne faisaient que répéter ce qu'ils avaient entendu dire à quelques militaires ou à quelques députés de la diète qui fréquentaient la même hôtellerie; mais avec cet adoucissement même, c'est encore une histoire absurde et qui ne mérite pas d'être réfutée sérieusement.

J'ai dit que les vieux prisonniers avaient deux saisons pour chanter : le mois de mai et celui de décembre; mais ici l'art peut encore faire une seconde violence à la nature, et changer à son gré l'ordre de ces saisons, en tenant les oiseaux dans une chambre rendue obscure par degrés, tant que l'on veut qu'ils gardent le silence, et leur redonnant le jour, aussi par degrés, quelque temps avant celui où l'on veut les entendre chanter; le retour ménagé de la lumière, joint à toutes les autres précautions indiquées ci-dessus, aura sur eux les effets du printemps. Ainsi l'art est parvenu à leur faire chanter et dire ce qu'on veut et quand on veut; et si l'on a un assez grand nombre de ces vieux captifs et qu'on ait la petite industrie de retarder et d'avancer le temps de la mue, on pourra, en les tirant successivement de la chambre obscure, jouir de leur chant toute l'année sans aucune interruption. Parmi les jeunes qu'on élève, il s'en trouve qui chantent la nuit; mais la plupart commencent à se faire entendre le matin sur les huit à neuf heures dans le temps des courts jours, et toujours plus matin à mesure que les jours croissent.

On ne se douterait pas qu'un chant aussi varié que celui du rossignol est renfermé dans les bornes étroites d'une seule octave; c'est cependant ce qui résulte de l'observation attentive d'un homme de goût, qui joint la justesse de l'oreille aux lumières de l'esprit : à la vérité, il a remarqué quelques sons aigus qui allaient à la double octave, et passaient comme des éclairs; mais cela n'arrive que très-rarement et lorsque l'oiseau, par un effort de gosier, fait octavier sa voix comme un flûteur fait octavier sa flûte en forçant le vent.

Cet oiseau est capable à la longue de s'attacher à la personne qui a soin de lui; lorsqu'une fois la connaissance est faite, il distingue son pas avant de la voir, il la salue d'avance par un cri de joie, et, s'il est en mue, ou le voit se fatiguer en efforts inutiles pour chanter, et suppléer par la gaieté de ses mouvements, par l'âme qu'il met dans ses regards, à l'expression que son gosier lui refuse : lorsqu'il perd sa bienfaitrice, il meurt quelquefois de regret; s'il survit, il lui faut longtemps pour s'accoutumer à une autre; il s'attache fortement, parce qu'il s'attache difficilement, comme font tous les caractères timides et sauvages; il est aussi très-solitaire. Les rossignols voyagent seuls, arrivent seuls aux mois d'avril et de mai, s'en retournent seuls au mois de septembre, et lorsqu'au printemps le mâle et la femelle s'apparient pour nicher, cette union particulière semble fortifier encore leur aversion pour la société générale, car ils ne souffrent alors aucun de leurs pareils dans le terrain qu'ils se sont approprié; on croit que c'est afin d'avoir une chasse assez étendue pour subsister, eux et leur famille; et ce qui le prouve, c'est que la distance des nids est beaucoup moindre dans un pays où la nourriture abonde : cela prouve aussi que la jalousie n'entre pour rien dans leurs motifs, comme quelques-uns l'ont dit; car on sait que la jalousie ne trouve jamais les distances assez grandes, et que l'abondance des vivres ne diminue ni ses ombrages ni ses précautions.

Chaque couple commence à faire son nid vers la fin d'avril et au commencement de mai; ils le construisent de feuilles, de joncs, de brins d'herbe grossière en dehors, de petites fibres, de racines, de crin, et d'une espèce de bourre en dedans; ils le placent à une bonne exposition, un peu tournée au levant, et dans le voisinage des eaux; ils le posent ou sur les branches les plus basses des arbustes, tels que les groseilliers, épines blanches, pruniers sauvages, charmilles, etc., ou sur une touffe d'herbe, et même à terre, au pied de ces arbustes; c'est ce qui fait que leurs œufs ou leurs petits, et quelquefois la mère, sont la proie des chiens de chasse, des renards, des fouines, des belettes, des couleuvres, etc.

Dans notre climat, la femelle pond ordinairement cinq œufs d'un brun verdâtre uniforme, excepté que le brun domine au gros bout, et le verdâtre au petit bout; la femelle couve seule, elle ne quitte son poste que pour chercher à manger, et elle ne le quitte que sur le soir, et lorsqu'elle est pressée par la faim : pendant son absence le mâle semble avoir l'œil sur le nid. Au bout de dix-huit ou vingt jours d'incubation, les petits commencent à éclore ; le nombre des mâles est communément plus que double de celui des femelles : aussi, lorsqu'au mois d'avril on prend un mâle apparié, il est bientôt remplacé auprès de la veuve par un autre, et celui-ci par un troisième ; en sorte qu'après l'enlèvement successif de trois ou quatre mâles, la couvée n'en va pas moins bien. La mère dégorge la nourriture à ses petits, comme font les femelles des serins ; elle est aidée par le père dans cette intéressante fonction : c'est alors que celui-ci cesse de chanter, pour s'occuper sérieusement du soin de la famille ; on dit même que durant l'incubation ils chantent rarement près du nid, de peur de le faire découvrir ; mais lorsqu'on approche de ce nid, la tendresse paternelle se trahit par des cris que lui arrache le danger de la couvée, et qui ne font que l'augmenter. En moins de quinze jours les petits sont couverts de plumes, et c'est alors qu'il faut sevrer ceux qu'on veut élever ; lorsqu'ils volent seuls, les père et mère recommencent une autre ponte, et, après cette seconde, une troisième ; mais pour que cette dernière réussisse, il faut que les froids ne surviennent pas de bonne heure : dans les pays chauds, ils font jusqu'à quatre pontes, et partout les dernières sont les moins nombreuses.

L'homme, qui ne croit posséder que lorsqu'il peut user et abuser de ce qu'il possède, a trouvé le moyen de faire nicher les rossignols dans la prison ; le plus grand obstacle était l'amour de la liberté, qui est très-vif dans ces oiseaux ; mais on a su contre-balancer ce sentiment

naturel par des sentiments aussi naturels et plus forts, le
besoin d'aimer et de se reproduire, l'amour de la géniture, etc. On prend un mâle et une femelle appariés, et
on les lâche dans une grande volière, ou plutôt dans un
coin de jardin planté d'ifs, de charmilles et autres arbrisseaux, et dont on aura fait une volière en l'environnant de
filets : c'est la manière la plus douce et la plus sûre d'obtenir de leur race; on peut encore y réussir, mais plus
difficilement, en plaçant ce mâle et cette femelle dans un
cabinet peu éclairé, chacun dans une cage séparée, leur
donnant tous les jours à manger aux mêmes heures, laissant quelquefois les cages ouvertes afin qu'ils fassent connaissance avec le cabinet, la leur ouvrant tout à fait au
mois d'avril pour ne la plus fermer, et leur fournissant
alors les matériaux qu'ils ont coutume d'employer à leurs
nids, tels que feuilles de chêne, mousse, chiendent épluché, bourre de cerf, des crins, de la terre, de l'eau ; mais
on aura soin de retirer l'eau quand la femelle couvera. On
a aussi cherché le moyen d'établir des rossignols dans un
endroit où il n'y en a point encore eu; pour cela on tâche
de prendre le père, la mère, et toute la couvée avec le
nid, on transporte ce nid dans un site qu'on aura choisi le
plus semblable à celui d'où on l'aura enlevé ; on tient les
deux cages qui renferment le père et la mère à portée des
petits, jusqu'à ce qu'ils aient entendu leur cri d'appel,
alors on leur ouvre la cage sans se montrer; le mouvement
de la nature les porte droit au lieu où ils ont entendu crier
leurs petits; ils leur donnent tout de suite la becquée, ils
continueront de les nourrir tant qu'il sera nécessaire, et
l'on prétend que l'année suivante ils reviendront au même
endroit : ils y reviendront, sans doute, s'ils y trouvent
une nourriture convenable et les commodités pour nicher,

car sans cela tous les autres soins seraient à pure perte, et avec cela ils seront à peu près superflus.

Si l'on veut élever soi-même de jeunes rossignols, il faut préférer ceux de la première ponte, et leur donner tel instituteur que l'on jugera à propos; mais les meilleurs, à mon avis, ce sont d'autres rossignols, surtout ceux qui chantent le mieux.

Au mois d'août les vieux et les jeunes quittent les bois pour se rapprocher des buissons, des haies vives, des terres nouvellement labourées, où ils trouvent plus de vers et d'insectes : peut-être aussi ce mouvement général a-t-il quelque rapport à leur prochain départ; il n'en reste point en France pendant l'hiver, non plus qu'en Angleterre, en Allemagne, en Italie, en Grèce, etc.; et comme on assure qu'il n'y en a point en Afrique, on peut juger qu'ils se retirent en Asie. Cela est d'autant plus vraisemblable que l'on en trouve en Perse, à la Chine et même au Japon, où ils sont fort recherchés, puisque ceux qui ont la voix belle s'y vendent, dit-on, vingt cobangs. Ils sont généralement répandus dans toute l'Europe, jusqu'en Suède et en Sibérie, où ils chantent très-agréablement; mais en Europe comme en Asie, il y a des contrées qui ne leur conviennent point, et où ils ne s'arrêtent jamais; par exemple, le Bugey jusqu'à la hauteur de Nantua, une partie de la Hollande, l'Écosse, l'Irlande; la partie nord du pays de Galles et même de toute l'Angleterre, excepté la province d'York; le pays des Dauliens aux environs de Delphes, le royaume de Siam, etc. Partout ils sont connus pour des oiseaux voyageurs, et cette habitude innée est si forte en eux, que ceux que l'on tient en cage s'agitent beaucoup au printemps et en automne, surtout la nuit, aux époques ordinaires marquées pour leurs migrations : il faut donc que cet instinct qui les porte à voyager soit indépendant de celui qui les porte à éviter le grand froid et à chercher un pays où ils puissent trouver une nourriture convenable; car dans la cage ils n'éprouvent ni froid ni disette, et cependant ils s'agitent.

Cet oiseau appartient à l'ancien continent, et quoique les missionnaires et les voyageurs parlent du rossignol du Canada, de celui de la Louisiane, de celui des Antilles, etc., on sait que ce dernier est une espèce de moqueur, que celui de la Louisiane est le même que celui des Antilles, puisque, selon le Page Dupratz, il se trouve à la Martinique et à la Guadeloupe; et l'on voit, par ce que dit le P. Charlevoix de celui du Canada, ou que ce n'est point un rossignol, ou que c'est un rossignol dégénéré. Il est possible en effet que cet oiseau, qui fréquente les parties septentrionales de l'Europe et de l'Asie, ait franchi les mers étroites, qui, à cette hauteur, séparent les deux continents, ou qu'il ait été porté dans le nouveau par un coup de vent ou par quelque navire, et que trouvant le climat peu favorable, soit à cause des grands froids, soit à cause de l'humidité, ou du défaut de nourriture, il chante moins bien au nord de l'Amérique qu'en Asie et en Europe, de même qu'il chante moins bien en Écosse qu'en Italie; car c'est une règle générale que tout oiseau ne chante que peu ou point du tout lorsqu'il souffre du froid, de la faim, etc., et l'on sait d'ailleurs que le climat de l'Amérique et surtout du Canada n'est rien moins que favorable au chant des oiseaux; c'est ce qu'aura éprouvé notre rossignol transplanté au Canada; car il est plus que probable qu'il s'y trouve aujourd'hui, l'indication trop peu circonstanciée du P. Charlevoix ayant été confirmée depuis par le témoignage positif d'un médecin résidant à Québec, et de quelques voyageurs.

Comme les rossignols, du moins les mâles, passent toutes les nuits du printemps à chanter, les anciens s'étaient persuadé qu'ils ne dormaient point dans cette saison, et de cette conséquence peu juste est née cette erreur que leur chair était une nourriture antisoporeuse, qu'il suffisait d'en mettre le cœur et les yeux sous l'oreiller d'une personne pour lui donner une insomnie; enfin ces erreurs gagnant du terrain, et passant dans les arts, le rossignol est devenu l'emblème de la vigilance. Mais les modernes, qui ont observé de plus près ces oiseaux, se sont aperçus que dans la saison du chant ils dormaient pendant le jour, et que ce sommeil du jour, surtout en hiver, annonçait qu'ils étaient prêts à reprendre leur ramage. Non-seulement ils dorment, mais ils rêvent, et d'un rêve de rossignol, car on les entend gazouiller à demi-voix et chanter tout bas. Au reste, on a débité beaucoup d'autres fables sur cet oiseau, comme on fait sur tout ce qui a de la célébrité; on a dit qu'une vipère, ou, selon d'autres, un crapaud, le fixant lorsqu'il chante, le fascine par le seul ascendant de son regard au point qu'il perd insensiblement la voix et finit par tomber dans la gueule béante du reptile. On a dit que les père et mère ne soignaient parmi leurs petits que ceux qui montraient du talent, et qu'ils tuaient les autres ou les laissaient périr d'inanition (il faut supposer qu'ils savent excepter les femelles). On a dit qu'ils chantaient beaucoup mieux lorsqu'on les écoutait que lorsqu'ils chantaient pour leur plaisir. Toutes ces erreurs dérivent d'une source commune, de l'habitude où sont les hommes de prêter aux animaux leurs faiblesses, leurs passions et leurs vices.

Les rossignols qu'on tient en cage ont coutume de se baigner après qu'ils ont chanté : M. Hébert a remarqué que c'était la première chose qu'ils faisaient le soir, au moment où l'on allumait la chandelle; il a aussi observé un autre effet de la lumière sur ces oiseaux dont il est bon d'avertir : un mâle qui chantait très-bien, s'étant échappé de sa cage, s'élança dans le feu, où il périt avant qu'on pût lui donner aucun secours.

Ces oiseaux ont une espèce de balancement du corps qu'ils élèvent et abaissent tour à tour, et presque parallèlement au plan de position : les mâles que j'ai vus avaient ce balancement singulier, mais une femelle que j'ai gardée deux ans ne l'avait pas : dans tous la queue a un mouvement propre de haut en bas, fort marqué, et qui sans doute a donné occasion à M. Linnæus de les ranger parmi les hoche-queues ou *motacilles*.

Les rossignols se cachent au plus épais des buissons : ils se nourrissent d'insectes aquatiques et autres, de petits vers, d'œufs ou plutôt de nymphes de fourmis; ils mangent aussi des figues, des baies, etc.; mais comme il serait difficile de fournir habituellement ces sortes de nourritures à ceux que l'on tient en cage, on a imaginé différentes pâtées dont ils s'accommodent fort bien. Je donnerai dans les notes celle dont se sert un amateur de ma connaissance, parce qu'elle est éprouvée, et que j'ai vu un rossignol qui, avec cette seule nourriture, a vécu jusqu'à sa dix-septième année : ce vieillard avait commencé à grisonner dès l'âge de sept ans; à quinze, il avait des pennes entièrement blanches aux ailes et à la queue; ses jambes, ou plutôt ses tarses, avaient beaucoup grossi, par l'accroissement extraordinaire qu'avaient pris les lames dont ces parties sont recouvertes dans les oiseaux; enfin, il avait des espèces de nodus aux doigts comme les goutteux, et on était obligé de temps en temps de lui rogner la pointe du bec supérieur ; mais il n'avait que cela des incommodités de la vieillesse ; il était toujours gai, toujours chantant comme dans son plus bel âge, toujours caressant la main qui le nourrissait. Il faut remarquer que ce rossignol n'avait jamais été apparié : l'amour semble abréger les jours, mais il les remplit, il remplit de plus le vœu de la nature ; sans lui les sentiments si doux de la paternité seraient inconnus ; enfin, il étend l'existence dans l'avenir et procure, au moyen des générations qui se succèdent, une sorte d'immortalité : grands et précieux dédommagements de quelques jours de tristesse et d'infirmités qu'il retranche peut-être à la vieillesse !

On a reconnu que les drogues échauffantes et les parfums excitaient les rossignols à chanter ; que les vers de farine et ceux du fumier leur convenaient lorsqu'ils étaient trop gras, et les figues lorsqu'ils étaient trop maigres ; enfin, que les araignées étaient pour eux un purgatif : on conseille de leur faire prendre tous les ans ce purgatif au mois d'avril ; une demi-douzaine d'araignées sont la dose ; on recommande aussi de ne leur rien donner de salé.

Lorsqu'ils ont avalé quelque chose d'indigeste, ils le rejettent sous la forme de pilules ou de petites pelotes, comme font les oiseaux de proie, et ce sont en effet des oiseaux de proie très-petits, mais très-féroces, puisqu'ils ne vivent que d'êtres vivants. Il est vrai que Belon admire *la providence qu'ils ont de n'avaler aucun petit verm qu'ils ne l'aient premièrement fait mourir* ; mais c'est apparemment pour éviter la sensation désagréable que leur causerait une proie vivante, et qui pourrait continuer de vivre dans leur estomac à leurs dépens.

Tous les piéges sont bons pour les rossignols : ils sont peu défiants, quoique assez timides ; si on les lâche dans un endroit où il y a d'autres oiseaux en cage, ils vont droit à eux, et c'est un moyen, entre beaucoup d'autres, pour les attirer ; le chant de leurs camarades, le son des instruments de musique, celui d'une belle voix, comme on l'a vu plus haut, et même des cris désagréables, tels que ceux d'un chat attaché au pied d'un arbre et que l'on tourmente exprès, tout cela les fait venir également ; ils sont curieux, et même badauds ; ils admirent tout, et sont dupes de tout ; on les prend à la pipée, aux gluaux, avec le trébuchet des mésanges, dans des reginglettes tendues sur de la terre nouvellement remuée, où l'on a répandu des nymphes de fourmis, des vers de farine, ou bien ce qui y ressemble, comme de petits morceaux de blancs d'œufs durcis, etc. Il faut avoir l'attention de faire ces reginglettes et autres piéges de même genre avec du taffetas, et non avec du filet, où leurs plumes s'embarrasseraient, et où ils en pourraient perdre quelques-unes, ce qui retarderait leur chant ; il faut au contraire, pour l'avancer au temps de la mue, leur arracher les pennes de la queue, afin que les nouvelles soient plus tôt revenues ; car tant que la nature travaille à reproduire ces plumes, elle leur interdit le chant.

Ces oiseaux sont fort bons à manger lorsqu'ils sont gras, et le disputent aux ortolans ; on les engraisse en Gascogne pour la table ; cela rappelle la fantaisie d'Héliogabale, qui mangeait des langues de rossignols, de paons, etc., et le plat fameux du comédien Ésope, composé d'une centaine d'oiseaux, tous recommandables par leur talent de chanter ou par celui de parler.

Comme il est fort essentiel de ne pas perdre son temps

à élever des femelles, on a indiqué beaucoup de marques distinctives pour reconnaître les mâles : ils ont, dit-on, l'œil plus grand, la tête plus ronde, le bec plus long, plus large à sa base, surtout étant vu par dessous ; le plumage plus haut en couleur, le ventre moins blanc, la queue plus touffue et plus large lorsqu'ils la déploient ; ils commencent plus tôt à gazouiller, et leur gazouillement est plus soutenu ; ils ont l'anus plus gonflé dans la saison de l'amour, et ils se tiennent longtemps en la même place, portés sur un seul pied, au lieu que la femelle court çà et là dans la cage ; d'autres ajoutent que le mâle a à chaque aile deux ou trois pennes dont le côté extérieur et apparent est noir, et que ses jambes, lorsqu'on regarde la lumière au travers, paraissent rougeâtres, tandis que celles de la femelle paraissent blanchâtres ; au reste, cette femelle a dans la queue le même mouvement que le mâle ; et lorsqu'elle est en joie, elle sautille comme lui au lieu de marcher. Ajoutez à cela les différences intérieures, qui sont plus décisives : les mâles, que j'ai disséqués au printemps, avaient deux testicules fort gros, de forme ovoïde ; le plus gros des deux (car ils n'étaient pas égaux) avait trois lignes et demie de long sur deux de large ; l'ovaire des femelles, que j'ai observées dans le même temps, contenait des œufs de différentes grosseurs, depuis un quart de ligne jusqu'à une ligne de diamètre.

Il s'en faut bien que le plumage de cet oiseau réponde à son ramage : il a tout le dessus du corps d'un brun plus ou moins roux ; la gorge, la poitrine et le ventre, d'un gris blanc ; le devant du cou, d'un gris plus foncé ; les couvertures inférieures de la queue et des ailes, d'un blanc roussâtre, plus roussâtre dans les mâles ; les pennes des ailes, d'un gris brun tirant au roux ; la queue, d'un brun plus roux; le bec brun, les pieds aussi, mais avec une teinte de couleur de chair; le fond des plumes cendré foncé.

On prétend que les rossignols qui sont nés dans les contrées méridionales ont le plumage plus obscur, et que ceux des contrées septentrionales ont plus de blanc : les jeunes mâles sont aussi, dit-on, plus blanchâtres que les jeunes femelles, et en général la couleur des jeunes est plus variée avant la mue, c'est-à-dire avant la fin de juillet, et elle est si semblable à celle des jeunes rouge-queues, qu'on les distinguerait à peine s'ils n'avaient pas un cri différent : aussi ces deux espèces sont-elles amies.

Longueur totale, six pouces un quart; bec, huit lignes, jaune en dedans, ayant une grande ouverture, les bords de la pièce supérieure échancrés près de la pointe; tarse, un pouce; doigt extérieur uni à celui du milieu par sa base; ongles déliés, le postérieur le plus fort de tous; vol, neuf pouces; queue, trente lignes, composée de douze pennes, dépasse les ailes de seize lignes.

Tube intestinal, du ventricule à l'anus, sept pouces quatre lignes; œsophage, près de deux pouces, se dilatant en une espèce de poche glanduleuse avant son insertion dans le gésier; celui-ci musculeux, il occupait la partie gauche du bas-ventre, n'était point recouvert par les intestins, mais seulement par un lobe du foie; deux très-petits cœcums, une vésicule du fiel, le bout de la langue garni de filets et comme tronqué, ce qui n'était pas ignoré des anciens, et peut avoir donné lieu à la fable de Philomèle qui eut la langue coupée.

LA FAUVETTE[1].

Le triste hiver, saison de mort, est le temps du sommeil ou plutôt de la torpeur de la nature ; les insectes sans vie, les reptiles sans mouvement, les végétaux sans verdure et sans accroissement, tous les habitants de l'air détruits ou relégués, ceux des eaux renfermés dans des prisons de glace, et la plupart des animaux terrestres confinés dans les cavernes, les antres et les terriers : tout nous présente les images de la langueur et de la dépopulation ; mais le retour des oiseaux au printemps est le premier signal et la douce annonce du réveil de la nature vivante ; et les feuillages renaissants et les bocages revêtus de leur nouvelle parure sembleraient moins frais et moins touchants sans les nouveaux hôtes qui viennent les animer et y chanter l'amour.

De ces hôtes des bois les fauvettes sont les plus nombreuses comme les plus aimables : vives, agiles, légères et sans cesse remuées, tous leurs mouvements ont l'air du sentiment, tous leurs accents le ton de la joie, et tous leurs jeux l'intérêt de l'amour. Ces jolis oiseaux arrivent au moment où les arbres développent leurs feuilles et commencent à laisser épanouir leurs fleurs ; ils se dispersent dans toute l'étendue de nos campagnes ; les uns viennent habiter nos jardins, d'autres préfèrent les avenues et les bosquets, plusieurs espèces s'enfoncent dans

---

[1]. *Motacilla orphea* (Temm.). — La *fauvette proprement dite* (Cuv.). — Genre *Becs-Fins*, sous-genre *Fauvettes* (Cuv.). — L'histoire de la Fauvette est de Bexon. (*Voyez l'avertissement.*) (F.)

les grands bois, et quelques-unes se cachent au milieu des roseaux. Ainsi les fauvettes remplissent tous les lieux de la terre et les animent par les mouvements et les accents de leur tendre gaieté.

A ce mérite des grâces naturelles, nous voudrions réunir celui de la beauté; mais en leur donnant tant de qualités aimables, la nature semble avoir oublié de parer leur plumage. Il est obscur et terne; excepté deux ou trois espèces qui sont légèrement tachetées, toutes les autres n'ont que des teintes plus ou moins sombres de blanchâtre, de gris et de roussâtre.

La première espèce, ou la fauvette proprement dite, est de la grandeur du rossignol. Tout le manteau, qui dans le rossignol est roux-brun, est gris-brun dans cette fauvette, qui de plus est légèrement teinte de gris roussâtre à la frange des couvertures des ailes et le long des barbes de leurs petites pennes; les grandes sont d'un cendré noirâtre, ainsi que les pennes de la queue, dont les deux plus extérieures sont blanches du côté extérieur, et des deux côtés à la pointe : sur l'œil, depuis le bec, s'étend une petite ligne blanche en forme de sourcil, et l'on voit une tache noirâtre sous l'œil et un peu en arrière; cette tache confine au blanc de la gorge, qui se teint de roussâtre sur les côtés, et plus fortement sous le ventre.

Cette fauvette est la plus grande de toutes, excepté celle des Alpes, dont nous parlerons dans la suite. Sa longueur totale est de six pouces, son vol de huit pouces dix lignes; son bec, de la pointe aux angles, a huit lignes et demie; sa queue, deux pouces six lignes; son pied, dix lignes.

Elle habite, avec d'autres espèces de fauvettes plus petites, dans les jardins, les bocages et les champs semés de légumes, comme fèves ou pois ; toutes se posent sur la ramée qui soutient ces légumes ; elles s'y jouent, y placent leur nid, sortent et rentrent sans cesse, jusqu'à ce que le temps de la récolte, voisin de celui de leur départ, vienne les chasser de cet asile, ou plutôt de ce domicile d'amour.

C'est un petit spectacle de les voir s'égayer, s'agacer et se poursuivre ; leurs attaques sont légères et ces combats innocents se terminent toujours par quelques chansons. La fauvette fut l'emblème des amours volages, comme la tourterelle de l'amour fidèle : cependant la fauvette, vive et gaie, n'en est ni moins aimante, ni moins fidèlement attachée, et la tourterelle, triste et plaintive, n'en est que plus scandaleusement libertine. Le mâle de la fauvette prodigue à sa femelle mille petits soins pendant qu'elle couve ; il partage sa sollicitude pour les petits qui viennent d'éclore, et ne la quitte pas même après l'éducation de la famille ; son amour semble durer encore après ses désirs satisfaits.

Le nid est composé d'herbes sèches, de brins de chanvre et d'un peu de crin en dedans ; il contient ordinairement cinq œufs que la mère abandonne lorsqu'on les a touchés, tant cette approche d'un ennemi lui paraît d'un mauvais augure pour sa future famille. Il n'est pas possible non plus de lui faire adopter des œufs d'un autre oiseau : elle les reconnaît, sait s'en défaire et les rejeter. « J'ai fait couver à plusieurs petits oiseaux des œufs étran« gers, dit M. le vicomte de Querhoënt, des œufs de mé« sange aux roitelets, des œufs de linotte à un rouge« gorge ; je n'ai jamais pu réussir à les faire couver par « des fauvettes, elles ont toujours rompu les œufs, et « lorsque j'y ai substitué d'autres petits, elles les ont tués

« aussitôt. » Par quel charme donc, s'il en faut croire la multitude des oiseleurs et même des observateurs, se peut-il faire que la fauvette couve l'œuf que le coucou dépose dans son nid après avoir dévoré les siens, qu'elle se charge avec affection de cet ennemi qui vient de lui naître, et qu'elle traite comme sien ce hideux petit étranger? Au reste, c'est dans le nid de la fauvette babillarde que le coucou, dit-on, dépose le plus souvent son œuf; et dans cette espèce le naturel pourrait être différent. Celle-ci est d'un caractère craintif; elle fuit devant des oiseaux tout aussi faibles qu'elle, et fuit encore plus vite et avec plus de raison devant la pie-grièche, sa redoutable ennemie; mais, l'instant du péril passé, tout est oublié, et, le moment d'après, notre fauvette reprend sa gaieté, ses mouvements et son chant. C'est des rameaux les plus touffus qu'elle le fait entendre; elle s'y tient ordinairement couverte, ne se montre que par instants au bord des buissons, et rentre vite à l'intérieur, surtout pendant la chaleur du jour. Le matin on la voit recueillir la rosée, et après ces courtes pluies qui tombent dans les jours d'été, courir sur les feuilles mouillées et se baigner dans les gouttes qu'elle secoue du feuillage.

Au reste, presque toutes les fauvettes partent en même temps, au milieu de l'automne, et à peine en voit-on encore quelques-unes en octobre : leur départ se fait avant que les premiers froids viennent détruire les insectes et flétrir les petits fruits dont elles vivent; car non-seulement on les voit chasser aux mouches, aux moucherons, et chercher les vermisseaux, mais encore manger des baies de lierre, de mézéréon et de ronces; elles engraissent même beaucoup dans la saison de la maturité des graines du sureau, de l'hièble et du troëne.

Dans cet oiseau, le bec est très-légèrement échancré vers la pointe ; la langue est effrangée par le bout et paraît fourchue ; le dedans du bec, noir vers le bout, est jaune dans le fond ; le gésier est musculeux et précédé d'une dilatation de l'œsophage ; les intestins sont longs de sept pouces et demi : communément on ne trouve point de vésicule du fiel, mais deux petits cœcums ; le doigt extérieur est uni à celui du milieu par la première phalange, et l'ongle postérieur est le plus fort de tous. Les testicules, dans un mâle pris le 18 de juin, avaient cinq lignes au grand diamètre, quatre dans le petit. Dans une femelle, ouverte le 4 du même mois, l'*oviductus* très-dilaté renfermait un œuf, et la grappe offrait les rudiments de plusieurs autres d'inégale grosseur.

Dans nos provinces méridionales et en Italie, on nomme assez indistinctement becfigues la plupart des espèces de fauvettes : méprise à laquelle les nomenclateurs, avec leur nom générique *ficedula*, n'ont pas peu contribué. Aldrovande n'a donné les espèces de ce genre que d'une manière incomplète et confuse : il semble ne l'avoir pas assez connu. Frisch remarque que le genre des fauvettes est en effet un des moins éclaircis et des moins déterminés dans toute l'ornithologie. Nous avons tâché d'y porter quelques lumières en suivant l'ordre de la nature. Toutes nos descriptions, excepté celle d'une seule espèce, ont été faites sur l'objet même, et c'est tant sur nos propres observations que sur des faits donnés par d'excellents observateurs que nous avons représenté les différences, les ressemblances et toutes les habitudes naturelles de ces petits oiseaux.

L'OISEAU-MOUCHE [1].

De tous les êtres animés, voici le plus élégant pour la forme et le plus brillant pour les couleurs. Les pierres et les métaux polis par notre art ne sont pas comparables à ce bijou de la nature; elle l'a placé dans l'ordre des oiseaux, au dernier degré de l'échelle de grandeur, *maximè miranda in minimis*; son chef-d'œuvre est le petit oiseau-mouche; elle l'a comblé de tous les dons qu'elle n'a fait que partager aux autres oiseaux : légèreté, rapidité, prestesse, grâce et riche parure, tout appartient à ce petit favori. L'émeraude, le rubis, la topaze, brillent sur ses habits; il ne les souille jamais de la poussière de la terre, et dans sa vie tout aérienne on le voit à peine toucher le gazon par instants; il est toujours en l'air, volant de fleurs en fleurs; il a leur fraîcheur comme il a leur éclat : il vit de leur nectar et n'habite que les climats où sans cesse elles se renouvellent.

C'est dans les contrées les plus chaudes du Nouveau Monde que se trouvent toutes les espèces d'oiseaux-mouches; elles sont assez nombreuses et paraissent confinées entre les deux tropiques, car ceux qui s'avancent en été dans les zones tempérées n'y font qu'un court séjour; ils semblent suivre le soleil, s'avancer, se retirer avec lui, et voler sur l'aile des zéphyrs à la suite d'un printemps éternel.

Les Indiens, frappés de l'éclat et du feu que rendent

---

1. L'histoire de l'Oiseau-Mouche est de Bexon (pour le fond). (*Voyez l'avertissement.*) (F.)

les couleurs de ces brillants oiseaux, leur avaient donné les noms de *rayons* ou *cheveux du soleil*. Les Espagnols les ont appelés *tomineos*, mot relatif à leur excessive petitesse ; le *tomine* est un poids de douze grains. « J'ai vu, « dit Nieremberg, peser au trébuchet un de ces oiseaux, « lequel, avec son nid, ne pesait que deux *tomines;* » et, pour le volume, les petites espèces de ces oiseaux sont au-dessous de la grande mouche asile (*le taon*) pour la grandeur, et du bourdon pour la grosseur. Leur bec est une aiguille fine et leur langue un fil délié ; leurs petits yeux noirs ne paraissent que deux points brillants ; les plumes de leurs ailes sont si délicates qu'elles en paraissent transparentes ; à peine aperçoit-on leurs pieds, tant ils sont courts et menus ; ils en font peu d'usage, ils ne se posent que pour passer la nuit, et se laissent pendant le jour emporter dans les airs ; leur vol est continu, bourdonnant et rapide. Marcgrave compare le bruit de leurs ailes à celui d'un rouet et l'exprime par les syllabes *hour, hour, hour;* leur battement est si vif que l'oiseau, s'arrêtant dans les airs, paraît non-seulement immobile, mais tout à fait sans action ; on le voit s'arrêter ainsi quelques instants devant une fleur et partir comme un trait pour aller à une autre ; il les visite toutes, plongeant sa petite langue dans leur sein, les flattant de ses ailes, sans jamais s'y fixer, mais aussi sans les quitter jamais ; il ne presse ses inconstances que pour mieux suivre ses amours et multiplier ses jouissances innocentes, car cet amant léger des fleurs vit à leurs dépens sans les flétrir : il ne fait que pomper leur miel, et c'est à cet usage que sa langue paraît uniquement destinée ; elle est composée de deux fibres creuses, formant un petit canal, divisé au bout en deux filets ; elle a la forme d'une trompe, dont elle fait les fonctions. L'oiseau la darde hors de son bec, apparemment par un mécanisme de l'os hyoïde, semblable à celui de la langue des pics; il la plonge jusqu'au fond du calice des fleurs pour en tirer les sucs. Telle est sa manière de vivre, d'après tous les auteurs qui en ont écrit. Ils n'ont eu qu'un contradicteur, c'est M. Badier, qui, pour avoir trouvé dans l'œsophage d'un oiseau-mouche quelques débris de petits insectes, en conclut qu'il vit de ces animaux et non du suc des fleurs. Mais nous ne croyons pas devoir faire céder une multitude de témoignages authentiques à une seule assertion, qui même paraît prématurée. En effet, que l'oiseau-mouche avale quelques insectes, s'ensuit-il qu'il en vive et s'en nourrisse toujours? Et ne semble-t-il pas inévitable qu'en pompant le miel des fleurs, ou recueillant leurs poussières, il entraîne en même temps quelques-uns des petits insectes qui s'y trouvent engagés? Au reste, la nourriture la plus substantielle est nécessaire pour suffire à la prodigieuse vivacité de l'oiseau-mouche, comparée avec son extrême petitesse; il faut bien des molécules organiques pour soutenir tant de forces dans de si faibles organes, et fournir à la dépense d'esprits que fait un mouvement perpétuel et rapide. Un aliment d'aussi peu de substance que quelques menus insectes y paraît bien peu proportionné; et Sloane, dont les observations sont ici du plus grand poids, dit expressément qu'il a trouvé l'estomac de l'oiseau-mouche tout rempli des poussières et du miellat des fleurs.

Rien n'égale, en effet, la vivacité de ces petits oiseaux, si ce n'est leur courage, ou plutôt leur audace. On les voit poursuivre avec furie des oiseaux vingt fois plus gros qu'eux, s'attacher à leur corps, et, se laissant emporter par leur vol, les becqueter à coups redoublés jusqu'à ce qu'ils aient assouvi leur petite colère. Quelquefois même ils se livrent entre eux de très-vifs combats ; l'impatience paraît être leur âme ; s'ils s'approchent d'une fleur et qu'ils la trouvent fanée, ils lui arrachent les pétales avec une précipitation qui marque leur dépit. Ils n'ont point d'autre voix qu'un petit cri, *screp, screp*, fréquent et répété ; ils le font entendre dans les bois dès l'aurore, jusqu'à ce qu'aux premiers rayons du soleil tous prennent l'essor et se dispersent dans les campagnes.

Ils sont solitaires, et il serait difficile qu'étant sans cesse emportés dans les airs, ils pussent se reconnaître et se joindre. Néanmoins l'amour, dont la puissance s'étend au delà de celle des éléments, sait rapprocher et réunir tous les êtres dispersés : on voit les oiseaux-mouches deux à deux dans le temps des nichées ; le nid qu'ils construisent répond à la délicatesse de leur corps ; il est fait d'un coton fin ou d'une bourre soyeuse recueillie sur des fleurs ; ce nid est fortement tissu et de la consistance d'une peau douce et épaisse ; la femelle se charge de l'ouvrage et laisse au mâle le soin d'apporter les matériaux. On la voit empressée à ce travail chéri, chercher, choisir, employer brin à brin les fibres propres à fournir le tissu de ce doux berceau de sa progéniture ; elle en polit les bords avec sa gorge, le dedans avec sa queue ; elle le revêt à l'extérieur de petits morceaux d'écorce de gommier, qu'elle colle à l'entour pour le défendre des injures de l'air autant que pour le rendre plus solide ; le tout est attaché à deux feuilles ou à un seul brin d'oranger, de citronnier, ou quelquefois à un fétu qui pend de la couverture de quelque case. Ce nid n'est pas plus gros que la moitié d'un abricot et fait de même en demi-coupe ; on y trouve deux œufs tout blancs et pas plus gros que des petits pois. Le mâle et la femelle les couvent tour à tour pendant douze jours; les petits éclosent au treizième jour, et ne sont alors pas plus gros que des mouches. « Je n'ai jamais pu remarquer, « dit le P. Dutertre, quelle sorte de becquée la mère leur « apporte, sinon qu'elle leur donne à sucer sa langue « encore toute emmiellée du suc tiré des fleurs. »

On conçoit aisément qu'il est comme impossible d'élever ces petits volatiles; ceux qu'on a essayé de nourrir avec des sirops ont dépéri dans quelques semaines. Ces aliments, quoique légers, sont encore bien différents du nectar délicat qu'ils recueillent en liberté sur les fleurs, et peut-être aurait-on mieux réussi en leur offrant du miel.

La manière de les abattre est de les tirer avec du sable ou à la sarbacane; ils sont si peu défiants qu'ils se laissent approcher jusqu'à cinq ou six pas. On peut encore les prendre en se plaçant dans un buisson fleuri, une verge enduite d'une gomme gluante à la main; on en touche aisément le petit oiseau lorsqu'il bourdonne devant une fleur. Il meurt aussitôt qu'il est pris, et sert après sa mort à parer les jeunes Indiennes, qui portent en pendants d'oreilles deux de ces charmants oiseaux. Les Péruviens avaient l'art de composer avec leurs plumes des tableaux dont les anciennes relations ne cessent de vanter la beauté. Marcgrave, qui avait vu de ces ouvrages, en admire l'éclat et la délicatesse.

Avec le lustre et le velouté des fleurs, on a voulu encore en trouver le parfum à ces jolis oiseaux. Plusieurs auteurs ont écrit qu'ils sentaient le musc; c'est une erreur dont l'origine est apparemment dans le nom que leur donne Oviedo, de *passer mosquitus*, aisément changé en celui de *passer moscatus*. Ce n'est pas la seule petite merveille que l'imagination ait voulu ajouter à leur histoire :

on a dit qu'ils étaient moitié oiseaux et moitié mouches, qu'ils se produisaient d'une mouche, et un provincial des jésuites affirme gravement, dans Clusius, avoir été témoin de la métamorphose. On a dit qu'ils mouraient avec les fleurs pour renaître avec elles; qu'ils passaient dans un sommeil et un engourdissement total toute la mauvaise saison, suspendus par le bec à l'écorce d'un arbre; mais ces fictions ont été rejetées par les naturalistes sensés, et Catesby assure avoir vu durant toute l'année ces oiseaux à Saint-Domingue et au Mexique, où il n'y a pas de saison entièrement dépouillée de fleurs. Sloane dit la même chose de la Jamaïque, en observant seulement qu'ils y paraissent en plus grand nombre après la saison des pluies, et Marc-grave avait déjà écrit qu'on les trouve toute l'année en grand nombre dans les bois du Brésil.

Nous connaissons vingt-quatre espèces dans le genre des oiseaux-mouches, et il est plus que probable que nous ne les connaissons pas toutes.

FIN DE L'HISTOIRE NATURELLE DES ANIMAUX.

DES ÉPOQUES
DE LA NATURE

Comme, dans l'histoire civile, on consulte les titres, on recherche les médailles, on déchiffre les inscriptions antiques pour déterminer les époques des révolutions humaines, et constater les dates des événements moraux ; de même, dans l'histoire naturelle, il faut fouiller les archives du monde, tirer des entrailles de la terre les vieux monuments, recueillir leurs débris, et rassembler en un corps de preuves tous les indices des changements physiques qui peuvent nous faire remonter aux différents âges de la nature. C'est le seul moyen de fixer quelques points dans l'immensité de l'espace, et de placer un certain nombre de pierres numéraires sur la route éternelle du temps. Le passé est comme la distance ; notre vue y décroît, et s'y perdrait de même, si l'histoire et la chronologie n'eussent placé des fanaux, des flambeaux aux points les plus obscurs ; mais, malgré ces lumières de la tradition écrite, si l'on remonte à quelques siècles, que d'incertitudes dans les faits ! que d'erreurs sur les causes des événements ! et quelle obscurité profonde n'environne pas les temps antérieurs à cette tradition ! D'ailleurs elle ne nous a transmis que les gestes de quelques nations, c'est-à-dire les actes d'une très-petite partie du genre humain ; tout le reste des hommes est demeuré nul pour nous, nul pour la postérité : ils ne sont sortis de leur néant que pour passer comme des ombres qui ne laissent point de traces; et plût au ciel que le nom de tous ces prétendus héros, dont on a célébré les crimes ou la gloire sanguinaire, fût également enseveli dans la nuit de l'oubli !

Ainsi l'histoire civile, bornée d'un côté par les ténèbres d'un temps assez voisin du nôtre, ne s'étend de l'autre qu'aux petites portions de terre qu'ont occupées successivement les peuples soigneux de leur mémoire; au lieu que l'histoire naturelle embrasse également tous les espaces, tous les temps, et n'a d'autres limites que celles de l'univers.

La nature étant contemporaine de la matière, de l'espace et du temps, son histoire est celle de toutes les substances, de tous les lieux, de tous les âges; et quoiqu'il paraisse à la première vue que ses grands ouvrages ne s'altèrent ni ne changent, et que dans ses productions, même les plus fragiles et les plus passagères, elle se montre toujours et constamment la même, puisqu'à chaque instant ses premiers modèles reparaissent à nos yeux sous de nouvelles représentations; cependant, en l'observant de près, on s'apercevra que son cours n'est pas absolument uniforme; on reconnaîtra qu'elle admet des variations sensibles; qu'elle reçoit des altérations successives, qu'elle se prête même à des combinaisons nouvelles, à des mutations de matière et de forme ; qu'enfin, autant elle paraît fixe dans son tout, autant elle est variable dans chacune de ses parties; et si nous l'embrassons dans toute son étendue, nous ne pourrons douter qu'elle ne soit aujourd'hui très-différente de ce qu'elle était au commencement et de ce qu'elle est devenue dans la succession des temps : ce sont ces changements divers que nous appelons ses époques [1]. La nature s'est trouvée dans différents états ; la surface de la terre a pris successivement des formes différentes ; les cieux mêmes ont varié, et toutes les choses de l'univers physique sont, comme celles du monde moral, dans un mouvement continuel de variations successives. Par exemple, l'état dans lequel nous voyons aujourd'hui la nature est autant notre ouvrage que le sien ; nous avons su la tempérer, la modifier, la plier à nos besoins, à nos désirs ; nous avons sondé, cultivé, fécondé la terre : l'aspect sous lequel elle se présente est donc bien différent de celui des temps antérieurs à l'invention des arts. L'âge d'or de la morale, ou plutôt de la Fable, n'était que l'âge de fer de la physique et de la vérité. L'homme de ce temps encore à demi sauvage, dispersé, peu nombreux, ne sentait pas sa puissance, ne connaissait pas sa vraie richesse ; le trésor de ses lumières était enfoui ; il ignorait la force des volontés unies, et ne se doutait pas que, par la société et par des travaux suivis et concertés, il viendrait à bout d'imprimer ses idées sur la face entière de l'univers.

Aussi faut-il aller chercher et voir la nature dans ces régions nouvellement découvertes, dans ces contrées de tout temps inhabitées, pour se former une idée de son état ancien ; et cet ancien état est encore bien moderne en comparaison de celui où nos continents terrestres étaient

---

1... *Ce sont ces changements divers que nous appelons ses époques.*
« ... Dans l'ordre des siècles, il faut avoir certains temps marqués par
« quelque grand événement auquel on rapporte tout le reste. C'est ce qui
« s'appelle ÉPOQUE... » (Bossuet.)

couverts par les eaux, où les poissons habitaient sur nos plaines, où nos montagnes formaient les écueils des mers : combien de changements et de différents états ont dû se succéder depuis ces temps antiques (qui cependant n'étaient pas les premiers) jusqu'aux âges de l'histoire ! Que de choses ensevelies ! combien d'événements entièrement oubliés ! que de révolutions antérieures à la mémoire des hommes ! Il a fallu une très-longue suite d'observations; il a fallu trente siècles de culture à l'esprit humain, seulement pour reconnaître l'état présent des choses. La terre n'est pas encore entièrement découverte ; ce n'est que depuis peu qu'on a déterminé sa figure ; ce n'est que de nos jours qu'on s'est élevé à la théorie de sa forme intérieure, et qu'on a démontré l'ordre et la disposition des matières dont elle est composée : ce n'est donc que de cet instant où l'on peut commencer à comparer la nature avec elle-même, et remonter de son état actuel et connu à quelques époques d'un état plus ancien.

Mais, comme il s'agit ici de percer la nuit des temps, de reconnaître par l'inspection des choses actuelles l'ancienne existence des choses anéanties, et de remonter par la seule force des faits subsistants à la vérité historique des faits ensevelis; comme il s'agit en un mot de juger, non-seulement le passé moderne, mais le passé le plus ancien, par le seul présent, et que pour nous élever jusqu'à ce point de vue nous avons besoin de toutes nos forces réunies, nous emploierons trois grands moyens : 1° les faits qui peuvent nous rapprocher de l'origine de la nature; 2° les monuments qu'on doit regarder comme les témoins de ses premiers âges; 3° les traditions qui peuvent nous donner quelque idée des âges subséquents : après quoi nous tâcherons de lier le tout par des analogies, et de former une chaîne qui, du sommet de l'échelle du temps, descendra jusqu'à nous.

Premier fait. — La terre est élevée sur l'équateur et abaissée sous les pôles, dans la proportion qu'exigent les lois de la pesanteur et de la force centrifuge.

Second fait. — Le globe terrestre a une chaleur intérieure qui lui est propre, et qui est indépendante de celle que les rayons du soleil peuvent lui communiquer.

Troisième fait. — La chaleur que le soleil envoie à la terre est assez petite, en comparaison de la chaleur propre du globe terrestre; et cette chaleur, envoyée par le soleil, ne serait pas seule suffisante pour maintenir la nature vivante.

Quatrième fait. — Les matières qui composent le globe de la terre sont en général de la nature du verre, et peuvent être toutes réduites en verre.

Cinquième fait. — On trouve sur toute la surface de la terre, et même sur les montagnes, jusqu'à 1500 et 2000 toises de hauteur, une immense quantité de coquilles et d'autres débris des productions de la mer.

Examinons d'abord si, dans ces faits que je veux employer, il n'y a rien qu'on puisse raisonnablement contester. Voyons si tous sont prouvés, ou du moins peuvent l'être : après quoi nous passerons aux inductions que l'on en doit tirer.

Le premier fait du renflement de la terre à l'équateur

et de son aplatissement aux pôles est mathématiquement[1] démontré et physiquement prouvé par la théorie de la gravitation et par les expériences du pendule. Le globe terrestre a précisément la figure que prendrait un globe fluide qui tournerait sur lui-même avec la vitesse que nous connaissons au globe de la terre. Ainsi la première conséquence qui sort de ce fait incontestable, c'est que la matière dont notre terre est composée était dans un état de fluidité au moment qu'elle a pris sa forme, et ce moment est celui où elle a commencé à tourner sur elle-même. Car si la terre n'eût pas été fluide, et qu'elle eût eu la même consistance que nous lui voyons aujourd'hui, il est évident que cette matière consistante et solide n'aurait pas obéi à la loi de la force centrifuge, et que par conséquent, malgré la rapidité de son mouvement de rotation, la terre, au lieu d'être un sphéroïde renflé sur l'équateur et aplati sous les pôles, serait au contraire une sphère exacte, et qu'elle n'aurait jamais pu prendre d'autre figure que celle d'un globe parfait, en vertu de l'attraction mutuelle de toutes les parties de la matière dont elle est composée.

Or, quoique en général toute fluidité ait la chaleur pour cause, puisque l'eau même sans la chaleur ne formerait qu'une substance solide, nous avons deux manières différentes de concevoir la possibilité de cet état primitif de fluidité dans le globe terrestre, parce qu'il semble d'abord

---

1. *Mathématiquement*. Buffon commence par la *preuve mathématique*, qui seule suffirait en effet et pourrait dispenser de toutes les autres. « La « fluidité primitive des planètes est clairement indiquée par l'aplatissement « de leur figure, conforme aux lois de l'attraction mutuelle de leurs molé- « cules : elle est de plus prouvée, pour la terre, par la diminution régulière « de la pesanteur, en allant de l'équateur aux pôles. Cet état de fluidité pri- « mitive, auquel on est conduit par les phénomènes astronomiques, doit se « manifester dans ceux que l'histoire naturelle nous présente... » (Laplace, *Exposit. du syst. du monde*, t. II, p. 443.)

que la nature ait deux moyens pour l'opérer. Le premier est la dissolution ou même le délaiement des matières terrestres dans l'eau ; et le second, leur liquéfaction par le feu. Mais l'on sait que le plus grand nombre des matières solides qui composent le globe terrestre ne sont pas dissolubles dans l'eau ; et en même temps l'on voit que la quantité d'eau est si petite en comparaison de celle de la matière aride, qu'il n'est pas possible que l'une ait jamais été délayée dans l'autre. Ainsi cet état de fluidité dans lequel s'est trouvée la masse entière de la terre n'ayant pu s'opérer ni par la dissolution ni par le délaiement dans 'eau, il est nécessaire que cette fluidité ait été une liquéfaction causée par le feu [1].

Cette juste conséquence, déjà très-vraisemblable par elle-même, prend un nouveau degré de probabilité par le second fait, et devient une certitude par le troisième fait [2].

---

[1] « Quelle que soit la nature de cette cause (de la cause des mouvements primitifs du système planétaire), puisqu'elle a produit ou dirigé les mouvements des planètes, il faut qu'elle ait embrassé tous ces corps, et, vu la distance prodigieuse qui les sépare, elle ne peut avoir été qu'un fluide d'une immense étendue. Pour leur avoir donné dans le même sens un mouvement presque circulaire autour du soleil, il faut que ce fluide ait environné cet astre, comme une atmosphère. La considération des mouvements planétaires nous conduit donc à penser qu'en vertu d'une *chaleur excessive* l'atmosphère du soleil s'est primitivement étendue au delà des orbes de toutes les planètes, et qu'elle s'est resserrée successivement jusqu'à ses limites actuelles. » (Laplace, *Exposit. du syst. du monde*, t. II, p. 432.)

[2] Il faut distinguer nettement entre ces deux faits. Le second fait, celui de la *chaleur intérieure* et propre du globe, peut être regardé comme *prouvé* : il constitue la base de toute la géologie théorique de nos jours ; quant au troisième, il est *prouvé* qu'il est faux. — « Nous connaissons avec certitude, par la théorie et les observations, que l'effet de la chaleur centrale est devenu depuis longtemps insensible à la superficie, quoiqu'il puisse être très-grand à une profondeur médiocre. » (Fourier, *Remarques génér. sur les tempér. du globe terrest. et des espac. planét., Ann. de chim. et de physiq.*)

La chaleur intérieure du globe, encore actuellement subsistante, et beaucoup plus grande que celle qui nous vient du soleil, nous démontre que cet ancien feu qu'a éprouvé le globe n'est pas encore à beaucoup près entièrement dissipé : la surface de la terre est plus refroidie que son intérieur. Des expériences certaines et réitérées nous assurent que la masse entière du globe a une chaleur propre et tout à fait indépendante de celle du soleil. Cette chaleur nous est démontrée par la comparaison de nos hivers à nos étés [1] ; et on la reconnaît d'une manière encore plus palpable dès qu'on pénètre au dedans de la terre ; elle est constante en tous lieux pour chaque profondeur, et elle paraît augmenter à mesure que l'on descend [2]. Mais que sont nos travaux en comparaison de ceux qu'il faudrait faire pour reconnaître les degrés successifs de cette chaleur intérieure dans les profondeurs du globe ! Nous avons fouillé les montagnes à quelques centaines de toises pour en tirer les métaux ; nous avons fait dans les plaines des puits de quelques centaines de pieds : ce sont là nos plus grandes excavations, ou plutôt nos fouilles les plus profondes ; elles effleurent à peine la première écorce du globe, et néanmoins la chaleur intérieure y est déjà plus sensible qu'à la surface : on doit donc présumer que, si

---

1. « Les alternatives des saisons sont entretenues par une quantité « immense de chaleur solaire qui oscille dans l'enveloppe terrestre, passant « au-dessus de la surface durant six mois, et retournant de la terre dans « l'air pendant l'autre moitié de l'année. » (Fourier, *loc. cit.*)

2. « Les observations recueillies jusqu'à ce jour paraissent indiquer que « les divers points d'une même verticale prolongée dans la terre solide sont « d'autant plus échauffés que la profondeur est plus grande, et l'on a évalué « cet accroissement à un degré pour 30 ou 40 mètres. Un tel résultat suppose « une température intérieure très-élevée : il ne peut provenir de l'action des « rayons solaires ; il s'explique naturellement par la chaleur propre que la « terre tient de son origine. » (Fourier, *loc. cit.*, p. 138.)

l'on pénétrait plus avant, cette chaleur serait plus grande, et que les parties voisines du centre de la terre sont plus chaudes que celles qui en sont éloignées, comme l'on voit dans un boulet rougi au feu l'incandescence se conserver dans les parties voisines du centre longtemps après que la surface a perdu cet état d'incandescence et de rougeur. Ce feu, ou plutôt cette chaleur intérieure de la terre, est encore indiqué par les effets de l'électricité, qui convertit en éclairs lumineux cette chaleur obscure; elle nous est démontrée par la température de l'eau de la mer, laquelle, aux mêmes profondeurs, est à peu près égale à celle de l'intérieur de la terre. D'ailleurs il est aisé de prouver que la liquidité des eaux de la mer en général ne doit point être attribuée à la puissance des rayons solaires, puisqu'il est démontré par l'expérience que la lumière du soleil ne pénètre qu'à six cents pieds à travers l'eau la plus limpide, et que par conséquent sa chaleur n'arrive peut-être pas au quart de cette épaisseur, c'est-à-dire à cent cinquante pieds : ainsi toutes les eaux qui sont au-dessous de cette profondeur seraient glacées sans la chaleur intérieure de la terre, qui seule peut entretenir leur liquidité. Et de même, il est encore prouvé par l'expérience que la chaleur des rayons solaires ne pénètre pas à quinze ou vingt pieds dans la terre, puisque la glace se conserve à cette profondeur pendant les étés les plus chauds. Donc il est démontré qu'il y a au-dessous du bassin de la mer, comme dans les premières couches de la terre, une émanation continuelle de chaleur qui entretient la liquidité des eaux et produit la température de la terre. Donc il existe dans son intérieur une chaleur qui lui appartient en propre, et qui est tout à fait indépendante de celle que le soleil peut lui communiquer.

Nous pouvons encore confirmer ce fait général par un grand nombre de faits particuliers. Tout le monde a remarqué, dans le temps des frimas, que la neige se fond dans tous les endroits où les vapeurs de l'intérieur de la terre ont une libre issue, comme sur les puits, les aqueducs recouverts, les voûtes, les citernes, etc.; tandis que sur tout le reste de l'espace, où la terre resserrée par la gelée intercepte ces vapeurs, la neige subsiste, et se gèle au lieu de fondre. Cela seul suffirait pour démontrer que ces émanations de l'intérieur de la terre ont un degré de chaleur très-réel et sensible. Mais il est inutile de vouloir accumuler ici de nouvelles preuves d'un fait constaté par l'expérience et par les observations; il nous suffit qu'on ne puisse désormais le révoquer en doute, et qu'on reconnaisse cette chaleur intérieure de la terre comme un fait réel et général duquel, comme des autres faits généraux de la nature, on doit déduire les effets particuliers.

Il en est de même du quatrième fait : on ne peut pas douter, après les preuves démonstratives que nous en avons données dans plusieurs articles de notre Théorie de la terre, que les matières dont le globe est composé ne soient de la nature du verre : le fond des minéraux, des végétaux et des animaux n'est qu'une matière vitrescible; car tous leurs résidus, tous leurs détriments ultérieurs peuvent se réduire en verre. Les matières que les chimistes ont appelées *réfractaires*, et celles qu'ils regardent comme infusibles parce qu'elles résistent au feu de leurs fourneaux sans se réduire en verre, peuvent néanmoins s'y réduire par l'action d'un feu plus violent. Ainsi toutes les matières qui composent le globe de la terre, du moins toutes celles qui nous sont connues, ont le verre pour base de leur substance, et nous pouvons, en leur faisant subir la grande action du feu, les réduire toutes ultérieurement à leur premier état.

La liquéfaction primitive de la masse entière de la terre par le feu est donc prouvée dans toute la rigueur qu'exige la plus stricte logique : d'abord, *à priori*, par le premier fait de son élévation sur l'équateur et de son abaissement sous les pôles ; 2° *ab actu*, par le second et le troisième fait de la chaleur intérieure de la terre encore subsistante ; 3° *à posteriori*, par le quatrième fait, qui nous démontre le produit de cette action du feu, c'est-à-dire le verre dans toutes les substances terrestres.

Mais, quoique les matières qui composent le globe de la terre aient été primitivement de la nature du verre et qu'on puisse aussi les y réduire ultérieurement, on doit cependant les distinguer et les séparer, relativement aux différents états où elles se trouvent avant ce retour à leur première nature, c'est-à-dire avant leur réduction en verre par le moyen du feu. Cette considération est d'autant plus nécessaire ici, que seule elle peut nous indiquer en quoi diffère la formation de ces matières. On doit donc les diviser d'abord en matières vitrescibles et en matières calcinables : les premières n'éprouvant aucune action de la part du feu, à moins qu'il ne soit porté à un degré de force capable de les convertir en verre ; les autres, au contraire, éprouvant à un degré bien inférieur une action qui les réduit en chaux. La quantité des substances calcaires, quoique fort considérable sur la terre, est néanmoins très-petite en comparaison de la quantité des matières vitrescibles. Le cinquième fait que nous avons mis en avant prouve que leur formation est aussi d'un autre temps et d'un autre élément ; et l'on voit évidemment que toutes les matières qui n'ont pas été produites immédiatement par l'action du feu primitif ont été formées par l'intermède de l'eau, parce que toutes sont composées de coquilles et d'autres débris des productions de la mer. Nous mettons dans la classe des matières vitrescibles le roc vif, les quartz, les sables, les grès et granites, les ardoises, les schistes, les argiles, les métaux et minéraux métalliques : ces matières prises ensemble forment le vrai fonds du globe, et en composent la principale et très-grande partie ; toutes ont originairement été produites par le feu primitif. Le sable n'est que du verre en poudre ; les argiles, des sables pourris dans l'eau ; les ardoises et les schistes, des argiles desséchées et durcies ; le roc vif, les grès, le granite, ne sont que des masses vitreuses ou des sables vitrescibles sous une forme concrète ; les cailloux, les cristaux, les métaux et la plupart des autres minéraux ne sont que les stillations, les exsudations ou les sublimations de ces premières matières, qui toutes nous décèlent leur origine primitive et leur nature commune par leur aptitude à se réduire immédiatement en verre.

Mais les sables et graviers calcaires, les craies, la pierre de taille, le moellon, les marbres, les albâtres, les spaths calcaires, opaques et transparents, toutes les matières, en un mot, qui se convertissent en chaux, ne présentent pas d'abord leur première nature : quoique originairement de verre comme toutes les autres, ces matières calcaires ont passé par des filières qui les ont dénaturées ; elles ont été formées dans l'eau ; toutes sont entièrement composées de madrépores, de coquilles et de détriments des dépouilles de ces animaux aquatiques, qui seuls savent convertir le liquide en solide et transformer l'eau de la mer en pierre. Les marbres communs et les autres pierres calcaires sont composés de coquilles entières et de morceaux de coquilles, de madrépores, d'astroïtes, etc., dont toutes les parties sont encore évidentes ou très-reconnaissables : les graviers ne sont que les débris des marbres et des pierres calcaires, que l'action de l'air et des gelées détache des rochers, et l'on peut faire de la chaux avec ces graviers, comme l'on en fait avec le marbre ou la pierre : on peut en faire aussi avec les coquilles mêmes, et avec la craie et les tufs, lesquels ne sont encore que des débris ou plutôt des détriments de ces mêmes matières. Les albâtres, et les marbres qu'on doit leur comparer lorsqu'ils contiennent de l'albâtre, peuvent être regardés comme de grandes stalactites, qui se forment aux dépens des autres marbres et des pierres communes : les spaths calcaires se forment de même par l'exsudation ou la stillation dans les matières calcaires, comme le cristal de roche se forme dans les matières vitrescibles. Tout cela peut se prouver par l'inspection de ces matières et par l'examen attentif des monuments de la nature.

Premiers monuments. — On trouve à la surface et à l'intérieur de la terre des coquilles et autres productions de la mer; et toutes les matières qu'on appelle *calcaires* sont composées de leurs détriments.

Seconds monuments. — En examinant ces coquilles et autres productions marines que l'on tire de la terre, en France, en Angleterre, en Allemagne et dans le reste de l'Europe, on reconnaît qu'une grande partie des espèces d'animaux auxquels ces dépouilles ont appartenu, ne se trouvent pas dans les mers adjacentes, et que ces espèces, ou ne subsistent plus [1], ou ne se trouvent que dans les

---

1.... *Ou ne subsistent plus* : voilà le premier germe de la plus belle de nos sciences actuelles, de la *paléontologie*. (F.)

mers méridionales. De même, on voit dans les ardoises et dans d'autres matières, à de grandes profondeurs, des impressions de poissons et de plantes, dont aucune espèce n'appartient à notre climat, et lesquelles n'existent plus, ou ne se trouvent subsistantes que dans les climats méridionaux.

Troisièmes monuments. — On trouve en Sibérie et dans les autres contrées septentrionales de l'Europe et de l'Asie, des squelettes, des défenses, des ossements d'éléphant, d'hippopotame et de rhinocéros, en assez grande quantité pour être assuré que les espèces de ces animaux, qui ne peuvent se propager aujourd'hui que dans les terres du Midi, existaient et se propageaient autrefois dans les terres du Nord [1], et l'on a observé que ces dépouilles d'éléphant et d'autres animaux terrestres se présentent à une assez petite profondeur, au lieu que les coquilles et les autres débris des productions de la mer se trouvent enfouies à de plus grandes profondeurs dans l'intérieur de la terre.

Quatrièmes monuments. — On trouve des défenses et des ossements d'éléphant, ainsi que des dents d'hippopotame, non-seulement dans les terres du nord de notre continent, mais aussi dans celles du nord de l'Amérique, quoique les espèces de l'éléphant et de l'hippopotame n'existent point dans ce continent du Nouveau Monde.

---

1. Les *éléphants*, les *hippopotames*, les *rhinocéros*, etc., dont on trouve les squelettes dans les *terres du Nord*, ne sont pas de la même espèce que les *éléphants*, les *rhinocéros* et les *hippopotames* qui vivent aujourd'hui dans les *terres du Midi*. Ce sont des espèces tout à fait distinctes de celles-ci, ce sont des *espèces perdues*. (F.)

Cinquièmes monuments. — On trouve dans le milieu des continents, dans les lieux les plus éloignés des mers, un nombre infini de coquilles, dont la plupart appartiennent aux animaux de ce genre actuellement existants dans les mers méridionales, et dont plusieurs autres n'ont aucun analogue vivant, en sorte que les espèces en paraissent perdues et détruites par des causes jusqu'à présent inconnues.

En comparant ces monuments avec les faits, on voit d'abord que le temps de la formation des matières vitrescibles est bien plus reculé que celui de la composition des substances calcaires; et il paraît qu'on peut déjà distinguer quatre et même cinq époques dans la plus grande profondeur des temps : la première, où la matière du globe étant en fusion par le feu, la terre a pris sa forme, et s'est élevée sur l'équateur et abaissée sous les pôles par son mouvement de rotation : la seconde, où cette matière du globe s'étant consolidée a formé les grandes masses de matières vitrescibles : la troisième, où la mer, couvrant la terre actuellement habitée, a nourri les animaux à coquilles dont les dépouilles ont formé les substances calcaires; et la quatrième, où s'est faite la retraite de ces mêmes mers qui couvraient nos continents. Une cinquième époque, tout aussi clairement indiquée que les quatre premières, est celle du temps où les éléphants, les hippopotames et les autres animaux du Midi ont habité les terres du Nord. Cette époque est évidemment postérieure à la quatrième, puisque les dépouilles de ces animaux terrestres se trouvent presque à la surface de la terre, au lieu que celles des animaux marins sont pour la plupart et dans les mêmes lieux enfouies à de grandes profondeurs.

Quoi! dira-t-on, les éléphants et les autres animaux du Midi ont autrefois habité les terres du Nord? Ce fait, quelque singulier, quelque extraordinaire qu'il puisse paraître, n'en est pas moins certain. On a trouvé et on trouve encore tous les jours en Sibérie, en Russie, et dans les autres contrées septentrionales de l'Europe et de l'Asie, de l'ivoire en grande quantité; ces défenses d'éléphant se tirent à quelques pieds sous terre, ou se découvrent par les eaux lorsqu'elles font tomber les terres du bord des fleuves. On trouve ces ossements et défenses d'éléphant en tant de lieux différents et en si grand nombre, qu'on ne peut plus se borner à dire que ce sont les dépouilles de quelques éléphants amenés par les hommes dans ces climats froids : on est maintenant forcé, par les preuves réitérées, de convenir que ces animaux étaient autrefois habitants naturels des contrées du Nord, comme ils le sont aujourd'hui des contrées du Midi; et ce qui paraît encore rendre le fait plus merveilleux, c'est-à-dire plus difficile à expliquer, c'est qu'on trouve ces dépouilles des animaux du midi de notre continent, non-seulement dans les provinces de notre nord, mais aussi dans les terres du Canada et des autres parties de l'Amérique septentrionale. Nous avons au Cabinet du Roi plusieurs défenses et un grand nombre d'ossements d'éléphant trouvés en Sibérie : nous avons d'autres défenses et d'autres os d'éléphant qui ont été trouvés en France, et enfin nous avons des défenses d'éléphant et des dents d'hippopotame trouvées en Amérique dans les terres voisines de la rivière d'Ohio. Il est donc nécessaire que ces animaux, qui ne peuvent subsister et ne subsistent en effet aujourd'hui que dans les pays chauds, aient autrefois existé dans les climats du Nord, et que, par conséquent, cette zone froide fût alors aussi chaude que l'est aujourd'hui notre zone torride [1]; car il n'est pas possible que la forme constitutive, ou si l'on veut l'habitude réelle du corps des animaux, qui est ce qu'il y a de plus fixe dans la nature, ait pu changer au point de donner le tempérament du renne à l'éléphant, ni de supposer que jamais ces animaux du Midi, qui ont besoin d'une grande chaleur pour subsister, eussent pu vivre et se multiplier dans les terres du Nord, si la température du climat eût été aussi froide qu'elle l'est aujourd'hui. M. Gmelin, qui a parcouru la Sibérie et qui a ramassé lui-même plusieurs ossements d'éléphant dans ces terres septentrionales, cherche à rendre raison du fait en supposant que de grandes inondations survenues dans les terres méridionales ont chassé les éléphants vers les contrées du Nord; où ils auront tous péri à la fois par la rigueur du climat. Mais cette cause supposée n'est pas proportionnelle à l'effet, on a peut-être déjà tiré du Nord plus d'ivoire [2]

---

1. Buffon raisonne sur un fait qui n'est pas tel qu'il le supposait. Il croyait que les éléphants qui, dans ces anciens temps, habitaient les climats du Nord étaient de la *même espèce* que ceux qui habitent aujourd'hui nos terres du Midi; et cela n'est pas : les éléphants qui vivaient alors sont aujourd'hui des *espèces perdues*. Et il y a plus, c'est que ces espèces, *antiques* et *perdues*, semblent avoir été constituées pour vivre dans ces pays froids. — « Je ne pense pas qu'il y ait des preuves d'un changement de cli-
« mat. Les éléphants et les rhinocéros de Sibérie étaient couverts de poils
« épais, et pouvaient supporter le froid aussi bien que les ours et les arga-
« lis. » (Cuvier, *Rech. sur les oss. foss.*, t. II, p. 245, édit. de 1834.)

2. Je ne puis m'empêcher de placer ici ce beau passage de Gmelin :
« Nous ne révoquons point en doute un fait constaté par une médaille, une
« statue, un bas-relief, un seul monument de l'antiquité : pourquoi refu-
« serions-nous toute croyance à une aussi grande quantité d'os d'éléphant?
« Ces espèces de monuments sont peut-être beaucoup plus anciens, plus
« certains et plus précieux que toutes les médailles grecques et romaines.
« Leur dispersion générale sur notre globe est une preuve incontestable des
« grands changements qu'il a éprouvés. » (Gmelin, *Voyage en Sibérie*, trad. franç.) — Rien n'est plus intéressant que de voir le chemin qu'a parcouru l'esprit humain pour s'élever peu à peu jusqu'à l'intelligence complète de

que tous les éléphants des Indes actuellement vivants n'en pourraient fournir ; on en tirera bien davantage avec le temps, lorsque ces vastes déserts du Nord, qui sont à peine reconnus, seront peuplés, et que les terres en seront remuées et fouillées par les mains de l'homme. D'ailleurs il serait bien étrange que ces animaux eussent pris la route qui convenait le moins à leur nature, puisqu'en les supposant poussés par des inondations du Midi, il leur restait deux fuites naturelles vers l'Orient et vers l'Occident ; et pourquoi fuir jusqu'au soixantième degré du Nord lorsqu'ils pouvaient s'arrêter en chemin ou s'écarter à côté dans des terres plus heureuses ? Et comment concevoir que, par une inondation des mers méridionales, ils aient été chassés à mille lieues dans notre continent, et à plus de trois mille lieues dans l'autre ? Il est impossible qu'un débordement de la mer des grandes Indes ait envoyé des éléphants en Canada ni même en Sibérie, et il est éga-

---

ces grands phénomènes. Gmelin ne soupçonnait pas encore qu'il pût y avoir eu des espèces qui sont aujourd'hui perdues. « Je conjecture, dit-il, que les « éléphants se sont enfuis des lieux qui étaient jadis leur patrie, pour éviter « leur destruction. Quelques-uns auront échappé en allant très-loin, mais « ceux qui se seront réfugiés dans les pays septentrionaux seront tous morts « de froid et de lassitude, ou, noyés dans une inondation, auront été em- « portés au loin par les eaux. » (*Liv. cit.*) — Buffon est le premier qui ait conçu la grande idée des *espèces perdues :* « Leurs ossements (les ossements « des grands animaux terrestres), conservés dans le sein de la terre..., ne « laissent pas de nous présenter des espèces d'animaux quadrupèdes qui ne « subsistent plus ; il ne faut, pour s'en convaincre, que comparer les « énormes dents à pointes mousses ;... de même les très-grosses dents car- « rées... sont encore des débris de corps démesurément gigantesques, dont « nous n'avons ni le modèle exact, ni n'aurions pas même l'idée, sans ces « témoins aussi authentiques qu'irréprochables ; ils nous démontrent non- « seulement l'existence passée d'espèces colossales, différentes de toutes les « espèces actuellement subsistantes... » Enfin, Cuvier nous a découvert l'art savant de reconstruire les *espèces perdues*, d'en réunir les débris épars ; et, guidé par les lois certaines des *corrélations organiques*, il a fondé la *paléontologie*. (F.)

lement impossible qu'ils y soient arrivés en nombre aussi grand que l'indiquent leurs dépouilles.

Étant peu satisfait de cette explication, j'ai pensé qu'on pouvait en donner une autre plus plausible et qui s'accorde parfaitement avec ma théorie de la terre. Mais avant de la présenter, j'observerai, pour prévenir toutes difficultés : 1° que l'ivoire qu'on trouve en Sibérie et en Canada est certainement de l'ivoire d'éléphant, et non pas de l'ivoire de morse ou vache marine, comme quelques voyageurs l'ont prétendu ; on trouve aussi dans les terres septentrionales de l'ivoire fossile de morse, mais il est différent de celui de l'éléphant ; et il est facile de les distinguer par la comparaison de leur texture intérieure. Les défenses, les dents mâchelières, les omoplates, les fémurs et les autres ossements trouvés dans les terres du Nord, sont certainement des os d'éléphant ; nous les avons comparés aux différentes parties respectives du squelette entier de l'éléphant, et l'on ne peut douter de leur identité d'espèce ; les grosses dents carrées trouvées dans ces mêmes terres du Nord, dont la face qui broie est en forme de trèfle, ont tous les caractères des dents molaires de l'hippopotame ; et ces autres énormes dents dont la face qui broie est composée de grosses pointes mousses ont appartenu à une espèce détruite aujourd'hui sur la terre [1], comme les

---

1. *L'animal aux énormes dents dont la face qui broie est composée de grosses pointes mousses est le mastodonte; et Buffon dit très-bien que cette espèce est détruite aujourd'hui sur la terre; mais il vient de dire que les grosses dents carrées dont la face qui broie est en forme de trèfle ont tous les caractères des dents molaires de l'hippopotame, et là il se trompe. Ce sont encore des dents de mastodonte, mais des dents à demi usées. —* « Quoique Daubenton ait pensé pendant quelque temps qu'une partie de ces « dents pouvaient appartenir à l'hippopotame, il ne tarda pas à revenir à « une opinion meilleure ; et Buffon déclara bientôt que tout porte à croire « que cette ancienne espèce, qu'on doit regarder comme la première et la

grandes volutes appelées *cornes d'Ammon* sont actuellement détruites dans la mer.

2° Les os et les défenses de ces anciens éléphants sont au moins aussi grands et aussi gros que ceux des éléphants actuels, auxquels nous les avons comparés ; ce qui prouve que ces animaux n'habitaient pas les terres du Nord par force, mais qu'ils y existaient dans leur état de nature et de pleine liberté, puisqu'ils y avaient acquis leurs plus hautes dimensions et pris leur entier accroissement ; ainsi l'on ne peut pas supposer qu'ils y aient été transportés par les hommes ; le seul état de captivité, indépendamment de la rigueur du climat, les aurait réduits au quart ou au tiers de la grandeur que nous montrent leurs dépouilles.

3° La grande quantité que l'on en a déjà trouvée par hasard dans ces terres presque désertes, où personne ne cherche, suffit pour démontrer que ce n'est ni par un seul ou plusieurs accidents, ni dans un seul et même temps que quelques individus de cette espèce se sont trouvés dans ces contrées du Nord, mais qu'il est de nécessité absolue que l'espèce même y ait autrefois existé, subsisté et multiplié, comme elle existe, subsiste et se multiplie aujourd'hui dans les contrées du Midi.

« plus grande de tous les animaux terrestres, n'a subsisté que dans les pre-
« miers temps, et n'est point parvenue jusqu'à nous. Néanmoins il n'étendit
« point son assertion au delà des grosses dents postérieures, et continua à
« regarder les dents moyennes et *à demi usées* comme des dents d'hippopo-
« tame. » (Cuvier, *Rech. sur les oss. foss.*)

Cuvier est le premier qui ait nettement distingué ce grand quadrupède, aujourd'hui perdu, de *l'éléphant* et de *l'hippopotame* : il le nomma, à cause de ses énormes dents, *mastodonte*.

C'est le *mastodonte* que W. Hunter regardait, à cause de ces mêmes grosses dents, comme une espèce d'éléphant qui avait pu se nourrir de chair, et appelait *l'éléphant carnivore*. (F.)

Cela posé, il me semble que la question se réduit à savoir, ou plutôt consiste à chercher s'il y a ou s'il y a eu une cause qui ait pu changer la température dans les différentes parties du globe au point que les terres du Nord, aujourd'hui très-froides, aient autrefois éprouvé le degré de chaleur des terres du Midi.

Quelques physiciens pourraient penser que cet effet a été produit par le changement de l'obliquité de l'écliptique, parce qu'à la première vue ce changement semble indiquer que l'inclinaison de l'axe du globe n'étant pas constante, la terre a pu tourner autrefois sur un axe assez éloigné de celui sur lequel elle tourne aujourd'hui pour que la Sibérie se fût alors trouvée sous l'équateur. Les astronomes ont observé que le changement de l'obliquité de l'écliptique est d'environ 45 secondes par siècle; donc, en supposant cette augmentation successive et constante, il ne faut que soixante siècles pour produire une différence de 45 minutes, et trois mille six cents siècles pour donner celle de 45 degrés; ce qui ramènerait le 60ᵉ degré de latitude au 15ᵉ, c'est-à-dire les terres de la Sibérie, où les éléphants ont autrefois existé, aux terres de l'Inde, où ils vivent aujourd'hui. Or il ne s'agit, dira-t-on, que d'admettre dans le passé cette longue période de temps pour rendre raison du séjour des éléphants en Sibérie : il y a trois cent soixante mille ans que la terre tournait sur un axe éloigné de 45 degrés de celui sur lequel elle tourne aujourd'hui; le 15ᵉ degré de latitude actuelle était alors le 60ᵉ, etc.

A cela je réponds que cette idée et le moyen d'explication qui en résulte ne peuvent pas se soutenir lorsqu'on vient à les examiner : le changement de l'obliquité de l'écliptique n'est pas une diminution ou une augmentation successive et constante ; ce n'est au contraire qu'une variation limitée, et qui se fait tantôt en un sens et tantôt en un autre, laquelle par conséquent n'a jamais pu produire en aucun sens ni pour aucun climat cette différence de 45 degrés d'inclinaison ; car la variation de l'obliquité de l'axe de la terre est causée par l'action des planètes qui déplacent l'écliptique sans affecter l'équateur. En prenant la plus puissante de ces attractions, qui est celle de Vénus, il faudrait douze cent soixante mille ans pour qu'elle pût faire changer de 180 degrés la situation de l'écliptique sur l'orbite de Vénus, et par conséquent produire un changement de 6 degrés 47 minutes dans l'obliquité réelle de l'axe de la terre, puisque 6 degrés 47 minutes sont le double de l'inclinaison de l'orbite de Vénus. De même l'action de Jupiter ne peut, dans un espace de neuf cent trente-six mille ans, changer l'obliquité de l'écliptique que de 2 degrés 38 minutes, et encore cet effet est-il en partie compensé par le précédent : en sorte qu'il n'est pas possible que ce changement de l'obliquité de l'axe de la terre aille jamais à 6 degrés ; à moins de supposer que toutes les orbites des planètes changeront elles-mêmes ; supposition que nous ne pouvons ni ne devons admettre, puisqu'il n'y a aucune cause qui puisse produire cet effet. Et comme on ne peut juger du passé que par l'inspection du présent et par la vue de l'avenir, il n'est pas possible, quelque loin qu'on veuille reculer les limites du temps, de supposer que la variation de l'écliptique ait jamais pu produire une différence de plus de 6 degrés dans les climats de la terre : ainsi cette cause est tout à fait insuffisante, et l'explication qu'on voudrait en tirer doit être rejetée.

Mais je puis donner cette explication si difficile, et la

déduire d'une cause immédiate. Nous venons de voir que le globe terrestre, lorsqu'il a pris sa forme, était dans un état de fluidité; et il est démontré que, l'eau n'ayant pu produire la dissolution des matières terrestres, cette fluidité était une liquéfaction causée par le feu. Or pour passer de ce premier état d'embrasement et de liquéfaction à celui d'une chaleur douce et tempérée, il a fallu du temps : le globe n'a pu se refroidir tout à coup au point où il l'est aujourd'hui. Ainsi dans les premiers temps après sa formation, la chaleur propre de la terre était infiniment plus grande que celle qu'elle reçoit du soleil, puisqu'elle est encore beaucoup plus grande aujourd'hui ; ensuite ce grand feu s'étant dissipé peu à peu, le climat du pôle a éprouvé, comme tous les autres climats, des degrés successifs de moindre chaleur et de refroidissement; il y a donc eu un temps, et même une longue suite de temps pendant laquelle les terres du Nord, après avoir brûlé comme toutes les autres, ont joui de la même chaleur dont jouissent aujourd'hui les terres du Midi : par conséquent ces terres septentrionales ont pu et dû être habitées par les animaux qui habitent actuellement les terres méridionales, et auxquels cette chaleur est nécessaire. Dès lors le fait, loin d'être extraordinaire, se lie parfaitement avec les autres faits, et n'en est qu'une simple conséquence. Au lieu de s'opposer à la théorie de la terre que nous avons établie, ce même fait en devient au contraire une preuve accessoire qui ne peut que la confirmer dans le point le plus obscur, c'est-à-dire lorsqu'on commence à tomber dans cette profondeur du temps où la lumière du génie semble s'éteindre, et où, faute d'observations, elle paraît ne pouvoir nous guider pour aller plus loin.

Une sixième époque, postérieure aux cinq autres, est

celle de la séparation des deux continents. Il est sûr qu'ils n'étaient pas séparés dans le temps que les éléphants vivaient également dans les terres du nord de l'Amérique, de l'Europe et de l'Asie : je dis également, car on trouve de même leurs ossements en Sibérie, en Russie et au Canada. La séparation des continents ne s'est donc faite que dans des temps postérieurs à ceux du séjour de ces animaux dans les terres septentrionales ; mais, comme l'on trouve aussi des défenses d'éléphant en Pologne, en Allemagne, en France, en Italie, on doit en conclure qu'à mesure que les terres septentrionales se refroidissaient, ces animaux se retiraient vers les contrées des zones tempérées où la chaleur du soleil et la plus grande épaisseur du globe compensaient la perte de la chaleur intérieure de la terre ; et qu'enfin ces zones s'étant aussi trop refroidies avec le temps, ils ont successivement gagné les climats de la zone torride, qui sont ceux où la chaleur intérieure s'est conservée le plus longtemps par la plus grande épaisseur du sphéroïde de la terre, et les seules où cette chaleur, réunie avec celle du soleil, soit encore assez forte aujourd'hui pour maintenir leur nature et soutenir leur propagation.

De même on trouve en France, et dans toutes les autres parties de l'Europe, des coquilles, des squelettes et des vertèbres d'animaux marins qui ne peuvent subsister que dans les mers les plus méridionales. Il est donc arrivé pour les climats de la mer le même changement de température que pour ceux de la terre ; et ce second fait, s'expliquant, comme le premier, par la même cause, paraît confirmer le tout au point de la démonstration.

Lorsque l'on compare ces anciens monuments du premier âge de la nature vivante avec ses productions actuelles, on voit évidemment que la forme constitutive de chaque animal s'est conservée la même et sans altération dans ses principales parties : le type de chaque espèce n'a point changé ; le moule intérieur a conservé sa forme et n'a point varié. Quelque longue qu'on voulût imaginer la succession des temps, quelque nombre de générations qu'on admette ou qu'on suppose, les individus de chaque genre représentent aujourd'hui les formes de ceux des premiers siècles, surtout dans les espèces majeures, dont l'empreinte est plus ferme et la nature plus fixe ; car les espèces inférieures[1] ont, comme nous l'avons dit, éprouvé d'une manière sensible tous les effets des différentes causes de dégénération. Seulement il est à remarquer au sujet de ces espèces majeures, telles que l'éléphant et l'hippopotame, qu'en comparant leurs dépouilles antiques avec celles de notre temps, on voit qu'en général ces animaux étaient alors plus grands qu'ils ne le sont aujourd'hui[2] : la nature était dans sa première vigueur ; la chaleur intérieure de la terre donnait à ses productions toute la force

1. Pas plus que les *supérieures* : le type de chaque espèce est fixe ; et cette *fixité de type* pour tout ce qui vit, depuis le plus petit animal jusqu'au plus grand, est une des merveilles de la nature, les plus faites pour être méditées par le philosophe (F.).

2. Ils n'étaient pas plus grands : le *mammouth*, le *mastodonte*, etc., ne dépassaient pas, ou ne dépassaient que de fort peu la taille des *éléphants actuels;* il y avait alors des *rhinocéros* aussi grands et d'autres beaucoup plus petits *(rhinoceros minutus)* que ceux d'aujourd'hui. Il y avait un *hippopotame* de la taille du sanglier *(hippopotamus minutus),* etc. Il y avait des animaux de tous les ordres, des ordres où se trouvent les espèces les plus petites : des *rongeurs*, des *insectivores*, des *didelphes* : M. Cuvier a trouvé à Montmartre un *petit* sarigue de la taille de la *marmose*, etc., etc. La vérité stricte est qu'il y avait alors un beaucoup plus grand nombre de grandes espèces qu'il n'y en a aujourd'hui. Une foule de ces grandes espèces ont disparu : le *dinotherium*, le *megatherium*, le *mastodonte*, etc., etc. (Voyez, dans mon livre sur la *Longévité humaine*, le chapitre intitulé : *De la quantité de vie sur le globe.*) (F.)

et toute l'étendue dont elles étaient susceptibles. Il y a eu dans ce premier âge des géants en tout genre : les nains et les pygmées sont arrivés depuis, c'est-à-dire après le refroidissement; et si (comme d'autres monuments semblent le démontrer) il y a eu des espèces perdues[1], c'est-à-dire des animaux qui aient autrefois existé et qui n'existent plus, ce ne peuvent être que ceux dont la nature exigeait une chaleur plus grande que la chaleur actuelle de la zone torride. Ces énormes dents molaires, presque carrées et à grosses pointes mousses, ces grandes volutes pétrifiées, dont quelques-unes ont plusieurs pieds de diamètre; plusieurs autres poissons et coquillages fossiles dont on ne retrouve nulle part les analogues vivants, n'ont existé que dans ces premiers temps où la terre et la mer, encore chaudes, devaient nourrir des animaux auxquels ce degré de chaleur était nécessaire, et qui ne subsistent plus aujourd'hui, parce que probablement ils ont péri par le refroidissement.

Voilà donc l'ordre des temps indiqué par les faits et par les monuments; voilà six époques dans la succession des premiers âges de la nature; six espaces de durée dont les limites, quoique indéterminées, n'en sont pas moins réelles; car ces époques ne sont pas, comme celles de l'histoire civile, marquées par des points fixes, ou limitées par des siècles et d'autres portions du temps que nous puissions compter et mesurer exactement; néanmoins nous pouvons les comparer entre elles, en évaluer la durée

---

1. Il y en a eu, et beaucoup, je viens de le dire. Le nombre des *espèces perdues* est, sans aucune comparaison, beaucoup plus grand que celui des *espèces vivantes*. Le lecteur trouvera, dans mon livre sur la *Longévité humaine*, la preuve de ce fait très-digne de remarque, savoir, que le nombre des espèces va toujours en diminuant depuis qu'il y a des animaux sur le globe. (F.)

relative, et rappeler à chacune de ces périodes de durée d'autres monuments et d'autres faits qui nous indiqueront des dates contemporaines, et peut-être aussi quelques époques intermédiaires et subséquentes.

Mais avant d'aller plus loin, hâtons-nous de prévenir une objection grave qui pourrait même dégénérer en imputation[1]. Comment accordez-vous, dira-t-on, cette haute ancienneté que vous donnez à la matière, avec les traditions sacrées, qui ne donnent au monde que six ou huit mille ans? Quelque fortes que soient vos preuves, quelque fondés que soient vos raisonnements, quelque évidents que soient vos faits, ceux qui sont rapportés dans le livre sacré ne sont-ils pas encore plus certains ? Les contredire, n'est-ce pas manquer à Dieu, qui a eu la bonté de nous les révéler?

Je suis affligé toutes les fois qu'on abuse de ce grand, de ce saint nom de Dieu ; je suis blessé toutes les fois que l'homme le profane, et qu'il prostitue l'idée du premier Être, en la substituant à celle du fantôme de ses opinions. Plus j'ai pénétré dans le sein de la nature, plus j'ai admiré et profondément respecté son auteur ; mais un respect aveugle serait superstition : la vraie religion suppose au contraire un respect éclairé. Voyons donc ; tâchons d'entendre sainement les premiers faits que l'interprète divin nous a transmis au sujet de la création ; recueillons avec soin ces rayons échappés de la lumière céleste : loin d'offusquer la vérité, ils ne peuvent qu'y ajouter un nouveau degré d'éclat et de splendeur.

« *Au commencement Dieu créa le ciel et la terre.* »
Cela ne veut pas dire qu'au commencement Dieu créa

---

[1]. Allusion à la petite querelle que lui avait faite la Sorbonne, au sujet de quelques passages de la *Théorie de la terre*.

le ciel et la terre *tels qu'ils sont*, puisqu'il est dit immédiatement après, que *la terre était informe*, et que le soleil, la lune et les étoiles ne furent placés dans le ciel qu'au quatrième jour de la création. On rendrait donc le texte contradictoire à lui-même, si l'on voulait soutenir qu'au *commencement Dieu créa le ciel et la terre tels qu'ils sont*. Ce fut dans un temps subséquent qu'il les rendit en effet *tels qu'ils sont* [1], en donnant la forme à la matière, et en plaçant le soleil, la lune et les étoiles dans le ciel. Ainsi, pour entendre sainement ces premières paroles, il faut nécessairement suppléer un mot qui concilie le tout, et lire : *Au commencement Dieu créa* LA MATIÈRE *du ciel et de la terre*.

Et *ce commencement*, ce premier temps le plus ancien de tous, pendant lequel la matière du ciel et de la terre existait sans forme déterminée, paraît avoir eu une longue durée, car écoutons attentivement la parole de l'interprète divin.

« *La terre était informe et toute nue, les ténèbres couvraient la face de l'abîme, et l'esprit de Dieu était porté sur les eaux.* »

La terre *était*, les ténèbres *couvraient*, l'esprit de Dieu *était*. Ces expressions, par l'imparfait du verbe, n'indi-

---

1. « La science de nos jours nous a appris, et ceci est l'enseignement le « plus grand qu'elle pût nous donner, que ce monde, et, pour nous borner « ici à cette partie du monde qui nous occupe, que ce globe est un *ouvrage* « *de main*, l'ouvrage d'une main divine, qu'il a eu son origine, son déve- « loppement, ses progrès successifs, qu'il a commencé sous une forme, qu'il « s'est continué sous une autre, qu'un moment est arrivé où la vie a pu « paraître, qu'elle a paru, et que, depuis qu'elle a paru, elle a été souvent « troublée par de grands et terribles événements... » (Voyez mon livre sur la *Longévité humaine*, au chapitre de l'*Apparition de la vie sur le globe*.) (F.)

quent-elles pas que c'est pendant un long espace de temps que la terre a été informe et que les ténèbres ont couvert la face de l'abîme ? Si cet état informe, si cette face ténébreuse de l'abîme n'eussent existé qu'un jour, si même cet état n'eût pas duré longtemps, l'écrivain sacré, ou se serait autrement exprimé, ou n'aurait fait aucune mention de ce moment de ténèbres ; il eût passé de la création de la matière en général à la production de ses formes particulières, et n'aurait pas fait un repos appuyé, une pause marquée entre le premier et le second instant des ouvrages de Dieu. Je vois donc clairement que non-seulement on peut, mais que même l'on doit, pour se conformer au sens du texte de l'Écriture sainte, regarder la création de la matière en général comme plus ancienne que les productions particulières et successives de ses différentes formes ; et cela se confirme encore par la transition qui suit.

« *Or Dieu dit.* »

Ce mot *or* suppose des choses faites et des choses à faire ; c'est le projet d'un nouveau dessein, c'est l'indication d'un décret pour changer l'état ancien ou actuel des choses en un nouvel état.

« *Que la lumière soit faite, et la lumière fut faite.* »

Voilà la première parole de Dieu ; elle est si sublime et si prompte qu'elle nous indique assez que la production de la lumière se fit en un instant ; cependant la lumière ne parut pas d'abord ni tout à coup comme un éclair universel, elle demeura pendant du temps confondue avec les ténèbres, et Dieu prit lui-même du temps pour la considérer ; car, est-il dit,

« *Dieu vit que la lumière était bonne, et il sépara la lumière d'avec les ténèbres.* »

L'acte de la séparation de la lumière d'avec les ténèbres est donc évidemment distinct et physiquement éloigné par un espace de temps de l'acte de sa production ; et ce temps, pendant lequel il plut à Dieu de la considérer pour voir *qu'elle était bonne*, c'est-à-dire utile à ses desseins ; ce temps, dis-je, appartient encore et doit s'ajouter à celui du chaos qui ne commença à se débrouiller que quand la lumière fut séparée des ténèbres.

Voilà donc deux temps, voilà deux espaces de durée que le texte sacré nous force à reconnaître : le premier, entre la création de la matière en général et la production de la lumière ; le second, entre cette production de la lumière et sa séparation d'avec les ténèbres. Ainsi, loin de manquer à Dieu en donnant à la matière plus d'ancienneté qu'au monde *tel qu'il est*, c'est au contraire le respecter autant qu'il est en nous, en conformant notre intelligence à sa parole. En effet, la lumière qui éclaire nos âmes ne vient-elle pas de Dieu ? les vérités qu'elle nous présente peuvent-elles être contradictoires avec celles qu'il nous a révélées ? Il faut se souvenir que son inspiration divine a passé par les organes de l'homme ; que sa parole nous a été transmise dans une langue pauvre, dénuée d'expressions précises pour les idées abstraites, en sorte que l'interprète de cette parole divine a été obligé d'employer souvent des mots dont les acceptions ne sont déterminées que par les circonstances ; par exemple, le mot *créer* et le mot *former* ou *faire* sont employés indistinctement pour signifier la même chose ou des choses semblables, tandis que dans nos langues ces deux mots ont chacun un sens très-différent et très-déterminé : créer est tirer une substance du néant; former ou faire, c'est la tirer de quelque chose sous une forme nouvelle ; et il paraît que le mot créer[1] appartient de préférence, et peut-être uniquement, au premier verset de la Genèse, dont la traduction précise en notre langue doit être : *Au commencement Dieu tira du néant la matière du ciel et de la terre;* et ce qui prouve que ce mot créer ou tirer du néant ne doit s'appliquer qu'à ces premières paroles, c'est que toute la matière du ciel et de la terre ayant été créée ou tirée du néant dès le commencement, il n'est plus possible, et par conséquent plus permis de supposer de nouvelles créations de matière, puisque alors *toute matière* n'aurait pas été créée dès le commencement. Par conséquent l'ouvrage des six jours ne peut s'entendre que comme une formation, une production de formes tirées de la matière créée précédemment, et non pas comme d'autres créations de matières nouvelles tirées immédiatement du néant; et en effet, lorsqu'il est question de la lumière, qui est la première de ces formations ou productions tirées du sein de la matière, il est dit seulement *que la lumière soit faite,* et non pas, *que la lumière soit créée.* Tout concourt donc à prouver que la matière ayant été créée *in principio,* ce ne fut que dans des temps subséquents qu'il plut au souverain Être de lui donner la forme, et qu'au lieu de tout créer et de tout former dans le même instant, comme il l'aurait pu faire s'il eût voulu déployer toute l'étendue de sa toute-puissance, il n'a voulu, au contraire, qu'agir avec le temps, produire successivement et mettre même des repos, des intervalles considérables entre chacun de ses ouvrages. Que pouvons-nous entendre par les six jours

---

[1]. Le mot ברא, *bara,* que l'on traduit ici par *créer,* se traduit, dans tous les autres passages de l'Écriture, par *former* ou *faire.* (Note de Buffon.)

que l'écrivain sacré nous désigne si précisément en les comptant les uns après les autres, sinon six espaces de temps, six intervalles de durée[1]? Et ces espaces de temps indiqués par le nom de *jours*, faute d'autres expressions, ne peuvent avoir aucun rapport avec nos jours actuels, puisqu'il s'est passé successivement trois de ces jours avant que le soleil ait été placé dans le ciel. Il n'est donc pas possible que ces jours fussent semblables aux nôtres; et l'interprète de Dieu semble l'indiquer assez en les comptant toujours du soir au matin, au lieu que les jours solaires doivent se compter du matin au soir. Ces six jours n'étaient donc pas des jours solaires semblables aux nôtres, ni même des jours de lumière, puisqu'ils commençaient par le soir et finissaient au matin. Ces jours n'étaient pas même égaux, car ils n'auraient pas été proportionnés à l'ouvrage. Ce ne sont donc que six espaces de temps : l'historien sacré ne détermine pas la durée de chacun, mais le sens de la narration semble la rendre assez longue pour que nous puissions l'étendre autant que l'exigent les vérités physiques que nous avons à démontrer. Pourquoi donc se récrier si fort sur cet emprunt du temps, que nous ne faisons qu'autant que nous y sommes forcés par la connaissance démonstrative des phénomènes de la nature? Pourquoi vouloir nous refuser ce temps, puisque Dieu nous le donne par sa propre parole, et qu'elle serait contradictoire ou inintelligible si nous n'admettions pas l'existence de ces premiers temps antérieurs à la formation du monde *tel qu'il est?*

---

[1]. Oui, sans doute; mais pourquoi toutes ces discussions de mots? Il y a eu des *époques successives :* Moïse le dit, et la terre entière le dit et le *raconte* comme Moïse. Dégageons-nous ici de tout esprit de dispute et de contention ; et suivons, avec respect, le grand mouvement des mutations du monde. (F.)

A la bonne heure que l'on dise, que l'on soutienne, même rigoureusement, que depuis le dernier terme, depuis la fin des ouvrages de Dieu, c'est-à-dire depuis la création de l'homme, il ne s'est écoulé que six ou huit mille ans, parce que les différentes généalogies du genre humain depuis Adam n'en indiquent pas davantage; nous devons cette foi, cette marque de soumission et de respect à la plus ancienne, à la plus sacrée de toutes les traditions; nous lui devons même plus, c'est de ne jamais nous permettre de nous écarter de la lettre de cette sainte tradition que quand la *lettre tue*, c'est-à-dire quand elle paraît directement opposée à la saine raison et à la vérité des faits de la nature; car toute raison, toute vérité venant également de Dieu, il n'y a de différence entre les vérités qu'il nous a révélées et celles qu'il nous a permis de découvrir par nos observations et nos recherches; il n'y a, dis-je, d'autre différence que celle d'une première faveur faite gratuitement à une seconde grâce qu'il a voulu différer et nous faire mériter par nos travaux; et c'est par cette raison que son interprète n'a parlé aux premiers hommes, encore très-ignorants, que dans le sens vulgaire, et qu'il ne s'est pas élevé au-dessus de leurs connaissances qui, bien loin d'atteindre au vrai système du monde, ne s'étendaient pas même au delà des notions communes, fondées sur le simple rapport des sens; parce qu'en effet c'était au peuple qu'il fallait parler, et que la parole eût été vaine et inintelligible si elle eût été telle qu'on pourrait la prononcer aujourd'hui, puisque aujourd'hui même il n'y a qu'un petit nombre d'hommes auxquels les vérités astronomiques et physiques soient assez connues pour n'en pouvoir douter, et qui puissent en entendre le langage.

Voyons donc ce qu'était la physique dans ces premiers âges du monde, et ce qu'elle serait encore si l'homme n'eût jamais étudié la nature. On voit le ciel comme une voûte d'azur, dans lequel le soleil et la lune paraissent être les astres les plus considérables, dont le premier produit toujours la lumière du jour, et le second fait souvent celle de la nuit; on les voit paraître ou se lever d'un côté, et disparaître ou se coucher de l'autre, après avoir fourni leur course et donné leur lumière pendant un certain espace de temps. On voit que la mer est de la même couleur que la voûte azurée, et qu'elle paraît toucher au ciel lorsqu'on la regarde au loin. Toutes les idées du peuple sur le système du monde ne portent que sur ces trois ou quatre notions; et quelque fausses qu'elles soient, il fallait s'y conformer pour se faire entendre.

En conséquence de ce que la mer paraît dans le lointain se réunir au ciel, il était naturel d'imaginer qu'il existe en effet des eaux supérieures et des eaux inférieures, dont les unes remplissent le ciel et les autres la mer, et que pour soutenir les eaux supérieures il fallait un firmament, c'est-à-dire un appui, une voûte solide et transparente au travers de laquelle on aperçût l'azur des eaux supérieures; aussi est-il dit : « Que le firmament soit fait « au milieu des eaux, et qu'il sépare les eaux d'avec les « eaux; et Dieu fit le firmament, et sépara les eaux qui « étaient sous le firmament de celles qui étaient au-dessus « du firmament, et Dieu donna au firmament le nom de « ciel... et à toutes les eaux rassemblées sous le firmament « le nom de mer. » C'est à ces mêmes idées que se rapportent les cataractes du ciel, c'est-à-dire les portes ou les fenêtres de ce firmament solide qui s'ouvrirent lorsqu'il fallut laisser tomber les eaux supérieures pour noyer la terre. C'est encore d'après ces mêmes idées qu'il est dit que les poissons et les oiseaux ont eu une origine commune. Les poissons auront été produits par les eaux inférieures, et les oiseaux par les eaux supérieures, parce qu'ils s'approchent par leur vol de la voûte azurée, que le vulgaire n'imagine pas être beaucoup plus élevée que les nuages. De même le peuple a toujours cru que les étoiles sont attachées comme des clous à cette voûte solide, qu'elles sont plus petites que la lune, et infiniment plus petites que le soleil ; il ne distingue pas même les planètes des étoiles fixes ; et c'est par cette raison qu'il n'est fait aucune mention des planètes dans tout le récit de la création ; c'est par la même raison que la lune y est regardée comme le second astre, quoique ce ne soit en effet que le plus petit de tous les corps célestes, etc., etc., etc.

Tout dans le récit de Moïse est mis à la portée de l'intelligence du peuple ; tout y est représenté relativement à l'homme vulgaire, auquel il ne s'agissait pas de démontrer le vrai système du monde, mais qu'il suffisait d'instruire de ce qu'il devait au Créateur, en lui montrant les effets de sa toute-puissance comme autant de bienfaits : les vérités de la nature ne devaient paraître qu'avec le temps, et le souverain Être se les réservait comme le plus sûr moyen de rappeler l'homme à lui, lorsque sa foi, déclinant dans la suite des siècles, serait devenue chancelante ; lorsque, éloigné de son origine, il pourrait l'oublier ; lorsque enfin, trop accoutumé au spectacle de la nature, il n'en serait plus touché et viendrait à en méconnaître l'auteur. Il était donc nécessaire de raffermir de temps en temps, et même d'agrandir l'idée de Dieu dans l'esprit et dans le cœur de l'homme. Or chaque découverte produit ce grand effet ; chaque nouveau pas que nous faisons dans la nature nous rapproche du Créateur. Une vérité nouvelle est une espèce de miracle, l'effet en est le même, et elle ne diffère du vrai miracle, qu'en ce que celui-ci est un coup d'éclat que Dieu frappe immédiatement et rarement, au lieu qu'il se sert de l'homme pour découvrir et manifester les merveilles dont il a rempli le sein de la nature ; et que comme ces merveilles s'opèrent à tout instant, qu'elles sont exposées de tout temps et pour tous les temps à sa contemplation, Dieu le rappelle incessamment à lui, non-seulement par le spectacle actuel, mais encore par le développement successif de ses œuvres.

Au reste, je ne me suis permis cette interprétation des premiers versets de la Genèse que dans la vue d'opérer un grand bien : ce serait de concilier à jamais la science de la nature avec celle de la théologie. Elles ne peuvent, selon moi, être en contradiction qu'en apparence ; et mon explication semble le démontrer. Mais si cette explication, quoique simple et très-claire, paraît insuffisante et même hors de propos à quelques esprits trop strictement attachés à la lettre, je les prie de me juger par l'intention, et de considérer que mon système sur les époques de la nature étant purement hypothétique, il ne peut nuire aux vérités révélées, qui sont autant d'axiomes immuables, indépendants de toute hypothèse, et auxquels j'ai soumis et je soumets mes pensées.

PREMIÈRE ÉPOQUE.

LORSQUE LA TERRE ET LES PLANÈTES ONT PRIS LEUR FORME.

Dans ce premier temps, où la terre en fusion tournant sur elle-même a pris sa forme et s'est élevée sur l'équateur en s'abaissant sous les pôles, les autres planètes étaient dans le même état de liquéfaction, puisqu'en tournant sur elles-mêmes, elles ont pris, comme la terre, une forme renflée sur leur équateur et aplatie sous leurs pôles, et que ce renflement et cette dépression sont proportionnels à la vitesse de leur rotation. Le globe de Jupiter nous en fournit la preuve : comme il tourne beaucoup plus vite que celui de la terre, il est en conséquence bien plus élevé sur son équateur et plus abaissé sous ses pôles ; car les observations nous démontrent que les deux diamètres de cette planète diffèrent de plus d'un treizième, tandis que ceux de la terre ne diffèrent que d'une deux-cent-trentième partie ; elles nous montrent aussi que dans Mars, qui tourne près d'une fois moins vite que la terre, cette différence entre les deux diamètres n'est pas assez sensible pour être mesurée par les astronomes ; et que dans la lune, dont le mouvement de rotation est encore bien plus lent, les deux diamètres paraissent égaux. La vitesse de la rotation des planètes est donc la seule cause de leur renflement sur l'équateur, et ce renflement, qui s'est fait en même temps que leur aplatissement sous les pôles, suppose une fluidité entière dans toute la masse de ces globes, c'est-à-dire un état de liquéfaction causé par le feu.

D'ailleurs, toutes les planètes circulant autour du soleil dans le même sens, et presque dans le même plan, elles paraissent avoir été mises en mouvement par une impulsion commune et dans un même temps : leur mouvement de circulation et leur mouvement de rotation sont contemporains, aussi bien que leur état de fusion ou de liquéfaction par le feu, et ces mouvements ont nécessairement été précédés par l'impulsion qui les a produits.

Dans celle des planètes dont la masse a été frappée le plus obliquement, le mouvement de rotation a été le plus rapide ; et par cette rapidité de rotation, les premiers effets de la force centrifuge ont excédé ceux de la pesanteur ; en conséquence il s'est fait dans ces masses liquides une séparation et une projection de parties à leur équateur, où cette force centrifuge est la plus grande, lesquelles parties, séparées et chassées par cette force, ont formé des masses concomitantes, et sont devenues des satellites, qui ont dû circuler et qui circulent en effet tous dans le plan de l'équateur de la planète dont ils ont été séparés par cette cause : les satellites des planètes se sont donc formés aux dépens de la matière de leur planète principale, comme les planètes elles-mêmes paraissent s'être formées aux dépens de la masse du soleil. Ainsi le temps de la formation des satellites est le même que celui du commencement de la rotation des planètes : c'est le moment où la matière qui les compose venait de se rassembler et ne formait encore que des globes liquides, état dans lequel cette matière en liquéfaction pouvait en être séparée et projetée fort aisément ; car dès que la surface de ces globes eut commencé à prendre un peu de consistance et de rigidité par le refroidissement, la matière, quoique animée de la même force centrifuge, étant retenue par celle de la cohésion, ne pouvait plus être séparée ni projetée hors de la planète par ce même mouvement de rotation.

Comme nous ne connaissons dans la nature aucune cause de chaleur, aucun feu que celui du soleil, qui ait pu fondre ou tenir en liquéfaction la matière de la terre et des planètes, il me paraît qu'en se refusant à croire que les planètes sont issues et sorties du soleil, on serait au moins forcé de supposer qu'elles ont été exposées de très-près aux ardeurs de cet astre de feu, pour pouvoir être liquéfiées. Mais cette supposition ne serait pas encore suffisante pour expliquer l'effet, et tomberait d'elle-même, par une circonstance nécessaire : c'est qu'il faut du temps pour que le feu, quelque violent qu'il soit, pénètre les matières solides qui lui sont exposées, et un très-long temps pour les liquéfier. On a vu, par les expériences qui précèdent, que pour chauffer un corps jusqu'au degré de fusion, il faut au moins la quinzième partie du temps qu'il faut pour le refroidir, et qu'attendu les grands volumes de la terre et des autres planètes, il serait de toute nécessité qu'elles eussent été pendant plusieurs milliers d'années stationnaires auprès du soleil pour recevoir le degré de chaleur nécessaire à leur liquéfaction : or il est sans exemple dans l'univers qu'aucun corps, aucune planète, aucune comète demeure stationnaire auprès du soleil, même pour un instant; au contraire, plus les comètes en approchent, et plus leur mouvement est rapide; le temps de leur périhélie est extrêmement court, et le feu de cet astre, en brûlant la surface, n'a pas le temps de pénétrer la masse des comètes qui s'en approchent le plus.

Ainsi tout concourt à prouver qu'il n'a pas suffi que la terre et les planètes aient passé comme certaines comètes dans le voisinage du soleil pour que leur liquéfaction ait pu s'y opérer : nous devons donc présumer que cette matière des planètes a autrefois appartenu au corps même du soleil, et en a été séparée, comme nous l'avons dit, par une seule et même impulsion. Car les comètes qui approchent le plus du soleil ne nous présentent que le premier degré des grands effets de la chaleur; elles paraissent précédées d'une vapeur enflammée lorsqu'elles s'approchent, et suivies d'une semblable vapeur lorsqu'elles s'éloignent de cet astre : ainsi une partie de la matière superficielle de la comète s'étend autour d'elle et se présente à nos yeux en forme de vapeurs lumineuses, qui se trouvent dans un état d'expansion et de volatilité causée par le feu du soleil; mais le noyau, c'est-à-dire le corps même de la comète, ne paraît pas être profondément pénétré par le feu, puisqu'il n'est pas lumineux par lui-même comme le serait néanmoins toute masse de fer, de verre ou d'autre matière solide intimement pénétrée par cet élément; par conséquent, il paraît nécessaire que la matière de la terre et des planètes, qui a été dans un état de liquéfaction, appartînt au corps même du soleil, et qu'elle fît partie des matières en fusion qui constituent la masse de cet astre de feu.

Les planètes ont reçu leur mouvement par une seule et même impulsion, puisqu'elles circulent toutes dans le même sens et presque dans le même plan : les comètes, au contraire, qui circulent comme les planètes autour du soleil, mais dans des sens et des plans différents, paraissent avoir été mises en mouvement par des impulsions différentes. On doit rapporter à une seule époque le mouvement des planètes, au lieu que celui des comètes pourrait avoir été donné en différents temps. Ainsi, rien ne peut nous éclairer sur l'origine du mouvement des comètes; mais nous pouvons raisonner sur celui des planètes, parce qu'elles ont entre elles des rapports communs qui indiquent assez clairement qu'elles ont été mises en mouvement par une seule et même impulsion. Il est donc permis de chercher dans la nature la cause qui a pu produire cette grande impulsion; au lieu que nous ne pouvons guère former de raisonnements ni même faire des recherches sur les causes du mouvement d'impulsion des comètes.

Rassemblant seulement les rapports fugitifs et les légers indices qui peuvent fournir quelques conjectures, on pourrait imaginer pour satisfaire, quoique très-imparfaitement, à la curiosité de l'esprit, que les comètes de notre système solaire ont été formées par l'explosion d'une étoile fixe ou d'un soleil voisin du nôtre, dont toutes les parties dispersées, n'ayant plus de centre ou de foyer commun, auront été forcées d'obéir à la force attractive de notre soleil, qui dès lors sera devenu le pivot et le foyer de toutes nos comètes. Nous et nos neveux n'en dirons pas davantage jusqu'à ce que, par des observations ultérieures, on parvienne à reconnaître quelque rapport commun dans le mouvement d'impulsion des comètes; car, comme nous ne connaissons rien que par comparaison, dès que tout rapport nous manque et qu'aucune analogie ne se présente, toute lumière fuit, et non-seulement notre raison, mais même notre imagination, se trouvent en défaut. Aussi m'étant abstenu ci-devant de former des conjectures sur la cause du mouvement d'impulsion des comètes, j'ai cru devoir raisonner sur celle de l'impulsion des planètes; et j'ai mis en avant, non pas comme un fait réel et certain, mais seulement comme une chose possible, que la matière des planètes a été projetée hors du soleil par le choc d'une comète. Cette hypothèse est fondée sur ce qu'il n'y a dans la nature aucun corps en mouvement, sinon les comètes, qui puissent ou aient pu communiquer un aussi grand mouvement à d'aussi grandes masses, et en même temps sur ce que les comètes approchent quelquefois de si près du soleil, qu'il est pour ainsi dire nécessaire que quelques-unes y tombent obliquement et en sillonnent la surface en chassant devant elles les matières mises en mouvement par leur choc.

Il en est de même de la cause qui a pu produire la chaleur du soleil : il m'a paru qu'on peut la déduire des effets naturels, c'est-à-dire la trouver dans la constitution du système du monde ; car le soleil ayant à supporter tout le poids, toute l'action de la force pénétrante des vastes corps qui circulent autour de lui, et ayant à souffrir en même temps l'action rapide de cette espèce de frottement intérieur dans toutes les parties de sa masse, la matière qui le compose doit être dans l'état de la plus grande division ; elle a dû devenir et demeurer fluide, lumineuse et brûlante, en raison de cette pression et de ce frottement intérieur, toujours également subsistant. Les mouvements irréguliers des taches du soleil, aussi bien que leur apparition spontanée et leur disparition, démontrent assez que cet astre est liquide, et qu'il s'élève de temps en temps à sa surface des espèces de scories ou d'écumes, dont les unes nagent irrégulièrement sur cette matière en fusion, et dont quelques autres sont fixes pour un temps et disparaissent comme les premières lorsque l'action du feu les a de nouveau divisées. On sait que c'est par le moyen de quelques-unes de ces taches fixes qu'on a déterminé la durée de la rotation du soleil en vingt-cinq jours et demi.

Or chaque comète et chaque planète forment une roue

dont les rais sont les rayons de la force attractive; le soleil est l'essieu ou le pivot commun de toutes ces différentes roues; la comète ou la planète en est la jante mobile, et chacune contribue de tout son poids et de toute sa vitesse à l'embrasement de ce foyer général, dont le feu durera par conséquent aussi longtemps que le mouvement et la pression des vastes corps qui le produisent.

De là ne doit-on pas présumer que, si l'on ne voit pas des planètes autour des étoiles fixes, ce n'est qu'à cause de leur immense éloignement? Notre vue est trop bornée, nos instruments trop peu puissants pour apercevoir ces astres obscurs, puisque ceux mêmes qui sont lumineux échappent à nos yeux, et que dans le nombre infini de ces étoiles nous ne connaîtrons jamais que celles dont nos instruments de longue vue pourront nous rapprocher; mais l'analogie nous indique qu'étant fixes et lumineuses comme le soleil, les étoiles ont dû s'échauffer, se liquéfier, et brûler par la même cause, c'est-à-dire par la pression active des corps opaques, solides et obscurs qui circulent autour d'elles. Cela seul peut expliquer pourquoi il n'y a que les astres fixes qui soient lumineux, et pourquoi dans l'univers solaire tous les astres errants sont obscurs.

Et la chaleur produite par cette cause devant être en raison du nombre, de la vitesse et de la masse des corps qui circulent autour du foyer, le feu du soleil doit être d'une ardeur ou plutôt d'une violence extrême, non-seulement parce que les corps qui circulent autour de lui sont tous vastes, solides et mus rapidement, mais encore parce qu'ils sont en grand nombre; car, indépendamment des six planètes, de leurs dix satellites et de l'anneau de Saturne, qui tous pèsent sur le soleil et forment un volume de matière deux mille fois plus grand que celui de la terre, le nombre des comètes est plus considérable qu'on ne le croit vulgairement : elles seules ont pu suffire pour allumer le feu du soleil avant la projection des planètes, et suffiraient encore pour l'entretenir aujourd'hui. L'homme ne parviendra peut-être jamais à reconnaître les planètes qui circulent autour des étoiles fixes ; mais, avec le temps, il pourra savoir au juste quel est le nombre des comètes dans le système solaire[1] : je regarde cette grande connaissance comme réservée à la postérité. En attendant, voici une espèce d'évaluation qui, quoique bien éloignée d'être précise, ne laissera pas de fixer les idées sur le nombre de ces corps circulant autour du soleil.

En consultant les recueils d'observations, on voit que, depuis l'an 1101 jusqu'en 1766, c'est-à-dire en six cent soixante-cinq années, il y a eu deux cent vingt-huit apparitions de comètes. Mais le nombre de ces astres errants qui ont été remarqués n'est pas aussi grand que celui des apparitions, puisque la plupart, pour ne pas dire tous, font leur révolution en moins de six cent soixante-cinq ans. Prenons donc les deux comètes desquelles seules les révolutions nous sont parfaitement connues, savoir, la comète de 1680, dont la période est d'environ cinq cent soixante-quinze ans, et celle de 1759, dont la période est de soixante-seize ans. On peut croire, en attendant mieux, qu'en prenant le terme moyen, trois cent vingt-six ans, entre ces deux périodes de révolution, il y a autant de

---

1. Jusqu'à présent il n'y a que quatre comètes dont la *périodicité* ait été bien constatée : la *comète d'Halley*, la *comète d'Encke* ou *à courte période*, la *comète de Biela et Gambart*, et la *comète de Faye et Goldschmidt*. On a déjà pu déterminer l'orbite elliptique de quelques autres comètes ; mais il est nécessaire de les étudier de nouveau, avant de pouvoir les classer définitivement parmi les *périodiques*. (Voyez Delaunay : *Cours élémentaire d'astronomie*, p. 521.) (F.)

comètes dont la période excède trois cent vingt-six ans qu'il y en a dont la période est moindre. Ainsi, en les réduisant toutes à trois cent vingt-six ans, chaque comète aurait paru deux fois en six cent cinquante-deux ans, et l'on aurait par conséquent à peu près cent quinze comètes pour deux cent vingt-huit apparitions en six cent soixante-cinq ans.

Maintenant, si l'on considère que vraisemblablement il y a plus de comètes hors de la portée de notre vue, ou échappées à l'œil des observateurs, qu'il n'y' en a eu de remarquées, ce nombre croîtra peut-être de plus du triple, en sorte qu'on peut raisonnablement penser qu'il existe dans le système solaire quatre ou cinq cents comètes. Et s'il en est des comètes comme des planètes, si les plus grosses sont les plus éloignées du soleil, si les plus petites sont les seules qui en approchent d'assez près pour que nous puissions les apercevoir, quel volume immense de matière! quelle charge énorme sur le corps de cet astre! quelle pression, c'est-à-dire quel frottement intérieur dans toutes les parties de sa masse, et par conséquent quelle chaleur et quel feu produits par ce frottement!

Car, dans notre hypothèse, le soleil était une masse de matière en fusion, même avant la projection des planètes; par conséquent ce feu n'avait alors pour cause que la pression de ce grand nombre de comètes qui circulaient précédemment et circulent encore aujourd'hui autour de ce foyer commun. Si la masse ancienne du soleil a été diminuée d'un six-cent-cinquantième par la projection de la matière des planètes lors de leur formation, la quantité totale de la cause de son feu, c'est-à-dire de la pression totale, a été augmentée dans la proportion de la pression entière des planètes, réunie à la première pression de toutes les comètes, à l'exception de celle qui a produit l'effet de la projection, et dont la matière s'est mêlée à celle des planètes pour sortir du soleil, lequel par conséquent, après cette perte, n'en est devenu que plus brillant, plus actif et plus propre à éclairer, échauffer et féconder son univers.

En poussant ces inductions encore plus loin, on se persuadera aisément que les satellites qui circulent autour de leur planète principale, et qui pèsent sur elle comme les planètes pèsent sur le soleil, que ces satellites, dis-je, doivent communiquer un certain degré de chaleur à la planète autour de laquelle ils circulent : la pression et le mouvement de la lune doivent donner à la terre un degré de chaleur qui serait plus grand si la vitesse du mouvement de circulation de la lune était plus grande; Jupiter, qui a quatre satellites, et Saturne, qui en a cinq avec un grand anneau, doivent par cette seule raison être animés d'un certain degré de chaleur. Si ces planètes, très-éloignées du soleil, n'étaient pas douées comme la terre d'une chaleur intérieure, elles seraient plus que gelées; et le froid extrême que Jupiter et Saturne auraient à supporter, à cause de leur éloignement du soleil, ne pourrait être tempéré que par l'action de leurs satellites. Plus les corps circulants seront nombreux, grands et rapides, plus le corps qui leur sert d'essieu ou de pivot s'échauffera par le frottement intime qu'ils feront subir à toutes les parties de sa masse.

Ces idées se lient parfaitement avec celles qui servent de fondement à mon hypothèse sur la formation des planètes; elles en sont des conséquences simples et naturelles; mais j'ai la preuve que peu de gens ont saisi les rapports et l'ensemble de ce grand système : néanmoins y a-t-il un sujet plus élevé, plus digne d'exercer la force du génie? On m'a critiqué sans m'entendre; que puis-je répondre? sinon que tout parle à des yeux attentifs, tout est indice pour ceux qui savent voir; mais que rien n'est sensible, rien n'est clair pour le vulgaire, et même pour ce vulgaire savant qu'aveugle le préjugé. Tâchons néanmoins de rendre la vérité plus palpable; augmentons le nombre des probabilités; rendons la vraisemblance plus grande; ajoutons lumières sur lumières en réunissant les faits, en accumulant les preuves, et laissons-nous juger ensuite sans inquiétude et sans appel, car j'ai toujours pensé qu'un homme qui écrit doit s'occuper uniquement de son sujet, et nullement de soi; qu'il est contre la bienséance de vouloir en occuper les autres, et que par conséquent les critiques personnelles doivent demeurer sans réponse.

Je conviens que les idées de ce système peuvent paraître hypothétiques, étranges et même chimériques à tous ceux qui, ne jugeant les choses que par le rapport de leurs sens, n'ont jamais conçu comment on sait que la terre n'est qu'une petite planète, renflée sur l'équateur et abaissée sous les pôles, à ceux qui ignorent comment on s'est assuré que tous les corps célestes pèsent, agissent et réagissent les uns sur les autres, comment on a pu mesurer leur grandeur, leur distance, leurs mouvements, leur pesanteur, etc.; mais je suis persuadé que ces mêmes idées paraîtront simples, naturelles et même grandes au petit nombre de ceux qui, par des observations et des réflexions suivies, sont parvenus à connaître les lois de l'univers, et qui, jugeant des choses par leurs propres lumières, les voient sans préjugé telles qu'elles sont, ou telles qu'elles pourraient être : car ces deux points de vue sont à peu près les mêmes; et celui qui, regardant une horloge pour la première fois, dirait que le principe de tous ses mouvements est un ressort, quoique ce fût un poids, ne se tromperait que pour le vulgaire, et aurait aux yeux du philosophe expliqué la machine[1].

Ce n'est donc pas que j'aie affirmé ni même positivement prétendu que notre terre et les planètes aient été formées nécessairement et réellement par le choc d'une comète qui a projeté hors du soleil la six-cent-cinquantième partie de sa masse; mais ce que j'ai voulu faire entendre, et ce que je maintiens encore comme hypothèse très-probable, c'est qu'une comète qui, dans son périhélie, approcherait assez près du soleil pour en effleurer et sillonner la surface, pourrait produire de pareils effets, et qu'il n'est pas impossible qu'il se forme quelque jour de cette même manière des planètes nouvelles qui toutes circuleraient ensemble, comme les planètes actuelles, dans le même sens et presque dans un même plan, autour du soleil; des planètes qui tourneraient aussi sur elles-mêmes, et dont la matière étant, au sortir du soleil, dans un état de liquéfaction, obéirait à la force centrifuge et s'élèverait à l'équateur en s'abaissant sous les pôles; des planètes qui pourraient de même avoir des satellites en plus ou moins grand nombre, circulant autour d'elles dans le plan de leurs équateurs, et dont les mouvements seraient semblables à ceux des satellites de nos planètes : en sorte que tous les phénomènes de ces planètes possibles et idéales seraient, je ne dis pas les mêmes, mais dans le même ordre et dans des rapports semblables à ceux des phéno-

---

1. Il ne se tromperait pas sur le *principe;* il se tromperait sur le *procédé.* « Si Descartes s'est trompé sur les lois du mouvement, il a du moins « deviné le premier qu'il devait y en avoir. » (D'Alembert.)

mènes des planètes réelles. Et pour preuve, je demande seulement que l'on considère si le mouvement de toutes les planètes, dans le même sens et presque dans le même plan, ne suppose pas une impulsion commune ? Je demande s'il y a dans l'univers quelques corps, excepté les comètes, qui aient pu communiquer ce mouvement d'impulsion ? Je demande s'il n'est pas probable qu'il tombe de temps à autre des comètes dans le soleil, puisque celle de 1680 en a, pour ainsi dire, rasé la surface; et si par conséquent une telle comète, en sillonnant cette surface du soleil, ne communiquerait pas son mouvement d'impulsion à une certaine quantité de matière qu'elle séparerait du corps du soleil en la projetant en dehors? Je demande si, dans ce torrent de matière projetée, il ne se formerait pas des globes par l'attraction mutuelle des parties, et si ces globes ne se trouveraient pas à des distances différentes, suivant la différente densité des matières, et si les plus légères ne seraient pas poussées plus loin que les plus denses par la même impulsion ? Je demande si la situation de tous ces globes presque dans le même plan n'indique pas assez que le torrent projeté n'était pas d'une largeur considérable, et qu'il n'avait pour cause qu'une seule impulsion, puisque toutes les parties de la matière dont il était composé ne se sont éloignées que très-peu de la direction commune ? Je demande comment et où la matière de la terre et des planètes aurait pu se liquéfier, si elle n'eût pas résidé dans le corps même du soleil, et si l'on peut trouver une cause de cette chaleur et de cet embrasement du soleil autre que celle de sa charge et du frottement intérieur produit par l'action de tous ces vastes corps qui circulent autour de lui ? Enfin je demande qu'on examine tous les rapports, que l'on suive toutes les vues, que l'on compare toutes les analogies sur lesquelles j'ai fondé mes raisonnements, et qu'on se contente de conclure avec moi que, si Dieu l'eût permis, il se pourrait, par les seules lois de la nature, que la terre et les planètes eussent été formées de cette même manière.

Suivons donc notre objet, et de ce temps qui a précédé les temps et s'est soustrait à notre vue, passons au premier âge de notre univers, où la terre et les planètes ayant reçu leur forme ont pris de la consistance, et de liquides sont devenues solides. Ce changement d'état s'est fait naturellement et par le seul effet de la diminution de la chaleur : la matière qui compose le globe terrestre et les autres globes planétaires était en fusion lorsqu'ils ont commencé à tourner sur eux-mêmes ; ils ont donc obéi, comme toute autre matière fluide, aux lois de la force centrifuge ; les parties voisines de l'équateur, qui subissent le plus grand mouvement dans la rotation, se sont le plus élevées ; celles qui sont voisines des pôles, où ce mouvement est moindre ou nul, se sont abaissées dans la proportion juste et précise qu'exigent les lois de la pesanteur, combinées avec celles de la force centrifuge ; et cette forme de la terre et des planètes s'est conservée jusqu'à ce jour, et se conservera perpétuellement, quand même l'on voudrait supposer que le mouvement de rotation viendrait à s'accélérer, parce que, la matière ayant passé de l'état de fluidité à celui de solidité, la cohésion des parties suffit seule pour maintenir la forme primordiale, et qu'il faudrait pour la changer que le mouvement de rotation prît une rapidité presque infinie, c'est-à-dire assez grande pour que l'effet de la force centrifuge devînt plus grand que celui de la force de cohérence.

Or, le refroidissement de la terre et des planètes,

comme celui de tous les corps chauds, a commencé par la
surface; les matières en fusion s'y sont consolidées dans
un temps assez court; dès que le grand feu dont elles
étaient pénétrées s'est échappé, les parties de la matière
qu'il tenait divisées se sont rapprochées et réunies de plus
près par leur attraction mutuelle; celles qui avaient assez
de fixité pour soutenir la violence du feu ont formé des
masses solides; mais celles qui, comme l'air et l'eau, se
raréfient ou se volatilisent par le feu, ne pouvaient faire
corps avec les autres; elles en ont été séparées dans les
premiers temps du refroidissement; tous les éléments pouvant
se transmuer et se convertir, l'instant de la consolidation
des matières fixes fut aussi celui de la plus grande
conversion des éléments et de la production des matières
volatiles : elles étaient réduites en vapeurs et dispersées
au loin, formant autour des planètes une espèce d'atmosphère
semblable à celle du soleil; car on sait que le corps
de cet astre de feu est environné d'une sphère de vapeurs
qui s'étend à des distances immenses, et peut-être jusqu'à
l'orbe de la terre. L'existence réelle de cette atmosphère
solaire est démontrée par un phénomène qui accompagne
les éclipses totales du soleil. La lune en couvre alors à nos
yeux le disque tout entier; et néanmoins l'on voit encore
un limbe ou grand cercle de vapeurs dont la lumière est
assez vive pour nous éclairer à peu près autant que celle
de la lune : sans cela, le globe terrestre serait plongé
dans l'obscurité la plus profonde pendant la durée de
l'éclipse totale. On a observé que cette atmosphère solaire
est plus dense dans ses parties voisines du soleil, et qu'elle
devient d'autant plus rare et plus transparente qu'elle
s'étend et s'éloigne davantage du corps de cet astre de
feu : l'on ne peut donc pas douter que le soleil ne soit

environné d'une sphère de matières aqueuses, aériennes et volatiles, que sa violente chaleur tient suspendues et reléguées à des distances immenses, et que dans le moment de la projection des planètes le torrent des matières fixes sorties du corps du soleil n'ait, en traversant son atmosphère, entraîné une grande quantité de ces matières volatiles dont elle est composée : et ce sont ces mêmes matières volatiles, aqueuses et aériennes, qui ont ensuite formé les atmosphères des planètes, lesquelles étaient semblables à l'atmosphère du soleil tant que les planètes ont été, comme lui, dans un état de fusion ou de grande incandescence.

Toutes les planètes n'étaient donc alors que des masses de verre liquide, environnées d'une sphère de vapeurs. Tant qu'a duré cet état de fusion, et même longtemps après, les planètes étaient lumineuses par elles-mêmes, comme le sont tous les corps en incandescence; mais à mesure que les planètes prenaient de la consistance, elles perdaient de leur lumière : elles ne devinrent tout à fait obscures qu'après s'être consolidées jusqu'au centre, et longtemps après la consolidation de leur surface, comme l'on voit dans une masse de métal fondu la lumière et la rougeur subsister très-longtemps après la consolidation de sa surface. Et dans ce premier temps, où les planètes brillaient de leurs propres feux, elles devaient lancer des rayons, jeter des étincelles, faire des explosions, et ensuite souffrir, en se refroidissant, différentes ébullitions à mesure que l'eau, l'air et les autres matières qui ne peuvent supporter le feu, retombaient à leur surface : la production des éléments, et ensuite leur combat, n'ont pu manquer de produire des inégalités, des aspérités, des profondeurs, des hauteurs, des cavernes à la surface et dans les premières couches de l'intérieur de ces grandes masses ; et c'est à cette époque que l'on doit rapporter la formation des plus hautes montagnes de la terre [1], de celles de la lune et de toutes les aspérités ou inégalités qu'on aperçoit sur les planètes.

Représentons-nous l'état et l'aspect de notre univers dans son premier âge : toutes les planètes, nouvellement consolidées à la surface, étaient encore liquides à l'intérieur, et lançaient au dehors une lumière très-vive : c'étaient autant de petits soleils détachés du grand, qui ne lui cédaient que par le volume, et dont la lumière et la chaleur se répandaient de même : ce temps d'incandescence a duré tant que la planète n'a pas été consolidée jusqu'au centre, c'est-à-dire environ 2,936 ans pour la terre, 644 ans pour la lune, 2,127 ans pour Mercure, 1,130 ans pour Mars, 3,596 ans pour Vénus, 5,140 ans pour Saturne, et 9,433 ans pour Jupiter.

Les satellites de ces deux grosses planètes, aussi bien que l'anneau qui environne Saturne, lesquels sont tous dans le plan de l'équateur de leur planète principale, avaient été projetés, dans le temps de la liquéfaction, par la force centrifuge de ces grosses planètes qui tournent sur elles-mêmes avec une prodigieuse rapidité : la terre, dont la vitesse de rotation est d'environ 9,000 lieues pour vingt-quatre heures, c'est-à-dire de six lieues un quart par minute, a dans ce même temps projeté hors d'elle les parties les moins denses de son équateur, lesquelles se sont rassemblées par leur attraction mutuelle à 85,000 lieues de distance, où elles ont formé le globe de la lune. Je

---

1. Dans sa *Théorie de la terre*, Buffon attribuait la formation des montagnes à l'action des *mers*, à l'action des eaux. Ici il les attribue à l'action du *feu ;* ceci est un grand progrès : les montagnes sont les masses soulevées par le *feu intérieur*, par le *feu central* du globe. (F.)

n'avance rien ici qui ne soit confirmé par le fait, lorsque je dis que ce sont les parties les moins denses qui ont été projetées, et qu'elles l'ont été de la région de l'équateur; car l'on sait que la densité de la lune est à celle de la terre comme 702 sont à 1000, c'est-à-dire de plus d'un tiers moindre; et l'on sait aussi que la lune circule autour de la terre dans un plan qui n'est éloigné que de 23 degrés de notre équateur, et que sa distance moyenne est d'environ 85,000 lieues.

Dans Jupiter, qui tourne sur lui-même en dix heures, et dont la circonférence est onze fois plus grande que celle de la terre, et la vitesse de rotation de 165 lieues par minute, cette énorme force centrifuge a projeté un grand torrent de matière de différents degrés de densité, dans lequel se sont formés les quatre satellites de cette grosse planète, dont l'un, aussi petit que la lune, n'est qu'à 89,500 lieues de distance, c'est-à-dire presque aussi voisin de Jupiter que la lune l'est de la terre. Le second, dont la matière était un peu moins dense que celle du premier, et qui est environ gros comme Mercure, s'est formé à 141,800 lieues; le troisième, composé de parties encore moins denses, et qui est à peu près grand comme Mars, s'est formé à 225,800 lieues; et enfin le quatrième, dont la matière, étant la plus légère de toutes, a été projetée encore plus loin et ne s'est rassemblée qu'à 397,877 lieues: et tous les quatre se trouvent, à très-peu près, dans le plan de l'équateur de leur planète principale, et circulent dans le même sens autour d'elle[1]. Au reste, la matière

---

1. M. Bailly a montré, par des raisons très-plausibles, tirées du mouvement des nœuds des satellites de Jupiter, que le premier de ces satellites circule dans le plan même de l'équateur de cette planète, et que les trois autres ne s'en écartent pas d'un degré. *Mémoires de l'Académie des Sciences*, année 1766. (Note de Buffon.)

qui compose le globe de Jupiter est elle-même beaucoup moins dense que celle de la terre. Les planètes voisines du soleil sont les plus denses ; celles qui en sont les plus éloignées sont en même temps les plus légères : la densité de la terre est à celle de Jupiter comme 1000 sont à 292 ; et il est à présumer que la matière qui compose ses satellites est encore moins dense que celle dont il est lui-même composé [1].

Saturne, qui probablement tourne sur lui-même encore plus vite que Jupiter, a non-seulement produit cinq satellites, mais encore un anneau qui, d'après mon hypothèse, doit être parallèle à son équateur, et qui l'environne comme un pont suspendu et continu à 54,000 lieues de distance : cet anneau, beaucoup plus large qu'épais, est composé d'une matière solide, opaque et semblable à celle des satellites ; il s'est trouvé dans le même état de fusion, et ensuite d'incandescence : chacun de ces vastes corps ont conservé cette chaleur primitive, en raison composée de leur épaisseur et de leur densité, en sorte que l'anneau de Saturne, qui paraît être le moins épais de tous les corps célestes, est celui qui aurait perdu le premier sa chaleur propre, s'il n'eût pas tiré de très-grands suppléments de chaleur de Saturne même, dont il est fort voisin : ensuite la lune et les premiers satellites de Saturne et de Jupiter, qui sont les plus petits des globes planétaires, auraient perdu leur chaleur propre, dans des temps toujours proportionnels à leur diamètre ; après quoi les plus gros satellites auraient de même perdu leur chaleur, et tous seraient aujourd'hui plus refroidis que le globe de la terre, si

1. J'ai par analogie donné aux satellites de Jupiter et de Saturne la même densité relative qui se trouve entre la terre et la lune, c'est-à-dire de 1000 à 702. (Note de Buffon.)

plusieurs d'entre eux n'avaient pas reçu de leur planète principale une chaleur immense dans les commencements; enfin les deux grosses planètes, Saturne et Jupiter, conservent encore actuellement une très-grande chaleur en comparaison de celle de leurs satellites, et même de celle du globe de la terre.

Mars, dont la durée de rotation est de vingt-quatre heures quarante minutes, et dont la circonférence n'est que treize vingt-cinquièmes de celle de la terre, tourne une fois plus lentement que le globe terrestre, sa vitesse de rotation n'étant guère que de trois lieues par minute; par conséquent sa force centrifuge a toujours été moindre de plus de moitié que celle du globe terrestre; c'est par cette raison que Mars, quoique moins dense que la terre dans le rapport de 730 à 1000, n'a point de satellites.

Mercure, dont la densité est à celle de la terre comme 2040 sont à 1000, n'aurait pu produire un satellite que par une force centrifuge plus que double de celle du globe de la terre; mais, quoique la durée de sa rotation n'ait pu être observée par les astronomes, il est plus que probable qu'au lieu d'être double de celle de la terre, elle est au contraire beaucoup moindre. Ainsi l'on peut croire avec fondement que Mercure n'a point de satellites.

Vénus pourrait en avoir un, car étant un peu moins épaisse que la terre dans la raison de 17 à 18, et tournant un peu plus vite dans le rapport de 23 heures 20 minutes à 23 heures 56 minutes, sa vitesse est de plus de six lieues trois quarts par minute, et par conséquent sa force centrifuge d'environ un treizième plus grande que celle de la terre. Cette planète aurait donc pu produire un ou deux satellites dans le temps de sa liquéfaction, si sa densité, plus grande que celle de la terre, dans la raison de 1270 à 1000, c'est-à-dire de plus de 5 contre 4, ne se fût pas opposée à la séparation et à la projection de ses parties même les plus liquides; et ce pourrait être par cette raison que Vénus n'aurait point de satellites, quoiqu'il y ait des observateurs qui prétendent en avoir aperçu un autour de cette planète.

A tous ces faits que je viens d'exposer, on doit en ajouter un, qui m'a été communiqué par M. Bailly, savant physicien-astronome, de l'Académie des Sciences. La surface de Jupiter est, comme l'on sait, sujette à des changements sensibles, qui semblent indiquer que cette grosse planète est encore dans un état d'inconstance et de bouillonnement. Prenant donc, dans mon système de l'incandescence générale et du refroidissement des planètes, les deux extrêmes, c'est-à-dire Jupiter, comme le plus gros, et la lune, comme le plus petit de tous les corps planétaires, il se trouve que le premier, qui n'a pas eu encore le temps de se refroidir et de prendre une consistance entière, nous présente à sa surface les effets du mouvement intérieur dont il est agité par le feu; tandis que la lune qui, par sa petitesse, a dû se refroidir en peu de siècles, ne nous offre qu'un calme parfait, c'est-à-dire une surface qui est toujours la même, et sur laquelle l'on n'aperçoit ni mouvement ni changement. Ces deux faits, connus des astronomes, se joignent aux autres analogies que j'ai présentées sur ce sujet, et ajoutent un petit degré de plus à la probabilité de mon hypothèse.

Par la comparaison que nous avons faite de la chaleur des planètes à celle de la terre, on a vu que le temps de l'incandescence pour le globe terrestre a duré deux mille neuf cent trente-six ans; que celui de sa chaleur, au point de ne pouvoir le toucher, a été de trente-quatre mille deux cent soixante-dix ans, ce qui fait en tout trente-sept mille deux cent six ans; et que c'est là le premier moment de la naissance possible de la nature vivante. Jusqu'alors les éléments de l'air et de l'eau étaient encore confondus, et ne pouvaient se séparer ni s'appuyer sur la surface brûlante de la terre, qui les dissipait en vapeurs; mais dès que cette ardeur se fut attiédie, une chaleur bénigne et féconde succéda par degrés au feu dévorant qui s'opposait à toute production, et même à l'établissement des éléments; celui du feu, dans ce premier temps, s'était pour ainsi dire emparé des trois autres; aucun n'existait à part: la terre, l'air et l'eau pétris de feu et confondus ensemble, n'offraient, au lieu de leurs formes distinctes, qu'une masse brûlante environnée de vapeurs enflammées : ce n'est donc qu'après trente-sept mille ans que les gens de la terre doivent dater les actes de leur monde, et compter les faits de la nature organisée.

Il faut rapporter à cette première époque ce que j'ai écrit de l'état du ciel dans mes Mémoires sur la température des planètes. Toutes au commencement étaient brillantes et lumineuses; chacune formait un petit soleil [1], dont la chaleur et la lumière ont diminué peu à peu et se sont dissipées successivement dans le rapport des temps, que j'ai ci-devant indiqué, d'après mes expériences sur le refroidissement des corps en général, dont la durée est toujours à très-peu près proportionnelle à leurs diamètres et à leur densité.

Les planètes, ainsi que leurs satellites, se sont donc

---

[1]. Jupiter, lorsqu'il est le plus près de la terre, nous paraît sous un angle de 59 ou 60 secondes; il formait donc un soleil dont le diamètre n'était que trente et une fois plus petit que celui de notre soleil. (Note de Buffon.)

refroidies les unes plus tôt et les autres plus tard ; et, en perdant partie de leur chaleur, elles ont perdu toute leur lumière propre. Le soleil seul s'est maintenu dans sa splendeur, parce qu'il est le seul autour duquel circulent un assez grand nombre de corps pour en entretenir la lumière, la chaleur et le feu.

Mais sans insister plus longtemps sur ces objets, qui paraissent si loin de notre vue, rabaissons-la sur le seul globe de la terre. Passons à la seconde époque, c'est-à-dire au temps où la matière qui le compose, s'étant consolidée, a formé les grandes masses de matières vitrescibles.

Je dois seulement répondre à une espèce d'objection que l'on m'a déjà faite sur la très-longue durée des temps. Pourquoi nous jeter, m'a-t-on dit, dans un espace aussi vague qu'une durée de cent soixante-huit mille ans ? car, à la vue de votre tableau, la terre est âgée de soixante-quinze mille ans, et la nature vivante doit subsister encore pendant quatre-vingt-treize mille ans : est-il aisé, est-il même possible de se former une idée du tout ou des parties d'une aussi longue suite de siècles ? Je n'ai d'autre réponse que l'exposition des monuments et la considération des ouvrages de la nature : j'en donnerai le détail et les dates dans les époques qui vont suivre celle-ci, et l'on verra que, bien loin d'avoir augmenté sans nécessité la durée du temps, je l'ai peut-être beaucoup trop raccourcie.

Et pourquoi l'esprit humain semble-t-il se perdre dans l'espace de la durée plutôt que dans celui de l'étendue, ou dans la considération des mesures, des poids et des nombres ? Pourquoi cent mille ans sont-ils plus difficiles à concevoir et à compter que cent mille livres de monnaie ? Serait-ce parce que la somme du temps ne peut se palper ni se réaliser en espèces visibles, ou plutôt n'est-ce pas qu'étant accoutumés par notre trop courte existence à regarder cent ans comme une grosse somme de temps, nous avons peine à nous former une idée de mille ans, et ne pouvons plus nous représenter dix mille ans, ni même en concevoir cent mille ? Le seul moyen est de diviser en plusieurs parties ces longues périodes de temps, de comparer par la vue de l'esprit la durée de chacune de ces parties avec les grands effets, et surtout avec les constructions de la nature, se faire des aperçus sur le nombre des siècles qu'il a fallu pour produire tous les animaux à coquilles dont la terre est remplie, ensuite sur le nombre encore plus grand des siècles qui se sont écoulés pour le transport et le dépôt de ces coquilles et de leurs détriments, enfin sur le nombre des autres siècles subséquents, nécessaires à la pétrification et au desséchement de ces matières; et dès lors on sentira que cette énorme durée de soixante-quinze mille ans, que j'ai comptée depuis la formation de la terre jusqu'à son état actuel, n'est pas encore assez étendue pour tous les grands ouvrages de la nature, dont la construction nous démontre qu'ils n'ont pu se faire que par une succession lente de mouvements réglés et constants.

Pour rendre cet aperçu plus sensible, donnons un exemple; cherchons combien il a fallu de temps pour la construction d'une colline d'argile de mille toises de hauteur. Les sédiments successifs des eaux ont formé toutes les couches dont la colline est composée, depuis la base jusqu'à son sommet. Or nous pouvons juger du dépôt successif et journalier des eaux par les feuillets des ardoises; ils sont si minces qu'on peut en compter une douzaine dans une ligne d'épaisseur. Supposons donc que chaque marée dépose un sédiment d'un douzième de ligne d'épaisseur, c'est-à-dire d'un sixième de ligne chaque jour, le dépôt augmentera d'une ligne en six jours, de six lignes en trente-six jours, et par conséquent d'environ cinq pouces en un an, ce qui donne plus de quatorze mille ans pour le temps nécessaire à la composition d'une colline de glaise de mille toises de hauteur : ce temps paraîtra même trop court, si on le compare avec ce qui se passe sous nos yeux sur certains rivages de la mer où elle dépose des limons et des argiles, comme sur les côtes de Normandie ; car le dépôt n'augmente qu'insensiblement et de beaucoup moins de cinq pouces par an. Et si cette colline d'argile est couronnée de rochers calcaires, la durée du temps, que je réduis à quatorze mille ans, ne doit-elle pas être augmentée de celui qui a été nécessaire pour le transport des coquillages dont la colline est surmontée, et cette durée si longue n'a-t-elle pas encore été suivie du temps nécessaire à la pétrification et au desséchement de ces sédiments, et encore d'un temps tout aussi long pour la figuration de la colline par angles saillants et rentrants? J'ai cru devoir entrer d'avance dans ce détail, afin de démontrer qu'au lieu de reculer trop loin les limites de la durée, je les ai rapprochées autant qu'il m'a été possible sans contredire évidemment les faits consignés dans les archives de la nature.

SECONDE ÉPOQUE.

LORSQUE LA MATIÈRE S'ÉTANT CONSOLIDÉE A FORMÉ
LA ROCHE INTÉRIEURE DU GLOBE,
AINSI QUE LES GRANDES MASSES VITRESCIBLES
QUI SONT A SA SURFACE.

On vient de voir que, dans notre hypothèse, il a dû s'écouler deux mille neuf cent trente-six ans avant que le globe terrestre ait pu prendre toute sa consistance, et que sa masse entière se soit consolidée jusqu'au centre. Comparons les effets de cette consolidation du globe de la terre en fusion à ce que nous voyons arriver à une masse de métal ou de verre fondu, lorsqu'elle commence à se refroidir : il se forme à la surface de ces masses des trous, des ondes, des aspérités; et au-dessous de la surface il se fait des vides, des cavités, des boursouflures, lesquelles peuvent nous représenter ici les premières inégalités qui se sont trouvées sur la surface de la terre et les cavités de son intérieur; nous aurons dès lors une idée du grand nombre de montagnes, de vallées, de cavernes et d'anfractuosités qui se sont formées dès ce premier temps[1] dans les couches extérieures de la terre. Notre comparaison est d'autant plus exacte que les montagnes les plus élevées, que je suppose de trois mille ou trois mille cinq cents toises de hauteur, ne sont, par rapport au diamètre

---

1. Les montagnes ne se sont pas toutes formées *dès ce premier temps*. Il y a des montagnes de tous les *âges*. (Voyez les beaux travaux de M. Élie de Beaumont.) (F.)

de la terre, que ce qu'un huitième de ligne est par rapport au diamètre d'un globe de deux pieds. Ainsi ces chaînes de montagnes qui nous paraissent si prodigieuses, tant par le volume que par la hauteur, ces vallées de la mer, qui semblent être des abîmes de profondeur, ne sont dans la réalité que de légères inégalités proportionnées à la grosseur du globe, et qui ne pouvaient manquer de se former lorsqu'il prenait sa consistance : ce sont des effets naturels produits par une cause tout aussi naturelle et fort simple, c'est-à-dire par l'action du refroidissement sur les matières en fusion, lorsqu'elles se consolident à la surface.

C'est alors que se sont formés les éléments par le refroidissement et pendant ses progrès. Car à cette époque, et même longtemps après, tant que la chaleur excessive a duré, il s'est fait une séparation et même une projection de toutes les parties volatiles, telles que l'eau, l'air et les autres substances que la grande chaleur chasse au dehors et qui ne peuvent exister que dans une région plus tempérée que ne l'était alors la surface de la terre. Toutes ces matières volatiles s'étendaient donc autour du globe en forme d'atmosphère à une grande distance où la chaleur était moins forte, tandis que les matières fixes, fondues et vitrifiées, s'étant consolidées, formèrent la roche intérieure du globe et le noyau des grandes montagnes, dont les sommets, les masses intérieures et les bases, sont en effet composés de matières vitrescibles[1]. Ainsi le premier établissement local des grandes chaînes de montagnes

---

1. Voyez la note de la page 60. — « L'opinion de Buffon, qui fait dé-
« pendre la formation des marbres, des roches calcaires, des grès, etc., etc.,
« de l'apparition des animaux marins, est inconciliable avec ce que nous
« savons aujourd'hui... Quant à la chaux que fournissent les coquilles, les
« os, le test des œufs des oiseaux, elle n'a point été créée de toutes pièces
« par les animaux; elle existait en quantité surabondante dans leurs ali-

appartient à cette seconde époque, qui a précédé de plusieurs siècles celle de la formation des montagnes calcaires, lesquelles n'ont existé qu'après l'établissement des eaux, puisque leur composition suppose la production des coquillages et des autres substances que la mer fomente et nourrit. Tant que la surface du globe n'a pas été refroidie au point de permettre à l'eau d'y séjourner sans s'exhaler en vapeurs, toutes nos mers étaient dans l'atmosphère : elles n'ont pu tomber et s'établir sur la terre qu'au moment où sa surface s'est trouvée assez attiédie pour ne plus rejeter l'eau par une trop forte ébullition ; et ce temps de l'établissement des eaux sur la surface du globe n'a précédé que de peu de siècles le moment où l'on aurait pu toucher cette surface sans se brûler ; de sorte qu'en comptant soixante-quinze mille ans depuis la formation de la terre, et la moitié de ce temps pour son refroidissement au point de pouvoir la toucher, il s'est peut-être passé vingt-cinq mille des premières années avant que l'eau, toujours rejetée dans l'atmosphère, ait pu s'établir à demeure sur la surface du globe ; car, quoiqu'il y ait une assez grande différence entre le degré auquel l'eau chaude cesse de nous offenser et celui où elle entre en ébullition, et qu'il y ait encore une distance considérable entre ce premier degré d'ébullition et celui où elle se disperse subitement en vapeurs, on peut néanmoins assurer que cette différence de temps ne peut pas être plus grande que je l'admets ici.

Ainsi dans ces premières vingt-cinq mille années, le globe terrestre, d'abord lumineux et chaud comme le

« ments : leur activité organique l'a seulement sécrétée et disposée sous la
« forme que nous lui voyons. C'est un problème qui a été parfaitement résolu
« par les expériences que M. Vauquelin a faites à ma prière. » (Cuvier.)

soleil, n'a perdu que peu à peu sa lumière et son feu : son état d'incandescence a duré pendant deux mille neuf cent trente-six ans, puisqu'il a fallu ce temps pour qu'il ait été consolidé jusqu'au centre; ensuite les matières fixes dont il est composé sont devenues encore plus fixes en se resserrant de plus en plus par le refroidissement; elles ont pris peu à peu leur nature et leur consistance telle que nous la reconnaissons aujourd'hui dans la roche du globe et dans les hautes montagnes, qui ne sont en effet composées, dans leur intérieur et jusqu'à leur sommet, que de matières de la même nature : ainsi leur origine date de cette même époque.

C'est aussi dans les premiers trente-sept mille ans que se sont formés par la sublimation toutes les grandes veines et les gros filons de mines où se trouvent les métaux; les substances métalliques ont été séparées des autres matières vitrescibles par la chaleur longue et constante qui les a sublimées et poussées de l'intérieur de la masse du globe dans toutes les éminences de sa surface, où le resserrement des matières, causé par un plus prompt refroidissement, laissait des fentes et des cavités qui ont été incrustées et quelquefois remplies par ces substances métalliques que nous y trouvons aujourd'hui; car il faut, à l'égard de l'origine des mines, faire la même distinction que nous avons indiquée pour l'origine des matières vitrescibles et des matières calcaires, dont les premières ont été produites par l'action du feu, et les autres par l'intermède de l'eau. Dans les mines métalliques, les principaux filons ou, si l'on veut, les masses primordiales, ont été produites par la fusion et par la sublimation, c'est-à-dire par l'action du feu; et les autres mines, qu'on doit regarder comme des filons secondaires et parasites, n'ont été produites que postérieurement par le moyen de l'eau. Ces filons principaux, qui semblent présenter les troncs des arbres métalliques, ayant tous été formés, soit par la fusion dans le temps du feu primitif, soit par la sublimation dans les temps subséquents, ils se sont trouvés et se trouvent encore aujourd'hui dans les fentes perpendiculaires des hautes montagnes, tandis que c'est au pied de ces mêmes montagnes que gisent les petits filons, que l'on prendrait d'abord pour les rameaux de ces arbres métalliques, mais dont l'origine est néanmoins bien différente ; car ces mines secondaires n'ont pas été formées par le feu, elles ont été produites par l'action successive de l'eau, qui, dans des temps postérieurs aux premiers, a détaché de ces anciens filons des particules minérales qu'elle a charriées et déposées sous différentes formes, et toujours au-dessous des filons primitifs.

Ainsi la production de ces mines secondaires étant bien plus récente que celle des mines primordiales, et supposant le concours et l'intermède de l'eau, leur formation doit, comme celle des matières calcaires, se rapporter à des époques subséquentes, c'est-à-dire au temps où, la chaleur brûlante s'étant attiédie, la température de la surface de la terre a permis aux eaux de s'établir, et ensuite au temps où ces mêmes eaux ayant laissé nos continents à découvert, les vapeurs ont commencé à se condenser contre les montagnes pour y produire des sources d'eau courante. Mais, avant ce second et ce troisième temps, il y a eu d'autres grands effets que nous devons indiquer.

Représentons-nous, s'il est possible, l'aspect qu'offrait la terre à cette seconde époque, c'est-à-dire immédiatement après que sa surface eut pris de la consistance, et avant que la grande chaleur permît à l'eau d'y séjourner ni même de tomber de l'atmosphère ; les plaines, les montagnes, ainsi que l'intérieur du globe, étaient également et uniquement composées de matières fondues par le feu, toutes vitrifiées, toutes de la même nature. Qu'on se figure pour un instant la surface actuelle du globe dépouillée de toutes ses mers, de toutes ses collines calcaires, ainsi que de toutes ses couches horizontales de pierre, de craie, de tuf, de terre végétale, d'argile, en un mot de toutes les matières liquides ou solides qui ont été formées ou déposées par les eaux : quelle serait cette surface après l'enlèvement de ces immenses déblais ? il ne resterait que le squelette de la terre, c'est-à-dire la roche vitrescible qui en constitue la masse intérieure ; il resterait les fentes perpendiculaires produites dans le temps de la consolidation, augmentées, élargies par le refroidissement ; il resterait les métaux et les minéraux fixes qui, séparés de la roche vitrescible par l'action du feu, ont rempli par fusion ou par sublimation les fentes perpendiculaires de ces prolongements de la roche intérieure du globe ; et enfin il resterait les trous, les anfractuosités et toutes les cavités intérieures de cette roche qui en est la base, et qui sert de soutien à toutes les matières terrestres amenées ensuite par les eaux.

Et comme ces fentes occasionnées par le refroidissement coupent et tranchent le plan vertical des montagnes, non-seulement de haut en bas, mais de devant en arrière, ou d'un côté à l'autre, et que dans chaque montagne elles ont suivi la direction générale de sa première forme, il en est résulté que les mines, surtout celles des métaux précieux, doivent se chercher à la boussole, en suivant toujours la direction qu'indique la découverte du premier filon ; car, dans chaque montagne, les fentes perpendiculaires qui la traversent sont à peu près parallèles : néanmoins il n'en faut pas conclure, comme l'ont fait quelques minéralogistes, qu'on doive toujours chercher les métaux dans la même direction, par exemple, sur la ligne de onze heures ou sur celle de midi ; car souvent une mine de midi ou de onze heures se trouve coupée par un filon de huit ou neuf heures, etc., qui étend des rameaux sous différentes directions ; et d'ailleurs on voit que, suivant la forme différente de chaque montagne, les fentes perpendiculaires la traversent à la vérité parallèlement entre elles, mais que leur direction, quoique commune dans le même lieu, n'a rien de commun avec la direction des fentes perpendiculaires d'une autre montagne, à moins que cette seconde montagne ne soit parallèle à la première.

Les métaux et la plupart des minéraux métalliques sont donc l'ouvrage du feu, puisqu'on ne les trouve que dans les fentes de la roche vitrescible, et que dans ces mines primordiales l'on ne voit jamais ni coquilles ni aucun autre débris de la mer mélangés avec elles : les mines secondaires, qui se trouvent au contraire, et en petite quantité, dans les pierres calcaires, dans les schistes, dans les argiles, ont été formées postérieurement aux dépens des premières, et par l'intermède de l'eau. Les paillettes d'or et d'argent, que quelques rivières charrient, viennent certainement de ces premiers filons métalliques renfermés dans les montagnes supérieures ; des particules métalliques encore plus petites et plus ténues peuvent, en se rassemblant, former de nouvelles petites mines des mêmes métaux ; mais ces mines parasites qui prennent mille formes différentes appartiennent, comme je l'ai dit, à des temps bien modernes en comparaison de celui de la formation des premiers filons qui ont été produits par l'action du feu primitif. L'or et l'argent, qui peuvent demeurer très-longtemps en fusion sans être sensiblement altérés, se présentent souvent sous leur forme native : tous les autres métaux ne se présentent communément que sous une forme minéralisée, parce qu'ils ont été formés plus tard, par la combinaison de l'air et de l'eau qui sont entrés dans leur composition. Au reste, tous les métaux sont susceptibles d'être volatilisés par le feu à différents degrés de chaleur, en sorte qu'ils se sont sublimés successivement pendant le progrès du refroidissement.

On peut penser que s'il se trouve moins de mines d'or et d'argent dans les terres septentrionales que dans les contrées du Midi, c'est que communément il n'y a dans les terres du Nord que de petites montagnes en comparaison de celles des pays méridionaux: la matière primitive, c'est-à-dire la roche vitreuse, dans laquelle seule se sont formés l'or et l'argent, est bien plus abondante, bien plus élevée, bien plus découverte dans les contrées du Midi. Ces métaux précieux paraissent être le produit immédiat du feu : les gangues et les autres matières qui les accompagnent dans leur mine sont elles-mêmes des matières vitrescibles; et comme les veines de ces métaux se sont formées, soit par la fusion, soit par la sublimation, dans les premiers temps du refroidissement, ils se trouvent en plus grande quantité dans les hautes montagnes du Midi. Les métaux moins parfaits, tels que le fer et le cuivre, qui sont moins fixes au feu, parce qu'ils contiennent des matières que le feu peut volatiliser plus aisément, se sont formés dans des temps postérieurs; aussi les trouve-t-on en bien plus grande quantité dans les pays du Nord que dans ceux du Midi. Il semble même que la nature ait assigné aux différents climats du globe les différents métaux, l'or et l'argent, aux régions les plus chaudes; le fer et le cuivre, aux pays les plus froids, et le plomb et l'étain, aux contrées tempérées. Il semble de même qu'elle ait établi l'or et l'argent dans les plus hautes montagnes; le fer et le cuivre, dans les montagnes médiocres, et le plomb et l'étain, dans les plus basses. Il paraît encore que, quoique ces mines primordiales des différents métaux se trouvent toutes dans la roche vitrescible, celles d'or et d'argent sont quelquefois mélangées d'autres métaux; que le fer et le cuivre sont souvent accompagnés de matières qui supposent l'intermède de l'eau, ce qui semble prouver qu'ils n'ont pas été produits en même temps; et à l'égard de l'étain, du plomb et du mercure, il y a des différences qui semblent indiquer qu'ils ont été produits dans des temps très-différents. Le plomb est le plus vitrescible de tous les métaux, et l'étain l'est le moins : le mercure est le plus volatil de tous, et cependant il ne diffère de l'or, qui est le plus fixe de tous, que par le degré de feu que leur sublimation exige; car l'or ainsi que tous les autres métaux peuvent également être volatilisés par une plus ou moins grande chaleur. Ainsi tous les métaux ont été sublimés et volatilisés successivement, pendant le progrès du refroidissement. Et comme il ne faut qu'une très-légère chaleur pour volatiliser le mercure, et qu'une chaleur médiocre suffit pour fondre l'étain et le plomb, ces deux métaux sont demeurés liquides et coulants bien plus longtemps que les quatre premiers; et le mercure l'est encore, parce que la chaleur actuelle de la terre est plus que suffisante pour le tenir en fusion : il ne deviendra solide que quand le globe sera refroidi d'un cinquième de plus qu'il ne l'est aujourd'hui, puisqu'il faut 197 degrés au-dessous de la température actuelle de la terre, pour que ce métal fluide se consolide, ce qui fait à peu près la cinquième partie des 1000 degrés au-dessous de la congélation.

Le plomb, l'étain et le mercure ont donc coulé successivement, par leur fluidité, dans les parties les plus basses de la roche du globe, et ils ont été, comme tous les autres métaux, sublimés dans les fentes des montagnes élevées. Les matières ferrugineuses qui pouvaient supporter une très-violente chaleur, sans se fondre assez pour couler, ont formé dans les pays du Nord des amas métalliques si considérables qu'il s'y trouve des montagnes entières de fer, c'est-à-dire d'une pierre vitrescible ferrugineuse, qui rend souvent soixante-dix livres de fer par quintal : ce sont là les mines de fer primitives; elles occupent de très-vastes espaces dans les contrées de notre Nord; et leur substance n'étant que du fer produit par l'action du feu, ces mines sont demeurées susceptibles de l'attraction magnétique, comme le sont toutes les matières ferrugineuses qui ont subi le feu.

L'aimant est de cette même nature; ce n'est qu'une pierre ferrugineuse, dont il se trouve de grandes masses et même des montagnes dans quelques contrées, et particulièrement dans celles de notre Nord : c'est par cette raison que l'aiguille aimantée se dirige toujours vers ces contrées, où toutes les mines de fer sont magnétiques. Le magnétisme est un effet constant de l'électricité constante, produite par la chaleur intérieure et par la rotation du globe; mais, s'il dépendait uniquement de cette cause générale, l'aiguille aimantée pointerait toujours et partout directement au pôle : or les différentes déclinaisons suivant les différents pays, quoique sous le même parallèle, démontrent que le magnétisme particulier des montagnes de fer et d'aimant influe considérablement sur la direction de l'aiguille, puisqu'elle s'écarte plus ou moins à droite ou à gauche du pôle, selon le lieu où elle se trouve, et selon la distance plus ou moins grande de ces montagnes de fer.

Mais revenons à notre objet principal, à la topographie du globe antérieure à la chute des eaux : nous n'avons que quelques indices encore subsistants de la première forme de sa surface ; les plus hautes montagnes, composées de matières vitrescibles, sont les seuls témoins de cet ancien état ; elles étaient alors encore plus élevées qu'elles ne le sont aujourd'hui ; car, depuis ce temps et après l'établissement des eaux, les mouvements de la mer, et ensuite les pluies, les vents, les gelées, les courants d'eau, la chute des torrents, enfin toutes les injures des éléments de l'air et de l'eau, et les secousses des mouvements souterrains, n'ont pas cessé de les dégrader, de les trancher et même d'en renverser les parties les moins solides, et nous ne pouvons douter que les vallées qui sont au pied de ces montagnes ne fussent bien plus profondes qu'elles ne le sont aujourd'hui.

Tâchons de donner un aperçu plutôt qu'une énumération de ces éminences primitives du globe. 1° La chaîne des Cordillères ou des montagnes de l'Amérique, qui s'étend depuis la pointe de la terre de Feu jusqu'au nord du nouveau Mexique, et aboutit enfin à des régions septentrionales que l'on n'a pas encore reconnues. On peut regarder cette chaîne de montagnes comme continue dans une longueur de plus de 120 degrés, c'est-à-dire de trois mille lieues ; car le détroit de Magellan n'est qu'une coupure accidentelle et postérieure à l'établissement local de cette chaîne, dont les plus hauts sommets sont dans la contrée du Pérou, et se rabaissent à peu près également vers le Nord et vers le Midi; c'est donc sous l'équateur même que se trouvent les parties les plus élevées de cette chaîne primitive des plus hautes montagnes du monde; et nous observerons, comme chose remarquable, que de ce point de l'équateur elles vont en se rabaissant à peu près également vers le Nord et vers le Midi, et aussi qu'elles arrivent à peu près à la même distance, c'est-à-dire à quinze cents lieues de chaque côté de l'équateur; en sorte qu'il ne reste à chaque extrémité de cette chaîne de montagnes qu'environ 30 degrés, c'est-à-dire sept cent cinquante lieues de mer ou de terre inconnue vers le pôle austral, et un égal espace dont on a reconnu quelques côtes vers le pôle boréal. Cette chaîne n'est pas précisément sous le même méridien, et ne forme pas une ligne droite; elle se courbe d'abord vers l'Est, depuis Baldivia jusqu'à Lima, et sa plus grande déviation se trouve sous le tropique du Capricorne; ensuite elle avance vers l'Ouest, retourne à l'Est, auprès de Popayan, et de là se courbe fortement vers l'Ouest, depuis Panama jusqu'à Mexico; après quoi elle retourne vers l'Est, depuis Mexico jusqu'à son extrémité, qui est à 30 degrés du pôle, et qui aboutit à peu près aux îles découvertes par de Fonté. En considérant la situation de cette longue suite de montagnes, on doit observer encore, comme chose très-remarquable, qu'elles sont toutes bien plus voisines des mers de l'Occident que de celles de l'Orient. 2° Les montagnes d'Afrique, dont la chaîne principale, appelée par quelques auteurs l'*Épine du monde*, est aussi fort élevée, et s'étend du sud au nord, comme celle des Cordillères en Amérique : cette chaîne, qui forme en effet l'épine du dos de l'Afrique, commence au cap de Bonne-Espérance, et court presque sous le même méridien jusqu'à la mer Méditerranée, vis-à-vis de la pointe de la Morée. Nous observerons encore, comme chose très-remarquable, que le milieu de cette grande chaîne de montagnes, longue d'environ quinze cents lieues, se trouve précisément sous l'équateur, comme le point milieu des Cordillères ; en sorte qu'on ne peut guère douter que les parties les plus élevées des grandes chaînes de montagnes en Afrique et en Amérique ne se trouvent également sous l'équateur.

Dans ces deux parties du monde, dont l'équateur traverse assez exactement les continents, les principales montagnes sont donc dirigées du Sud au Nord ; mais elles jettent des branches très-considérables vers l'Orient et vers l'Occident. L'Afrique est traversée de l'Est à l'Ouest par une longue suite de montagnes, depuis le cap Gardafui jusqu'aux îles du cap Vert : le mont Atlas la coupe aussi d'Orient en Occident. En Amérique, un premier rameau des Cordillères traverse les terres Magellaniques de l'Est à l'Ouest ; un autre s'étend à peu près dans la même direction au Paraguay et dans toute la largeur du Brésil ; quelques autres branches s'étendent depuis Popayan dans la terre ferme, et jusque dans la Guiane : enfin si nous suivons toujours cette grande chaîne de montagnes, il nous paraîtra que la péninsule de Yucatan, les îles de Cuba, de la Jamaïque, de Saint-Domingue, Porto-Rico et toutes les Antilles, n'en sont qu'une branche qui s'étend du Sud au Nord, depuis Cuba et la pointe de la Floride, jusqu'aux lacs du Canada, et de là court de l'Est à l'Ouest pour rejoindre l'extrémité des Cordillères, au delà des lacs Sioux. 3° Dans le grand continent de l'Europe et de l'Asie, qui non-seulement n'est pas, comme ceux de l'Amérique et de l'Afrique, traversé par l'équateur, mais en est même fort éloigné ; les chaînes des principales montagnes, au lieu d'être dirigées du Sud au Nord, le sont d'Occident en Orient : la plus longue de ces chaînes commence au fond de l'Espagne, gagne les Pyrénées, s'étend en France par l'Auvergne et le Vivarais, passe ensuite par les Alpes, en Allemagne, en Grèce, en Crimée, et atteint le Caucase, le Taurus, l'Imaüs, qui environnent la Perse, Cachemire et le Mogol au Nord, jusqu'au Thibet, d'où elle s'étend dans la Tartarie chinoise, et arrive vis-à-vis la terre d'Yeço. Les principales branches que jette cette chaîne principale sont dirigées du Nord au Sud en Arabie, jusqu'au détroit de la mer Rouge ; dans l'Indostan, jusqu'au cap Comorin ; du Thibet, jusqu'à la pointe de Malaca : ces branches ne laissent pas de former des suites de montagnes particulières dont les sommets sont fort élevés. D'autre côté, cette chaîne principale jette du Sud au Nord quelques rameaux, qui s'étendent depuis les Alpes du Tyrol jusqu'en Pologne ; ensuite depuis le mont Caucase jusqu'en Moscovie, et depuis Cachemire jusqu'en Sibérie ; et ces rameaux, qui sont du Sud au Nord de la chaîne principale, ne présentent pas des montagnes aussi élevées que celles des branches de cette même chaîne qui s'étendent du Nord au Sud.

Voilà donc à peu près la topographie de la surface de la terre, dans le temps de notre seconde Époque, immédiatement après la consolidation de la matière. Les hautes montagnes que nous venons de désigner sont les éminences primitives, c'est-à-dire les aspérités produites à la surface du globe au moment qu'il a pris sa consistance ; elles doivent leur origine à l'effet du feu, et sont aussi par cette raison composées, dans leur intérieur et jusqu'à leurs sommets, de matières vitrescibles : toutes tiennent par leur base à la roche intérieure du globe, qui est de même nature. Plusieurs autres éminences moins élevées ont traversé dans ce même temps et presque en tous sens la surface de la terre, et l'on peut assurer que, dans tous les lieux où l'on trouve des montagnes de roc vif ou de toute autre matière solide et vitrescible, leur origine et leur établissement local ne peuvent être attribués qu'à l'action du feu et aux effets de la consolidation, qui ne se fait jamais sans laisser des inégalités sur la superficie de toute masse de matière fondue.

En même temps que ces causes ont produit des éminences et des profondeurs à la surface de la terre, elles ont aussi formé des boursouflures et des cavités à l'intérieur, surtout dans les couches les plus extérieures : ainsi le globe, dès le temps de cette seconde époque, lorsqu'il eut pris sa consistance et avant que les eaux n'y fussent établies, présentait une surface hérissée de montagnes et sillonnée de vallées; mais toutes les causes subséquentes et postérieures à cette époque ont concouru à combler toutes les profondeurs extérieures et même les cavités intérieures; ces causes subséquentes ont aussi altéré presque partout la forme de ces inégalités primitives; celles qui ne s'élevaient qu'à une hauteur médiocre ont été pour la plupart recouvertes dans la suite par les sédiments des eaux, et toutes ont été environnées à leurs bases, jusqu'à de grandes hauteurs, de ces mêmes sédiments; c'est par cette raison que nous n'avons d'autres témoins apparents de la première forme de la surface de la terre que les montagnes composées de matière vitrescible, dont nous venons de faire l'énumération; cependant ces témoins sont sûrs et suffisants; car, comme les plus hauts sommets de ces premières montagnes n'ont peut-être jamais été surmontés par les eaux, ou du moins qu'ils ne l'ont été que pendant un petit temps, attendu qu'on n'y trouve aucun débris des productions marines, et qu'ils ne sont composés que de matières vitrescibles ; on ne peut pas douter qu'ils ne doivent leur origine au feu, et que ces éminences, ainsi que la roche intérieure du globe, ne fassent ensemble un corps continu de même nature, c'est-à-dire de matière vitrescible, dont la formation a précédé celle de toutes les autres matières.

En tranchant le globe par l'équateur et comparant les deux hémisphères, on voit que celui de nos continents contient à proportion beaucoup plus de terre que l'autre, car l'Asie seule est plus grande que les parties de l'Amérique, de l'Afrique, de la Nouvelle-Hollande, et de tout ce qu'on a découvert de terre au delà. Il y avait donc moins d'éminences et d'aspérités sur l'hémisphère austral que sur le boréal, dès le temps même de la consolidation de la terre ; et si l'on considère pour un instant ce gisement général des terres et des mers, on reconnaîtra que tous les continents vont en se rétrécissant du côté du Midi, et qu'au contraire toutes les mers vont en s'élargissant vers ce même côté du Midi. La pointe étroite de l'Amérique méridionale, celle de Californie, celle du Groënland, la pointe de l'Afrique, celles des deux presqu'îles de l'Inde, et enfin celle de la Nouvelle-Hollande, démontrent évidemment ce rétrécissement des terres et cet élargissement des mers vers les régions australes. Cela semble indiquer que la surface du globe a eu originairement de plus profondes vallées dans l'hémisphère austral, et des éminences en plus grand nombre dans l'hémisphère boréal. Nous tirerons bientôt quelques inductions de cette disposition générale des continents et des mers.

La terre, avant d'avoir reçu les eaux, était donc irrégulièrement hérissée d'aspérités, de profondeurs et d'inégalités semblables à celles que nous voyons sur un bloc de métal ou de verre fondu ; elle avait de même des boursouflures et des cavités intérieures, dont l'origine, comme celle des inégalités extérieures, ne doit être attribuée qu'aux effets de la consolidation. Les plus grandes éminences, profondeurs extérieures et cavités intérieures, se sont trouvées dès lors et se trouvent encore aujourd'hui sous l'équateur entre les deux tropiques, parce que cette zone de la surface du globe est la dernière qui s'est consolidée, et que c'est dans cette zone où le mouvement de rotation étant le plus rapide, il aura produit les plus grands effets ; la matière en fusion s'y étant élevée plus que partout ailleurs, et s'étant refroidie la dernière, il a dû s'y former plus d'inégalités que dans toutes les autres parties du globe où le mouvement de rotation était plus lent et le refroidissement plus prompt. Aussi trouve-t-on sous cette zone les plus hautes montagnes, les mers les plus entrecoupées, semées d'un nombre infini d'îles, à la vue desquelles on ne peut douter que dès son origine cette partie de la terre ne fût la plus irrégulière et la moins solide de toutes.

Et, quoique la matière en fusion ait dû arriver également des deux pôles pour renfler l'équateur, il paraît, en comparant les deux hémisphères, que notre pôle en a un peu moins fourni que l'autre, puisqu'il y a beaucoup plus de terres et moins de mers depuis le tropique du Cancer au pôle boréal, et qu'au contraire il y a beaucoup plus de mers et moins de terres depuis celui du Capricorne à l'autre pôle. Les plus profondes vallées se sont donc formées dans les zones froides et tempérées de l'hémisphère austral, et les terres les plus solides et les plus élevées se sont trouvées dans celles de l'hémisphère septentrional.

Le globe était alors, comme il l'est encore aujourd'hui, renflé sur l'équateur d'une épaisseur de près de six lieues un quart ; mais les couches superficielles de cette épaisseur y étaient à l'intérieur semées de cavités, et coupées à l'extérieur d'éminences et de profondeurs plus grandes que partout ailleurs : le reste du globe était sillonné et traversé en différents sens par des aspérités toujours moins élevées à mesure qu'elles approchaient des pôles ; toutes n'étaient composées que de la même matière fondue, dont est aussi composée la roche intérieure du globe ; toutes doivent leur origine à l'action du feu primitif et à la vitrification générale [1]. Ainsi la surface de la terre, avant l'arrivée des eaux, ne présentait que ces premières aspérités qui forment encore aujourd'hui les noyaux de nos plus hautes montagnes ; celles qui étaient moins élevées ayant été dans la suite recouvertes par les sédiments des eaux et par les débris des productions de la mer, elles ne nous sont pas aussi évidemment connues que les premières : on trouve souvent des bancs calcaires au-dessus des rochers de granites, de roc vif et des autres masses de matières vitrescibles, mais l'on ne voit pas des masses de roc vif au-dessus des bancs calcaires. Nous pouvons donc assurer, sans crainte de nous tromper, que la roche du globe est continue avec toutes les éminences hautes et basses qui se trouvent être de la même nature, c'est-à-dire de matières vitrescibles : ces éminences font masse avec le solide du globe ; elles n'en sont que de très-petits

---

1. Buffon suppose ici toutes les montagnes contemporaines les unes des autres, et toutes contemporaines de la *vitrification générale* du globe : c'est une erreur ; il y a des *montagnes* de tous les *âges*. (**F.**)

prolongements, dont les moins élevés ont ensuite été recouverts par les scories de verre, les sables, les argiles, et tous les débris des productions de la mer, amenés et déposés par les eaux dans les temps subséquents, qui font l'objet de notre troisième époque.

TROISIÈME ÉPOQUE.

LORSQUE LES EAUX ONT COUVERT NOS CONTINENTS.

A la date de trente ou trente-cinq mille ans de la formation des planètes, la terre se trouvait assez attiédie pour recevoir les eaux sans les rejeter en vapeurs. Le chaos de l'atmosphère avait commencé de se débrouiller : non-seulement les eaux, mais toutes les matières volatiles que la trop grande chaleur y tenait reléguées et suspendues tombèrent successivement ; elles remplirent toutes les profondeurs, couvrirent toutes les plaines, tous les intervalles qui se trouvaient entre les éminences de la surface du globe, et même elles surmontèrent toutes celles qui n'étaient pas excessivement élevées. On a des preuves évidentes que les mers ont couvert le continent de l'Europe jusqu'à quinze cents toises au-dessus du niveau de la mer actuelle, puisqu'on trouve des coquilles et d'autres productions marines dans les Alpes et dans les Pyrénées jusqu'à cette même hauteur. On a les mêmes preuves pour les continents de l'Asie et de l'Afrique ; et même dans celui de l'Amérique, où les montagnes sont plus élevées qu'en

Europe, on a trouvé des coquilles marines à plus de deux mille toises de hauteur au-dessus du niveau de la mer du Sud. Il est donc certain que dans ces premiers temps le diamètre du globe avait deux lieues de plus, puisqu'il était enveloppé d'eau jusqu'à deux mille toises de hauteur. La surface de la terre en général était donc beaucoup plus élevée qu'elle ne l'est aujourd'hui ; et pendant une longue suite de temps les mers l'ont recouverte en entier, à l'exception peut-être de quelques terres très-élevées et des sommets des hautes montagnes, qui seuls surmontaient cette mer universelle, dont l'élévation était au moins à cette hauteur où l'on cesse de trouver des coquilles ; d'où l'on doit inférer que les animaux auxquels ces dépouilles ont appartenu peuvent être regardés comme les premiers habitants du globe, et cette population était innombrable, à en juger par l'immense quantité de leurs dépouilles et de leurs détriments, puisque c'est de ces mêmes dépouilles et de leurs détriments qu'ont été formées toutes les couches des pierres calcaires, des marbres, des craies et des tufs qui composent nos collines et qui s'étendent sur de grandes contrées dans toutes les parties de la terre.

Or, dans les commencements de ce séjour des eaux sur la surface du globe, n'avaient-elles pas un degré de chaleur que nos poissons et nos coquillages actuellement existants n'auraient pu supporter ? et ne devons-nous pas présumer que les premières productions d'une mer encore bouillante[1] étaient différentes de celles qu'elle nous offre

---

1. *Mer bouillante.* Ni *coquillages* ni *poissons*, de *quelque nature* que Buffon les suppose, n'auraient pu vivre dans une *mer bouillante :* ils n'y auraient pas trouvé l'*air* nécessaire à toute *respiration*, car ce n'est pas l'*eau* que les *poissons* et les *coquillages* respirent ; ils ne respirent que l'*air* contenu dans l'*eau*. (F.)

aujourd'hui ? Cette grande chaleur ne pouvait convenir qu'à d'autres natures de coquillages et de poissons ; et par conséquent c'est aux premiers temps de cette époque, c'est-à-dire depuis trente jusqu'à quarante mille ans de la formation de la terre, que l'on doit rapporter l'existence des espèces perdues[1] dont on ne trouve nulle part les analogues vivants. Ces premières espèces, maintenant anéanties, ont subsisté pendant les dix ou quinze mille ans qui ont suivi le temps auquel les eaux venaient de s'établir.

Et l'on ne doit point être étonné de ce que j'avance ici qu'il y a eu des poissons et d'autres animaux aquatiques capables de supporter un degré de chaleur beaucoup plus grand que celui de la température actuelle de nos mers méridionales, puisque encore aujourd'hui nous connaissons des espèces de poissons et de plantes qui vivent et végètent dans des eaux presque bouillantes, ou du moins chaudes jusqu'à 50 et 60 degrés du thermomètre.

Mais, pour ne pas perdre le fil des grands et nombreux phénomènes que nous avons à exposer, reprenons ces temps antérieurs, où les eaux, jusqu'alors réduites en vapeurs, se sont condensées et ont commencé de tomber sur la terre brûlante, aride, desséchée, crevassée par le feu : tâchons de nous représenter les prodigieux effets qui ont accompagné et suivi cette chute précipitée des matières volatiles, toutes séparées, combinées, sublimées dans le temps de la consolidation et pendant le progrès du premier refroidissement. La séparation de l'élément de

---

1. *Espèces perdues.* Je recueille avec soin (je l'ai déjà dit) toutes les traces, semées dans Buffon, de cette idée des *espèces perdues*, idée que son siècle n'a pas comprise, qui a fait la fortune du nôtre, et qu'avant Buffon nul homme encore n'avait eue. (F.)

l'air et de l'élément de l'eau, le choc des vents et des flots qui tombaient en tourbillons sur une terre fumante; la dépuration de l'atmosphère, qu'auparavant les rayons du soleil ne pouvaient pénétrer; cette même atmosphère obscurcie de nouveau par les nuages d'une épaisse fumée; la cohobation mille fois répétée et le bouillonnement continuel des eaux tombées et rejetées alternativement; enfin la lessive de l'air par l'abandon des matières volatiles précédemment sublimées, qui toutes s'en séparèrent et descendirent avec plus ou moins de précipitation : quels mouvements, quelles tempêtes ont dû précéder, accompagner et suivre l'établissement local de chacun de ces éléments! Et ne devons-nous pas rapporter à ces premiers moments de choc et d'agitation les bouleversements, les premières dégradations, les irruptions et les changements qui ont donné une seconde forme à la plus grande partie de la surface de la terre? Il est aisé de sentir que les eaux qui la couvraient alors presque tout entière, étant continuellement agitées par la rapidité de leur chute, par l'action de la lune sur l'atmosphère et sur les eaux déjà tombées, par la violence des vents, etc., auront obéi à toutes ces impulsions, et que dans leurs mouvements elles auront commencé par sillonner plus à fond les vallées de la terre, par renverser les éminences les moins solides, rabaisser les crêtes des montagnes, percer leurs chaînes dans les points les plus faibles; et qu'après leur établissement, ces mêmes eaux se seront ouvert des routes souterraines, qu'elles ont miné les voûtes des cavernes, les ont fait écrouler, et que par conséquent ces mêmes eaux se sont abaissées successivement pour remplir les nouvelles profondeurs qu'elles venaient de former : les cavernes étaient l'ouvrage du feu; l'eau dès son arrivée a commencé par les attaquer; elle les a détruites, et continue de les détruire encore; nous devons donc attribuer l'abaissement des eaux à l'affaissement des cavernes, comme à la seule cause qui nous soit démontrée par les faits.

Voilà les premiers effets produits par la masse, par le poids et par le volume de l'eau; mais elle en a produit d'autres par sa seule qualité : elle a saisi toutes les matières qu'elle pouvait délayer et dissoudre; elle s'est combinée avec l'air, la terre et le feu pour former les acides, les sels, etc., elle a converti les scories et les poudres du verre primitif en argiles; ensuite elle a, par son mouvement, transporté de place en place ces mêmes scories et toutes les matières qui se trouvaient réduites en petits volumes. Il s'est donc fait dans cette seconde période, depuis trente-cinq jusqu'à cinquante mille ans, un si grand changement à la surface du globe que la mer universelle, d'abord très-élevée, s'est successivement abaissée pour remplir les profondeurs occasionnées par l'affaissement des cavernes, dont les voûtes naturelles, sapées ou percées par l'action et l'effet de ce nouvel élément, ne pouvaient plus soutenir le poids cumulé des terres et des eaux dont elles étaient chargées. A mesure qu'il se faisait quelque grand affaissement par la rupture d'une ou de plusieurs cavernes, la surface de la terre se déprimant en ces endroits, l'eau arrivait de toutes parts pour remplir cette nouvelle profondeur, et par conséquent la hauteur générale des mers diminuait d'autant; en sorte qu'étant d'abord à deux mille toises d'élévation, la mer a successivement baissé jusqu'au niveau où nous la voyons aujourd'hui.

On doit présumer que les coquilles et les autres productions marines que l'on trouve à de grandes hauteurs au-dessus du niveau actuel des mers, sont les espèces les plus anciennes de la nature; et il serait important pour l'histoire naturelle de recueillir un assez grand nombre de ces productions de la mer qui se trouvent à cette plus grande hauteur, et de les comparer avec celles qui sont dans les terrains plus bas. Nous sommes assurés que les coquilles dont nos collines sont composées appartiennent en partie à des espèces inconnues, c'est-à-dire à des espèces dont aucune mer fréquentée ne nous offre les analogues vivants. Si jamais on fait un recueil de ces pétrifications prises à la plus grande élévation dans les montagnes, on sera peut-être en état de prononcer sur l'ancienneté plus ou moins grande de ces espèces, relativement aux autres. Tout ce que nous pouvons en dire aujourd'hui, c'est que quelques-uns des monuments qui nous démontrent l'existence de certains animaux terrestres et marins, dont nous ne connaissons pas les analogues vivants, nous montrent en même temps que ces animaux étaient beaucoup plus grands qu'aucune espèce du même genre actuellement subsistante : ces grosses dents molaires à pointes mousses, du poids de onze ou douze livres; ces cornes d'ammon, de sept à huit pieds de diamètre sur un pied d'épaisseur, dont on trouve les moules pétrifiés, sont certainement des êtres gigantesques dans le genre des animaux quadrupèdes et dans celui des coquillages. La nature était alors dans sa première force, et travaillait la matière organique et vivante avec une puissance plus active dans une température plus chaude : cette matière organique était plus divisée, moins combinée avec d'autres matières, et pouvait se réunir et se combiner avec elle-même en plus grandes masses, pour se développer en plus grandes dimensions : cette cause est suffisante pour rendre raison de toutes les productions gigantesques qui paraissent avoir été fréquentes dans ces premiers âges du monde.

En fécondant les mers, la nature répandait aussi les principes de vie sur toutes les terres que l'eau n'avait pu surmonter ou qu'elle avait promptement abandonnées ; et ces terres, comme les mers, ne pouvaient être peuplées que d'animaux et de végétaux capables de supporter une chaleur plus grande que celle qui convient aujourd'hui à la nature vivante. Nous avons des monuments tirés du sein de la terre, et particulièrement du fond des minières de charbon et d'ardoise, qui nous démontrent que quelques-uns des poissons et des végétaux que ces matières contiennent, ne sont pas des espèces actuellement existantes. On peut donc croire que la population de la mer en animaux n'est pas plus ancienne que celle de la terre en végétaux : les monuments et les témoins sont plus nombreux, plus évidents pour la mer ; mais ceux qui déposent pour la terre sont aussi certains, et semblent nous démontrer que ces espèces anciennes dans les animaux marins et dans les végétaux terrestres se sont anéanties, ou plutôt ont cessé de se multiplier dès que la terre et la mer ont perdu la grande chaleur nécessaire à l'effet de leur propagation.

Les coquillages ainsi que les végétaux de ce premier temps s'étant prodigieusement multipliés pendant ce long espace de vingt mille ans, et la durée de leur vie n'étant que de peu d'années, les animaux à coquilles, les polypes des coraux, des madrépores, des astroïtes et tous les petits animaux qui convertissent l'eau de la mer en pierre, ont, à mesure qu'ils périssaient, abandonné leurs dépouilles et leurs ouvrages aux caprices des eaux : elles auront transporté, brisé et déposé ces dépouilles en mille et mille endroits; car c'est dans ce même temps que le mouvement des marées et des vents réglés a commencé de former les couches horizontales de la surface de la terre par les sédiments et le dépôt des eaux; ensuite les courants ont donné à toutes les collines et à toutes les montagnes de médiocre hauteur des directions correspondantes, en sorte que leurs angles saillants sont toujours opposés à des angles rentrants. Nous ne répéterons pas ici ce que nous avons dit à ce sujet dans notre théorie de la terre, et nous nous contenterons d'assurer que cette disposition générale de la surface du globe par angles correspondants, ainsi que sa composition par couches horizontales, ou également et parallèlement inclinées, démontrent évidemment que la structure et la forme de la surface actuelle de la terre ont été disposées par les eaux et produites par leurs sédiments. Il n'y a eu que les crêtes et les pics des plus hautes montagnes qui, peut-être, se sont trouvés hors d'atteinte des eaux, ou n'en ont été surmontés que pendant un petit temps, et sur lesquels par conséquent la mer n'a point laissé d'empreintes : mais ne pouvant les attaquer par leur sommet, elle les a prises par la base; elle a recouvert ou miné les parties inférieures de ces montagnes primitives; elle les a environnées de nouvelles matières, ou bien elle a percé les voûtes qui les soutenaient; souvent elle les a fait pencher : enfin elle a transporté dans leurs cavités intérieures les matières combustibles provenant du détriment des végétaux, ainsi que les matières pyriteuses, bitumineuses et minérales, pures ou mêlées de terres et de sédiments de toute espèce.

La production des argiles paraît avoir précédé celle des

coquillages ; car la première opération de l'eau a été de transformer les scories et les poudres de verre en argiles : aussi les lits d'argiles se sont formés quelque temps avant les bancs de pierres calcaires ; et l'on voit que ces dépôts de matières argileuses ont précédé ceux des matières calcaires, car presque partout les rochers calcaires sont posés sur des glaises qui leur servent de base. Je n'avance rien ici qui ne soit démontré par l'expérience ou confirmé par les observations : tout le monde pourra s'assurer par des procédés aisés à répéter, que le verre et le grès en poudre se convertissent en peu de temps en argile, seulement en séjournant dans l'eau ; et c'est d'après cette connaissance que j'ai dit, dans ma *Théorie de la terre*, que les argiles n'étaient que des sables vitrescibles décomposés et pourris ; j'ajoute ici que c'est probablement à cette décomposition du sable vitrescible dans l'eau qu'on doit attribuer l'origine de l'acide : car le principe acide qui se trouve dans l'argile peut être regardé comme une combinaison de la terre vitrescible avec le feu, l'air et l'eau ; et c'est ce même principe acide qui est la première cause de la ductilité de l'argile et de toutes les autres matières, sans même en excepter les bitumes, les huiles et les graisses, qui ne sont ductiles et ne communiquent de la ductilité aux autres matières que parce qu'elles contiennent des acides.

Après la chute et l'établissement des eaux bouillantes sur la surface du globe, la plus grande partie des scories de verre qui la couvraient en entier ont donc été converties en assez peu de temps en argiles : tous les mouvements de la mer ont contribué à la prompte formation de ces mêmes argiles, en remuant et transportant les scories et les poudres de verre, et les forçant de se présenter à l'action de l'eau dans tous les sens. Et peu de temps après, les argiles, formées par l'intermède et l'impression de l'eau, ont successivement été transportées et déposées au-dessus de la roche primitive du globe, c'est-à-dire au-dessus de la masse solide de matières vitrescibles qui en fait le fond, et qui, par sa ferme consistance et sa dureté, avait résisté à cette même action des eaux.

La décomposition des poudres et des sables vitrescibles, et la production des argiles, se sont faites en d'autant moins de temps que l'eau était plus chaude : cette décomposition a continué de se faire et se fait encore tous les jours, mais plus lentement et en bien moindre quantité; car, quoique les argiles se présentent presque partout comme enveloppant le globe, quoique souvent ces couches d'argiles aient cent et deux cents pieds d'épaisseur, quoique les rochers de pierres calcaires et toutes les collines composées de ces pierres soient ordinairement appuyés sur des couches argileuses, on trouve quelquefois au-dessous de ces mêmes couches des sables vitrescibles qui n'ont pas été convertis, et qui conservent le caractère de leur première origine. Il y a aussi des sables vitrescibles à la superficie de la terre et sur celle du fond des mers, mais la formation de ces sables vitrescibles qui se présentent à l'extérieur est d'un temps bien postérieur à la formation des autres sables de même nature, qui se trouvent à de grandes profondeurs sous les argiles; car ces sables, qui se présentent à la superficie de la terre, ne sont que les détriments des granites, des grès et de la roche vitreuse dont les masses forment les noyaux et les sommets des montagnes, desquelles les pluies, la gelée et les autres agents extérieurs ont détaché et détachent encore tous les jours de petites parties, qui sont ensuite entraînées et déposées par les eaux courantes sur la surface de la terre : on doit donc regarder comme très-récente, en comparaison de l'autre, cette production des sables vitrescibles qui se présentent sur le fond de la mer ou à la superficie de la terre.

Ainsi les argiles et l'acide qu'elles contiennent ont été produits très-peu de temps après l'établissement des eaux et peu de temps avant la naissance des coquillages; car nous trouvons dans ces mêmes argiles une infinité de bélemnites, de pierres lenticulaires, de cornes d'ammon et d'autres échantillons de ces espèces perdues dont on ne retrouve nulle part les analogues vivants. J'ai trouvé moi-même dans une fouille que j'ai fait creuser à cinquante pieds de profondeur, au plus bas d'un petit vallon[1] tout composé d'argile, et dont les collines voisines étaient aussi d'argile jusqu'à quatre-vingts pieds de hauteur; j'ai trouvé, dis-je, des bélemnites qui avaient huit pouces de long sur près d'un pouce de diamètre, et dont quelques-unes étaient attachées à une partie plate et mince comme l'est le têt des crustacés. J'y ai trouvé de même un grand nombre de cornes d'ammon pyriteuses et bronzées, et des milliers de pierres lenticulaires. Ces anciennes dépouilles étaient, comme l'on voit, enfouies dans l'argile à cent trente pieds de profondeur; car, quoiqu'on n'eût creusé qu'à cinquante pieds dans cette argile au milieu du vallon, il est certain que l'épaisseur de cette argile était originairement de cent trente pieds, puisque les couches en sont élevées des deux côtés à quatre-vingts pieds de hauteur au-dessus : cela me fut démontré par la correspondance de ces couches et par celle des bancs de pierres calcaires

1. Ce petit vallon est tout voisin de la ville de Montbard, au midi. (B.)

qui les surmontent de chaque côté du vallon. Ces bancs calcaires ont cinquante-quatre pieds d'épaisseur, et leurs différents lits se trouvent correspondants et posés horizontalement à la même hauteur au-dessus de la couche immense d'argile qui leur sert de base et s'étend sous les collines calcaires de toute cette contrée.

Le temps de la formation des argiles a donc immédiatement suivi celui de l'établissement des eaux : le temps de la formation des premiers coquillages doit être placé quelques siècles après ; et le temps du transport de leurs dépouilles a suivi presque immédiatement ; il n'y a eu d'intervalle qu'autant que la nature en a mis entre la naissance et la mort de ces animaux à coquilles. Comme l'impression de l'eau convertissait chaque jour les sables vitrescibles en argiles, et que son mouvement les transportait de place en place, elle entraînait en même temps les coquilles et les autres dépouilles et débris des productions marines, et, déposant le tout comme des sédiments, elle a formé dès lors les couches d'argile où nous trouvons aujourd'hui ces monuments, les plus anciens de la nature organisée, dont les modèles ne subsistent plus : ce n'est pas qu'il n'y ait aussi dans les argiles des coquilles dont l'origine est moins ancienne, et même quelques espèces que l'on peut comparer avec celles de nos mers, et mieux encore avec celles des mers méridionales ; mais cela n'ajoute aucune difficulté à nos explications, car l'eau n'a pas cessé de convertir en argiles toutes les scories de verre et tous les sables vitrescibles qui se sont présentés à son action ; elle a donc formé des argiles en grande quantité, dès qu'elle s'est emparée de la surface de la terre : elle a continué et continue encore de produire le même effet ; car la mer transporte aujourd'hui ses vases avec les dépouilles des coquillages actuellement vivants, comme elle a autrefois transporté ces mêmes vases avec les dépouilles des coquillages alors existants.

La formation des schistes, des ardoises, des charbons de terre et des matières bitumineuses, date à peu près du même temps : ces matières se trouvent ordinairement dans les argiles à d'assez grandes profondeurs; elles paraissent même avoir précédé l'établissement local des dernières couches d'argile; car au-dessous de cent trente pieds d'argile dont les lits contenaient des bélemnites, des cornes d'ammon et d'autres débris des plus anciennes coquilles, j'ai trouvé des matières charbonneuses et inflammables, et l'on sait que la plupart des mines de charbon de terre sont plus ou moins surmontées par des couches de terres argileuses. Je crois même pouvoir avancer que c'est dans ces terres qu'il faut chercher les veines de charbon desquelles la formation est un peu plus ancienne que celle des couches extérieures des terres argileuses qui les surmontent : ce qui le prouve, c'est que les veines de ces charbons de terre sont presque toujours inclinées, tandis que celles des argiles, ainsi que toutes les autres couches extérieures du globe, sont ordinairement horizontales. Ces dernières ont donc été formées par le sédiment des eaux qui s'est déposé de niveau sur une base horizontale, tandis que les autres, puisqu'elles sont inclinées, semblent avoir été amenées par un courant sur un terrain en pente. Ces veines de charbon, qui toutes sont composées de végétaux mêlés de plus ou moins de bitume, doivent leur origine aux premiers végétaux que la terre a formés : toutes les parties du globe qui se trouvaient élevées au-dessus des eaux produisirent dès les premiers temps une infinité de plantes et d'arbres de toutes espèces, lesquels, bientôt tombant de vétusté, furent entraînés par les eaux et formèrent des dépôts de matières végétales en une infinité d'endroits; et comme les bitumes et les autres huiles terrestres paraissent provenir des substances végétales et animales, qu'en même temps l'acide provient de la décomposition du sable vitrescible par le feu, l'air et l'eau, et qu'enfin il entre de l'acide dans la composition des bitumes, puisque avec une huile végétale et de l'acide on peut faire du bitume, il paraît que les eaux se sont dès lors mêlées avec ces bitumes et s'en sont imprégnées pour toujours; et comme elles transportaient incessamment les arbres et les autres matières descendues des hauteurs de la terre, ces matières végétales ont continué de se mêler avec les bitumes déjà formés des résidus des premiers végétaux, et la mer, par son mouvement et par ses courants, les a remuées, transportées et déposées sur les éminences d'argile qu'elle avait formées précédemment.

Les couches d'ardoises, qui contiennent aussi des végétaux et même des poissons, ont été formées de la même manière, et l'on peut en donner des exemples qui sont pour ainsi dire sous nos yeux. Ainsi les ardoisières et les mines de charbon ont ensuite été recouvertes par d'autres couches de terres argileuses que la mer a déposées dans des temps postérieurs : il y a même eu des intervalles considérables et des alternatives de mouvement entre l'établissement des différentes couches de charbon dans le même terrain; car on trouve souvent au-dessous de la première couche de charbon une veine d'argile ou d'autre terre qui suit la même inclinaison; et ensuite on trouve assez communément une seconde couche de charbon inclinée comme la première, et souvent une troisième, également séparées l'une de l'autre par des veines de terre, et quelquefois même par des bancs de pierres calcaires, comme dans les mines de charbon du Hainaut. L'on ne peut donc pas douter que les couches les plus basses de charbon n'aient été produites les premières par le transport des matières végétales amenées par les eaux ; et lorsque le premier dépôt d'où la mer enlevait ces matières végétales se trouvait épuisé, le mouvement des eaux continuait de transporter au même lieu les terres ou les autres matières qui environnaient ce dépôt : ce sont ces terres qui forment aujourd'hui la veine intermédiaire entre les deux couches de charbon, ce qui suppose que l'eau amenait ensuite de quelque autre dépôt des matières végétales pour former la seconde couche de charbon. J'entends ici par couches la veine entière de charbon, prise dans toute son épaisseur, et non pas les petites couches ou feuillets dont la substance même du charbon est composée, et qui souvent sont extrêmement minces : ce sont ces mêmes feuillets, toujours parallèles entre eux, qui démontrent que ces masses de charbon ont été formées et déposées par le sédiment et même par la stillation des eaux imprégnées de bitume ; et cette même forme de feuillets se trouve dans les nouveaux charbons dont les couches se forment par stillation aux dépens des couches plus anciennes. Ainsi les feuillets du charbon de terre ont pris leur forme par deux causes combinées : la première est le dépôt toujours horizontal de l'eau ; et la seconde, la disposition des matières végétales, qui tendent à faire des feuillets. Au surplus, ce sont les morceaux de bois, souvent entiers, et les détriments très-reconnaissables d'autres végétaux, qui prouvent évidemment que la substance de ces charbons de terre n'est qu'un assemblage de débris de végétaux liés ensemble par des bitumes.

La seule chose qui pourrait être difficile à concevoir, c'est l'immense quantité de débris de végétaux que la composition de ces mines de charbon suppose, car elles sont très-épaisses, très-étendues, et se trouvent en une infinité d'endroits : mais si l'on fait attention à la production peut-être encore plus immense de végétaux qui s'est faite pendant vingt ou vingt-cinq mille ans, et si l'on pense en même temps que, l'homme n'étant pas encore créé, il n'y avait aucune destruction des végétaux par le feu, on sentira qu'ils ne pouvaient manquer d'être emportés par les eaux, et de former en mille endroits différents des couches très-étendues de matière végétale ; on peut se faire une idée en petit de ce qui est alors arrivé en grand : quelle énorme quantité de gros arbres certains fleuves, comme le Mississipi, n'entraînent-ils pas dans la mer ! Le nombre de ces arbres est si prodigieux, qu'il empêche dans de certaines saisons la navigation de ce large fleuve : il en est de même sur la rivière des Amazones et sur la plupart des grands fleuves des continents déserts ou mal peuplés. On peut donc penser, par cette comparaison, que toutes les terres élevées au-dessus des eaux étant dans le commencement couvertes d'arbres et d'autres végétaux que rien ne détruisait que leur vétusté, il s'est fait dans cette longue période de temps des transports successifs de tous ces végétaux et de leurs détriments, entraînés par les eaux courantes du haut des montagnes jusqu'aux mers. Les mêmes contrées inhabitées de l'Amérique nous en fournissent un autre exemple frappant : on voit à la Guyane des forêts de palmiers *lataniers* de plusieurs lieues d'étendue, qui croissent dans des espèces de marais qu'on appelle des *savanes noyées*, qui ne sont que des appendices de la mer : ces arbres, après avoir vécu leur âge, tombent de vétusté et sont emportés par le mouvement des eaux. Les forêts, plus éloignées de la mer et qui couvrent toutes les hauteurs de l'intérieur du pays, sont moins peuplées d'arbres sains et vigoureux que jonchées d'arbres décrépits et à demi pourris : les voyageurs qui sont obligés de passer la nuit dans ces bois ont soin d'examiner le lieu qu'ils choisissent pour gîte, afin de reconnaître s'il n'est environné que d'arbres solides, et s'ils ne courent pas risque d'être écrasés pendant leur sommeil par la chute de quelque arbre pourri sur pied; et la chute de ces arbres en grand nombre est très-fréquente : un seul coup de vent fait souvent un abatis si considérable, qu'on en entend le bruit à de grandes distances. Ces arbres roulant du haut des montagnes en renversent quantité d'autres, et ils arrivent ensemble dans les lieux les plus bas, où ils achèvent de pourrir pour former de nouvelles couches de terre végétale, ou bien ils sont entraînés par les eaux courantes dans les mers voisines, pour aller former au loin de nouvelles couches de charbon fossile.

Les détriments des substances végétales sont donc le premier fonds des mines de charbon ; ce sont des trésors que la nature semble avoir accumulés d'avance pour les besoins à venir des grandes populations [1] : plus les hommes se multiplieront, plus les forêts diminueront : le bois ne pouvant plus suffire à leur consommation, ils auront recours à ces immenses dépôts de matières combustibles, dont l'usage leur deviendra d'autant plus nécessaire que le globe se refroidira davantage; néanmoins ils ne les épui-

---

1. M. Cuvier nous dira plus tard : « Le schiste cuivreux est porté sur un « grès rouge à l'âge duquel appartiennent ces fameux amas de charbons de « terre ou de houille, ressource de l'âge présent, et reste des premières ri- « chesses végétales qui aient orné la face du globe. » (*Disc. sur les révol. de la surface du globe.*)

seront jamais, car une seule de ces mines de charbon contient peut-être plus de matière combustible que toutes les forêts d'une vaste contrée.

L'ardoise, qu'on doit regarder comme une argile durcie, est formée par couches qui contiennent de même du bitume et des végétaux, mais en bien plus petite quantité ; et en même temps elles renferment souvent des coquilles, des crustacés et des poissons qu'on ne peut rapporter à aucune espèce connue ; ainsi l'origine des charbons et des ardoises date du même temps : la seule différence qu'il y ait entre ces deux sortes de matières, c'est que les végétaux composent la majeure partie de la substance des charbons de terre, au lieu que le fonds de la substance de l'ardoise est le même que celui de l'argile, et que les végétaux ainsi que les poissons ne paraissent s'y trouver qu'accidentellement et en assez petit nombre ; mais toutes deux contiennent du bitume, et sont formées par feuillets ou par couches très-minces toujours parallèles entre elles, ce qui démontre clairement qu'elles ont également été produites par les sédiments successifs d'une eau tranquille, et dont les oscillations étaient parfaitement réglées, telles que sont celles de nos marées ordinaires ou des courants constants des eaux.

Reprenant donc pour un instant tout ce que je viens d'exposer, la masse du globe terrestre, composée de verre en fusion, ne présentait d'abord que les boursouflures et les cavités irrégulières qui se forment à la superficie de toute matière liquéfiée par le feu, et dont le refroidissement resserre les parties : pendant ce temps, et dans le progrès du refroidissement, les éléments se sont séparés, les liquations et les sublimations des substances métalliques et minérales se sont faites, elles ont occupé les cavités des terres élevées et les fentes perpendiculaires des montagnes ; car ces pointes avancées au-dessus de la surface du globe s'étant refroidies les premières, elles ont aussi présenté aux éléments extérieurs les premières fentes produites par le resserrement de la matière qui se refroidissait. Les métaux et les minéraux ont été poussés par la sublimation ou déposés par les eaux dans toutes ces fentes, et c'est par cette raison qu'on les trouve presque tous dans les hautes montagnes, et qu'on ne rencontre dans les terres plus basses que des mines de nouvelle formation : peu de temps après, les argiles se sont formées, les premiers coquillages et les premiers végétaux ont pris naissance ; et, à mesure qu'ils ont péri, leurs dépouilles et leurs détriments ont fait les pierres calcaires, et ceux des végétaux ont produit les bitumes et les charbons ; et en même temps les eaux, par leur mouvement et par leurs sédiments, ont composé l'organisation de la surface de la terre par couches horizontales ; ensuite les courants de ces mêmes eaux lui ont donné sa forme extérieure par angles saillants et rentrants ; et ce n'est pas trop étendre le temps nécessaire pour toutes ces grandes opérations et ces immenses constructions de la nature que de compter vingt mille ans depuis la naissance des premiers coquillages et des premiers végétaux : ils étaient déjà très-multipliés, très-nombreux à la date de quarante-cinq mille ans de la formation de la terre ; et comme les eaux, qui d'abord étaient si prodigieusement élevées, s'abaissèrent successivement et abandonnèrent les terres qu'elles surmontaient auparavant, ces terres présentèrent dès lors une surface toute jonchée de productions marines.

La durée du temps pendant lequel les eaux couvraient nos continents a été très-longue ; l'on n'en peut pas douter en considérant l'immense quantité de productions marines qui se trouvent jusqu'à d'assez grandes profondeurs et à de très-grandes hauteurs dans toutes les parties de la terre. Et combien ne devons-nous pas encore ajouter de durée à ce temps déjà si long, pour que ces mêmes productions marines aient été brisées, réduites en poudre et transportées par le mouvement des eaux, et former ensuite les marbres, les pierres calcaires et les craies ! Cette longue suite de siècles, cette durée de vingt mille ans, me paraît encore trop courte pour la succession des effets que tous ces monuments nous démontrent.

Car il faut se représenter ici la marche de la nature, et même se rappeler l'idée de ses moyens. Les molécules organiques vivantes ont existé dès que les éléments d'une chaleur douce ont pu s'incorporer avec les substances qui composent les corps organisés ; elles ont produit sur les parties élevées du globe une infinité de végétaux, et dans les eaux un nombre immense de coquillages, de crustacés et de poissons, qui se sont bientôt multipliés par la voie de la génération. Cette multiplication des végétaux et des coquillages, quelque rapide qu'on puisse la supposer, n'a pu se faire que dans un grand nombre de siècles, puisqu'elle a produit des volumes aussi prodigieux que le sont ceux de leurs détriments : en effet, pour juger de ce qui s'est passé, il faut considérer ce qui se passe. Or ne faut-il pas bien des années pour que des huîtres qui s'amoncellent dans quelques endroits de la mer s'y multiplient en assez grande quantité pour former une espèce de rocher ? Et combien n'a-t-il pas fallu de siècles pour que toute la matière calcaire de la surface du globe ait été produite ? Et n'est-on pas forcé d'admettre, non-seulement des siècles, mais des siècles de siècles, pour que ces productions marines aient été non-seulement réduites en poudre, mais transportées et déposées par les eaux, de manière à pouvoir former les craies, les marnes, les marbres et les pierres calcaires ? Et combien de siècles encore ne faut-il pas admettre pour que ces mêmes matières calcaires, nouvellement déposées par les eaux, se soient purgées de leur humidité superflue, puis séchées et durcies au point qu'elles le sont aujourd'hui et depuis si longtemps ?

Comme le globe terrestre n'est pas une sphère parfaite, qu'il est plus épais sous l'équateur que sous les pôles, et que l'action du soleil est aussi bien plus grande dans les climats méridionaux, il en résulte que les contrées polaires ont été refroidies plutôt que celles de l'équateur. Ces parties polaires de la terre ont donc reçu les premières les eaux et les matières volatiles qui sont tombées de l'atmosphère; le reste de ces eaux a dû tomber ensuite sur les climats que nous appelons tempérés, et ceux de l'équateur auront été les derniers abreuvés. Il s'est passé bien des siècles avant que les parties de l'équateur aient été assez attiédies pour admettre les eaux : l'équilibre et même l'occupation des mers a donc été longtemps à se former et à s'établir ; et les premières inondations ont dû venir des deux pôles. Mais nous avons remarqué que tous les continents terrestres finissent en pointe vers les régions australes : ainsi les eaux sont venues en plus grande quantité du pôle austral que du pôle boréal, d'où elles ne pouvaient que refluer et non pas arriver, du moins avec autant de force ; sans quoi les continents auraient pris une forme toute différente de celle qu'ils nous présentent : ils se seraient élargis vers les plages australes au lieu de se rétrécir. En effet, les contrées du pôle austral ont dû se refroidir plus vite que celles du pôle boréal, et par conséquent recevoir plus tôt les eaux de l'atmosphère, parce que le soleil fait un peu moins de séjour sur cet hémisphère austral que sur le boréal ; et cette cause me paraît suffisante pour avoir déterminé le premier mouvement des eaux et le perpétuer ensuite assez longtemps pour avoir aiguisé les pointes de tous les continents terrestres.

D'ailleurs, il est certain que les deux continents n'étaient pas encore séparés vers notre nord, et que même leur séparation ne s'est faite que longtemps après l'établissement de la nature vivante dans nos climats septentrionaux, puisque les éléphants ont en même temps existé en Sibérie et au Canada ; ce qui prouve invinciblement la continuité de l'Asie ou de l'Europe avec l'Amérique, tandis qu'au contraire il paraît également certain que l'Afrique était dès les premiers temps séparée de l'Amérique méridionale, puisqu'on n'a pas trouvé dans cette partie du nouveau monde un seul des animaux de l'ancien continent, ni aucune dépouille qui puisse indiquer qu'ils y aient autrefois existé. Il paraît que les éléphants dont on trouve les ossements dans l'Amérique septentrionale, y sont demeurés confinés, qu'ils n'ont pu franchir les hautes montagnes qui sont au sud de l'isthme de Panama, et qu'ils n'ont jamais pénétré dans les vastes contrées de l'Amérique méridionale [1] : mais il est encore plus certain que les mers qui séparent l'Afrique et l'Amérique existaient avant la naissance des éléphants en Afrique ; car si ces

---

1. M. de Humboldt a trouvé des fragments d'une défense dans la province de Quito, au Pérou. — « Ce tronçon, étant moins comprimé que ne le sont « d'ordinaire les défenses du mastodonte, pourrait faire croire que les vrais « éléphants à dents molaires composées de lames ont aussi laissé de leurs « dépouilles au midi de l'isthme de Panama... » (Cuvier, *Rech. sur les ossem. fossiles.*)

deux continents eussent été contigus, les animaux de Guinée se trouveraient au Brésil, et l'on eût trouvé des dépouilles de ces animaux dans l'Amérique méridionale comme l'on en trouve dans les terres de l'Amérique septentrionale.

Ainsi dès l'origine et dans le commencement de la nature vivante, les terres les plus élevées du globe et les parties de notre Nord ont été les premières peuplées par les espèces d'animaux terrestres auxquels la grande chaleur convient le mieux : les régions de l'équateur sont demeurées longtemps désertes, et même arides et sans mers. Les terres élevées de la Sibérie, de la Tartarie et de plusieurs autres endroits de l'Asie, toutes celles de l'Europe qui forment la chaîne des montagnes de Galice, des Pyrénées, de l'Auvergne, des Alpes, des Apennins, de Sicile, de la Grèce et de la Macédoine, ainsi que les monts Riphées, Rymniques, etc., ont été les premières contrées habitées, même pendant plusieurs siècles, tandis que toutes les terres moins élevées étaient encore couvertes par les eaux.

Pendant ce long espace de durée que la mer a séjourné sur nos terres, les sédiments et les dépôts des eaux ont formé les couches horizontales de la terre, les inférieures d'argiles, et les supérieures de pierres calcaires. C'est dans la mer même que s'est opérée la pétrification des marbres et des pierres : d'abord ces matières étaient molles, ayant été successivement déposées les unes sur les autres, à mesure que les eaux les amenaient et les laissaient tomber en forme de sédiments ; ensuite elles se sont peu à peu durcies par la force de l'affinité de leurs parties constituantes, et enfin elles ont formé toutes les masses des rochers calcaires, qui sont composées de couches horizontales ou également inclinées, comme le sont toutes les autres matières déposées par les eaux.

C'est dès les premiers temps de cette même période de durée que se sont déposées les argiles où se trouvent les débris des anciens coquillages ; et ces animaux à coquilles n'étaient pas les seuls alors existants dans la mer ; car, indépendamment des coquilles, on trouve des débris de crustacés, des pointes d'oursins, des vertèbres d'étoiles dans ces mêmes argiles. Et dans les ardoises, qui ne sont que des argiles durcies et mêlées d'un peu de bitume, on trouve, ainsi que dans les schistes, des impressions entières et très-bien conservées de plantes, de crustacés et de poissons de différentes grandeurs ; enfin dans es minières de charbon de terre, la masse entière de charbon ne paraît composée que de débris de végétaux. Ce sont là les plus anciens monuments de la nature vivante, et les premières productions organisées, tant de la mer que de la terre.

Les régions septentrionales, et les parties les plus élevées du globe, et surtout les sommets des montagnes dont nous avons fait l'énumération, et qui pour la plupart ne présentent aujourd'hui que des faces sèches et des sommets stériles, ont donc autrefois été des terres fécondes et les premières où la nature se soit manifestée, parce que ces parties du globe ayant été bien plus tôt refroidies que les terres plus basses ou plus voisines de l'équateur, elles auront les premières reçu les eaux de l'atmosphère et toutes les autres matières qui pouvaient contribuer à la fécondation. Ainsi l'on peut présumer qu'avant l'établissement fixe des mers, toutes les parties de la terre qui se trouvaient supérieures aux eaux ont été fécondées, et qu'elles ont dû dès lors et dans ce temps produire les plantes dont nous retrouvons aujourd'hui les impressions dans les ardoises, et toutes les substances végétales qui composent les charbons de terre.

Dans ce même temps où nos terres étaient couvertes par la mer, et tandis que les bancs calcaires de nos collines se formaient des détriments de ses productions, plusieurs monuments nous indiquent qu'il se détachait du sommet des montagnes primitives et des autres parties découvertes du globe une grande quantité de substances vitrescibles, lesquelles sont venues par alluvion, c'est-à-dire par le transport des eaux, remplir les fentes et les autres intervalles que les masses calcaires laissaient entre elles. Ces fentes perpendiculaires ou légèrement inclinées dans les bancs calcaires se sont formées par le resserrement de ces matières calcaires, lorsqu'elles se sont séchées et durcies, de la même manière que s'étaient faites précédemment les premières fentes perpendiculaires dans les montagnes vitrescibles produites par le feu, lorsque ces matières se sont resserrées par leur consolidation. Les pluies, les vents et les autres agents extérieurs avaient déjà détaché de ces masses vitrescibles une grande quantité de petits fragments que les eaux transportaient en différents endroits. En cherchant des mines de fer dans des collines de pierres calcaires, j'ai trouvé plusieurs fentes et cavités remplies de mines de fer en grains, mêlées de sable vitrescible et de petits cailloux arrondis. Ces sacs ou nids de mine de fer ne s'étendent pas horizontalement, mais descendent presque perpendiculairement, et ils sont tous situés sur la crête la plus élevée des collines calcaires. J'ai reconnu plus d'une centaine de ces sacs, et j'en ai trouvé huit principaux et très-considérables dans la seule étendue de terrain qui avoisine mes forges, à une ou deux lieues de distance : toutes ces mines étaient en grains assez menus, et plus ou moins mélangés de sable vitrescible et de petits cailloux. J'ai fait exploiter cinq de ces mines pour l'usage de mes fourneaux : on a fouillé les unes à cinquante ou soixante pieds, et les autres jusqu'à cent soixante-quinze pieds de profondeur ; elles sont toutes également situées dans les fentes des rochers calcaires, et il n'y a dans cette contrée ni roc vitrescible, ni quartz, ni grès, ni cailloux, ni granites ; en sorte que ces mines de fer, qui sont en grains plus ou moins gros, et qui sont toutes plus ou moins mélangées de sable vitrescible et de petits cailloux, n'ont pu se former dans les matières calcaires, où elles sont renfermées de tous côtés comme entre des murailles ; et par conséquent elles y ont été amenées de loin par le mouvement des eaux qui les y auront déposées en même temps qu'elles déposaient ailleurs des glaises et d'autres sédiments ; car ces sacs de mine de fer en grains sont tous surmontés ou latéralement accompagnés d'une espèce de terre limoneuse rougeâtre, plus pétrissable, plus pure et plus fine que l'argile commune. Il paraît même que cette terre limoneuse, plus ou moins colorée de la teinture rouge que le fer donne à la terre, est l'ancienne matrice de ces mines de fer, et que c'est dans cette même terre que les grains métalliques ont dû se former avant leur transport. Ces mines, quoique situées dans des collines entièrement calcaires, ne contiennent aucun gravier de cette même nature ; il se trouve seulement, à mesure qu'on descend, quelques masses isolées de pierres calcaires autour desquelles tournent les veines de la mine, toujours accompagnées de la terre rouge, qui souvent traverse les veines de la mine, ou bien est appliquée contre les parois des rochers calcaires qui la renferment. Et ce qui prouve d'une manière évidente que ces dépôts de mines se sont faits par le mouvement des eaux, c'est qu'après avoir vidé les fentes et cavités qui les contiennent, on voit, à ne pouvoir s'y tromper, que les parois de ces fentes ont été usées et même polies par l'eau, et que par conséquent elle les a remplies et baignées pendant un assez long temps avant d'y avoir déposé la mine de fer, les petits cailloux, le sable vitrescible et la terre limoneuse, dont ces fentes sont actuellement remplies; et l'on ne peut pas se prêter à croire que les grains de fer se soient formés dans cette terre limoneuse depuis qu'elle a été déposée dans ces fentes de rochers; car une chose tout aussi évidente que la première s'oppose à cette idée, c'est que la quantité de mines de fer paraît surpasser de beaucoup celle de la terre limoneuse. Les grains de cette substance métallique ont à la vérité tous été formés dans cette même terre, qui n'a elle-même été produite que par le résidu des matières animales et végétales, dans lequel nous démontrerons la production du fer en grains; mais cela s'est fait avant leur transport et leur dépôt dans les fentes des rochers. La terre limoneuse, les grains de fer, le sable vitrescible et les petits cailloux ont été transportés et déposés ensemble; et si depuis il s'est formé dans cette même terre des grains de fer, ce ne peut être qu'en petite quantité. J'ai tiré de chacune de ces mines plusieurs milliers de tonneaux, et, sans avoir mesuré exactement la quantité de terre limoneuse qu'on a laissée dans ces mêmes cavités, j'ai vu qu'elle était bien moins considérable que la quantité de la mine de fer dans chacune.

Mais ce qui prouve encore que ces mines de fer en grains ont été toutes amenées par le mouvement des eaux, c'est que dans ce même canton, à trois lieues de distance, il y a une assez grande étendue de terrain formant une espèce de petite plaine, au-dessus des collines calcaires, et aussi élevée que celles dont je viens de parler, et qu'on trouve dans ce terrain une grande quantité de mine de fer en grains, qui est très-différemment mélangée et autrement située; car au lieu d'occuper les fentes perpendiculaires et les cavités intérieures des rochers calcaires; au lieu de former un ou plusieurs sacs perpendiculaires, cette mine de fer est au contraire déposée *en nappe*, c'est-à-dire par couches horizontales, comme tous les autres sédiments des eaux; au lieu de descendre profondément comme les premières, elle s'étend presque à la surface du terrain, sur une épaisseur de quelques pieds; au lieu d'être mélangée de cailloux et de sable vitrescible, elle n'est au contraire mêlée partout que de graviers et de sables calcaires. Elle présente de plus un phénomène remarquable; c'est un nombre prodigieux de cornes d'ammon et d'autres anciens coquillages, en sorte qu'il semble que la mine entière en soit composée, tandis que dans les huit autres mines dont j'ai parlé ci-dessus, il n'existe pas le moindre vestige de coquilles, ni même aucun fragment, aucun indice du genre calcaire, quoiqu'elles soient enfermées entre des masses de pierres entièrement calcaires. Cette autre mine, qui contient un nombre si prodigieux de débris de coquilles marines, même des plus anciennes, aura donc été transportée avec tous ces débris de coquilles, par le mouvement des eaux, et déposée en forme de sédiment par couches horizontales; et les grains de fer qu'elle contient et qui sont encore bien plus petits que ceux des premières mines, mêlées de cailloux, auront été amenés avec les coquilles mêmes. Ainsi le transport de toutes ces matières et le dépôt de toutes ces mines de fer en grains se sont faits par alluvion à peu près dans le même temps, c'est-à-dire lorsque les mers couvraient encore nos collines calcaires.

Et le sommet de toutes ces collines, ni les collines elles-mêmes, ne nous représentent plus à beaucoup près le même aspect qu'elles avaient lorsque les eaux les ont abandonnées. A peine leur forme primitive s'est-elle maintenue; leurs angles saillants et rentrants sont devenus plus obtus, leurs pentes moins rapides, leurs sommets moins élevés et plus chenus, les pluies en ont détaché et entraîné les terres; les collines se sont donc rabaissées peu à peu, et les vallons se sont en même temps remplis de ces terres entraînées par les eaux pluviales ou courantes. Qu'on se figure ce que devait être autrefois la forme du terrain à Paris et aux environs : d'une part, sur les collines de Vaugirard jusqu'à Sèvres, on voit des carrières de pierres calcaires remplies de coquilles pétrifiées; de l'autre côté vers Montmartre, des collines de plâtre et de matières argileuses; et ces collines, à peu près également élevées au-dessus de la Seine, ne sont aujourd'hui que d'une hauteur très-médiocre; mais au fond des puits que l'on a faits à Bicêtre et à l'École-Militaire, on a trouvé des bois travaillés de main d'homme à soixante-quinze pieds de profondeur; ainsi l'on ne peut douter que cette vallée de la Seine ne se soit remplie de plus de soixante-quinze pieds seulement depuis que les hommes existent; et qui sait de combien les collines adjacentes ont diminué dans le même temps par l'effet des pluies, et quelle était l'épaisseur de terre dont elles étaient autrefois revêtues?

Il en est de même de toutes les autres collines et de toutes les autres vallées : elles étaient peut-être du double plus élevées, et du double plus profondes dans le temps que les eaux de la mer les ont laissées à découvert. On est même assuré que les montagnes s'abaissent encore tous les jours, et que les vallées se remplissent à peu près dans la même proportion ; seulement, cette diminution de la hauteur des montagnes, qui ne se fait aujourd'hui que d'une manière presque insensible, s'est faite beaucoup plus vite dans les premiers temps, en raison de la plus grande rapidité de leur pente, et il faudra maintenant plusieurs milliers d'années pour que les inégalités de la surface de la terre se réduisent encore autant qu'elles l'ont fait en peu de siècles dans les premiers âges.

Mais revenons à cette époque antérieure où les eaux, après être arrivées des régions polaires, ont gagné celles de l'équateur. C'est dans ces terres de la zone torride où se sont faits les plus grands bouleversements : pour en être convaincu, il ne faut que jeter les yeux sur un globe géographique; on reconnaîtra que presque tout l'espace compris entre les cercles de cette zone ne présente que les débris de continents bouleversés et d'une terre ruinée. L'immense quantité d'îles, de détroits, de hauts et de bas-fonds, de bras de mer et de terre entrecoupés, prouve les nombreux affaissements qui se sont faits dans cette vaste partie du monde. Les montagnes y sont plus élevées, les mers plus profondes que dans tout le reste de la terre ; et c'est sans doute lorsque ces grands affaissements se sont faits dans les contrées de l'équateur, que les eaux qui couvraient nos continents se sont abaissées et retirées en coulant à grands flots vers ces terres du Midi dont elles ont rempli les profondeurs, en laissant à découvert d'abord les parties les plus élevées des terres et ensuite toute la surface de nos continents.

Qu'on se représente l'immense quantité des matières

de toute espèce qui ont alors été transportées par les eaux : combien de sédiments de différente nature n'ont-elles pas déposés les uns sur les autres, et combien par conséquent la première face de la terre n'a-t-elle pas changé par ces révolutions ! D'une part, le flux et le reflux donnaient aux eaux un mouvement constant d'orient en occident ; d'autre part, les alluvions venant des pôles croisaient ce mouvement et déterminaient les efforts de la mer autant et peut-être plus vers l'équateur que vers l'occident. Combien d'irruptions particulières se sont faites alors de tous côtés ! A mesure que quelque grand affaissement présentait une nouvelle profondeur, la mer s'abaissait et les eaux couraient pour la remplir ; et quoiqu'il paraisse aujourd'hui que l'équilibre des mers soit à peu près établi, et que toute leur action se réduise à gagner quelque terrain vers l'occident et en laisser à découvert vers l'orient, il est néanmoins très-certain qu'en général les mers baissent tous les jours de plus en plus, et qu'elles baisseront encore à mesure qu'il se fera quelque nouvel affaissement, soit par l'effet des volcans et des tremblements de terre, soit par des causes plus constantes et plus simples ; car toutes les parties caverneuses de l'intérieur du globe ne sont pas encore affaissées ; les volcans et les secousses des tremblements de terre en sont une preuve démonstrative. Les eaux mineront peu à peu les voûtes et les remparts de ces cavernes souterraines, et lorsqu'il s'en écroulera quelques-unes, la surface de la terre se déprimant dans ces endroits formera de nouvelles vallées dont la terre viendra s'emparer. Néanmoins, comme ces événements, qui dans les commencements devaient être très-fréquents, sont actuellement assez rares, on peut croire que la terre est à peu près parvenue à un état assez tranquille pour que ses habitants n'aient plus à redouter les désastreux effets de ces grandes convulsions.

L'établissement de toutes les matières métalliques et minérales a suivi d'assez près l'établissement des eaux; celui des matières argileuses et calcaires a précédé leur retraite; la formation, la situation, la position de toutes ces dernières matières datent du temps où la mer couvrait les continents. Mais nous devons observer que, le mouvement général des mers ayant commencé de se faire alors comme il se fait encore aujourd'hui d'orient en occident, elles ont travaillé la surface de la terre dans ce sens d'orient en occident autant et peut-être plus qu'elles ne l'avaient fait précédemment dans le sens du midi au nord; l'on n'en doutera pas si l'on fait attention à un fait très-général et très-vrai, c'est que dans tous les continents du monde la pente des terres, à la prendre du sommet des montagnes, est toujours beaucoup plus rapide du côté de l'occident que du côté de l'orient; cela est évident dans le continent entier de l'Amérique, où les sommets de la chaîne des Cordillères sont très-voisins partout des mers de l'ouest et sont très-éloignés de la mer de l'est. La chaîne qui sépare l'Afrique dans sa longueur, et qui s'étend depuis le cap de Bonne-Espérance jusqu'aux monts de la Lune, est aussi plus voisine des mers à l'ouest qu'à l'est. Il en est de même des montagnes qui s'étendent depuis le cap Comorin dans la presqu'île de l'Inde, elles sont bien plus près de la mer à l'orient qu'à l'occident; et si nous considérons les presqu'îles, les promontoires, les îles et toutes les terres environnées de la mer, nous reconnaîtrons partout que les pentes sont courtes et rapides vers l'occident et qu'elles sont douces et longues vers l'orient; les revers de toutes les montagnes sont de même plus escarpés à l'ouest qu'à l'est, parce que le mouvement général des mers s'est toujours fait d'orient en occident, et qu'à mesure que les eaux se sont abaissées, elles ont détruit les terres et dépouillé les revers des montagnes dans le sens de leur chute, comme l'on voit dans une cataracte les rochers dépouillés et les terres creusées par la chute continuelle de l'eau. Ainsi tous les continents terrestres ont été d'abord aiguisés en pointe vers le midi par les eaux qui sont venues du pôle austral plus abondamment que du pôle boréal; et ensuite ils ont été tous escarpés en pente plus rapide à l'occident qu'à l'orient dans le temps subséquent où ces mêmes eaux ont obéi au seul mouvement général qui les porte constamment d'orient en occident.

QUATRIÈME ÉPOQUE.

LORSQUE LES EAUX SE SONT RETIRÉES, ET QUE LES VOLCANS ONT COMMENCÉ D'AGIR.

On vient de voir que les éléments de l'air et de l'eau se sont établis par le refroidissement, et que les eaux, d'abord reléguées dans l'atmosphère par la force expansive de la chaleur, sont ensuite tombées sur les parties du globe qui étaient assez attiédies pour ne les pas rejeter en vapeurs; et ces parties sont les régions polaires et toutes les montagnes. Il y a donc eu, à l'époque de trente-cinq mille ans, une vaste mer aux environs de chaque pôle et quelques lacs ou grandes mares sur les montagnes et les terres élevées qui, se trouvant refroidies au même degré que celles des pôles, pouvaient également recevoir et conserver les eaux ; ensuite à mesure que le globe se refroidissait, les mers des pôles, toujours alimentées et fournies par la chute des eaux de l'atmosphère, se répandaient plus loin ; et les lacs ou grandes mares, également fournies par cette pluie continuelle, d'autant plus abondante que l'attiédissement était plus grand, s'étendaient en tous sens et formaient des bassins et de petites mers intérieures dans les parties du globe auxquelles les grandes mers des deux pôles n'avaient point encore atteint : ensuite les eaux continuant à tomber toujours avec plus d'abondance jusqu'à l'entière dépuration de l'atmosphère, elles ont gagné successivement du terrain et sont arrivées aux contrées de l'équateur, et enfin elles ont couvert toute la surface du globe à deux mille toises de hauteur au-dessus du niveau de nos mers actuelles ; la terre entière était alors sous l'empire de la mer, à l'exception peut-être du sommet des montagnes primitives qui n'ont été, pour ainsi dire, que lavées et baignées pendant le premier temps de la chute des eaux, lesquelles se sont écoulées de ces lieux élevés pour occuper les terrains inférieurs dès qu'ils se sont trouvés assez refroidis pour les admettre sans les rejeter en vapeurs.

Il s'est donc formé successivement une mer universelle qui n'était interrompue et surmontée que par les sommets des montagnes d'où les premières eaux s'étaient déjà retirées en s'écoulant dans les lieux plus bas. Ces terres élevées, ayant été travaillées les premières par le séjour et le mouvement des eaux, auront aussi été fécondées les premières ; et tandis que toute la surface du globe n'était, pour ainsi dire, qu'un archipel général, la nature organisée s'établissait sur ces montagnes, elle s'y déployait même avec grande énergie; car la chaleur et l'humidité, ces deux principes de toute fécondation, s'y trouvaient réunis et combinés à un plus haut degré qu'ils ne le sont aujourd'hui dans aucun climat de la terre.

Or dans ce même temps où les terres élevées au-dessus des eaux se couvraient de grands arbres et de végétaux de toute espèce, la mer générale se peuplait partout de poissons et de coquillages; elle était aussi le réceptacle universel de tout ce qui se détachait des terres qui la surmontaient. Les scories du verre primitif et les matières végétales ont été entraînées des éminences de la terre dans les profondeurs de la mer, sur le fond de laquelle elles ont formé les premières couches de sable vitrescible, d'argile, de schiste et d'ardoise, ainsi que les minières de charbon, de sel et de bitumes qui dès lors ont imprégné toute la masse des mers. La quantité de végétaux produits et détruits dans ces premières terres est trop immense pour qu'on puisse se la représenter; car quand nous réduirions la superficie de toutes les terres élevées alors au-dessus des eaux à la centième ou même à la deux-centième partie de la surface du globe, c'est-à-dire à cent trente mille lieues carrées, il est aisé de sentir combien ce vaste terrain de cent trente mille lieues superficielles a produit d'arbres et de plantes pendant quelques milliers d'années, combien leurs détriments se sont accumulés, et dans quelle énorme quantité ils ont été entraînés et déposés sous les eaux, où ils ont formé le fond du volume tout aussi grand des mines de charbon qui se trouvent en tant de lieux. Il en est de même des mines de sel, de celles de fer en grains, de pyrites, et de toutes les autres substances dans la composition desquelles il entre des acides, et dont la première formation n'a pu s'opérer qu'après la chute des eaux; ces matières auront été entraînées et déposées dans les lieux bas et dans les fentes de la roche du globe, où trouvant déjà les substances minérales sublimées par la grande chaleur de la terre, elles auront formé le premier fond de l'aliment des volcans à venir : je dis à venir, car il n'existait aucun volcan en action avant l'établissement des eaux, et ils n'ont commencé d'agir ou plutôt ils n'ont pu prendre une action permanente qu'après leur abaissement; car l'on doit distinguer les volcans terrestres des volcans marins; ceux-ci ne peuvent faire que des explosions, pour ainsi dire, momentanées, parce qu'à l'instant que leur feu s'allume par l'effervescence des matières pyriteuses et combustibles, il est immédiatement éteint par l'eau qui les couvre et se précipite à flots jusque dans leur foyer par toutes les routes que le feu s'ouvre pour en sortir. Les volcans de la terre ont au contraire une action durable et proportionnée à la quantité de matières qu'ils contiennent : ces matières ont besoin d'une certaine quantité d'eau pour entrer en effervescence, et ce n'est ensuite que par le choc d'un grand volume de feu contre un grand volume d'eau que peuvent se produire leurs violentes éruptions; et de même qu'un volcan sous-marin ne peut agir que par instants, un volcan terrestre ne peut durer qu'autant qu'il est voisin des eaux. C'est par cette raison que tous les volcans actuellement agissants sont dans les îles ou près des côtes de la mer, et qu'on pourrait en compter cent fois plus d'éteints que d'agissants; car à mesure que les eaux, en se retirant, se sont trop éloignées du pied de ces volcans, leurs éruptions ont diminué par degrés et enfin ont entièrement cessé, et les légères effervescences que l'eau pluviale aura pu causer dans leur ancien foyer n'aura produit d'effet sensible que par des circonstances particulières et très-rares.

Les observations confirment parfaitement ce que je dis ici de l'action des volcans : tous ceux qui sont maintenant en travail sont situés près des mers; tous ceux qui sont éteints, et dont le nombre est bien plus grand, sont placés dans le milieu des terres, ou tout au moins à quelque distance de la mer; et quoique la plupart des volcans qui subsistent paraissent appartenir aux plus hautes montagnes, il en a existé beaucoup d'autres dans les éminences de médiocre hauteur. La date de l'âge des volcans n'est donc pas partout la même : d'abord il est sûr que les premiers, c'est-à-dire les plus anciens, n'ont pu acquérir une action permanente qu'après l'abaissement des eaux qui couvraient leur sommet; et ensuite, il paraît qu'ils ont cessé d'agir dès que ces mêmes eaux se sont trop éloignées de leur voisinage; car, je le répète, nulle puissance, à l'exception de celle d'une grande masse d'eau choquée contre un grand volume de feu, ne peut produire des mouvements aussi prodigieux que ceux de l'éruption des volcans.

Il est vrai que nous ne voyons pas d'assez près la composition intérieure de ces terribles bouches à feu, pour pouvoir prononcer sur leurs effets en parfaite connaissance de cause; nous savons seulement que souvent il y a des communications souterraines de volcan à volcan; nous savons aussi que, quoique le foyer de leur embrasement ne soit peut-être pas à une grande distance de leur sommet, il y a néanmoins des cavités qui descendent beaucoup plus bas, et que ces cavités, dont la profondeur et l'étendue nous sont inconnues, peuvent être en tout ou en partie remplies des mêmes matières que celles qui sont actuellement embrasées.

D'autre part, l'électricité me paraît jouer un très-grand rôle dans les tremblements de terre et dans les éruptions des volcans. Je me suis convaincu par des raisons très-solides, et par la comparaison que j'ai faite des expériences sur l'électricité, que *le fond de la matière électrique est la chaleur propre du globe terrestre* ; les émanations continuelles de cette chaleur, quoique sensibles, ne sont pas visibles, et restent sous la forme de chaleur obscure, tant qu'elles ont leur mouvement libre et direct; mais elles produisent un feu très-vif et de fortes explosions, dès qu'elles sont détournées de leur direction, ou bien accumulées par le frottement des corps. Les cavités intérieures de la terre contenant du feu, de l'air et de l'eau, l'action de ce premier élément doit y produire des vents impétueux, des orages bruyants et des tonnerres souterrains dont les effets peuvent être comparés à ceux de la foudre des airs : ces effets doivent même être plus violents et plus durables, par la forte résistance que la solidité de la terre oppose de tous côtés à la force électrique de ces tonnerres souterrains. Le ressort d'un air mêlé de vapeurs denses et enflammées par l'électricité, l'effort de l'eau, réduite en vapeurs élastiques par le feu, toutes les autres impulsions de cette puissance électrique, soulèvent, entr'ouvrent la surface de la terre, ou du moins l'agitent par des tremblements, dont les secousses ne durent pas plus longtemps que le coup de la foudre intérieure qui les produit; et ces secousses se renouvellent jusqu'à ce que les vapeurs expansives se soient fait une issue par quelque ouverture à la surface de la terre ou dans le sein des mers. Aussi, les éruptions des volcans et les tremblements de terre sont précédés et accompagnés d'un bruit sourd et roulant, qui ne diffère de celui du tonnerre que par le ton sépulcral et profond que le son prend nécessairement en traversant une grande épaisseur de matière solide, lorsqu'il s'y trouve renfermé.

Cette électricité souterraine, combinée comme cause générale avec les causes particulières des feux allumés par l'effervescence des matières pyriteuses et combustibles que la terre recèle en tant d'endroits, suffit à l'explication des principaux phénomènes de l'action des volcans : par exemple, leur foyer paraît être assez voisin de leur sommet, mais l'orage est au-dessous. Un volcan n'est qu'un vaste fourneau, dont les soufflets, ou plutôt les ventilateurs, sont placés dans les cavités inférieures, à côté et au-dessous du foyer : ce sont ces mêmes cavités, lorsqu'elles s'étendent jusqu'à la mer, qui servent de tuyaux d'aspiration pour porter en haut, non-seulement les vapeurs, mais les masses mêmes de l'eau et de l'air; c'est dans ce transport que se produit la foudre souterraine, qui s'annonce par des mugissements, et n'éclate que par l'affreux vomissement des matières qu'elle a frappées, brûlées et calcinées : des tourbillons épais d'une noire fumée ou d'une flamme lugubre; des nuages massifs de cendres et de pierres; des torrents bouillonnants de lave en fusion, roulant au loin leurs flots brûlants et destructeurs, manifestent au dehors le mouvement convulsif des entrailles de la terre.

Ces tempêtes intestines sont d'autant plus violentes qu'elles sont plus voisines des montagnes à volcan et des eaux de la mer, dont le sel et les huiles grasses augmentent encore l'activité du feu; les terres situées entre le volcan et la mer ne peuvent manquer d'éprouver des secousses fréquentes : mais pourquoi n'y a-t-il aucun endroit du monde où l'on n'ait ressenti, même de mémoire d'homme, quelques tremblements, quelque trépidation, causés par ces mouvements intérieurs de la terre? ils sont à la vérité moins violents et bien plus rares dans le milieu des continents éloignés des volcans et des mers; mais ne sont-ils pas des effets dépendants des mêmes causes? Pourquoi donc se font-ils ressentir où ces causes n'existent pas, c'est-à-dire dans les lieux où il n'y a ni mers ni volcans? La réponse est aisée, c'est qu'il y a eu des mers partout et des volcans presque partout; et que, quoique leurs éruptions aient cessé lorsque les mers s'en sont éloignées, leur feu subsiste et nous est démontré par les sources des huiles terrestres, par les fontaines chaudes et sulfureuses, qui se trouvent fréquemment au pied des montagnes, jusque dans le milieu des plus grands continents : ces feux des anciens volcans, devenus plus tranquilles depuis la retraite des eaux, suffisent néanmoins pour exciter de temps en temps des mouvements intérieurs et produire de légères secousses, dont les oscillations sont dirigées dans le sens des cavités de la terre, et peut-être dans la direction des eaux ou des veines des métaux, comme conducteurs de cette électricité souterraine.

On pourra me demander encore, pourquoi tous les volcans sont situés dans les montagnes? pourquoi paraissent-ils être d'autant plus ardents que les montagnes sont plus hautes? quelle est la cause qui a pu disposer ces énormes cheminées dans l'intérieur des murs les plus solides et les plus élevés du globe? Si l'on a bien compris ce que j'ai dit au sujet des inégalités produites par le premier refroidissement, lorsque les matières en fusion se sont consolidées, on sentira que les chaînes des hautes montagnes nous représentent les plus grandes boursouflures qui se sont faites à la surface du globe dans le temps qu'il a pris sa consistance : la plupart des montagnes sont donc situées sur des cavités, auxquelles aboutissent les fentes perpendiculaires qui les tranchent du haut en bas : ces cavernes et ces fentes contiennent des matières qui s'enflamment par la seule effervescence, ou qui sont allumées par les étincelles électriques de la chaleur intérieure du globe. Dès que le feu commence à se faire sentir, l'air attiré par la raréfaction en augmente la force et produit bientôt un grand incendie, dont l'effet est de produire à son tour les mouvements et les orages intestins, les tonnerres souterrains et toutes les impulsions, les bruits et les secousses qui précèdent et accompagnent l'éruption des volcans. On doit donc cesser d'être étonné que les volcans soient tous situés dans les hautes montagnes, puisque ce sont les seuls anciens endroits de la terre où les cavités intérieures se soient maintenues, les seuls où ces cavités communiquent de bas en haut, par des fentes qui ne sont pas encore comblées, et enfin les seuls où l'espace vide était assez vaste pour contenir la très-grande quantité de matières qui servent d'aliment au feu des volcans permanents et encore subsistants. Au reste, ils s'éteindront comme les autres dans la suite des siècles; leurs éruptions cesseront : oserai-je même dire que les hommes pourraient y contribuer ? En coûterait-il autant, pour couper la communication d'un volcan avec la mer voisine, qu'il en a coûté pour construire les pyramides d'Égypte ? Ces monuments inutiles d'une gloire fausse et vaine nous apprennent au moins qu'en employant les mêmes forces pour des monuments de sagesse, nous pourrions faire de très-grandes choses, et peut-être maîtriser la nature, au point de faire cesser, ou du moins de diriger les ravages du feu comme nous savons déjà par notre art diriger et rompre les efforts de l'eau.

Jusqu'au temps de l'action des volcans, il n'existait sur le globe que trois sortes de matières : 1° les vitrescibles, produites par le feu primitif; 2° les calcaires, formées par l'intermède de l'eau; 3° toutes les substances produites par le détriment des animaux et des végétaux; mais le feu des volcans a donné naissance à des matières d'une quatrième sorte qui souvent participent de la nature des trois autres. La première classe renferme non-seulement les matières premières solides et vitrescibles dont la nature n'a point été altérée, et qui forment le fond du globe, ainsi que le noyau de toutes les montagnes primordiales, mais encore les sables, les schistes, les ardoises, les argiles et toutes les matières vitrescibles décomposées et transportées par les eaux. La seconde classe contient toutes les matières calcaires, c'est-à-dire toutes les substances produites par les coquillages et autres animaux de la mer; elles s'étendent sur des provinces entières et couvrent même d'assez vastes contrées ; elles se trouvent aussi à des profondeurs assez considérables, et elles environnent les bases des montagnes les plus élevées jusqu'à une très-grande hauteur. La troisième classe comprend toutes les substances qui doivent leur origine aux matières animales et végétales, et ces substances sont en très-grand nombre; leur quantité paraît immense, car elles recouvrent toute la superficie de la terre. Enfin la quatrième classe est celle des matières soulevées et rejetées par les volcans, dont quelques-unes paraissent être un mélange des premières, et d'autres, pures de tout mélange, ont subi une seconde action du feu qui leur a donné un nouveau caractère. Nous rapportons à ces quatre classes toutes les substances minérales, parce qu'en les examinant, on peut toujours reconnaître à laquelle de ces classes elles appartiennent, et par conséquent prononcer sur leur origine : ce qui suffit pour nous indiquer à peu près le temps de leur formation ; car, comme nous venons de l'exposer, il paraît clairement que toutes les matières vitrescibles solides, et qui n'ont pas changé de nature ni de situation, ont été produites par le feu primitif, et que leur formation appartient au temps de notre seconde époque, tandis que la formation des matières calcaires, ainsi que celle des argiles, des charbons, etc., n'a eu lieu que dans des temps subséquents et doit être rapportée à notre troisième époque. Et comme, dans les matières rejetées par les volcans, on trouve quelquefois des substances calcaires et souvent des soufres et des bitumes, on ne peut guère douter que la formation de ces substances rejetées par les volcans ne soit encore postérieure à la formation de toutes ces matières et n'appartienne à notre quatrième époque.

Quoique la quantité des matières rejetées par les volcans soit très-petite en comparaison de la quantité des matières calcaires, elles ne laissent pas d'occuper d'assez grands espaces sur la surface des terres situées aux environs de ces montagnes ardentes et de celles dont les feux sont éteints et assoupis. Par leurs éruptions réitérées, elles ont comblé les vallées, couvert les plaines et même produit d'autres montagnes. Ensuite, lorsque les éruptions ont cessé, la plupart des volcans ont continué de brûler, mais d'un feu paisible et qui ne produit aucune explosion violente, parce qu'étant éloignés des mers, il n'y a plus de choc de l'eau contre le feu ; les matières en effervescence et les substances combustibles anciennement enflammées continuent de brûler, et c'est ce qui fait aujourd'hui la chaleur de toutes nos eaux thermales; elles passent sur les foyers de ce feu souterrain et sortent très-chaudes du sein de la terre. Il y a aussi quelques exemples de mines de charbon qui brûlent de temps immémorial, et qui se sont allumées par la foudre souterraine ou par le feu tranquille d'un volcan dont les éruptions ont cessé; ces eaux thermales et ces mines allumées se trouvent souvent comme les volcans éteints dans les terres éloignées de la mer.

La surface de la terre nous présente en mille endroits les vestiges et les preuves de l'existence de ces volcans éteints. Dans la France seule, nous connaissons les vieux volcans de l'Auvergne, du Velay, du Vivarais, de la Provence et du Languedoc. En Italie, presque toute la terre est formée de débris de matières volcanisées, et il en est de même de plusieurs autres contrées. Mais pour réunir les objets sous un point de vue général, et concevoir nettement l'ordre des bouleversements que les volcans ont produits à la surface du globe, il faut reprendre notre troisième époque à cette date où la mer était universelle et couvrait toute la surface du globe à l'exception des lieux élevés sur lesquels s'était fait le premier mélange des scories vitrées de la masse terrestre avec les eaux : c'est à cette même date que les végétaux ont pris naissance et qu'ils se sont multipliés sur les terres que la mer venait d'abandonner; les volcans n'existaient pas encore, car les matières qui servent d'aliment à leur feu, c'est-à-dire les bitumes, les charbons de terre, les pyrites et même les acides[1], ne pouvaient s'être formées précédem-

1. Voilà pourtant à quoi se réduisait encore l'idée que Buffon se faisait d'un volcan : un amas de *bitumes*, de *charbons de terre*, de *pyrites* et même d'*acides!* (F.)

ment, puisque leur composition suppose l'intermède de l'eau et la destruction des végétaux.

Ainsi les premiers volcans ont existé dans les terres élevées du milieu des continents, et à mesure que les mers en s'abaissant se sont éloignées de leur pied, leurs feux se sont assoupis et ont cessé de produire ces éruptions violentes, qui ne peuvent s'opérer que par le conflit d'une grande masse d'eau contre un grand volume de feu. Or il a fallu vingt mille ans pour cet abaissement successif des mers et pour la formation de toutes nos collines calcaires; et comme les amas des matières combustibles et minérales qui servent d'aliment aux volcans n'ont pu se déposer que successivement, et qu'il a dû s'écouler beaucoup de temps avant qu'elles se soient mises en action, ce n'est guère que sur la fin de cette période, c'est-à-dire à cinquante mille ans de la formation du globe, que les volcans ont commencé à ravager la terre ; comme les environs de tous les lieux découverts étaient encore baignés des eaux, il y a eu des volcans presque partout, et il s'est fait de fréquentes et prodigieuses éruptions qui n'ont cessé qu'après la retraite des mers; mais cette retraite ne pouvant se faire que par l'affaissement des boursouflures du globe, il est souvent arrivé que l'eau venant à flots remplir la profondeur de ces terres affaissées, elle a mis en action les volcans sous-marins qui, par leur explosion, ont soulevé une partie de ces terres nouvellement affaissées, et les ont quelquefois poussées au-dessus du niveau de la mer, où elles ont formé des îles nouvelles, comme nous l'avons vu dans la petite île formée auprès de celle de Santorin; néanmoins ces effets sont rares, et l'action des volcans sous-marins n'est ni permanente ni assez puissante pour élever un grand espace de terre au-dessus de la surface des mers : les volcans terrestres, par la continuité de leurs éruptions, ont au contraire couvert de leurs déblais tous les terrains qui les environnaient; ils ont, par le dépôt successif de leurs laves, formé de nouvelles couches ; ces laves, devenues fécondes avec le temps, sont une preuve invincible que la surface primitive de la terre, d'abord en fusion, puis consolidée, a pu de même devenir féconde : enfin les volcans ont aussi produit ces *mornes*, ou tertres, qui se voient dans toutes les montagnes à volcans, et ils ont élevé ces remparts de *basalte* qui servent de côtes aux mers dont ils sont voisins. Ainsi, après que l'eau, par des mouvements uniformes et constants, eut achevé la construction horizontale des couches de la terre, le feu des volcans, par des explosions subites, a bouleversé, tranché et couvert plusieurs de ces couches ; et l'on ne doit pas être étonné de voir sortir du sein des volcans des matières de toute espèce, des cendres, des pierres calcinées, des terres brûlées, ni de trouver ces matières mélangées des substances calcaires et vitrescibles dont ces mêmes couches sont composées.

Les tremblements de terre ont dû se faire sentir longtemps avant l'éruption des volcans. Dès les premiers moments de l'affaissement des cavernes, il s'est fait de violentes secousses qui ont produit des effets tout aussi violents et bien plus étendus que ceux des volcans. Pour s'en former l'idée, supposons qu'une caverne soutenant un terrain de cent lieues carrées, ce qui ne ferait qu'une des petites boursouflures du globe, se soit tout à coup écroulée, cet écroulement n'aura-t-il pas été nécessairement suivi d'une commotion qui se sera communiquée et fait sentir très-loin par un tremblement plus ou moins violent? Quoique cent lieues carrés ne fassent que la deux-cent-soixante-millième partie de la surface de la terre, la chute de cette masse n'a pu manquer d'ébranler toutes les terres adjacentes, et de faire peut-être écrouler en même temps les cavernes voisines : il ne s'est donc fait aucun affaissement un peu considérable qui n'ait été accompagné de violentes secousses de tremblement de terre, dont le mouvement s'est communiqué par la force du ressort dont toute matière est douée, et qui a dû se propager quelquefois très-loin par les routes que peuvent offrir les vides de la terre, dans lesquels les vents souterrains, excités par ces commotions, auront peut-être allumé les feux des volcans ; en sorte que d'une seule cause, c'est-à-dire de l'affaissement d'une caverne, il a pu résulter plusieurs effets, tous grands, et la plupart terribles : d'abord, l'abaissement de la mer, forcée de courir à grands flots pour remplir cette nouvelle profondeur, et laisser par conséquent à découvert de nouveaux terrains ; 2° l'ébranlement des terres voisines par la commotion de la chute des matières solides qui formaient les voûtes de la caverne ; et cet ébranlement fait pencher les montagnes, les fend vers leur sommet, et en détache des masses qui roulent jusqu'à leur base ; 3° le même mouvement, produit par la commotion et propagé par les vents et les feux souterrains, soulève au loin la terre et les eaux, élève des tertres et des mornes, forme des gouffres et des crevasses, change le cours des rivières, tarit les anciennes sources, en produit de nouvelles, et ravage, en moins de temps que je ne puis le dire, tout ce qui se trouve dans sa direction. Nous devons donc cesser d'être surpris de voir en tant de lieux l'uniformité de l'ouvrage horizontal des eaux détruite et tranchée par des fentes inclinées, des éboulements irréguliers, et souvent cachée par des déblais informes, accumulés sans ordre, non plus que de trouver de si grandes contrées toutes recouvertes de matières rejetées par les volcans. Ce désordre, causé par les tremblements de terre, ne fait néanmoins que masquer la nature aux yeux de ceux qui ne la voient qu'en petit, et qui d'un effet accidentel et particulier font une cause générale et constante. C'est l'eau seule qui, comme cause générale et subséquente à celle du feu primitif, a achevé de construire et de figurer la surface actuelle de la terre; et ce qui manque à l'uniformité de cette construction universelle n'est que l'effet particulier de la cause accidentelle des tremblements de terre et de l'action des volcans.

Or, dans cette construction de la surface de la terre par le mouvement et le sédiment des eaux, il faut distinguer deux périodes de temps : la première a commencé après l'établissement de la mer universelle, c'est-à-dire après la dépuration parfaite de l'atmosphère par la chute des eaux et de toutes les matières volatiles que l'ardeur du globe y tenait reléguées. Cette période a duré autant qu'il était nécessaire pour multiplier les coquillages au point de remplir de leurs dépouilles toutes nos collines calcaires autant qu'il était nécessaire pour multiplier les végétaux et pour former de leurs débris toutes nos mines de charbon; enfin autant qu'il était nécessaire pour convertir les scories du verre primitif en argiles, et former les acides, les sels, les pyrites, etc. Tous ces premiers et grands effets ont été produits ensemble dans les temps qui se sont écoulés depuis l'établissement des eaux jusqu'à leur abaissement. Ensuite a commencé la seconde période. Cette retraite des eaux ne s'est pas faite tout à coup, mais par une longue succession de temps, dans laquelle il faut encore saisir des points différents. Les montagnes composées de pierres calcaires ont certainement été construites dans cette mer ancienne, dont les différents courants les ont tout aussi certainement figurées par angles correspondants. Or l'inspection attentive des côtes de nos vallées nous démontre que *le travail particulier des courants a été postérieur à l'ouvrage général de la mer*. Ce fait, qu'on n'a pas même soupçonné, est trop important pour ne le pas appuyer de tout ce qui peut le rendre sensible à tous les yeux.

Prenons pour exemple la plus haute montagne calcaire de la France, celle de Langres, qui s'élève au-dessus de toutes les terres de la Champagne, s'étend en Bourgogne jusqu'à Montbard, et même jusqu'à Tonnerre, et qui, dans la direction opposée, domine de même sur les terres de la Lorraine et de la Franche-Comté. Ce cordon continu de la montagne de Langres qui, depuis les sources de la Seine jusqu'à celles de la Saône, a plus de quarante lieues en longueur, est entièrement calcaire, c'est-à-dire entièrement composé des productions de la mer; et c'est par cette raison que je l'ai choisi pour nous servir d'exemple. Le point le plus élevé de cette chaîne de montagnes est très-voisin de la ville de Langres, et l'on voit que, d'un côté, cette même chaîne verse ses eaux dans l'Océan par la Meuse, la Marne, la Seine, etc., et que, de l'autre côté, elle les verse dans la Méditerranée par les rivières qui aboutissent à la Saône. Le point où est situé Langres se trouve à peu près au milieu de cette longueur de quarante lieues, et les collines vont en s'abaissant à peu près également vers les sources de la Seine et vers celles de la Saône : enfin ces collines, qui forment les extrémités de cette chaîne de montagnes calcaires, aboutissent également à des contrées de matières vitrescibles; savoir, au delà de l'Armançon près de Semur, d'une part; et au delà des sources de la Saône et de la petite rivière du Conay, de l'autre part.

En considérant les vallons voisins de ces montagnes, nous reconnaîtrons que le point de Langres étant le plus élevé, il a été découvert le premier dans le temps que les eaux se sont abaissées : auparavant, ce sommet était recouvert comme tout le reste par les eaux, puisqu'il est composé de matières calcaires; mais au moment qu'il a été découvert, la mer ne pouvant plus le surmonter, tous ses mouvements se sont réduits à battre ce sommet des deux côtés, et par conséquent à creuser par des courants constants les vallons et les vallées que suivent aujourd'hui les ruisseaux et les rivières qui coulent des deux côtés de ces montagnes. La preuve évidente que les vallées ont toutes été creusées par des courants réguliers et constants, c'est que leurs angles saillants correspondent partout à des angles rentrants : seulement on observe que les eaux ayant suivi les pentes les plus rapides, et n'ayant entamé d'abord que les terrains les moins solides et les plus aisés à diviser, il se trouve souvent une différence remarquable entre les deux coteaux qui bordent la vallée. On voit quelquefois un escarpement considérable et des rochers à pic d'un côté, tandis que de l'autre les bancs de pierre sont couverts de terres en pente douce; et cela est arrivé nécessairement toutes les fois que la force du courant s'est portée plus d'un côté que de l'autre, et aussi toutes les fois qu'il aura été troublé ou secondé par un autre courant.

Si l'on suit le cours d'une rivière ou d'un ruisseau voisin des montagnes d'où descendent leurs sources, on reconnaîtra aisément la figure et même la nature des terres qui forment les coteaux de la vallée. Dans les endroits où elle est étroite, la direction de la rivière et l'angle de son cours indiquent au premier coup d'œil le côté vers lequel se doivent porter ses eaux, et par conséquent le côté où le terrain doit se trouver en plaine, tandis que, de l'autre côté, il continuera d'être en montagne. Lorsque la vallée est large, ce jugement est plus difficile : cependant on peut, en observant la direction de la rivière, deviner assez juste de quel côté les terrains s'élargiront ou se rétréciront. Ce que nos rivières font en petit aujourd'hui, les courants de la mer l'ont autrefois fait en grand : ils ont creusé tous nos vallons, ils les ont tranchés des deux côtés, mais en transportant ces déblais ils ont souvent formé des escarpements d'une part et des plaines de l'autre. On doit aussi remarquer que dans le voisinage du sommet de ces montagnes calcaires, et particulièrement dans le sommet de Langres, les vallons commencent par une profondeur circulaire, et que de là ils vont toujours en s'élargissant à mesure qu'ils s'éloignent du lieu de leur naissance; les vallons paraissent aussi plus profonds à ce point où ils commencent et semblent aller toujours en diminuant de profondeur à mesure qu'ils s'élargissent et qu'ils s'éloignent de ce point; mais c'est une apparence plutôt qu'une réalité, car dans l'origine la portion du vallon la plus voisine du sommet a été la plus étroite et la moins profonde; le mouvement des eaux a commencé par y former une ravine qui s'est élargie et creusée peu à peu; les déblais ayant été transportés et entraînés par le courant des eaux dans la portion inférieure de la vallée, ils en auront comblé le fond, et c'est par cette raison que les vallons paraissent plus profonds à leur naissance que dans le reste de leur cours, et que les grandes vallées semblent être moins profondes à mesure qu'elles s'éloignent davantage du sommet auquel leurs rameaux aboutissent; car l'on peut considérer une grande vallée comme un tronc qui jette des branches par d'autres vallées, lesquelles jettent des rameaux par d'autres petits vallons qui s'étendent et remontent jusqu'au sommet auquel ils aboutissent.

En suivant cet objet dans l'exemple que nous venons de présenter, si l'on prend ensemble tous les terrains qui versent leurs eaux dans la Seine, ce vaste espace formera une vallée du premier ordre, c'est-à-dire de la plus grande étendue; ensuite, si nous ne prenons que les terrains qui portent leurs eaux à la rivière d'Yonne, cet espace sera une vallée du second ordre, et, continuant à remonter vers le sommet de la chaîne des montagnes, les terrains qui versent leurs eaux dans l'Armançon, le Serin et la Cure formeront des vallées du troisième ordre, et ensuite la Brenne, qui tombe dans l'Armançon, sera une vallée du quatrième ordre, et enfin l'Oze et l'Ozerain, qui tombent dans la Brenne, et dont les sources sont voisines de celles de la Seine, forment des vallées du cinquième ordre. De même, si nous prenons les terrains qui portent leurs eaux à la Marne, cet espace sera une vallée du second ordre; et, continuant à remonter vers le sommet de la chaîne des montagnes de Langres, si nous ne prenons que les terrains dont les eaux s'écoulent dans la rivière de Rognon, ce sera une vallée du troisième ordre; enfin les terrains qui versent leurs eaux dans les ruisseaux de Bussière et d'Orguevaux forment des vallées du quatrième ordre.

Cette disposition est générale dans tous les continents terrestres. A mesure que l'on remonte et qu'on s'approche du sommet des chaînes de montagnes, on voit évidemment que les vallées sont plus étroites; mais, quoiqu'elles paraissent aussi plus profondes, il est certain néanmoins que l'ancien fond des vallées inférieures était beaucoup plus bas autrefois que ne l'est actuellement celui des vallons supérieurs. Nous avons dit que dans la vallée de la Seine, à Paris, l'on a trouvé des bois travaillés de main d'homme à soixante-quinze pieds de profondeur; le premier fond de cette vallée était donc autrefois bien plus bas qu'il ne l'est aujourd'hui, car au-dessous de ces soixante-quinze pieds on doit encore trouver les déblais pierreux et terrestres entraînés par les courants depuis le sommet général des montagnes, tant par les vallées de la Seine que par celles de la Marne, de l'Yonne et de toutes les rivières qu'elles reçoivent. Au contraire, lorsque l'on creuse dans les petits vallons voisins du sommet général, on ne trouve aucun déblai, mais des bancs solides de pierre calcaire posée par lits horizontaux, et des argiles au-dessous à une profondeur plus ou moins grande. J'ai vu, dans une gorge assez voisine de la crête de ce long cordon de la montagne de Langres, un puits de deux cents pieds de profondeur creusé dans la pierre calcaire avant de trouver l'argile [1].

Le premier fond des grandes vallées, formées par le feu primitif ou même par les courants de la mer, a donc été recouvert et élevé successivement de tout le volume des déblais entraînés par le courant à mesure qu'il déchirait les terrains supérieurs : le fond de ceux-ci est demeuré presque nu, tandis que celui des vallées inférieures a été chargé de toute la matière que les autres ont perdue; de sorte que, quand on ne voit que superficiellement la surface de nos continents, on tombe dans l'erreur en la divisant en bandes sablonneuses, marneuses, schisteuses, etc.;

---

1. Au château de Rochefort, près d'Anières, en Champagne. (B.)

car toutes ces bandes ne sont que des déblais superficiels qui ne prouvent rien et qui ne font, comme je l'ai dit, que masquer la nature et nous tromper sur la vraie théorie de la terre. Dans les vallons supérieurs, on ne trouve d'autres déblais que ceux qui sont descendus, longtemps après la retraite des mers, par l'effet des eaux pluviales, et ces déblais ont formé les petites couches de terre qui recouvrent actuellement le fond et les coteaux de ces vallons. Ce même effet a eu lieu dans les grandes vallées ; mais avec cette différence que dans les petits vallons, les terres, les graviers et les autres détriments amenés par les eaux pluviales et par les ruisseaux, se sont déposés immédiatement sur un fond nu et balayé par les courants de la mer, au lieu que, dans les grandes vallées, ces mêmes détriments amenés par les eaux pluviales n'ont pu que se superposer sur les couches beaucoup plus épaisses des déblais entraînés et déposés précédemment par ces mêmes courants : c'est par cette raison que, dans toutes les plaines et les grandes vallées, nos observateurs croient trouver la nature en désordre, parce qu'ils y voient les matières calcaires mélangées avec les matières vitrescibles, etc. Mais n'est-ce pas vouloir juger d'un bâtiment par les gravois, ou de toute autre construction par les recoupes des matériaux ?

Ainsi, sans nous arrêter sur ces petites et fausses vues, suivons notre objet dans l'exemple que nous avons donné.

Les trois grands courants qui se sont formés au-dessous des sommets de la montagne de Langres, nous sont aujourd'hui représentés par les vallées de la Meuse, de la Marne et de la Vingeanne. Si nous examinons ces terrains en détail, nous observerons que les sources de la Meuse sortent en partie des marécages du Bassigny, et d'autres petites vallées très-étroites et très-escarpées ; que la Mance et la Vingeanne, qui toutes deux se jettent dans la Saône, sortent aussi de vallées très-étroites de l'autre côté du sommet ; que la vallée de la Marne sous Langres a environ cent toises de profondeur ; que, dans tous ces premiers vallons, les coteaux sont voisins et escarpés ; que dans les vallées inférieures, et à mesure que les courants se sont éloignés du sommet général et commun, ils se sont étendus en largeur, et ont par conséquent élargi les vallées, dont les côtes sont aussi moins escarpées, parce que le mouvement des eaux y était plus libre et moins rapide que dans les vallons étroits des terrains voisins du sommet.

L'on doit encore remarquer que la direction des courants a varié dans leur cours, et que la déclinaison des coteaux a changé par la même cause. Les courants dont la pente était vers le midi, et qui nous sont représentés par les vallons de la Tille, de la Venelle, de la Vingeanne, du Saulon et de la Mance, ont agi plus fortement contre les coteaux tournés vers le sommet de Langres, et à l'aspect du nord. Les courants, au contraire, dont la pente était vers le nord, et qui nous sont représentés par les vallons de l'Aujon, de la Suize, de la Marne et du Rognon, ainsi que par ceux de la Meuse, ont plus fortement agi contre les coteaux qui sont tournés vers ce même sommet de Langres; et qui se trouvent à l'aspect du midi.

Il y avait donc, lorsque les eaux ont laissé le sommet de Langres à découvert, une mer dont les mouvements et les courants étaient dirigés vers le nord, et, de l'autre côté de ce sommet, une autre mer, dont les mouvements étaient dirigés vers le midi ; ces deux mers battaient les deux flancs opposés de cette chaîne de montagnes, comme l'on voit dans la mer actuelle les eaux battre les deux flancs opposés d'une longue île ou d'un promontoire avancé : il n'est donc pas étonnant que tous les coteaux escarpés de ces vallons se trouvent également des deux côtés de ce sommet général des montagnes; ce n'est que l'effet nécessaire d'une cause très-évidente.

Si l'on considère le terrain qui environne l'une des sources de la Marne près de Langres, on reconnaîtra qu'elle sort d'un demi-cercle coupé presque à plomb; et, en examinant les lits de pierre de cette espèce d'amphithéâtre, on se démontrera que ceux des deux côtés et ceux du fond de l'arc de cercle qu'il présente, étaient autrefois continus et ne faisaient qu'une seule masse, que les eaux ont détruite dans la partie qui forme aujourd'hui ce demi-cercle. On verra la même chose à l'origine des deux autres sources de la Marne; savoir, dans le vallon de Balesme et dans celui de Saint-Maurice; tout ce terrain était continu avant l'abaissement de la mer; et cette espèce de promontoire, à l'extrémité duquel la ville de Langres est située, était dans ce même temps continu, non-seulement avec ces premiers terrains, mais avec ceux de Breuvonne, de Peigney, de Noidan-le-Rocheux, etc. : il est aisé de se convaincre, par ses yeux, que la continuité de ces terrains n'a été détruite que par le mouvement et l'action des eaux.

Dans cette chaîne de la montagne de Langres, on trouve plusieurs collines isolées, les unes en forme de cônes tronqués, comme celles de Montsaugeon; les autres en forme elliptique, comme celles de Montbard, de Montréal; et d'autres tout aussi remarquables autour des sources de la Meuse, vers Clémont et Montigny-le-Roi, qui est situé sur un monticule adhérent au continent par une langue de terre très-étroite. On voit encore une de ces collines isolées à Andilly, une autre auprès d'Heuilly-Coton, etc. Nous devons observer qu'en général ces collines calcaires isolées sont moins hautes que celles qui les environnent, et desquelles ces collines sont actuellement séparées, parce que le courant, remplissant toute la largeur du vallon, passait par-dessus ces collines isolées avec un mouvement direct et les détruisait par le sommet, tandis qu'il ne faisait que baigner le terrain des coteaux du vallon, et ne les attaquait que par un mouvement oblique ; en sorte que les montagnes qui bordent les vallons sont demeurées plus élevées que les collines isolées qui se trouvent entre-deux. A Montbard, par exemple, la hauteur de la colline isolée au-dessus de laquelle sont situés les murs de l'ancien château n'est que de cent quarante pieds, tandis que les montagnes qui bordent le vallon des deux côtés, au nord et au midi, en ont plus de trois cent cinquante ; et il en est de même des autres collines calcaires que nous venons de citer : toutes celles qui sont isolées sont en même temps moins élevées que les autres, parce qu'étant au milieu du vallon et au fil de l'eau, elles ont été minées sur leurs sommets par le courant, toujours plus violent et plus rapide dans le milieu que vers les bords de son cours.

Lorsqu'on regarde ces escarpements, souvent élevés à pic à plusieurs toises de hauteur ; lorsqu'on les voit composés du haut en bas de bancs de pierres calcaires très-massives et fort dures, on est émerveillé du temps prodigieux qu'il faut supposer pour que les eaux aient ouvert et creusé ces énormes tranchées ; mais deux circonstances ont concouru à l'accélération de ce grand ouvrage : l'une de ces circonstances est que, dans toutes les collines et montagnes calcaires, les lits supérieurs sont les moins compactes et les plus tendres, en sorte que les eaux ont aisément entamé la superficie du terrain et formé la première ravine qui a dirigé leur cours; la seconde circonstance est que, quoique ces bancs de matière calcaire se soient formés et même séchés et pétrifiés sous les eaux de la mer, il est néanmoins très-certain qu'ils n'étaient d'abord que des sédiments superposés de matières molles, lesquelles n'ont acquis de la dureté que successivement par l'action de la gravité sur la masse totale, et par l'exercice de la force d'affinité de leurs parties constituantes. Nous sommes donc assurés que ces matières n'avaient pas acquis toute la solidité et la dureté que nous leur voyons aujourd'hui, et que, dans ce temps de l'action des courants de la mer, elles devaient lui céder avec moins de résistance. Cette considération diminue l'énormité de la durée du temps de ce travail des eaux, et explique d'autant mieux la correspondance des angles saillants et rentrants des collines, qui ressemble parfaitement à la correspondance des bords de nos rivières dans tous les terrains aisés à diviser.

C'est pour la construction même de ces terrains calcaires, et non pour leur division, qu'il est nécessaire d'admettre une très-longue période de temps; en sorte que, dans les vingt mille ans, j'en prendrais au moins les trois premiers quarts pour la multiplication des coquillages, le transport de leurs dépouilles et la composition des masses qui les renferment, et le dernier quart pour la division et pour la configuration de ces mêmes terrains calcaires : il a fallu vingt mille ans pour la retraite des eaux, qui d'abord étaient élevées de deux mille toises au-dessus du niveau de nos mers actuelles; et ce n'est que vers la fin de cette longue marche en retraite que nos vallons ont été creusés, nos plaines établies, et nos collines découvertes : pendant tout ce temps le globe n'était peuplé que de poissons et d'animaux à coquilles; les sommets des montagnes et quelques terres élevées, que les eaux n'avaient pas surmontés ou qu'elles avaient abandonnés les premiers, étaient aussi couverts de végétaux ; car leurs détriments en volume immense ont formé les veines de charbon, dans le même temps que les dépouilles des coquillages ont formé les lits de nos pierres calcaires. Il est donc démontré par l'inspection attentive de ces monuments authentiques de la nature, savoir, les coquilles dans les marbres, les poissons dans les ardoises, et les végétaux dans les mines de charbon, que tous ces êtres organisés ont existé longtemps avant les animaux terrestres; d'autant qu'on ne trouve aucun indice, aucun vestige de l'existence de ceux-ci dans toutes ces couches anciennes qui se sont formées par le sédiment des eaux de la mer. On n'a trouvé les os, les dents, les défenses des animaux terrestres que dans les couches superficielles, ou bien dans ces vallées et dans ces plaines dont nous avons parlé, qui ont été comblées de déblais entraînés des lieux supérieurs par les eaux courantes : il y a seulement quelques exemples d'ossements trouvés dans des cavités sous des rochers, près des bords de la mer, et dans des terrains bas; mais ces rochers sous lesquels gisaient ces ossements d'animaux terrestres sont eux-mêmes de nouvelle formation, ainsi que toutes les carrières calcaires en pays bas, qui ne sont formées que des détriments des anciennes couches de pierre, toutes situées au-dessus de ces nouvelles carrières; et c'est par cette raison que je les ai désignées par le nom de *carrières parasites*, parce qu'elles se forment en effet aux dépens des premières.

Notre globe, pendant trente-cinq mille ans, n'a donc été qu'une masse de chaleur et de feu, dont aucun être sensible ne pouvait approcher ; ensuite, pendant quinze ou vingt mille ans, sa surface n'était qu'une mer universelle : il a fallu cette longue succession de siècles pour le refroidissement de la terre et pour la retraite des eaux, et ce n'est qu'à la fin de cette seconde période que la surface de nos continents a été figurée.

Mais ces derniers effets de l'action des courants de la mer ont été précédés de quelques autres effets encore plus généraux, lesquels ont influé sur quelques traits de la face entière de la terre. Nous avons dit que les eaux, venant en plus grande quantité du pôle austral, avaient aiguisé toutes les pointes des continents ; mais après la chute complète des eaux, lorsque la mer universelle eut pris son équilibre, le mouvement du midi au nord cessa, et la mer n'eut plus à obéir qu'à la puissance constante de la lune, qui, se combinant avec celle du soleil, produisit les marées et le mouvement constant d'orient en occident : les eaux, dans leur premier avénement, avaient d'abord été dirigées des pôles vers l'équateur, parce que les parties polaires, plus refroidies que le reste du globe, les avaient reçues les premières ; ensuite elles ont gagné successivement les régions de l'équateur ; et lorsque ces régions ont été couvertes, comme toutes les autres, par les eaux, le mouvement d'orient en occident s'est dès lors établi pour jamais ; car non-seulement il s'est maintenu pendant cette longue période de la retraite des mers, mais il se maintient encore aujourd'hui. Or, ce mouvement général de la mer d'orient en occident a produit sur la surface de la masse terrestre un effet tout aussi général : c'est d'avoir escarpé toutes les côtes occidentales des continents terrestres, et d'avoir en même temps laissé tous les terrains en pente douce du côté de l'orient.

A mesure que les mers s'abaissaient et découvraient les pointes les plus élevées des continents, ces sommets, comme autant de soupiraux qu'on viendrait de déboucher, commencèrent à laisser exhaler les nouveaux feux produits dans l'intérieur de la terre par l'effervescence des matières qui servent d'aliment aux volcans. Le domaine de la terre, sur la fin de cette seconde période de vingt mille ans, était partagé entre le feu et l'eau : également déchirée et dévorée par la fureur de ces deux éléments, il n'y avait nulle part ni sûreté ni repos ; mais heureusement ces anciennes scènes, les plus épouvantables de la nature, n'ont point eu de spectateurs, et ce n'est qu'après cette seconde période entièrement révolue que l'on peut dater la naissance des animaux terrestres ; les eaux étaient alors retirées, puisque les deux grands continents étaient unis vers le nord et également peuplés d'éléphants ; le nombre des volcans était aussi beaucoup diminué, parce que leurs éruptions ne pouvant s'opérer que par le conflit de l'eau et du feu, elles avaient cessé dès que la mer en s'abaissant s'en était éloignée. Qu'on se représente encore l'aspect qu'offrait la terre immédiatement après cette seconde période, c'est-à-dire à cinquante-cinq ou soixante mille ans de sa formation. Dans toutes les parties basses, des mares profondes, des courants rapides et des tournoiements d'eau ; des tremblements de terre presque continuels, produits par l'affaissement des cavernes et par les fréquentes explosions des volcans, tant sous mer que sur terre ; des orages généraux et particuliers ; des tourbillons de fumée et des tempêtes excitées par les violentes secousses de la terre et de la mer ; des inondations, des débordements; des déluges occasionnés par ces mêmes commotions; des fleuves de verre fondu, de bitume et de soufre, ravageant les montagnes et venant dans les plaines empoisonner les eaux; le soleil même presque toujours offusqué, non-seulement par des nuages aqueux, mais par des masses épaisses de cendres et de pierres poussées par les volcans, et nous remercierons le Créateur de n'avoir pas rendu l'homme[1] témoin de ces scènes effrayantes et terribles qui ont précédé et, pour ainsi dire, annoncé la naissance de la nature intelligente et sensible.

CINQUIÈME ÉPOQUE.

LORSQUE LES ÉLÉPHANTS ET LES AUTRES ANIMAUX DU MIDI ONT HABITÉ LES TERRES DU NORD.

Tout ce qui existe aujourd'hui dans la nature vivante a pu exister de même dès que la température de la terre s'est trouvée la même. Or les contrées septentrionales du globe ont joui pendant longtemps du même degré de chaleur dont jouissent aujourd'hui les terres méridionales; et dans le temps où ces contrées du Nord jouissaient de cette température, les terres avancées vers le Midi étaient encore brûlantes et sont demeurées désertes pendant un long espace de temps. Il semble même que la mémoire

---

[1]. « Il est certain qu'on n'a pas encore trouvé d'os humains parmi les fossiles. » (Cuvier, *Disc. sur les révol. de la surface du globe.*)

s'en soit conservée par la tradition, car les anciens étaient persuadés que les terres de la zone torride étaient inhabitées; elles étaient en effet encore inhabitables longtemps après la population des terres du Nord; car, en supposant trente-cinq mille ans pour le temps nécessaire au refroidissement de la terre sous les pôles, seulement au point d'en pouvoir toucher la surface sans se brûler, et vingt ou vingt-cinq mille ans de plus, tant pour la retraite des mers que pour l'attiédissement nécessaire à l'existence des êtres aussi sensibles que le sont les animaux terrestres, on sentira bien qu'il faut compter quelques milliers d'années de plus pour le refroidissement du globe à l'équateur, tant à cause de la plus grande épaisseur de la terre que de l'accession de la chaleur solaire qui est considérable sur l'équateur et presque nulle sous le pôle.

Et quand même ces deux causes réunies ne seraient pas suffisantes pour produire une si grande différence de temps entre ces deux populations, l'on doit considérer que l'équateur a reçu les eaux de l'atmosphère bien plus tard que les pôles, et que par conséquent cette cause secondaire du refroidissement agissant plus promptement et plus puissamment que les deux premières causes, la chaleur des terres du Nord se sera considérablement attiédie par la recette des eaux, tandis que la chaleur des terres méridionales se maintenait et ne pouvait diminuer que par sa propre déperdition. Et quand même on m'objecterait que la chute des eaux, soit sur l'équateur, soit sur les pôles, n'étant que la suite du refroidissement à un certain degré de chacune de ces deux parties du globe, elle n'a eu lieu dans l'une et dans l'autre que quand la température de la terre et celle des eaux tombantes ont été respectivement les mêmes, et que par conséquent cette chute d'eau n'a pas autant contribué que je le dis à accélérer le refroidissement sous le pôle plus que sous l'équateur, on sera forcé de convenir que les vapeurs, et par conséquent les eaux tombantes sur l'équateur, avaient plus de chaleur à cause de l'action du soleil, et que par cette raison elles ont refroidi plus lentement les terres de la zone torride, en sorte que j'admettrais au moins neuf à dix mille ans entre le temps de la naissance des éléphants dans les contrées septentrionales et le temps où ils se sont retirés jusqu'aux contrées les plus méridionales; car le froid ne venait et ne vient encore que d'en haut; les pluies continuelles qui tombaient sur les parties polaires du globe en accéléraient incessamment le refroidissement, tandis qu'aucune cause extérieure ne contribuait à celui des parties de l'équateur. Or cette cause qui nous paraît si sensible par les neiges de nos hivers et les grêles de notre été, ce froid qui des hautes régions de l'air nous arrive par intervalles, tombait à plomb et sans interruption sur les terres septentrionales, et les a refroidies bien plus promptement que n'ont pu se refroidir les terres de l'équateur, sur lesquelles ces ministres du froid, l'eau, la neige et la grêle, ne pouvaient agir ni tomber. D'ailleurs nous devons faire entrer ici une considération très-importante sur les limites qui bornent la durée de la nature vivante : nous en avons établi le premier terme possible à trente-cinq mille ans de la formation du globe terrestre, et le dernier terme à quatre-vingt-treize mille ans à dater de ce jour, ce qui fait cent trente-deux mille ans pour la durée absolue de cette belle nature. Voilà les limites les plus éloignées et la plus grande étendue de durée que nous ayons donnée, d'après nos hypothèses, à la vie de la nature sensible; cette vie aura pu commencer à trente-cinq ou trente-six mille ans, parce qu'alors le globe était assez refroidi à ses parties polaires pour qu'on pût le toucher sans se brûler, et elle pourra ne finir que dans quatre-vingt-treize mille ans, lorsque le globe sera plus froid que la glace. Mais, entre ces deux limites si éloignées, il faut en admettre d'autres plus rapprochées : les eaux et toutes les matières qui sont tombées de l'atmosphère n'ont cessé d'être dans un état d'ébullition qu'au moment où l'on pouvait les toucher sans se brûler; ce n'est donc que longtemps après cette période de trente-six mille ans que les êtres doués d'une sensibilité pareille à celle que nous leur connaissons ont pu naître et subsister; car si la terre, l'air et l'eau prenaient tout à coup ce degré de chaleur qui ne nous permettrait de pouvoir les toucher sans en être vivement offensés, y aurait-il un seul des êtres actuels capables de résister à cette chaleur mortelle, puisqu'elle excéderait de beaucoup la chaleur vitale de leurs corps? Il a pu exister alors des végétaux, des coquillages et des poissons d'une nature moins sensible à la chaleur dont les espèces ont été anéanties par le refroidissement dans les âges subséquents, et ce sont ceux dont nous trouvons les dépouilles et les détriments dans les mines de charbon, dans les ardoises, dans les schistes et dans les couches d'argile, aussi bien que dans les bancs de marbres et des autres matières calcaires; mais toutes les espèces plus sensibles, et particulièrement les animaux terrestres, n'ont pu naître et se multiplier que dans des temps postérieurs et plus voisins du nôtre.

Et dans quelle contrée du Nord les premiers animaux terrestres auront-ils pris naissance? N'est-il pas probable que c'est dans les terres les plus élevées, puisqu'elles ont été refroidies avant les autres? Et n'est-il pas également probable que les éléphants et les autres animaux actuellement habitant les terres du Midi sont nés les premiers de tous, et qu'ils ont occupé ces terres du Nord pendant quelques milliers d'années et longtemps avant la naissance des rennes qui habitent aujourd'hui ces mêmes terres du Nord?

Dans ce temps, qui n'est guère éloigné du nôtre que de quinze mille ans, les éléphants, les rhinocéros, les hippopotames, et probablement toutes les espèces qui ne peuvent se multiplier actuellement que sous la zone torride, vivaient donc et se multipliaient dans les terres du Nord, dont la chaleur était au même degré, et par conséquent tout aussi convenable à leur nature : ils y étaient en grand nombre; ils y ont séjourné longtemps; la quantité d'ivoire et de leurs autres dépouilles que l'on a découvertes et que l'on découvre tous les jours dans ces contrées septentrionales, nous démontre évidemment qu'elles ont été leur patrie, leur pays natal et certainement la première terre qu'ils aient occupée; mais, de plus, ils ont existé en même temps dans les contrées septentrionales de l'Europe, de l'Asie et de l'Amérique; ce qui nous fait connaître que les deux continents étaient alors contigus, et qu'ils n'ont été séparés que dans des temps subséquents. J'ai dit que nous avions au Cabinet du Roi des défenses d'éléphants trouvées en Russie et en Sibérie, et d'autres qui ont été trouvées au Canada, près de la rivière d'Ohio. Les grosses dents molaires de l'hippopotame et de l'énorme animal dont l'espèce est perdue[1] nous sont arrivées du Canada, et d'autres toutes semblables sont venues de Tartarie et de Sibérie. On ne peut donc pas douter que ces animaux, qui n'habitent aujourd'hui que les terres du midi de notre continent,

---

1. « ... L'énorme animal dont l'espèce est perdue, » le *mastodonte*.

n'existassent aussi dans les terres septentrionales de l'autre
et dans le même temps, car la terre était également
chaude ou refroidie au même degré dans tous deux. Et ce
n'est pas seulement dans les terres du Nord qu'on a trouvé
ces dépouilles d'animaux du Midi, mais elles se trouvent
encore dans tous les pays tempérés, en France, en Allemagne, en Italie, en Angleterre, etc. Nous avons sur cela
des monuments authentiques, c'est-à-dire des défenses
d'éléphants et d'autres ossements de ces animaux trouvés
dans plusieurs provinces de l'Europe.

Dans les temps précédents, ces mêmes terres septentrionales étaient recouvertes par les eaux de la mer, lesquelles, par leur mouvement, y ont produit les mêmes
effets que partout ailleurs : elles en ont figuré les collines,
elles les ont composées de couches horizontales, elles ont
déposé les argiles et les matières calcaires en forme de
sédiment; car on trouve dans ces terres du Nord, comme
dans nos contrées, les coquillages et les débris des autres
productions marines enfouis à d'assez grandes profondeurs
dans l'intérieur de la terre, tandis que ce n'est pour ainsi
dire qu'à sa superficie, c'est-à-dire à quelques pieds de
profondeur, que l'on trouve les squelettes d'éléphants, de
rhinocéros, et les autres dépouilles des animaux terrestres.

Il paraît même que ces premiers animaux terrestres
étaient, comme les premiers animaux marins, plus grands
qu'ils ne le sont aujourd'hui. Nous avons parlé de ces
énormes dents carrées à pointes mousses, qui ont appartenu à un animal plus grand que l'éléphant, et dont l'espèce ne subsiste plus; nous avons indiqué ces coquillages
en volutes, qui ont jusqu'à huit pieds de diamètre sur un
pied d'épaisseur, et nous avons vu de même des défenses,
des dents, des omoplates, des fémurs d'éléphants d'une

taille supérieure à celle des éléphants actuellement existants. Nous avons reconnu, par la comparaison immédiate des dents mâchelières des hippopotames d'aujourd'hui avec les grosses dents qui nous sont venues de la Sibérie et du Canada, que les anciens hippopotames auxquels ces grosses dents ont autrefois appartenu étaient au moins quatre fois plus volumineux que ne le sont les hippopotames actuellement existants. Ces grands ossements et ces énormes dents sont des témoins subsistants de la grande force de la nature dans ces premiers âges. Mais, pour ne pas perdre de vue notre objet principal, suivons nos éléphants dans leur marche progressive du nord au midi.

Nous ne pouvons douter qu'après avoir occupé les parties septentrionales de la Russie et de la Sibérie jusqu'au 60ᵉ degré, où l'on a trouvé leurs dépouilles en grande quantité, ils n'aient ensuite gagné les terres moins septentrionales, puisqu'on trouve encore de ces mêmes dépouilles en Moscovie, en Pologne, en Allemagne, en Angleterre, en France, en Italie ; en sorte qu'à mesure que les terres du Nord se refroidissaient, ces animaux cherchaient des terres plus chaudes ; et il est clair que tous les climats, depuis le nord jusqu'à l'équateur, ont successivement joui du degré de chaleur convenable à leur nature. Ainsi, quoique de mémoire d'homme l'espèce de l'éléphant ne paraisse avoir occupé que les climats actuellement les plus chauds dans notre continent, c'est-à-dire les terres qui s'étendent à peu près à 20 degrés des deux côtés de l'équateur, et qu'ils y paraissent confinés depuis plusieurs siècles, les monuments de leurs dépouilles trouvées dans toutes les parties tempérées de ce même continent[1] dé-

1. On a trouvé, en effet, de ces *dépouilles presque partout* dans notre continent. Je dis *presque partout;* car il est des lieux où l'on n'en a point

montrent qu'ils ont aussi habité pendant autant de siècles les différents climats de ce même continent ; d'abord : du 60ᵉ au 50ᵉ degré, puis du 50ᵉ au 40ᵉ, ensuite du 40ᵉ au 30ᵉ, et du 30ᵉ au 20ᵉ, enfin, du 20ᵉ à l'équateur et au delà à la même distance. On pourrait même présumer qu'en faisant des recherches en Laponie, dans les terres de l'Europe et de l'Asie qui sont au delà du 60ᵉ degré, on pourrait y trouver de même des défenses et des ossements d'éléphants, ainsi que des autres animaux du Midi, à moins qu'on ne veuille supposer (ce qui n'est pas sans vraisemblance) que la surface de la terre étant réellement encore plus élevée en Sibérie que dans toutes les provinces qui l'avoisinent du côté du nord, ces mêmes terres de la Sibérie ont été les premières abandonnées par les eaux, et par conséquent les premières où les animaux terrestres aient pu s'établir. Quoi qu'il en soit, il est certain que les éléphants ont vécu, produit, multiplié pendant plusieurs siècles dans cette même Sibérie et dans le nord de la Russie; qu'ensuite ils ont gagné les terres du 50ᵉ au 40ᵉ degré, et qu'ils y ont subsisté plus longtemps que dans leur terre natale, et encore plus longtemps dans les contrées du 40ᵉ au 30ᵉ degré, etc., parce que le refroidissement successif du globe a toujours été plus lent, à

trouvé, du moins jusqu'ici ; et, ce qui est remarquable, c'est que ces lieux sont précisément ceux-là même que nos *éléphants* habitent aujourd'hui. « Il « est singulier qu'on ne déterre point de ces os dans les climats où les élé- « phants, que nous connaissons, vivent habituellement, tandis qu'ils sont « si communs à des latitudes qu'aucun de ces animaux ne pourrait suppor- « ter. N'y en a-t-il point eu d'enfouis? ou, lorsqu'on en a découvert, a-t-on « négligé de les remarquer, parce qu'on les attribuait à des animaux du pays, « et qu'on n'y voyait rien d'extraordinaire? Ne serait-ce pas aussi que les « mammouths étant des animaux destinés à vivre dans le Nord, à cause de « la laine épaisse et des longs crins qui les recouvraient, il n'y en avait point « à une certaine proximité des tropiques?... » (Cuvier, *Rech. sur les oss. foss.*)

mesure que les climats se sont trouvés plus voisins de l'équateur, tant par la plus forte épaisseur du globe que par la plus grande chaleur du soleil.

Nous avons fixé, d'après nos hypothèses[1], le premier instant possible du commencement de la nature vivante à trente-cinq ou trente-six mille ans à dater de la formation du globe, parce que ce n'est qu'à cet instant qu'on aurait pu commencer à le toucher sans se brûler ; en donnant vingt-cinq mille ans de plus pour achever l'ouvrage immense de la construction de nos montagnes calcaires, pour leur figuration par angles saillants et rentrants, pour l'abaissement des mers, pour les ravages des volcans et pour le desséchement de la surface de la terre, nous ne compterons qu'environ quinze mille ans depuis le temps où la terre, après avoir essuyé, éprouvé tant de bouleversements et de changements, s'est enfin trouvée dans un état plus calme et assez fixe pour que les causes de destruction ne fussent pas plus puissantes et plus générales que celles de la production. Donnant donc quinze mille ans d'ancienneté à la nature vivante telle qu'elle nous est par-

---

1. Buffon n'oublie pas qu'il ne se fonde, en tout ceci, que sur des *hypothèses*. Lui-même nous en avertira bientôt plus complétement, et en termes très-nobles. « J'ai fait ce que j'ai pu pour proportionner, dans chacune de « ces périodes, la durée du temps à la grandeur des ouvrages ; j'ai tâché, « d'après mes hypothèses, de tracer le tableau successif des grandes révo- « lutions de la nature, sans néanmoins avoir prétendu la saisir à son origine « et encore moins l'avoir embrassée dans toute son étendue. Et mes hypo- « thèses fussent-elles contestées, et mon tableau ne fût-il qu'une esquisse « très-imparfaite de celui de la nature, je suis convaincu que tous ceux qui « de bonne foi voudront examiner cette esquisse, et la comparer avec le « modèle, trouveront assez de ressemblance pour pouvoir au moins satisfaire « leurs yeux et fixer leurs idées sur les plus grands objets de la philosophie « naturelle. » — La nature a eu ses *révolutions*, ses *périodes de temps*, ses *époques;* c'est ce que nous savons tous aujourd'hui très-certainement ; mais quelle gloire d'avoir été le premier à le soupçonner et à le dire ! (F.)

venue, c'est-à-dire quinze mille ans d'ancienneté aux espèces d'animaux terrestres nées dans les terres du Nord, et actuellement existantes dans celles du Midi, nous pourrons supposer qu'il y a peut-être cinq mille ans que les éléphants sont confinés dans la zone torride, et qu'ils ont séjourné tout autant de temps dans les climats qui forment aujourd'hui les zones tempérées, et peut-être autant dans les climats du Nord, où ils ont pris naissance.

Mais cette marche régulière qu'ont suivie les plus grands, les premiers animaux dans notre continent, paraît avoir souffert des obstacles dans l'autre : il est très-certain qu'on a trouvé, et il est très-probable qu'on trouvera encore des défenses et des ossements d'éléphants en Canada, dans le pays des Illinois, au Mexique et dans quelques autres endroits de l'Amérique septentrionale ; mais nous n'avons aucune observation, aucun monument qui nous indiquent le même fait pour les terres de l'Amérique méridionale. D'ailleurs, l'espèce même de l'éléphant qui s'est conservée dans l'ancien continent ne subsiste plus dans l'autre : non-seulement cette espèce, ni aucune autre de toutes celles des animaux terrestres qui occupent actuellement les terres méridionales de notre continent, ne se sont trouvées dans les terres méridionales du nouveau monde, mais même il paraît qu'ils n'ont existé que dans les contrées septentrionales de ce nouveau continent ; et cela, dans le même temps qu'ils existaient dans celles de notre continent. Ce fait ne démontre-t-il pas que l'ancien et le nouveau continent n'étaient pas alors séparés vers le nord, et que leur séparation ne s'est faite que postérieurement au temps de l'existence des éléphants dans l'Amérique septentrionale, où leur espèce s'est probablement éteinte par le refroidissement, et à peu près dans le temps de cette séparation des continents, parce que ces animaux n'auront pu gagner les régions de l'équateur dans ce nouveau continent, comme ils l'ont fait dans l'ancien, tant en Asie qu'en Afrique? En effet, si l'on considère la surface de ce nouveau continent, on voit que les parties méridionales voisines de l'isthme de Panama[1] sont occupées par de très-hautes montagnes : les éléphants n'ont pu franchir ces barrières invincibles pour eux, à cause du trop grand froid qui se fait sentir sur ces hauteurs; ils n'auront donc pas été au delà des terres de l'isthme, et n'auront subsisté dans l'Amérique septentrionale qu'autant qu'aura duré dans cette terre le degré de chaleur nécessaire à leur multiplication. Il en est de même de tous les autres animaux des parties méridionales de notre continent : aucun ne s'est trouvé dans les parties méridionales de l'autre. J'ai démontré cette vérité par un si grand nombre d'exemples, qu'on ne peut la révoquer en doute.

Les animaux, au contraire, qui peuplent actuellement nos régions tempérées et froides, se trouvent également dans les parties septentrionales des deux continents : ils y sont nés postérieurement aux premiers et s'y sont conservés, parce que leur nature n'exige pas une aussi grande

---

1. « Buffon avait déjà avancé l'existence des ossements d'éléphants dans « l'Amérique septentrionale, et, à ce qu'il prétendait, dans celle-là seule- « ment. On sait même qu'il imagina, comme cause de leur destruction dans « ce continent, l'impossibilité où ils durent être de passer l'isthme de Pa- « nama, lorsque le refroidissement graduel de la terre les poussa vers le « Midi, comme si toutes les parties basses du Mexique n'étaient pas encore « assez chaudes pour eux, et comme si les côtes de l'isthme de Panama « n'avaient pas été assez larges pour leur ouvrir un passage. — Au reste, les « faits sur lesquels Buffon appuyait son hypothèse n'étaient pas même en- « tièrement exacts. Les os qu'on avait découverts de son temps n'étaient « point de l'éléphant; ils appartenaient à un autre animal, celui que nous « désignerons par le nom de *mastodonte*, et que l'on connaissait aussi sous « celui d'*animal de l'Ohio*... » (Cuvier, *Rech. sur les oss. foss.*)

chaleur. Les rennes et les autres animaux qui ne peuvent subsister que dans les climats les plus froids sont venus les derniers; et qui sait si, par succession de temps, lorsque la terre sera plus refroidie [1], il ne paraîtra pas de nouvelles espèces dont le tempérament différera de celui du renne autant que la nature du renne diffère à cet égard de celle de l'éléphant? Quoi qu'il en soit, il est certain qu'aucuns des animaux propres et particuliers aux terres méridionales de notre continent ne se sont trouvés dans les terres méridionales de l'autre, et que même dans le nombre des animaux communs à notre continent et à celui de l'Amérique septentrionale, dont les espèces se sont conservées dans tous deux, à peine en peut-on citer une qui soit arrivée à l'Amérique méridionale. Cette partie du monde n'a donc pas été peuplée comme toutes les autres ni dans le même temps; elle est demeurée, pour ainsi dire, isolée et séparée du reste de la terre par les mers et par ses hautes montagnes. Les premiers animaux terrestres, nés dans les terres du Nord, n'ont donc pu s'établir par communication dans ce continent méridional de l'Amérique, ni subsister dans son continent septentrional qu'autant qu'il a conservé le degré de chaleur nécessaire à leur propagation; et cette terre de l'Amérique méridionale, réduite à ses propres forces, n'a enfanté que des animaux plus faibles et beaucoup plus petits que ceux qui sont venus du Nord pour peupler nos contrées du Midi.

Je dis que les animaux qui peuplent aujourd'hui les terres du Midi de notre continent y sont venus du Nord, et je crois pouvoir l'affirmer avec tout fondement: car, d'une part, les monuments que nous venons d'exposer le

[1]. Elle l'est complétement par rapport aux *êtres vivants*, puisque sa *chaleur intérieure* n'est plus sensible à *sa surface*. (F.)

démontrent, et d'autre côté nous ne connaissons aucune espèce grande et principale, actuellement subsistante dans ces terres du Midi, qui n'ait existé précédemment dans les terres du Nord, puisqu'on y trouve des défenses et des ossements d'éléphants, des squelettes de rhinocéros, des dents d'hippopotames et des têtes monstrueuses de bœufs[1], qui ont frappé par leur grandeur, et qu'il est plus que probable qu'on y a trouvé de même des débris de plusieurs autres espèces moins remarquables ; en sorte que si l'on veut distinguer dans les terres méridionales de notre continent les animaux qui y sont arrivés du Nord, de ceux que cette même terre a pu produire par ses propres forces, on reconnaîtra que tout ce qu'il y a de colossal et de grand dans la nature a été formé dans les terres du Nord, et que si celles de l'équateur ont produit quelques animaux, ce sont des espèces inférieures, bien plus petites que les premières.

Mais ce qui doit faire douter de cette production, c'est que ces espèces que nous supposons ici produites par les propres forces des terres méridionales de notre continent,

---

1. Buffon raisonne toujours sur la supposition que ces *éléphants*, ces *rhinocéros*, ces *hippopotames*, ces *bœufs monstrueux* étaient de la *même espèce* que les *éléphants*, les *rhinocéros*, les *hippopotames*, les *bœufs*, etc., qui vivent aujourd'hui ; mais, je l'ai déjà dit, cela n'est pas ; et c'est précisément là ce qui constitue la grande découverte de Cuvier, c'est d'avoir reconnu que toutes ces grandes et antiques espèces sont des *espèces perdues*, c'est-à-dire des espèces *différentes* des *espèces vivantes*. — Dès son premier mémoire sur les *éléphants fossiles*, Cuvier s'exprimait ainsi : « Qu'on se « demande pourquoi l'on trouve tant de dépouilles d'animaux inconnus, « tandis qu'on n'en trouve aucune, ou presque aucune dont on puisse dire « qu'elle appartient aux espèces que nous connaissons, et l'on verra com- « bien il est probable qu'elles ont toutes appartenu à des êtres d'un monde « antérieur au nôtre, à des êtres détruits par quelque révolution du globe, « êtres dont ceux qui existent aujourd'hui ont rempli la place, pour se voir « peut-être un jour également remplacés par d'autres. » Voyez mon *Histoire des travaux de Cuvier*. (F.)

auraient dû ressembler aux animaux des terres méridionales de l'autre continent, lesquels n'ont de même été produits que par la propre force de cette terre isolée : c'est néanmoins tout le contraire, car aucun des animaux de l'Amérique méridionale ne ressemble assez aux animaux des terres du Midi de notre continent pour qu'on puisse les regarder comme de la même espèce ; ils sont pour la plupart d'une forme si différente, que ce n'est qu'après un long examen qu'on peut les soupçonner d'être les représentants de quelques-uns de ceux de notre continent. Quelle différence de l'éléphant au tapir, qui cependant est de tous le seul qu'on puisse lui comparer, mais qui s'en éloigne déjà beaucoup par la figure, et prodigieusement par la grandeur ; car ce tapir, cet éléphant du nouveau monde, n'a ni trompe ni défenses, et n'est guère plus grand qu'un âne. Aucun animal de l'Amérique méridionale ne ressemble au rhinocéros, aucun à l'hippopotame, aucun à la girafe ; et quelle différence encore entre le lama et le chameau, quoiqu'elle soit moins grande qu'entre le tapir et l'éléphant!

L'établissement de la nature vivante, surtout de celle des animaux terrestres, s'est donc fait dans l'Amérique méridionale [1], bien postérieurement à son séjour déjà fixé

---

1. Mais l'Amérique méridionale a ses espèces fossiles, c'est-à-dire *antiques* et *perdues*, tout comme l'Amérique septentrionale, tout comme l'ancien continent. Elle a notamment le *megatherium*, animal énorme dans un ordre, celui des *édentés*, dont les plus grandes espèces d'aujourd'hui (l'*unau*, l'*aï*) sont à peine de la taille du *chien ;* elle avait le *mastodonte à dents étroites*, et celui-ci en nombre prodigieux : « Ce sont ces os qui ont
« donné lieu à tout ce qu'on rapporte des géants qui doivent avoir existé
« autrefois au Pérou... C'est probablement sur une tradition semblable que
« l'un des lieux où l'on trouve le plus de ces os, près de Santa-Fé de Bogota,
« est nommé le Camp-des-Géants. M. de Humboldt dit qu'il y en a un
« amas immense. » (Cuvier, *Rech. sur les oss. foss.*)

dans les terres du Nord, et peut-être la différence du temps est-elle de plus de quatre ou cinq mille ans : nous avons exposé une partie des faits et des raisons qui doivent faire penser que le nouveau monde, surtout dans ses parties méridionales, est une terre plus récemment peuplée que celle de notre continent ; que la nature, bien loin d'y être dégénérée par vétusté, y est au contraire née tard et n'y a jamais existé avec les mêmes forces, la même puissance active que dans les contrées septentrionales ; car on ne peut douter, après ce qui vient d'être dit, que les grandes et premières formations des êtres animés ne se soient faites dans les terres élevées du Nord, d'où elles ont successivement passé dans les contrées du Midi sous la même forme et sans avoir rien perdu que sur les dimensions de leur grandeur ; nos éléphants et nos hippopotames, qui nous paraissent si gros, ont eu des ancêtres plus grands dans les temps qu'ils habitaient les terres septentrionales où ils ont laissé leurs dépouilles ; les cétacés d'aujourd'hui sont aussi moins gros qu'ils ne l'étaient anciennement, mais c'est peut-être par une autre raison.

Les baleines, les gibbars, molars, cachalots, narwals et autres grands cétacés, appartiennent aux mers septentrionales, tandis que l'on ne trouve dans les mers tempérées et méridionales que les lamantins, les dugons, les marsoins, qui tous sont inférieurs aux premiers en grandeur. Il semble donc, au premier coup d'œil, que la nature ait opéré d'une manière contraire et par une succession inverse, puisque tous les plus grands animaux terrestres se trouvent actuellement dans les contrées du Midi, tandis que tous les plus grands animaux marins n'habitent que les régions de notre pôle. Et pourquoi ces grandes et presque monstrueuses espèces paraissent-elles confinées dans ces mers froides? Pourquoi n'ont-elles pas gagné successivement, comme les éléphants, les régions les plus chaudes? En un mot, pourquoi ne se trouvent-elles, ni dans les mers tempérées, ni dans celles du Midi? car à l'exception de quelques cachalots qui viennent assez souvent autour des Açores et quelquefois échouer sur nos côtes, et dont l'espèce paraît la plus vagabonde de ces grands cétacés, toutes les autres sont demeurées et ont encore leur séjour constant dans les mers boréales des deux continents. On a bien remarqué, depuis qu'on a commencé la pêche, ou plutôt la chasse de ces grands animaux, qu'ils se sont retirés des endroits où l'homme allait les inquiéter. On a de plus observé que ces premières baleines, c'est-à-dire celles que l'on pêchait il y a cent cinquante et deux cents ans, étaient beaucoup plus grosses que celles d'aujourd'hui : elles avaient jusqu'à cent pieds de longueur, tandis que les plus grandes que l'on prend actuellement n'en ont que soixante ; on pourrait même expliquer d'une manière assez satisfaisante les raisons de cette différence de grandeur. Car les baleines, ainsi que tous les autres cétacés, et même la plupart des poissons, vivent sans comparaison bien plus longtemps qu'aucun des animaux terrestres; et dès lors leur entier accroissement demande aussi un temps beaucoup plus long. Or quand on a commencé la pêche des baleines, il y a cent cinquante ou deux cents ans, on a trouvé les plus âgées et celles qui avaient pris leur entier accroissement; on les a poursuivies, chassées de préférence, enfin on les a détruites, et il ne reste aujourd'hui dans les mers fréquentées par nos pêcheurs que celles qui n'ont pas encore atteint toutes leurs dimensions; car, comme nous l'avons dit ailleurs, une baleine peut bien vivre mille ans, puisqu'une carpe en vit plus de deux cents.

La permanence du séjour de ces grands animaux dans les mers boréales semble fournir une nouvelle preuve de la continuité des continents vers les régions de notre Nord, et nous indiquer que cet état de continuité a subsisté longtemps; car si ces animaux marins, que nous supposerons pour un moment nés en même temps que les éléphants, eussent trouvé la route ouverte, ils auraient gagné les mers du Midi, pour peu que le refroidissement des eaux leur eût été contraire; et cela serait arrivé, s'ils eussent pris naissance dans le temps que la mer était encore chaude. On doit donc présumer que leur existence est postérieure à celle des éléphants et des autres animaux qui ne peuvent subsister que dans les climats du Midi. Cependant il se pourrait aussi que la différence de température fût pour ainsi dire indifférente ou beaucoup moins sensible aux animaux aquatiques qu'aux animaux terrestres. Le froid et le chaud sur la surface de la terre et de la mer suivent à la vérité l'ordre des climats, et la chaleur de l'intérieur du globe est la même dans le sein de la mer et dans celui de la terre à la même profondeur; mais les variations de température, qui sont si grandes à la surface de la terre, sont beaucoup moindres et presque nulles à quelques toises de profondeur sous les eaux. Les injures de l'air ne s'y font pas sentir, et ces grands cétacés ne les éprouvent pas ou du moins peuvent s'en garantir : d'ailleurs, par la nature même de leur organisation, ils paraissent plutôt munis contre le froid que contre la grande chaleur; car, quoique leur sang soit à peu près aussi chaud que celui des animaux quadrupèdes, l'énorme quantité de lard et d'huile qui recouvre leur corps, en les privant du sentiment vif qu'ont les autres animaux, les défend en même temps de toutes les impressions extérieures, et il est à présumer qu'ils restent où ils sont, parce qu'ils n'ont pas même le sentiment qui pourrait les conduire vers une température plus douce, ni l'idée de se trouver mieux ailleurs; car il faut de l'instinct pour se mettre à son aise, il en faut pour se déterminer à changer de demeure, et il y a des animaux et même des hommes si brutes, qu'ils préfèrent de languir dans leur ingrate terre natale, à la peine qu'il faudrait prendre pour se gîter plus commodément ailleurs ; il est donc très-probable que ces cachalots, que nous voyons de temps en temps arriver des mers septentrionales sur nos côtes, ne se décident pas à faire ces voyages pour jouir d'une température plus douce, mais qu'ils y sont déterminés par les colonnes de harengs, de maquereaux et d'autres petits poissons qu'ils suivent et avalent par milliers.

Toutes ces considérations nous font présumer que les régions de notre Nord, soit de la mer, soit de la terre, ont non-seulement été les premières fécondées, mais que c'est encore dans ces mêmes régions que la nature vivante s'est élevée à ses plus grandes dimensions. Et comment expliquer cette supériorité de force et cette priorité de formation donnée à cette région du Nord exclusivement à toutes les autres parties de la terre ? car nous voyons, par l'exemple de l'Amérique méridionale, dans les terres de laquelle il ne se trouve que de petits animaux, et dans les mers le seul lamantin, qui est aussi petit en comparaison de la baleine que le tapir l'est en comparaison de l'éléphant; nous voyons, dis-je, par cet exemple frappant, que la nature n'a jamais produit dans les terres du Midi des animaux comparables en grandeur aux animaux du Nord; et nous voyons de même, par un second exemple tiré des monuments, que dans les terres méridionales de notre continent les plus grands animaux sont ceux qui sont venus du Nord, et que s'il s'en est produit dans ces terres de notre Midi, ce ne sont que des espèces très-inférieures aux premières en grandeur et en force. On doit même croire qu'il ne s'en est produit aucune dans les terres méridionales de l'ancien continent, quoiqu'il s'en soit formé dans celles du nouveau, et voici les motifs de cette présomption.

Toute production, toute génération, et même tout accroissement, tout développement, supposent le concours et la réunion d'une grande quantité de molécules organiques vivantes : ces molécules, qui animent tous les corps organisés, sont successivement employées à la nutrition et à la génération de tous les êtres. Si tout à coup la plus grande partie de ces êtres était supprimée, on verrait paraître des espèces nouvelles, parce que ces molécules organiques, qui sont indestructibles et toujours actives, se réuniraient pour composer d'autres corps organisés; mais étant entièrement absorbées par les moules intérieurs des êtres actuellement existants, il ne peut se former d'espèces nouvelles, du moins dans les premières classes de la nature, telles que celles des grands animaux. Or ces grands animaux sont arrivés du Nord sur les terres du Midi; ils s'y sont nourris, reproduits, multipliés, et ont par conséquent absorbé les molécules vivantes; en sorte qu'ils n'en ont point laissé de superflues qui auraient pu former des espèces nouvelles, tandis qu'au contraire dans les terres de l'Amérique méridionale, où les grands animaux du Nord n'ont pu pénétrer, les molécules organiques vivantes ne se trouvant absorbées par aucun moule animal déjà subsistant, elles se seront réunies pour former des espèces qui ne ressemblent point aux autres, et qui toutes sont inférieures, tant par la force que par la grandeur, à celles des animaux venus du Nord [1].

Ces deux formations, quoique d'un temps différent, se sont faites de la même manière et par les mêmes moyens ; et si les premières sont supérieures à tous égards aux dernières, c'est que la fécondité de la terre, c'est-à-dire la quantité de la matière organique vivante, était moins abondante dans ces climats méridionaux que dans celui du Nord. On peut en donner la raison, sans la chercher ailleurs que dans notre hypothèse ; car toutes les parties aqueuses, huileuses et ductiles, qui devaient entrer dans la composition des êtres organisés, sont tombées avec les eaux sur les parties septentrionales du globe, bien plus tôt et en bien plus grande quantité que sur les parties méridionales : c'est dans ces matières aqueuses et ductiles que les molécules organiques vivantes ont commencé à exercer leur puissance pour modeler et développer les corps organisés ; et comme les molécules organiques ne sont produites que par la chaleur sur les matières ductiles, elles étaient aussi plus abondantes dans les terres du

---

[1]. ... Laissons l'explication puérile des *molécules organiques*, qui, étant entièrement absorbées par les *moules intérieurs* des grands animaux de l'ancien continent, n'ont pu former d'espèces *nouvelles*, et qui, ne se trouvant *absorbées*, dans l'Amérique méridionale, par aucun moule animal déjà subsistant, se sont réunies pour *former des espèces qui ne ressemblent point aux autres*... — En fait, le nouveau continent a eu sa *faune antique* et *perdue*, tout comme l'ancien, et la même que l'ancien : des *éléphants*, des *mastodontes*, etc. D'un autre côté, les deux continents sont aussi anciens l'un que l'autre, sont de même date, c'est la même *révolution* qui les a soulevés et mis à sec. Enfin, au moment où la vie a *repris* sur le globe, les *molécules organiques* n'ont pas pu être *absorbées* par les grands animaux de l'ancien continent plus que par ceux du nouveau ; car toutes les *espèces antiques* avaient été *détruites*, détruites en même temps, et sont depuis lors perdues. (F.)

Nord qu'elles n'ont pu l'être dans les terres du Midi, où ces mêmes matières étaient en moindre quantité. Il n'est pas étonnant que les premières, les plus fortes et les plus grandes productions de la nature vivante se soient faites dans ces mêmes terres du Nord, tandis que dans celles de l'équateur, et particulièrement dans celles de l'Amérique méridionale, où la quantité de ces mêmes matières ductiles était bien moindre, il ne s'est formé que des espèces inférieures plus petites et plus faibles que celles des terres du Nord.

Mais revenons à l'objet principal de notre époque : dans ce même temps où les éléphants habitaient nos terres septentrionales, les arbres et les plantes qui couvrent actuellement nos contrées méridionales existaient aussi dans ces mêmes terres du Nord. Les monuments semblent le démontrer; car toutes les impressions bien avérées des plantes qu'on a trouvées dans nos ardoises et nos charbons présentent la figure de plantes qui n'existent actuellement que dans les Grandes Indes ou dans les autres parties du Midi[1]. On pourra m'objecter, malgré la certitude du fait par l'évidence de ces preuves, que les arbres et les plantes n'ont pu voyager comme les animaux, ni par conséquent se transporter du Nord au Midi. A cela je réponds : 1° que ce transport ne s'est pas fait tout à coup, mais successivement ; les espèces de végétaux se sont semées de proche en proche dans les terres dont la température leur devenait convenable ; et ensuite ces mêmes espèces, après avoir gagné jusqu'aux contrées de l'équa-

---

1. Il en est des *végétaux* comme des *animaux*. Les *végétaux fossiles* sont des *végétaux perdus* ; et le progrès de l'*extinction* s'est fait de la même manière dans les deux *règnes* : il n'y a d'abord de perdu que certaines *espèces*, appartenant à des *genres* encore subsistants ; puis les *genres*, des *genres* entiers, disparaissent ; et puis les *familles*. (F.)

teur, auront péri dans celles du Nord, dont elles ne pouvaient plus supporter le froid ; 2° ce transport, ou plutôt ces accrues successives de bois, ne sont pas même nécessaires pour rendre raison de l'existence de ces végétaux dans les pays méridionaux ; car en général la même température, c'est-à-dire le même degré de chaleur, produit partout les mêmes plantes sans qu'elles y aient été transportées. La population des terres méridionales par les végétaux est donc encore plus simple que par les animaux.

Il reste celle de l'homme : a-t-elle été contemporaine à celle des animaux ? Des motifs majeurs et des raisons très-solides se joignent ici pour prouver qu'elle s'est faite postérieurement à toutes nos époques, et que l'homme est en effet le grand et dernier œuvre de la création[1]. On ne manquera pas de nous dire que l'analogie semble démontrer que l'espèce humaine a suivi la même marche et qu'elle date du même temps que les autres espèces ; qu'elle s'est même plus universellement répandue, et que si l'époque de sa création est postérieure à celle des animaux, rien ne prouve que l'homme n'ait pas au moins subi les mêmes lois de la nature, les mêmes altérations,

---

1. « Tout porte à croire que l'espèce humaine n'existait point dans les « pays où se trouvent les os fossiles, à l'époque des révolutions qui ont « enfoui ces os ;... mais je n'en veux pas conclure que l'homme n'existait « point du tout avant cette époque. Il pouvait habiter quelques contrées peu « étendues, d'où il a repeuplé la terre après ces événements terribles ; peut-« être aussi les lieux où il se tenait ont-ils été entièrement abîmés et ses os « ensevelis au fond des mers actuelles, à l'exception du petit nombre d'indi-« vidus qui ont continué son espèce. Quoi qu'il en soit, l'établissement de « l'homme dans les pays où nous avons dit que se trouvent les fossiles d'ani-« maux terrestres, c'est-à-dire dans la plus grande partie de l'Europe, de « l'Asie et de l'Amérique, est nécessairement postérieur non-seulement aux « révolutions qui ont enfoui ces os, mais encore à celles qui ont remis à « découvert les couches qui les enveloppent, et qui sont les dernières que le « globe ait subies. » (Cuvier, *Disc. sur les révol. de la surf. du globe.*)

les mêmes changements. Nous conviendrons que l'espèce humaine ne diffère pas essentiellement des autres espèces par ses facultés corporelles, et qu'à cet égard son sort eût été le même à peu près que celui des autres espèces; mais pouvons-nous douter que nous ne différions prodigieusement des animaux par le rayon divin qu'il a plu au souverain Être de nous départir; ne voyons-nous pas que dans l'homme la matière est conduite par l'esprit : il a donc pu modifier les effets de la nature; il a trouvé le moyen de résister aux intempéries des climats: il a créé de la chaleur lorsque le froid l'a détruite : la découverte et les usages de l'élément du feu, dus à sa seule intelligence, l'ont rendu plus fort et plus robuste qu'aucun des animaux, et l'ont mis en état de braver les tristes effets du refroidissement. D'autres arts, c'est-à-dire d'autres traits de son intelligence, lui ont fourni des vêtements, des armes, et bientôt il s'est trouvé le maître du domaine de la terre : ces mêmes arts lui ont donné les moyens d'en parcourir toute la surface et de s'habituer partout, parce qu'avec plus ou moins de précautions tous les climats lui sont devenus pour ainsi dire égaux. Il n'est donc pas étonnant que, quoiqu'il n'existe aucun des animaux du Midi de notre continent dans l'autre, l'homme seul, c'est-à-dire son espèce, se trouve également dans cette terre isolée de l'Amérique méridionale, qui paraît n'avoir eu aucune part aux premières formations des animaux, et aussi dans toutes les parties froides ou chaudes de la surface de la terre; car quelque part et quelque loin que l'on ait pénétré depuis la perfection de l'art de la navigation, l'homme a trouvé partout des hommes : les terres les plus disgraciées, les îles les plus isolées, les plus éloignées des continents, se sont presque toutes trouvées peuplées ; et l'on ne peut pas dire que ces hommes, tels que ceux des îles Marianes ou ceux d'Otahiti et des autres petites îles situées dans le milieu des mers à de si grandes distances de toutes terres habitées, ne soient néanmoins des hommes de notre espèce, puisqu'ils peuvent produire avec nous, et que les petites différences qu'on remarque dans leur nature ne sont que de légères variétés causées par l'influence du climat et de la nourriture.

Néanmoins, si l'on considère que l'homme, qui peut se munir aisément contre le froid, ne peut au contraire se défendre par aucun moyen contre la chaleur trop grande ; que même il souffre beaucoup dans les climats que les animaux du Midi cherchent de préférence, on aura une raison de plus pour croire que la création de l'homme a été postérieure à celle de ces grands animaux. Le souverain Être n'a pas répandu le souffle de vie dans le même instant sur toute la surface de la terre ; il a commencé par féconder les mers et ensuite les terres les plus élevées, et il a voulu donner tout le temps nécessaire à la terre pour se consolider, se figurer, se refroidir, se découvrir, se sécher et arriver enfin à l'état de repos et de tranquillité où l'homme pouvait être le témoin intelligent, l'admirateur paisible du grand spectacle de la nature et des merveilles de la création. Ainsi, nous sommes persuadés, indépendamment de l'autorité des livres sacrés, que l'homme a été créé le dernier, et qu'il n'est venu prendre le sceptre de la terre que quand elle s'est trouvée digne de son empire. Il paraît néanmoins que son premier séjour a d'abord été, comme celui des animaux terrestres, dans les hautes terres de l'Asie ; que c'est dans ces mêmes terres où sont nés les arts de première nécessité, et bientôt après les sciences, également nécessaires à l'exercice de la puissance de l'homme, et sans lesquelles il n'aurait pu former de société, ni compter sa vie, ni commander aux animaux, ni se servir autrement des végétaux que pour les brouter. Mais nous nous réservons d'exposer dans notre dernière époque les principaux faits qui ont rapport à l'histoire des premiers hommes.

SIXIÈME ÉPOQUE.

LORSQUE S'EST FAITE LA SÉPARATION DES CONTINENTS.

Le temps de la séparation des continents est certainement postérieur au temps où les éléphants habitaient les terres du Nord, puisque alors leur espèce était également subsistante en Amérique, en Europe et en Asie. Cela nous est démontré par les monuments, qui sont les dépouilles de ces animaux trouvées dans les parties septentrionales du nouveau continent, comme dans celles de l'ancien. Mais comment est-il arrivé que cette séparation des continents paraisse s'être faite en deux endroits, par deux bandes de mer qui s'étendent depuis les contrées septentrionales, toujours en s'élargissant, jusqu'aux contrées les plus méridionales ? Pourquoi ces bandes de mer ne se trouvent-elles pas, au contraire, presque parallèles à l'équateur, puisque le mouvement général des mers se fait d'orient en occident ? N'est-ce pas une nouvelle preuve que les eaux sont primitivement venues des pôles, et qu'elles n'ont gagné les parties de l'équateur que successivement? Tant qu'a duré la chute des eaux, et jusqu'à l'entière dépuration de l'atmosphère, leur mouvement général a été dirigé des pôles à l'équateur; et comme elles venaient en plus grande quantité du pôle austral, elles ont formé de vastes mers dans cet hémisphère, lesquelles vont en se rétrécissant de plus en plus dans l'hémisphère boréal, jusque sous le cercle polaire; et c'est par ce mouvement, dirigé du sud au nord, que les eaux ont aiguisé toutes les pointes des continents; mais après leur entier établissement sur la surface de la terre, qu'elles surmontaient partout de deux mille toises, leur mouvement des pôles à l'équateur ne se sera-t-il pas combiné, avant de cesser, avec le mouvement d'orient en occident? et lorsqu'il a cessé tout à fait, les eaux, entraînées par le seul mouvement d'orient en occident, n'ont-elles pas escarpé tous les revers occidentaux des continents terrestres, quand elles se sont successivement abaissées? et enfin, n'est-ce pas après leur retraite que tous les continents ont paru et que leurs contours ont pris leur dernière forme?

Nous observerons d'abord que l'étendue des terres dans l'hémisphère boréal, en le prenant du cercle polaire à l'équateur, est si grande en comparaison de l'étendue des terres prises de même dans l'hémisphère austral, qu'on pourrait regarder le premier comme l'hémisphère terrestre et le second comme l'hémisphère maritime. D'ailleurs, il y a si peu de distance entre les deux continents vers les régions de notre pôle, qu'on ne peut guère douter qu'ils ne fussent continus dans les temps qui ont succédé à la retraite des eaux. Si l'Europe est aujourd'hui séparée du Groënland, c'est probablement parce qu'il s'est fait un affaissement considérable entre les terres du Groënland et celles de Norwége et de la pointe de l'Écosse, dont les Orcades, l'île de Shetland, celles de Feroë, de l'Islande et de Hola ne nous montrent plus que les sommets des terrains submergés ; et si le continent de l'Asie n'est plus contigu à celui de l'Amérique vers le nord, c'est sans doute en conséquence d'un effet tout semblable. Ce premier affaissement que les volcans d'Islande paraissent nous indiquer, a non-seulement été postérieur aux affaissements des contrées de l'équateur et à la retraite des mers, mais postérieur encore de quelques siècles à la naissance des grands animaux terrestres dans les contrées septentrionales ; et l'on ne peut douter que la séparation des continents vers le nord ne soit d'un temps assez moderne en comparaison de la division de ces mêmes continents vers les parties de l'équateur.

Nous présumons encore que non-seulement le Groënland a été joint à la Norwége et à l'Écosse, mais aussi que le Canada pouvait l'être à l'Espagne par les bancs de Terre-Neuve, les Açores et les autres îles et hauts-fonds qui se trouvent dans cet intervalle de mers ; ils semblent nous présenter aujourd'hui les sommets les plus élevés de ces terres affaissées sous les eaux. La submersion en est peut-être encore plus moderne que celle du continent de l'Islande, puisque la tradition paraît s'en être conservée : l'histoire de l'île Atlantide, rapportée par Diodore et Platon, ne peut s'appliquer qu'à une très-grande terre qui s'étendait fort au loin à l'occident de l'Espagne ; cette terre atlantide était très-peuplée, gouvernée par des rois puissants qui commandaient à plusieurs milliers de combattants, et cela nous indique assez positivement le voisinage de l'Amérique avec ces terres atlantiques situées entre les deux continents. Nous avouerons néanmoins que la seule chose qui soit ici démontrée par le fait, c'est que les deux continents étaient réunis dans le temps de l'existence des éléphants dans les contrées septentrionales de l'un et de l'autre, et il y a, selon moi, beaucoup plus de probabilités pour cette continuité de l'Amérique avec l'Asie qu'avec l'Europe ; voici les faits et les observations sur lesquelles je fonde cette opinion.

1° Quoiqu'il soit probable que les terres du Groënland tiennent à celles de l'Amérique, l'on n'en est pas assuré, car cette terre du Groënland en est séparée d'abord par le détroit de Davis, qui ne laisse pas d'être fort large, et ensuite par la baie de Baffin, qui l'est encore plus ; et cette baie s'étend jusqu'au 78e degré, en sorte que ce n'est qu'au delà de ce terme que le Groënland et l'Amérique peuvent être contigus.

2° Le Spitzberg paraît être une continuité des terres de la côte orientale du Groënland, et il y a un assez grand intervalle de mer entre cette côte du Groënland et celle de la Laponie ; ainsi, l'on ne peut guère imaginer que les éléphants de Sibérie ou de Russie aient pu passer au Groënland : il en est de même de leur passage par la bande de terre que l'on peut supposer entre la Norwége, l'Écosse, l'Islande et le Groënland ; car cet intervalle nous présente des mers d'une largeur assez considérable, et d'ailleurs ces terres, ainsi que celles du Groënland, sont plus septentrionales que celles où l'on trouve les ossements d'éléphants, tant au Canada qu'en Sibérie : il n'est donc pas vraisemblable que ce soit par ce chemin, actuellement détruit de fond en comble, que ces animaux aient communiqué d'un continent à l'autre.

3° Quoique la distance de l'Espagne au Canada soit beaucoup plus grande que celle de l'Écosse au Groënland, cette route me paraîtrait la plus naturelle de toutes, si nous étions forcés d'admettre le passage des éléphants d'Europe en Amérique ; car ce grand intervalle de mer entre l'Espagne et les terres voisines du Canada est prodigieusement raccourci par les bancs et les îles dont il est semé, et ce qui pourrait donner quelque probabilité de plus à cette présomption, c'est la tradition de la submersion de l'Atlantide.

4° L'on voit que de ces trois chemins, les deux premiers paraissent impraticables, et le dernier si long qu'il y a peu de vraisemblance que les éléphants aient pu passer d'Europe en Amérique. En même temps il y a des raisons très-fortes qui me portent à croire que cette communication des éléphants d'un continent à l'autre a dû se faire par les contrées septentrionales de l'Asie, voisines de l'Amérique. Nous avons observé qu'en général toutes les côtes, toutes les pentes des terres sont plus rapides vers les mers à l'occident, lesquelles, par cette raison, sont ordinairement plus profondes que les mers à l'orient : nous avons vu qu'au contraire tous les continents s'étendent en longues pentes douces vers ces mers de l'orient. On peut donc présumer avec fondement, que les mers orientales au delà et au-dessus de Kamtschatka n'ont que peu de profondeur ; et l'on a déjà reconnu qu'elles sont semées d'une très-grande quantité d'îles, dont quelques-unes forment des terrains d'une vaste étendue ; c'est un archipel qui s'étend depuis Kamtschatka jusqu'à moitié de la distance de l'Asie à l'Amérique sous le 60° degré, et qui semble y toucher, sous le cercle polaire, par les îles d'Anadir et par la pointe du continent de l'Asie.

D'ailleurs, les voyageurs qui ont également fréquenté les côtes occidentales du nord de l'Amérique et les terres orientales depuis Kamtschatka jusqu'au nord de cette partie de l'Asie, conviennent que les naturels de ces deux contrées d'Amérique et d'Asie se ressemblent si fort, qu'on ne peut guère douter qu'ils ne soient issus les uns des autres; non-seulement ils se ressemblent par la taille, par la forme des traits, la couleur des cheveux et la conformation du corps et des membres, mais encore par les mœurs et même par le langage : il y a donc une très-grande probabilité que c'est de ces terres de l'Asie que l'Amérique a reçu ses premiers habitants de toutes espèces, à moins qu'on ne voulût prétendre que les éléphants et tous les autres animaux, ainsi que les végétaux, ont été créés en grand nombre dans tous les climats où la température pouvait leur convenir; supposition hardie et plus que gratuite, puisqu'il suffit de deux individus ou même d'un seul, c'est-à-dire d'un ou deux moules une fois donnés et doués de la faculté de se reproduire, pour qu'en un certain nombre de siècles, la terre se soit peuplée de tous les êtres organisés dont la reproduction suppose ou non le concours des sexes.

En réfléchissant sur la tradition de la submersion de l'Atlantide, il m'a paru que les anciens Égyptiens, qui nous l'ont transmise, avaient des communications de commerce, par le Nil et la Méditerranée, jusqu'en Espagne et en Mauritanie, et que c'est par cette communication qu'ils auront été informés de ce fait qui, quelque grand et quelque mémorable qu'il soit, ne serait pas parvenu à leur connaissance s'ils n'étaient pas sortis de leur pays, fort éloigné du lieu de l'événement : il semblerait donc que la Méditerranée, et même le détroit qui la joint à l'Océan, existaient avant la submersion de l'Atlantide; néanmoins l'ouverture du détroit pourrait bien être de la même date.

Les causes qui ont produit l'affaissement subit de cette vaste terre ont dû s'étendre aux environs ; la même commotion qui l'a détruite a pu faire écrouler la petite portion de montagnes qui fermait autrefois le détroit; les tremblements de terre qui, même de nos jours, se font encore sentir si violemment aux environs de Lisbonne, nous indiquent assez qu'ils ne sont que les derniers effets d'une ancienne et plus puissante cause, à laquelle on peut attribuer l'affaissement de cette portion de montagnes.

Mais qu'était la Méditerranée avant la rupture de cette barrière du côté de l'Océan, et de celle qui fermait le Bosphore à son autre extrémité vers la mer Noire?

Pour répondre à cette question d'une manière satisfaisante, il faut réunir sous un même coup d'œil l'Asie, l'Europe et l'Afrique, ne les regarder que comme un seul continent, et se représenter la forme en relief de la surface de tout ce continent avec le cours de ses fleuves ; il est certain que ceux qui tombent dans le lac Aral et dans la mer Caspienne, ne fournissent qu'autant d'eau que ces lacs en perdent par l'évaporation ; il est encore certain que la mer Noire reçoit, en proportion de son étendue, beaucoup plus d'eau par les fleuves que n'en reçoit la Méditerranée ; aussi la mer Noire se décharge-t-elle par le Bosphore de ce qu'elle a de trop, tandis qu'au contraire la Méditerranée, qui ne reçoit qu'une petite quantité d'eau par les fleuves, en tire de l'Océan et de la mer Noire. Ainsi, malgré cette communication avec l'Océan, la mer Méditerranée et ces autres mers intérieures ne doivent être regardées que comme des lacs dont l'étendue a varié, et qui ne sont pas aujourd'hui tels qu'ils étaient autrefois : la mer Caspienne devait être beaucoup plus grande et la Méditerranée plus petite, avant l'ouverture des détroits du Bosphore et de Gibraltar ; le lac Aral et la Caspienne ne faisaient qu'un seul grand lac, qui était le réceptacle commun du Volga, du Jaïk, du Sirderoias, de l'Oxus et de toutes les autres eaux qui ne pouvaient arriver à l'Océan : ces fleuves ont amené successivement les limons et les sables qui séparent aujourd'hui la Caspienne de l'Aral; le volume d'eau a diminué dans ces fleuves à mesure que les montagnes dont ils entraînent les terres ont diminué de hauteur : il est donc très-probable que ce grand lac, qui est au centre de l'Asie, était anciennement encore plus grand, et qu'il communiquait avec la mer Noire avant la rupture du Bosphore; car dans cette supposition, qui me paraît bien fondée, la mer Noire, qui reçoit aujourd'hui plus d'eau qu'elle ne pourrait en perdre par l'évaporation, étant alors jointe avec la Caspienne, qui n'en reçoit qu'autant qu'elle en perd, la surface de ces deux mers réunies était assez étendue pour que toutes les eaux amenées par les fleuves fussent enlevées par l'évaporation.

D'ailleurs le Don et le Volga sont si voisins l'un de l'autre au nord de ces deux mers, qu'on ne peut guère douter qu'elles ne fussent réunies dans le temps où le Bosphore encore fermé ne donnait à leurs eaux aucune issue vers la Méditerranée : ainsi celles de la mer Noire et de ses dépendances étaient alors répandues sur toutes les terres basses qui avoisinent le Don, le Donjec, etc., et celles de la mer Caspienne couvraient les terres voisines du Volga, ce qui formait un lac plus long que large qui réunissait ces deux mers. Si l'on compare l'étendue actuelle du lac Aral, de la mer Caspienne et de la mer Noire, avec l'étendue que nous leur supposons dans le temps de leur continuité, c'est-à-dire avant l'ouverture du Bosphore; on se sera convaincu que la surface de ces eaux étant alors plus que double de ce qu'elle est aujourd'hui, l'évaporation seule suffisait pour en maintenir l'équilibre sans débordement.

Ce bassin, qui était alors peut-être aussi grand que l'est aujourd'hui celui de la Méditerranée, recevait et contenait les eaux de tous les fleuves de l'intérieur du continent de l'Asie, lesquelles, par la position des montagnes, ne pouvaient s'écouler d'aucun côté pour se rendre dans l'Océan : ce grand bassin était le réceptacle commun des eaux du Danube, du Don, du Volga, du Jaïk, du Sirderoias et de plusieurs autres rivières très-considérables qui arrivent à ces fleuves ou qui tombent immédiatement dans ces mers intérieures. Ce bassin, situé au centre du continent, recevait les eaux des terres de l'Europe dont les pentes sont dirigées vers le cours du Danube, c'est-à-dire de la plus grande partie de l'Allemagne, de la Moldavie, de l'Ukraine et de la Turquie d'Europe; il recevait de même les eaux d'une grande partie des terres de l'Asie, au nord par le Don, le Donjec, le Volga, le Jaïk, etc., et au midi par le Sirderoias et l'Oxus, ce qui présente une très-vaste étendue de terre dont toutes les eaux se versaient dans ce réceptacle commun, tandis que le bassin de la Méditerranée ne recevait alors que celles du Nil, du Rhône, du Pô, et de quelques autres rivières : de sorte qu'en comparant l'étendue des terres qui fournissent les eaux à ces derniers fleuves, on reconnaîtra évidemment que cette étendue est de moitié plus petite. Nous sommes donc bien fondés à présumer qu'avant la rupture du Bosphore et celle du détroit de Gibraltar, la mer Noire, réunie avec la mer Caspienne et l'Aral, formaient un bassin d'une étendue double de ce qu'il en reste, et qu'au contraire la

Méditerranée était dans le même temps de moitié plus petite qu'elle ne l'est aujourd'hui.

Tant que les barrières du Bosphore et de Gibraltar ont subsisté, la Méditerranée n'était donc qu'un lac d'assez médiocre étendue, dont l'évaporation suffisait à la recette des eaux du Nil, du Rhône et des autres rivières qui lui appartiennent; mais en supposant, comme les traditions semblent l'indiquer, que le Bosphore se soit ouvert le premier, la Méditerranée aura dès lors considérablement augmenté et en même proportion que le bassin supérieur de la mer Noire et de la Caspienne aura diminué : ce grand effet n'a rien que de très-naturel, car les eaux de la mer Noire, supérieures à celles de la Méditerranée, agissant continuellement par leur poids et par leur mouvement contre les terres qui fermaient le Bosphore, elles les auront minées par la base, elles en auront attaqué les endroits les plus faibles, ou peut-être auront-elles été amenées par quelque affaissement causé par un tremblement de terre, et s'étant une fois ouvert cette issue, elles auront inondé toutes les terres inférieures et causé le plus ancien déluge de notre continent; car il est nécessaire que cette rupture du Bosphore ait produit tout à coup une grande inondation permanente qui a noyé dès ce premier temps toutes les plus basses terres de la Grèce et des provinces adjacentes; et cette inondation s'est en même temps étendue sur les terres qui environnaient anciennement le bassin de la Méditerranée, laquelle s'est dès lors élevée de plusieurs pieds et aura couvert pour jamais les basses terres de son voisinage, encore plus du côté de l'Afrique que de celui de l'Europe; car les côtes de la Mauritanie et de la Barbarie sont très-basses en comparaison de celles de l'Espagne, de la France et de l'Italie tout le long de cette mer; ainsi, le continent a perdu en Afrique et en Europe autant de terre qu'il en gagnait pour ainsi dire en Asie par la retraite des eaux entre la mer Noire, la Caspienne et l'Aral.

Ensuite il y a eu un second déluge lorsque la porte du détroit de Gibraltar s'est ouverte : les eaux de l'Océan ont dû produire dans la Méditerranée une seconde augmentation et ont achevé d'inonder les terres qui n'étaient pas submergées. Ce n'est peut-être que dans ce second temps que s'est formé le golfe Adriatique, ainsi que la séparation de la Sicile et des autres îles. Quoi qu'il en soit, ce n'est qu'après ces deux grands événements que l'équilibre de ces deux mers intérieures a pu s'établir, et qu'elles ont pris leurs dimensions à peu près telles que nous les voyons aujourd'hui.

Au reste, l'époque de la séparation des deux grands continents, et même celle de la rupture de ces barrières de l'Océan et de la mer Noire, paraissent être bien plus anciennes que la date des déluges dont les hommes ont conservé la mémoire; celui de Deucalion n'est que d'environ quinze cents ans avant l'ère chrétienne, et celui d'Ogygès de dix-huit cents ans [1] ; tous deux n'ont été que

---

1. Tous ces *déluges* de *Deucalion*, d'*Ogygès*, etc., ne sont, très-vraisemblablement, que des souvenirs confus et partiels du grand et universel *déluge* de la *Genèse*. « Non-seulement, dit M. Cuvier, on ne doit pas s'étonner qu'il
« y ait eu, dans l'antiquité même, beaucoup de doutes et de contradictions
« sur les époques de Cécrops, de Deucalion, de Cadmus et de Danaüs ; non-
« seulement il serait puéril d'attacher la moindre importance à une opinion
« quelconque sur les dates précises d'Inachus et d'Ogygès; mais si quelque
« chose peut surprendre, c'est que ces personnages n'aient pas été placés
« infiniment plus haut. Il est impossible qu'il n'y ait pas eu là quelque effet
« de l'ascendant des traditions reçues auquel les inventeurs de fables n'ont
« pu se soustraire. Une des dates assignées au déluge d'Ogygès s'accorde
« même tellement avec l'une de celles qui ont été attribuées au déluge de
« Noé, qu'il est presque impossible qu'elle n'ait pas été prise dans quelque

des inondations particulières dont la première ravagea la Thessalie, et la seconde les terres de l'Attique; tous deux n'ont été produits que par une cause particulière et passagère comme leurs effets; quelques secousses d'un tremblement de terre ont pu soulever les eaux des mers voisines et les faire refluer sur les terres qui auront été inondées pendant un petit temps sans être submergées à demeure. Le déluge de l'Arménie et de l'Égypte, dont la tradition s'est conservée chez les Égyptiens et les Hébreux, quoique plus ancien d'environ cinq siècles que celui d'Ogygès, est encore bien récent en comparaison des événements dont nous venons de parler, puisque l'on ne compte qu'environ quatre mille cent années depuis ce premier déluge, et qu'il est très-certain que le temps où les éléphants habitaient les terres du Nord était bien antérieur à cette date moderne : car nous sommes assurés par les livres les plus anciens que l'ivoire se tirait des pays méridionaux; par conséquent nous ne pouvons douter qu'il n'y ait plus de trois mille ans que les éléphants habitent les terres où ils se trouvent aujourd'hui. On doit donc regarder ces trois déluges, quelque mémorables qu'ils soient, comme des inondations passagères qui n'ont point changé la surface de la terre, tandis que la séparation des deux continents du côté de l'Europe n'a pu se faire qu'en submergeant à jamais les terres qui les réunissaient; il en est de même

« source où c'était de ce dernier déluge qu'on entendait parler... Quant à
« Deucalion, soit que l'on regarde ce prince comme un personnage réel ou
« fictif..., il est sensible que son déluge n'était qu'une tradition du grand
« cataclysme, altérée et placée par les Hellènes à l'époque où ils plaçaient
« aussi Deucalion... Enfin, chaque peuplade de la Grèce, qui avait conservé
« des traditions isolées, les commençait par son déluge particulier, parce
« que chacune d'elles avait conservé quelque souvenir du déluge universel
« qui était commun à tous les peuples. » (Cuvier, *Disc. sur les révol. de la
surf. du globe.*)

de la plus grande partie des terrains actuellement couverts par les eaux de la Méditerranée; ils ont été submergés pour toujours dès les temps où les portes se sont ouvertes aux deux extrémités de cette mer intérieure pour recevoir les eaux de la mer Noire et celles de l'Océan.

Ces événements, quoique postérieurs à l'établissement des animaux terrestres dans les contrées du Nord, ont peut-être précédé leur arrivée dans les terres du Midi; car nous avons démontré, dans l'époque précédente, qu'il s'est écoulé bien des siècles avant que les éléphants de Sibérie aient pu venir en Afrique ou dans les parties méridionales de l'Inde[1]. Nous avons compté dix mille ans pour cette espèce de migration qui ne s'est faite qu'à mesure du refroidissement successif et fort lent des différents climats depuis le cercle polaire à l'équateur. Ainsi la séparation des continents, la submersion des terres qui les réunissaient, celle des terrains adjacents à l'ancien lac de la Méditerranée, et enfin la séparation de la mer Noire, de la Caspienne et de l'Aral, quoique toutes postérieures à l'établissement de ces animaux dans les contrées du Nord, pourraient bien être antérieures à la population des terres du Midi, dont la chaleur trop grande alors ne permettait pas aux êtres sensibles de s'y habituer, ni même d'en approcher. Le Soleil était encore l'ennemi de la nature dans ces régions brûlantes de leur propre chaleur, et il n'en est devenu le père que quand cette chaleur intérieure de la terre s'est assez attiédie pour ne pas offenser la sen-

---

1. Buffon suppose toujours que les éléphants actuels de *l'Inde* sont de la même espèce que ceux qui vivaient dans les *contrées du Nord*. Toute sa théorie de l'*émigration* des animaux du nord au midi porte sur cela, et cela n'est pas. Les *éléphants actuels* de l'Inde ne viennent sûrement pas de la Sibérie, puisque, parmi les *ossements fossiles* de la Sibérie, il n'y a aucun de leurs ossements, aucune de leurs dépouilles. (F.)

sibilité des êtres qui nous ressemblent. Il n'y a peut-être pas cinq mille ans que les terres de la zone torride sont habitées, tandis qu'on en doit compter au moins quinze mille depuis l'établissement des animaux terrestres dans les contrées du Nord.

Les hautes montagnes, quoique situées dans les climats les plus chauds, se sont refroidies peut-être aussi promptement que celles des pays tempérés, parce qu'étant plus élevées que ces dernières, elles forment des pointes plus éloignées de la masse du globe; l'on doit donc considérer qu'indépendamment du refroidissement général et successif de la terre depuis les pôles à l'équateur, il y a eu des refroidissements particuliers plus ou moins prompts dans toutes les montagnes et dans les terres élevées des différentes parties du globe, et que, dans le temps de sa trop grande chaleur, les seuls lieux qui fussent convenables à la nature vivante ont été les sommets des montagnes et les autres terres élevées, telles que celles de la Sibérie et de la haute Tartarie.

Lorsque toutes les eaux ont été établies sur le globe, leur mouvement d'orient en occident a escarpé les revers occidentaux de tous les continents pendant tout le temps qu'a duré l'abaissement des mers : ensuite ce même mouvement d'orient en occident a dirigé les eaux contre les pentes douces des terres orientales, et l'Océan s'est emparé de leurs anciennes côtes; et de plus, il paraît avoir tranché toutes les pointes des continents terrestres, et avoir formé les détroits de Magellan à la pointe de l'Amérique, de Ceylan à la pointe de l'Inde, de Forbisher à celle du Groënland, etc.

C'est à la date d'environ dix mille ans, à compter de ce jour, en arrière, que je placerais la séparation de l'Europe et de l'Amérique ; et c'est à peu près dans ce même temps que l'Angleterre a été séparée de la France, l'Irlande de l'Angleterre, la Sicile de l'Italie, la Sardaigne de la Corse, et toutes deux du continent de l'Afrique; c'est peut-être aussi dans ce même temps que les Antilles, Saint-Domingue et Cuba ont été séparés du continent de l'Amérique : toutes ces divisions particulières sont contemporaines ou de peu postérieures à la grande séparation des deux continents ; la plupart même ne paraissent être que les suites nécessaires de cette grande division, laquelle, ayant ouvert une large route aux eaux de l'Océan, leur aura permis de refluer sur toutes les terres basses, d'en attaquer par leur mouvement les parties les moins solides, de les miner peu à peu et de les trancher enfin, jusqu'à les séparer des continents voisins.

On peut attribuer la division entre l'Europe et l'Amérique à l'affaissement des terres qui formaient autrefois l'Atlantide, et la séparation entre l'Asie et l'Amérique (si elle existe réellement) supposerait un pareil affaissement dans les mers septentrionales de l'Orient; mais la tradition ne nous a conservé que la mémoire de la submersion de la Taprobane, terre située dans le voisinage de la zone torride, et par conséquent trop éloignée pour avoir influé sur cette séparation des continents vers le nord. L'inspection du globe nous indique à la vérité qu'il y a eu des bouleversements plus grands et plus fréquents dans l'océan Indien que dans aucune autre partie du monde, et que non-seulement il s'est fait de grands changements dans ces contrées par l'affaissement des cavernes, les tremblements de terre et l'action des volcans, mais encore par l'effet continuel du mouvement général des mers qui, constamment dirigées d'orient en occident, ont gagné une grande étendue de terrain sur les côtes anciennes de l'Asie, et ont formé les petites mers intérieures de Kamtschatka, de la Corée, de la Chine, etc. Il paraît même qu'elles ont aussi noyé toutes les terres basses qui étaient à l'orient de ce continent; car si l'on tire une ligne depuis l'extrémité septentrionale de l'Asie, en passant par la pointe de Kamtschatka, jusqu'à la Nouvelle-Guinée, c'est-à-dire depuis le cercle polaire jusqu'à l'équateur, on verra que les îles Mariannes et celles des Callanos, qui se trouvent dans la direction de cette ligne sur une longueur de plus de deux cent cinquante lieues, sont les restes ou plutôt les anciennes côtes de ces vastes terres envahies par la mer : ensuite, si l'on considère les terres depuis celles du Japon à Formose, de Formose aux Philippines, des Philippines à la Nouvelle-Guinée, on sera porté à croire que le continent de l'Asie était autrefois contigu avec celui de la Nouvelle-Hollande, lequel s'aiguise et aboutit en pointe vers le midi, comme tous les autres grands continents.

Ces bouleversements si multipliés et si évidents dans les mers méridionales, l'envahissement tout aussi évident des anciennes terres orientales par les eaux de ce même Océan, nous indiquent assez les prodigieux changements qui sont arrivés dans cette vaste partie du monde, surtout dans les contrées voisines de l'équateur : cependant ni l'une ni l'autre de ces grandes causes n'a pu produire la séparation de l'Asie et de l'Amérique vers le nord ; il semblerait au contraire que si ces continents eussent été séparés au lieu d'être continus, les affaissements vers le midi et l'irruption des eaux dans les terres de l'orient auraient dû attirer celles du nord, et par conséquent découvrir la terre de cette région entre l'Asie et l'Amérique : cette considération confirme les raisons que j'ai données ci-devant pour la contiguïté réelle des deux continents vers le nord en Asie.

Après la séparation de l'Europe et de l'Amérique, après la rupture des détroits, les eaux ont cessé d'envahir de grands espaces, et dans la suite la terre a plus gagné sur la mer qu'elle n'a perdu, car indépendamment des terrains de l'intérieur de l'Asie nouvellement abandonnés par les eaux, tels que ceux qui environnent la Caspienne et l'Aral, indépendamment de toutes les côtes en pente douce que cette dernière retraite des eaux laissait à découvert, les grands fleuves ont presque tous formé des îles et de nouvelles contrées près de leurs embouchures. On sait que le *Delta* de l'Égypte, dont l'étendue ne laisse pas d'être considérable, n'est qu'un atterrissement produit par les dépôts du Nil[1]; il en est de même de la grande Isle à l'entrée du fleuve Amour, dans la mer orientale de la Tartarie chinoise. En Amérique, la partie méridionale de la Louisiane près du fleuve Mississipi, et la partie orientale située à l'embouchure de la rivière des Amazones, sont des terres nouvellement formées par le dépôt de ces grands

---

1. Hérodote dit que les prêtres d'Égypte regardaient leur pays comme un présent du Nil. « Ce n'est pour ainsi dire, ajoute-t-il, que depuis peu de
« temps que le *Delta* a paru... Les bouches canopique et pélusiaque étaient
« autrefois les principales, et la côte s'étendait en ligne droite de l'une à
« l'autre; elle paraît encore ainsi dans les cartes de Ptolémée; depuis lors,
« l'eau s'est jetée dans les bouches bolbitine et phatnitique; c'est à leurs
« issues que se sont formés les plus grands atterrissements qui ont donné à
« la côte un contour demi-circulaire. Les villes de Rosette et de Damiette,
« bâties au bord de la mer sur ces bouches, il y a moins de mille ans, en
« sont aujourd'hui à deux lieues... Le delta du Rhône n'est pas moins remar-
« quable par ses accroissements. Astruc en donne le détail dans son *Histoire*
« *naturelle du Languedoc;* et, par une comparaison soignée des descriptions
« de Méla, de Strabon et de Pline, avec l'état des lieux au commencement
« du xviiie siècle, il prouve, en s'appuyant de plusieurs écrivains du moyen
« âge, que les bras du Rhône se sont allongés de trois lieues depuis dix-huit
« cents ans... » (Cuvier, *Disc. sur les rév. de la surf. du globe.*)

fleuves. Mais nous ne pouvons choisir un exemple plus grand d'une contrée récente que celui des vastes terres de la Guyane : leur aspect nous rappellera l'idée de la nature brute, et nous présentera le tableau nuancé de la formation successive d'une terre nouvelle.

Dans une étendue de plus de cent vingt lieues, depuis l'embouchure de la rivière de Cayenne jusqu'à celle des Amazones, la mer, de niveau avec la terre, n'a d'autre fond que de la vase, et d'autres côtes qu'une couronne de bois aquatiques, de *mangles* ou *palétuviers*, dont les racines, les tiges et les branches courbées trempent également dans l'eau salée, et ne présentent que des halliers aqueux qu'on ne peut pénétrer qu'en canot et la hache à la main. Ce fond de vase s'étend en pente douce à plusieurs lieues sous les eaux de la mer. Du côté de la terre, au delà de cette large lisière de palétuviers dont les branches, plus inclinées vers l'eau qu'élevées vers le ciel, forment un fort qui sert de repaire aux animaux immondes, s'étendent encore des *savanes* noyées, plantées de *palmiers lataniers* et jonchées de leurs débris : ces lataniers sont de grands arbres dont à la vérité le pied est encore dans l'eau, mais dont la tête et les branches élevées et garnies de fruits invitent les oiseaux à s'y percher. Au delà des palétuviers et des lataniers l'on ne trouve encore que des bois mous, des *comons*, des *pineaux* qui ne croissent pas dans l'eau, mais dans les terrains bourbeux auxquels aboutissent les savanes noyées : ensuite commencent des forêts d'une autre essence ; les terres s'élèvent en pente douce et marquent, pour ainsi dire, leur élévation par la solidité et la dureté des bois qu'elles produisent ; enfin, après quelques lieues de chemin en ligne directe depuis la mer, on trouve des collines dont les coteaux, quoique rapides, et même les sommets, sont également garnis d'une grande épaisseur de bonne terre, plantée partout d'arbres de tous âges, si pressés, si serrés les uns contre les autres, que leurs cimes entrelacées laissent à peine passer la lumière du soleil, et sous leur ombre épaisse entretiennent une humidité si froide que le voyageur est obligé d'allumer du feu pour y passer la nuit, tandis qu'à quelque distance de ces sombres forêts, dans les lieux défrichés, la chaleur, excessive pendant le jour, est encore trop grande pendant la nuit. Cette vaste terre des côtes et de l'intérieur de la Guyane n'est donc qu'une forêt tout aussi vaste, dans laquelle des sauvages en petit nombre ont fait quelques clairières et de petits abatis pour pouvoir s'y domicilier sans perdre la jouissance de la chaleur de la terre et de la lumière du jour.

La grande épaisseur de terre végétale qui se trouve jusque sur le sommet des collines démontre la formation récente de toute la contrée ; elle l'est en effet au point qu'au-dessus de l'une de ces collines, nommée la *Gabrielle*, on voit un petit lac peuplé de crocodiles *caïmans* que la mer y a laissés, à cinq ou six lieues de distance, et à six ou sept cents pieds de hauteur au-dessus de son niveau. Nulle part on ne trouve de la pierre calcaire, car on transporte de France la chaux nécessaire pour bâtir à Cayenne : ce qu'on appelle *pierre à ravets* n'est point une pierre, mais une lave de volcan, trouée comme les scories des forges : cette lave se présente en blocs épars ou en monceaux irréguliers dans quelques montagnes où l'on voit les bouches des anciens volcans qui sont actuellement éteints, parce que la mer s'est retirée et éloignée du pied de ces montagnes. Tout concourt donc à prouver qu'il n'y a pas longtemps que les eaux ont abandonné ces collines, et encore moins de temps qu'elles ont laissé paraître les plaines et les terres basses, car celles-ci ont été presque entièrement formées par le dépôt des eaux courantes. Les fleuves, les rivières, les ruisseaux sont si voisins les uns des autres et en même temps si larges, si gonflés, si rapides dans la saison des pluies, qu'ils entraînent incessamment des limons immenses, lesquels se déposent, sur toutes les terres basses et sur le fond de la mer, en sédiments vaseux : ainsi cette terre nouvelle s'accroîtra de siècle en siècle tant qu'elle ne sera pas peuplée ; car on doit compter pour rien le petit nombre d'hommes qu'on y rencontre : ils sont encore, tant au moral qu'au physique, dans l'état de pure nature ; ni vêtements, ni religion, ni société qu'entre quelques familles dispersées à de grandes distances, peut-être au nombre de trois ou quatre cents carbets, dans une terre dont l'étendue est quatre fois plus grande que celle de la France.

Ces hommes, ainsi que la terre qu'ils habitent, paraissent être les plus nouveaux de l'univers : ils y sont arrivés des pays plus élevés et dans des temps postérieurs à l'établissement de l'espèce humaine dans les hautes contrées du Mexique, du Pérou et du Chili ; car en supposant les premiers hommes en Asie, ils auront passé par la même route que les éléphants, et se seront en arrivant répandus dans les terres de l'Amérique septentrionale et du Mexique ; ils auront ensuite aisément franchi les hautes terres au delà de l'isthme, et se seront établis dans celles du Pérou, et enfin ils auront pénétré jusque dans les contrées les plus reculées de l'Amérique méridionale. Mais n'est-il pas singulier que ce soit dans quelques-unes de ces dernières contrées qu'existent encore de nos jours les géants de l'espèce humaine, tandis qu'on n'y voit que des pygmées dans le genre des animaux ? car on ne peut douter qu'on n'ait rencontré dans l'Amérique méridionale des hommes en grand nombre, tous plus grands, plus carrés, plus épais et plus forts que ne le sont tous les autres hommes de la terre. Les races de géants, autrefois si communes en Asie, n'y subsistent plus : pourquoi se trouvent-elles en Amérique aujourd'hui ? Ne pouvons-nous pas croire que quelques géants, ainsi que les éléphants, ont passé de l'Asie en Amérique, où, s'étant trouvés pour ainsi dire seuls, leur race s'est conservée dans ce continent désert, tandis qu'elle a été entièrement détruite par le nombre des autres hommes dans les contrées peuplées. Une circonstance me paraît avoir concouru au maintien de cette ancienne race de géants dans le continent du nouveau monde : ce sont les hautes montagnes qui le partagent dans toute sa longueur et sous tous les climats ; or on sait qu'en général les habitants des montagnes sont plus grands et plus forts que ceux des vallées ou des plaines. Supposant donc quelques couples de géants passés d'Asie en Amérique, où ils auront trouvé la liberté, la tranquillité, la paix, ou d'autres avantages que peut-être ils n'avaient pas chez eux, n'auront-ils pas choisi dans les terres de leur nouveau domaine celles qui leur convenaient le mieux, tant pour la chaleur que pour la salubrité de l'air et des eaux ? Ils auront fixé leur domicile à une hauteur médiocre dans les montagnes ; ils se seront arrêtés sous le climat le plus favorable à leur multiplication ; et comme ils avaient peu d'occasions de se mésallier, puisque toutes les terres voisines étaient désertes, ou du moins tout aussi nouvellement peuplées par un petit nombre d'hommes bien inférieurs en force, leur race gigantesque s'est propagée sans obstacles et presque sans mélange : elle a duré et subsisté jusqu'à ce jour, tandis qu'il y a nombre de siècles qu'elle a été détruite dans les lieux de son origine en Asie, par la très-grande et plus ancienne population de cette partie du monde.

Mais autant les hommes se sont multipliés dans les terres qui sont actuellement chaudes et tempérées, autant leur nombre a diminué dans celles qui sont devenues trop froides. Le nord du Groënland, de la Laponie, du Spitzberg, de la Nouvelle-Zemble, de la terre des Samoïèdes, aussi bien qu'une partie de celles qui avoisinent la mer Glaciale jusqu'à l'extrémité de l'Asie, au nord de Kamtschatka, sont actuellement désertes ou plutôt dépeuplées depuis un temps assez moderne. On voit même, par les cartes russes, que depuis les embouchures des fleuves Olenek, Lena et Jana, sous les 73e et 74e degrés, la route, tout le long des côtes de cette mer Glaciale jusqu'à la terre des Tschutschis, était autrefois fort fréquentée, et qu'actuellement elle est impraticable, ou tout au moins si difficile qu'elle est abandonnée. Ces mêmes cartes nous montrent que des trois vaisseaux partis en 1648 de l'embouchure commune des fleuves de Kolima et Olomon, sous le 72e degré, un seul a doublé le cap de la terre des Tschutschis sous le 75e degré, et seul est arrivé, disent les mêmes cartes, aux îles d'Anadir, voisines de l'Amérique sous le cercle polaire. Mais autant je suis persuadé de la vérité de ces premiers faits, autant je doute de celle du dernier; car cette même carte, qui présente par une *suite de points* la route de ce vaisseau russe autour de la terre des Tschutschis, porte en même temps *en toutes lettres* qu'on ne connaît pas l'étendue de cette terre; or quand même on aurait en 1648 parcouru cette mer et fait le tour de cette pointe de l'Asie, il est sûr que depuis ce temps les Russes, quoique très-intéressés à cette navigation pour arriver au Kamtschatka, et de là au Japon et à la Chine, l'ont entièrement abandonnée ; mais peut-être aussi se sont-ils réservé pour eux seuls la connaissance de cette route autour de cette terre des Tschutschis, qui forme l'extrémité la plus septentrionale et la plus avancée du continent de l'Asie.

Quoi qu'il en soit, toutes les régions septentrionales au delà du 76e degré, depuis le nord de la Norwége jusqu'à l'extrémité de l'Asie, sont actuellement dénuées d'habitants, à l'exception de quelques malheureux que les Danois et les Russes ont établis pour la pêche, et qui seuls entretiennent un reste de population et de commerce dans ce climat glacé. Les terres du Nord, autrefois assez chaudes pour faire multiplier les éléphants et les hippopotames, s'étant déjà refroidies au point de ne pouvoir nourrir que des ours blancs et des rennes, seront dans quelques milliers d'années entièrement dénuées et désertes par les seuls effets du refroidissement. Il y a même de très-fortes raisons qui me portent à croire que la région de notre pôle qui n'a pas été reconnue ne le sera jamais ; car ce refroidissement glacial me paraît s'être emparé du pôle jusqu'à la distance de sept ou huit degrés, et il est plus que probable que toute cette plage polaire, autrefois terre ou mer, n'est aujourd'hui que glace. Et si cette présomption est fondée, le circuit et l'étendue de ces glaces, loin de diminuer, ne pourront qu'augmenter avec le refroidissement de la terre.

Or, si nous considérons ce qui se passe sur les hautes montagnes, même dans nos climats, nous y trouverons une nouvelle preuve démonstrative de la réalité de ce refroidissement, et nous en tirerons en même temps une

comparaison qui me paraît frappante. On trouve au-dessus
des Alpes, dans une longueur de plus de soixante lieues
sur vingt et même trente de largeur en certains endroits,
depuis les montagnes de la Savoie et du canton de Berne
jusqu'à celles du Tyrol, une étendue immense et presque
continue de vallées, de plaines et d'éminences de glaces,
la plupart sans mélange d'aucune autre matière et presque
toutes permanentes et qui ne fondent jamais en entier.
Ces grandes plages de glace, loin de diminuer dans leur
circuit, augmentent et s'étendent de plus en plus; elles
gagnent de l'espace sur les terres voisines et plus basses;
ce fait est démontré par les cimes des grands arbres et
même par une pointe de clocher, qui sont enveloppés dans
ces masses de glaces, et qui ne paraissent que dans certains étés très-chauds, pendant lesquels ces glaces diminuent de quelques pieds de hauteur; mais la masse intérieure, qui dans certains endroits est épaisse de cent
toises, ne s'est pas fondue de mémoire d'homme. Il est
donc évident que ces forêts et ce clocher, enfouis dans ces
glaces épaisses et permanentes, étaient ci-devant situées
dans des terres découvertes, habitées, et par conséquent
moins refroidies qu'elles ne le sont aujourd'hui; il est de
même très-certain que cette augmentation successive de
glace ne peut être attribuée à l'augmentation de la quantité de vapeurs aqueuses, puisque tous les sommets des
montagnes qui surmontent ces glacières ne se sont point
élevés, et se sont au contraire abaissés avec le temps et
par la chute d'une infinité de rochers et de masses en débris qui ont roulé, soit au fond des glacières, soit dans les
vallées inférieures. Dès lors l'agrandissement de ces contrées de glace est déjà et sera dans la suite la preuve la
plus palpable du refroidissement successif de la terre,

duquel il est plus aisé de saisir les degrés dans ces pointes avancées du globe que partout ailleurs. Si l'on continue donc d'observer les progrès de ces glacières permanentes des Alpes, on saura dans quelques siècles combien il faut d'années pour que le froid glacial s'empare d'une terre actuellement habitée, et de là on pourra conclure si j'ai compté trop ou trop peu de temps pour le refroidissement du globe.

Maintenant, si nous transportons cette idée sur la région du pôle, nous nous persuaderons aisément que non-seulement elle est entièrement glacée, mais même que le circuit et l'étendue de ces glaces augmentent de siècle en siècle, et continueront d'augmenter avec le refroidissement du globe. Les terres du Spitzberg, quoique à 10 degrés du pôle, sont presque entièrement glacées, même en été ; et par les nouvelles tentatives que l'on a faites pour approcher du pôle de plus près, il paraît qu'on n'a trouvé que des glaces, que je regarde comme les appendices de la grande glacière qui couvre cette région tout entière, depuis le pôle jusqu'à 7 ou 8 degrés de distance. Les glaces immenses reconnues par le capitaine Phipps à 80 et 81 degrés, et qui partout l'ont empêché d'avancer plus loin, semblent prouver la vérité de ce fait important; car l'on ne doit pas présumer qu'il y ait sous le pôle des sources et des fleuves d'eau douce qui puissent produire et amener ces glaces, puisqu'en toutes saisons ces fleuves seraient glacés. Il paraît donc que les glaces qui ont empêché ce navigateur intrépide de pénétrer au delà du 82ᵉ degré, sur une longueur de plus de 24 degrés en longitude, il paraît, dis-je, que ces glaces continues forment une partie de la circonférence de l'immense glacière de notre pôle, produite par le refroidissement successif du globe. Et si l'on veut supputer la surface de cette zone glacée depuis le pôle jusqu'au 82ᵉ degré de latitude, on verra qu'elle est plus de cent trente mille lieues carrées, et que par conséquent voilà déjà la deux-centième partie du globe envahie par le refroidissement, et anéantie pour la nature vivante. Et comme le froid est plus grand dans les régions du pôle austral, l'on doit présumer que l'envahissement des glaces y est aussi plus grand, puisqu'on en rencontre dans quelques-unes de ces plages australes dès le 47ᵉ degré; mais, pour ne considérer ici que notre hémisphère boréal, dont nous présumons que la glace a déjà envahi la centième partie, c'est-à-dire toute la surface de la portion de sphère qui s'étend depuis le pôle jusqu'à 8 degrés ou deux cents lieues de distance, l'on sent bien que s'il était possible de déterminer le temps où ces glaces ont commencé de s'établir sur le point du pôle, et ensuite le temps de la progression successive de leur envahissement jusqu'à deux cents lieues, on pourrait en déduire celui de leur progression à venir, et connaître d'avance quelle sera la durée de la nature vivante dans tous les climats jusqu'à celui de l'équateur. Par exemple, si nous supposons qu'il y ait mille ans que la glace permanente a commencé de s'établir sous le point même du pôle, et que dans la succession de ce millier d'années les glaces se soient étendues autour de ce point jusqu'à deux cents lieues, ce qui fait la centième partie de la surface de l'hémisphère, du pôle à l'équateur, on peut présumer qu'il s'écoulera encore quatre-vingt-dix-neuf mille ans avant qu'elles ne puissent l'envahir dans toute cette étendue, en supposant uniforme la progression du froid glacial, comme l'est celle du refroidissement du globe; et ceci s'accorde assez avec la durée de quatre-vingt-treize mille ans que nous avons donnée à la nature vivante, à dater de ce jour, et que nous avons déduite de la seule loi du refroidissement. Quoi qu'il en soit, il est certain que les glaces se présentent de tous côtés à 8 degrés du pôle comme des barrières et des obstacles insurmontables ; car le capitaine Phipps a parcouru plus de la quinzième partie de cette circonférence vers le nord-est ; et, avant lui, Baffin et Smith en avaient reconnu tout autant vers le nord-ouest, et partout ils n'ont trouvé que glace. Je suis donc persuadé que, si quelques autres navigateurs aussi courageux entreprennent de reconnaître le reste de cette circonférence, ils la trouveront de même bornée partout par des glaces qu'ils ne pourront pénétrer ni franchir ; et que par conséquent cette région du pôle est entièrement et à jamais perdue pour nous. La brume continuelle qui couvre ces climats, et qui n'est que la neige glacée dans l'air, s'arrêtant, ainsi que toutes les autres vapeurs, contre les parois de ces côtes de glace, elle y forme de nouvelles couches et d'autres glaces, qui augmentent incessamment et s'étendront toujours de plus en plus, à mesure que le globe se refroidira davantage.

Au reste, la surface de l'hémisphère boréal présentant beaucoup plus de terre que celle de l'hémisphère austral, cette différence suffit, indépendamment des autres causes ci-devant indiquées, pour que ce dernier hémisphère soit plus froid que le premier : aussi trouve-t-on des glaces dès le 47e ou 50e degré dans les mers australes, au lieu qu'on n'en rencontre qu'à 20 degrés plus loin dans l'hémisphère boréal. On voit d'ailleurs que sous notre cercle polaire il y a moitié plus de terre que d'eau, tandis que tout est mer sous le cercle antarctique ; l'on voit qu'entre notre cercle polaire et le tropique du Cancer il y a plus de deux tiers de terre sur un tiers de mer, au lieu qu'entre le cercle polaire antarctique et le tropique du Capricorne il y a peut-être quinze fois plus de mer que de terre : cet hémisphère austral a donc été de tout temps, comme il l'est encore aujourd'hui, beaucoup plus aqueux et plus froid que le nôtre, et il n'y a pas d'apparence que passé le 50e degré l'on y trouve jamais des terres heureuses et tempérées. Il est donc presque certain que les glaces ont envahi une plus grande étendue sous le pôle antarctique, et que leur circonférence s'étend peut-être beaucoup plus loin que celle des glaces du pôle arctique. Ces immenses glacières des deux pôles, produites par le refroidissement, iront, comme la glacière des Alpes, toujours en augmentant. La postérité ne tardera pas à le savoir, et nous nous croyons fondés à le présumer d'après notre théorie et d'après les faits que nous venons d'exposer, auxquels nous devons ajouter celui des glaces permanentes qui se sont formées depuis quelques siècles contre la côte orientale du Groënland ; on peut encore y joindre l'augmentation des glaces près de la Nouvelle-Zemble, dans le détroit de Weighats, dont le passage est devenu plus difficile et presque impraticable ; et enfin l'impossibilité où l'on est de parcourir la mer Glaciale au nord de l'Asie ; car, malgré ce qu'en ont dit les Russes, il est très-douteux que les côtes de cette mer les plus avancées vers le nord aient été reconnues, et qu'ils aient fait le tour de la pointe septentrionale de l'Asie.

Nous voilà, comme je me le suis proposé, descendus du sommet de l'échelle du temps jusqu'à des siècles assez voisins du nôtre ; nous avons passé du chaos à la lumière, de l'incandescence du globe à son premier refroidissement, et cette période de temps a été de vingt-cinq mille ans. Le second degré de refroidissement a permis la chute des eaux et a produit la dépuration de l'atmosphère depuis vingt-cinq à trente-cinq mille ans. Dans la troisième époque s'est fait l'établissement de la mer universelle, la production des premiers coquillages et des premiers végétaux, la construction de la surface de la terre par lits horizontaux, ouvrages de quinze ou vingt autres milliers d'années. Sur la fin de la troisième époque et au commencement de la quatrième s'est faite la retraite des eaux, les courants de la mer ont creusé nos vallons, et les feux souterrains ont commencé de ravager la terre par leurs explosions. Tous ces derniers mouvements ont duré dix mille ans de plus, et en somme totale ces grands événements, ces opérations et ces constructions supposent au moins une succession de soixante mille années. Après quoi, la nature, dans son premier moment de repos, a donné ses productions les plus nobles; la cinquième époque nous présente la naissance des animaux terrestres. Il est vrai que ce repos n'était pas absolu, la terre n'était pas encore tout à fait tranquille, puisque ce n'est qu'après la naissance des premiers animaux terrestres que s'est faite la séparation des continents et que sont arrivés les grands changements que je viens d'exposer dans cette sixième époque.

Au reste, j'ai fait ce que j'ai pu pour proportionner dans chacune de ces périodes la durée du temps à la grandeur des ouvrages; j'ai tâché, d'après mes hypothèses, de tracer le tableau successif des grandes révolutions de la nature, sans néanmoins avoir prétendu la saisir à son origine et encore moins l'avoir embrassée dans toute son étendue. Et mes hypothèses fussent-elles contestées, et mon tableau ne fût-il qu'une esquisse très-imparfaite de celui de la nature, je suis convaincu que tous ceux qui de bonne foi voudront examiner cette esquisse et la comparer avec le modèle, trouveront assez de ressemblance pour pouvoir au moins satisfaire leurs yeux et fixer leurs idées sur les plus grands objets de la philosophie naturelle.

SEPTIÈME ET DERNIÈRE ÉPOQUE.

LORSQUE LA PUISSANCE DE L'HOMME A SECONDÉ CELLE DE LA NATURE.

Les premiers hommes, témoins des mouvements convulsifs de la terre, encore récents et très-fréquents, n'ayant que les montagnes pour asiles contre les inondations, chassés souvent de ces mêmes asiles par le feu des volcans, tremblants sur une terre qui tremblait sous leurs pieds, nus d'esprit et de corps, exposés aux injures de tous les éléments, victimes de la fureur des animaux féroces, dont ils ne pouvaient éviter de devenir la proie; tous également pénétrés du sentiment commun d'une terreur funeste, tous également pressés par la nécessité, n'ont-ils pas très-promptement cherché à se réunir, d'abord pour se défendre par le nombre, ensuite pour s'aider et travailler de concert à se faire un domicile et des armes? Ils ont commencé par aiguiser en forme de hache ces cailloux durs, ces jades, ces *pierres de foudre*, que l'on a cru tombées des nues et formées par le tonnerre, et qui néanmoins ne sont que les premiers monuments de l'art de l'homme dans l'état de pure nature : il aura bientôt tiré du feu de ces mêmes cailloux en les frappant les uns contre les autres ; il aura saisi la flamme des volcans, ou profité du feu de leurs laves brûlantes pour le communiquer, pour se faire jour dans les forêts, les broussailles ; car avec le secours de ce puissant élément, il a nettoyé, assaini, purifié les terrains qu'il voulait habiter ; avec la hache de pierre, il a tranché, coupé les arbres, menuisé le bois, façonné les armes et les instruments de première nécessité ; et, après s'être munis de massues et d'autres armes pesantes et défensives, ces premiers hommes n'ont-ils pas trouvé le moyen d'en faire d'offensives plus légères pour atteindre de loin ? un nerf, un tendon d'animal, des fils d'aloès ou l'écorce souple d'une plante ligneuse leur ont servi de corde pour réunir les deux extrémités d'une branche élastique dont ils ont fait leur arc ; ils ont aiguisé d'autres petits cailloux pour en armer la flèche ; bientôt ils auront eu des filets, des radeaux, des canots, et s'en sont tenus là tant qu'ils n'ont formé que de petites nations composées de quelques familles, ou plutôt de parents issus d'une même famille, comme nous le voyons encore aujourd'hui chez les sauvages qui veulent demeurer sauvages, et qui le peuvent, dans les lieux où l'espace libre ne leur manque pas plus que le gibier, le poisson et les fruits. Mais dans tous ceux où l'espace s'est trouvé confiné par les eaux ou resserré par les hautes montagnes, ces petites nations, devenues trop nombreuses, ont été forcées de partager leur terrain entre elles, et c'est de ce moment que la terre est devenue le domaine de l'homme ; il en a pris possession par ses travaux de culture, et l'attachement à la patrie a suivi de très-près les premiers actes de sa propriété : l'intérêt particulier faisant partie de l'intérêt national, l'ordre, la police et les lois ont dû succéder, et la société prendre de la consistance et des forces[1].

Néanmoins, ces hommes, profondément affectés des calamités de leur premier état, et ayant encore sous leurs yeux les ravages des inondations, les incendies des volcans, les gouffres ouverts par les secousses de la terre, ont conservé un souvenir durable et presque éternel de ces malheurs du monde : l'idée qu'il doit périr par un déluge universel ou par un embrasement général; le respect pour certaines montagnes sur lesquelles ils s'étaient sauvés des inondations; l'horreur pour ces autres montagnes qui lançaient des feux plus terribles que ceux du tonnerre; la vue de ces combats de la terre contre le ciel, fondement de la fable des Titans et de leurs assauts contre les dieux; l'opinion de l'existence réelle d'un être malfaisant, la crainte et la superstition qui en sont le premier produit; tous ces sentiments, fondés sur la terreur, se sont dès lors emparés à jamais du cœur et de l'esprit de l'homme; à peine est-il encore aujourd'hui rassuré par l'expérience des temps, par le calme qui a succédé à ces siècles d'orages; enfin par la connaissance des effets et des opérations de la nature; connaissance qui n'a pu s'acquérir qu'après l'établissement de quelque grande société dans les terres paisibles.

Ce n'est point en Afrique, ni dans les terres de l'Asie les plus avancées vers le midi, que les grandes sociétés

---

1. Voici encore un début magnifique et tout rempli d'idées aussi élevées que justes et solides : ces premiers hommes, « tremblants sur une terre « qui tremblait sous leurs pas, *nus d'esprit* et de corps, exposés aux injures « de tous les éléments;... » qui peu à peu se sont réunis, ont formé de petites nations... cette terre devenue leur domaine, et dont l'homme *a pris possession par ses travaux de culture;...* tout cet éloquent tableau se compose de traits admirablement saisis, et, si je puis ainsi parler, dérobés à la nature même par une observation profonde. (F.)

ont pu d'abord se former; ces contrées étaient encore brûlantes et désertes : ce n'est point en Amérique, qui n'est évidemment, à l'exception de ses chaînes de montagnes, qu'une terre nouvelle; ce n'est pas même en Europe, qui n'a reçu que fort tard les lumières de l'Orient, que se sont établis les premiers hommes civilisés, puisque avant la fondation de Rome les contrées les plus heureuses de cette partie du monde, telles que l'Italie, la France et l'Allemagne, n'étaient encore peuplées que d'hommes plus qu'à demi sauvages : lisez *Tacite* sur les mœurs des Germains, c'est le tableau de celles des Hurons, ou plutôt des habitudes de l'espèce humaine entière sortant de l'état de nature. C'est donc dans les contrées septentrionales de l'Asie que s'est élevée la tige des connaissances de l'homme; et c'est sur ce tronc de l'arbre de la science que s'est élevé le trône de sa puissance; plus il a su, plus il a pu; mais aussi, moins il a fait, moins il a su. Tout cela suppose les hommes actifs dans un climat heureux, sous un ciel pur pour l'observer, sur une terre féconde pour la cultiver, dans une contrée privilégiée, à l'abri des inondations, éloignée des volcans, plus élevée, et par conséquent plus anciennement tempérée que les autres. Or, toutes ces conditions, toutes ces circonstances se sont trouvées réunies dans le centre du continent de l'Asie, depuis le 40e degré de latitude jusqu'au 55e. Les fleuves qui portent leurs eaux dans la mer du Nord, dans l'océan Oriental, dans les mers du Midi et dans la Caspienne, partent également de cette région élevée qui fait aujourd'hui partie de la Sibérie méridionale et de la Tartarie : c'est donc dans cette terre plus élevée, plus solide que les autres, puisqu'elle leur sert de centre et qu'elle est éloignée de près de cinq cents lieues de tous les océans; c'est dans cette contrée privilégiée que s'est formé le premier peuple digne de porter ce nom, digne de tous nos respects, comme créateur des sciences, des arts et de toutes les institutions utiles : cette vérité nous est également démontrée par les monuments de l'histoire naturelle et par les progrès presque inconcevables de l'ancienne astronomie ; comment des hommes si nouveaux ont-ils pu trouver la période *lunisolaire* de six cents ans ? Je me borne à ce seul fait, quoiqu'on puisse en citer beaucoup d'autres tout aussi merveilleux et tout aussi constants. Ils savaient donc autant d'astronomie qu'en savait de nos jours Dominique Cassini, qui le premier a démontré la réalité et l'exactitude de cette période de six cents ans ; connaissance à laquelle ni les Chaldéens, ni les Égyptiens, ni les Grecs ne sont pas arrivés ; connaissance qui suppose celle des mouvements précis de la lune et de la terre, et qui exige une grande perfection dans les instruments nécessaires aux observations ; connaissance qui ne peut s'acquérir qu'après avoir tout acquis, laquelle n'étant fondée que sur une longue suite de recherches, d'études et de travaux astronomiques, suppose au moins deux ou trois mille ans de culture à l'esprit humain pour y parvenir.

Ce premier peuple a été très-heureux, puisqu'il est devenu très-savant ; il a joui pendant plusieurs siècles de la paix, du repos, du loisir nécessaires à cette culture de l'esprit de laquelle dépend le fruit de toutes les autres cultures : pour se douter de la période de six cents ans, il fallait au moins douze cents ans d'observations ; pour l'assurer comme fait certain, il en a fallu plus du double ; voilà donc déjà trois mille ans d'études astronomiques, et nous n'en serons pas étonnés, puisqu'il a fallu ce même temps aux astronomes en les comptant depuis les Chaldéens jusqu'à nous pour reconnaître cette période ; et ces premiers trois mille ans d'observations astronomiques n'ont-ils pas été nécessairement précédés de quelques siècles où la science n'était pas née? Six mille ans à compter de ce jour sont-ils suffisants pour remonter à l'époque la plus noble de l'histoire de l'homme, et même pour le suivre dans les premiers progrès qu'il a faits dans les arts et dans les sciences?

Mais malheureusement elles ont été perdues, ces hautes et belles sciences ; elles ne nous sont parvenues que par débris trop informes pour nous servir autrement qu'à reconnaître leur existence passée. L'invention de la formule d'après laquelle les *Brames* calculent les éclipses suppose autant de science que la construction de nos éphémérides, et cependant ces mêmes Brames n'ont pas la moindre idée de la composition de l'univers ; ils n'en ont que de fausses sur le mouvement, la grandeur et la position des planètes ; ils calculent les éclipses sans en connaître la théorie, guidés comme des machines par une gamme fondée sur des formules savantes qu'ils ne comprennent pas, et que probablement leurs ancêtres n'ont point inventées, puisqu'ils n'ont rien perfectionné et qu'ils n'ont pas transmis le moindre rayon de la science à leurs descendants : ces formules ne sont entre leurs mains que des méthodes de pratique, mais elles supposent des connaissances profondes dont ils n'ont pas les éléments, dont ils n'ont pas même conservé les moindres vestiges, et qui par conséquent ne leur ont jamais appartenu. Ces méthodes ne peuvent donc venir que de cet ancien peuple savant qui avait réduit en formules les mouvements des astres, et qui par une longue suite d'observations était parvenu non-seulement à la prédiction des éclipses, mais à la connaissance bien plus difficile de la période de six cents ans et de tous les faits astronomiques que cette connaissance exige et suppose nécessairement.

Je crois être fondé à dire que les Brames n'ont pas imaginé ces formules savantes, puisque toutes leurs idées physiques sont contraires à la théorie dont ces formules dépendent, et que s'ils eussent compris cette théorie même dans le temps qu'ils en ont reçu les résultats, ils eussent conservé la science et ne se trouveraient pas réduits aujourd'hui à la plus grande ignorance, et livrés aux préjugés les plus ridicules sur le système du monde; car ils croient que la terre est immobile et appuyée sur la cime d'une montagne d'or; ils pensent que la lune est éclipsée par des dragons aériens, que les planètes sont plus petites que la lune, etc. Il est donc évident qu'ils n'ont jamais eu les premiers éléments de la théorie astronomique, ni même la moindre connaissance des principes que supposent les méthodes dont ils se servent; mais je dois renvoyer ici à l'excellent ouvrage que M. Bailly vient de publier sur l'ancienne astronomie, dans lequel il discute à fond tout ce qui est relatif à l'origine et au progrès de cette science; on verra que ses idées s'accordent avec les miennes, et d'ailleurs il a traité ce sujet important avec une sagacité de génie et une profondeur d'érudition qui mérite des éloges de tous ceux qui s'intéressent au progrès des sciences.

Les Chinois, un peu plus éclairés que les Brames, calculent assez grossièrement les éclipses et les calculent toujours de même depuis deux ou trois mille ans; puisqu'ils ne perfectionnent rien, ils n'ont jamais rien inventé; la science n'est donc pas plus née à la Chine qu'aux Indes :

quoique aussi voisins que les Indiens du premier peuple savant, les Chinois ne paraissent pas en avoir rien tiré; ils n'ont pas même ces formules astronomiques dont les Brames ont conservé l'usage, et qui sont néanmoins les premiers et grands monuments du savoir et du bonheur de l'homme. Il ne paraît pas non plus que les Chaldéens, les Perses, les Égyptiens et les Grecs aient rien reçu de ce premier peuple éclairé; car dans ces contrées du Levant, la nouvelle astronomie n'est due qu'à l'opiniâtre assiduité des observateurs chaldéens, et ensuite aux travaux des Grecs, qu'on ne doit dater que du temps de la fondation de l'école d'Alexandrie. Néanmoins cette science était encore bien imparfaite après deux mille ans de nouvelle culture et même jusqu'à nos derniers siècles. Il me paraît donc certain que ce premier peuple, qui avait inventé et cultivé si heureusement et si longtemps l'astronomie, n'en a laissé que des débris et quelques résultats qu'on pouvait retenir de mémoire, comme celui de la période de six cents ans que l'historien Josèphe nous a transmise sans la comprendre.

La perte des sciences, cette première plaie faite à l'humanité par la hache de la barbarie, fut sans doute l'effet d'une malheureuse révolution qui aura détruit peut-être en peu d'années l'ouvrage et les travaux de plusieurs siècles; car nous ne pouvons douter que ce premier peuple, aussi puissant d'abord que savant, ne se soit longtemps maintenu dans sa splendeur, puisqu'il a fait de si grands progrès dans les sciences, et par conséquent dans tous les arts qu'exige leur étude. Mais il y a toute apparence que, quand les terres situées au nord de cette heureuse contrée ont été trop refroidies, les hommes qui les habitaient, encore ignorants, farouches et barbares, auront reflué vers cette même contrée riche, abondante et cultivée par les arts ; il est même assez étonnant qu'ils s'en soient emparés et qu'ils y aient détruit non-seulement les germes, mais même la mémoire de toute science ; en sorte que trente siècles d'ignorance ont peut-être suivi les trente siècles de lumière qui les avaient précédés. De tous ces beaux et premiers fruits de l'esprit humain, il n'en est resté que le marc : la métaphysique religieuse, ne pouvant être comprise, n'avait pas besoin d'étude et ne devait ni s'altérer ni se perdre que faute de mémoire, laquelle ne manque jamais dès qu'elle est frappée du merveilleux. Aussi cette métaphysique s'est-elle répandue de ce premier centre des sciences à toutes les parties du monde ; les idoles de Calicut se sont trouvées les mêmes que celles de Séléginskoï. Les pèlerinages vers le grand Lama, établis à plus de deux mille lieues de distance ; l'idée de la métempsycose portée encore plus loin, adoptée comme article de foi par les Indiens, les Éthiopiens, les Atlantes ; ces mêmes idées défigurées, reçues par les Chinois, les Perses, les Grecs, et parvenues jusqu'à nous : tout semble nous démontrer que la première souche et la tige commune des connaissances humaines appartient à cette terre de la haute Asie [1], et que les rameaux stériles ou dégénérés des nobles branches de cette ancienne souche se sont étendus dans toutes les parties de la terre chez les peuples civilisés.

Et que pouvons-nous dire de ces siècles de barbarie, qui se sont écoulés en pure perte pour nous ? ils sont

---

1. Les cultures, les arts, les bourgs épars dans cette région, dit le savant naturaliste M. Pallas, sont les restes encore vivants d'un empire ou d'une société florissante, dont l'histoire même est ensevelie avec ses cités, ses temples, ses armes, ses monuments, dont on déterre à chaque pas d'énormes débris : ces peuplades sont les membres d'une énorme nation, à laquelle il manque une tête. *Voyage de Pallas en Sibérie*, etc. (B.)

ensevelis pour jamais dans une nuit profonde; l'homme d'alors, replongé dans les ténèbres de l'ignorance, a pour ainsi dire cessé d'être homme. Car la grossièreté, suivie de l'oubli des devoirs, commence par relâcher les liens de la société, la barbarie achève de les rompre; les lois méprisées ou proscrites, les mœurs dégénérées en habitudes farouches, l'amour de l'humanité, quoique gravé en caractères sacrés, effacé dans les cœurs; l'homme enfin sans éducation, sans morale, réduit à mener une vie solitaire et sauvage, n'offre, au lieu de sa haute nature, que celle d'un être dégradé au-dessous de l'animal.

Néanmoins, après la perte des sciences, les arts utiles auxquels elles avaient donné naissance se sont conservés; la culture de la terre, devenue plus nécessaire à mesure que les hommes se trouvaient plus nombreux, plus serrés; toutes les pratiques qu'exige cette même culture, tous les arts que supposent la construction des édifices, la fabrication des idoles et des armes, la texture des étoffes, etc., ont survécu à la science; ils se sont répandus de proche en proche, perfectionnés de loin en loin; ils ont suivi le cours des grandes populations; l'ancien empire de la Chine s'est élevé le premier, et presque en même temps celui des Atlantes en Afrique; ceux du continent de l'Asie, celui de l'Égypte, d'Éthiopie se sont successivement établis, et enfin celui de Rome, auquel notre Europe doit son existence civile. Ce n'est donc que depuis environ trente siècles que la puissance de l'homme s'est réunie à celle de la nature, et s'est étendue sur la plus grande partie de la terre; les trésors de sa fécondité jusqu'alors étaient enfouis, l'homme les a mis au grand jour; ses autres richesses, encore plus profondément enterrées, n'ont pu se dérober à ses recherches, et sont devenues le prix de ses travaux : partout, lorsqu'il s'est conduit avec sagesse, il a suivi les leçons de la nature, profité de ses exemples, employé ses moyens, et choisi dans son immensité tous les objets qui pouvaient lui servir ou lui plaire. Par son intelligence, les animaux ont été apprivoisés, subjugués, domptés, réduits à lui obéir à jamais ; par ses travaux, les marais ont été desséchés, les fleuves contenus, leurs cataractes effacées, les forêts éclaircies, les landes cultivées ; par sa réflexion, les temps ont été comptés, les espaces mesurés, les mouvements célestes reconnus, combinés, représentés, le ciel et la terre comparés, l'univers agrandi, et le Créateur dignement adoré ; par son art émané de la science, les mers ont été traversées, les montagnes franchies, les peuples rapprochés, un nouveau monde découvert, mille autres terres isolées sont devenues son domaine ; enfin la face entière de la terre porte aujourd'hui l'empreinte de la puissance de l'homme, laquelle, quoique subordonnée à celle de la nature, souvent a fait plus qu'elle, ou du moins l'a si merveilleusement secondée, que c'est à l'aide de nos mains qu'elle s'est développée dans toute son étendue, et qu'elle est arrivée par degrés au point de perfection et de magnificence où nous la voyons aujourd'hui.

Comparez en effet la nature brute à la nature cultivée ; comparez les petites nations sauvages de l'Amérique avec nos grands peuples civilisés ; comparez même celles de l'Afrique, qui ne le sont qu'à demi ; voyez en même temps l'état des terres que ces nations habitent, vous jugerez aisément du peu de valeur de ces hommes par le peu d'impression que leurs mains ont faites sur leur sol : soit stupidité, soit paresse, ces hommes à demi brutes, ces nations non policées, grandes ou petites, ne font que peser sur le globe sans soulager la terre, l'affamer sans la féconder, détruire sans édifier, tout user sans rien renouveler. Néanmoins la condition la plus méprisable de l'espèce humaine n'est pas celle du sauvage, mais celle de ces nations au quart policées, qui de tout temps ont été les vrais fléaux de la nature humaine, et que les peuples civilisés ont encore peine à contenir aujourd'hui : ils ont, comme nous l'avons dit, ravagé la première terre heureuse, ils en ont arraché les gerbes du bonheur et détruit les fruits de la science. Et de combien d'autres invasions cette première irruption des barbares n'a-t-elle pas été suivie! C'est de ces mêmes contrées du Nord, où se trouvaient autrefois tous les biens de l'espèce humaine, qu'ensuite sont venus tous ses maux. Combien n'a-t-on pas vu de ces débordements d'animaux à face humaine, toujours venant du Nord ravager les terres du Midi? Jetez les yeux sur les annales de tous les peuples, vous y compterez vingt siècles de désolation, pour quelques années de paix et de repos.

Il a fallu six cents siècles à la nature pour construire ses grands ouvrages, pour attiédir la terre, pour en façonner la surface et arriver à un état tranquille; combien n'en faudra-t-il pas pour que les hommes arrivent au même point et cessent de s'inquiéter, de s'agiter et de s'entre-détruire? Quand reconnaîtront-ils que la jouissance paisible des terres de leur patrie suffit à leur bonheur? Quand seront-ils assez sages pour rabattre de leurs prétentions, pour renoncer à des dominations imaginaires, à des possessions éloignées, souvent ruineuses ou du moins plus à charge qu'utiles? L'empire de l'Espagne, aussi étendu que celui de la France en Europe, et dix fois plus grand en Amérique, est-il dix fois plus puissant? l'est-il même autant que si cette fière et grande nation se fût bornée à tirer de son heureuse terre tous les biens qu'elle pouvait lui fournir? Les Anglais, ce peuple si sensé, si profondément pensant, n'ont-ils pas fait une grande faute en étendant trop loin les limites de leurs colonies? Les anciens me paraissent avoir eu des idées plus saines de ces établissements; ils ne projetaient des émigrations que quand leur population les surchargeait, et que leurs terres et leur commerce ne suffisaient plus à leurs besoins. Les invasions des barbares, qu'on regarde avec horreur, n'ont-elles pas eu des causes encore plus pressantes lorsqu'ils se sont trouvés trop serrés dans des terres ingrates, froides et dénuées, et en même temps voisines d'autres terres cultivées, fécondes et couvertes de tous les biens qui leur manquaient? Mais aussi que de sang ont coûté ces funestes conquêtes, que de malheurs, que de pertes les ont accompagnées et suivies!

Ne nous arrêtons pas plus longtemps sur le triste spectacle de ces révolutions de mort et de dévastation, toutes produites par l'ignorance; espérons que l'équilibre, quoique imparfait, qui se trouve actuellement entre les puissances des peuples civilisés, se maintiendra et pourra même devenir plus stable à mesure que les hommes sentiront mieux leurs véritables intérêts, qu'ils reconnaîtront le prix de la paix et du bonheur tranquille, qu'ils en feront le seul objet de leur ambition, que les princes dédaigneront la fausse gloire des conquérants et mépriseront la petite vanité de ceux qui, pour jouer un rôle, les excitent à de grands mouvements.

Supposons donc le monde en paix, et voyons de plus près combien la puissance de l'homme pourrait influer sur celle de la nature. Rien ne paraît plus difficile, pour ne pas dire impossible, que de s'opposer au refroidissement successif de la terre et de réchauffer la température d'un climat ; cependant l'homme le peut faire et l'a fait. Paris et Québec sont à peu près sous la même latitude et à la même élévation sur le globe ; Paris serait donc aussi froid que Québec, si la France et toutes les contrées qui l'avoisinent étaient aussi dépourvues d'hommes, aussi couvertes de bois, aussi baignées par les eaux que le sont les terres voisines du Canada. Assainir, défricher et peupler un pays, c'est lui rendre de la chaleur pour plusieurs milliers d'années, et ceci prévient la seule objection raisonnable que l'on puisse faire contre mon opinion, ou pour mieux dire, contre le fait réel du refroidissement de la terre.

Selon votre système, me dira-t-on, toute la terre doit être plus froide aujourd'hui qu'elle ne l'était il y a deux mille ans : or, la tradition semble nous prouver le contraire. Les Gaules et la Germanie nourrissaient des élans, des loups-cerviers, des ours et d'autres animaux qui se sont retirés depuis dans les pays septentrionaux ; cette progression est bien différente de celle que vous leur supposez du Nord au Midi. D'ailleurs l'histoire nous apprend que tous les ans la rivière de Seine était ordinairement glacée pendant une partie de l'hiver : ces faits ne paraissent-ils pas être directement opposés au prétendu refroidissement successif du globe? Ils le seraient, je l'avoue, si la France et l'Allemagne d'aujourd'hui étaient semblables à la Gaule et à la Germanie ; si l'on n'eût pas abattu les forêts, desséché les marais, contenu les torrents, dirigé les fleuves et défriché toutes les terres trop couvertes et surchargées des débris même de leurs productions. Mais ne doit-on pas considérer que la déperdition de la chaleur du globe se fait d'une manière insensible ; qu'il a fallu soixante-seize mille ans pour l'attiédir au point de la température actuelle, et que dans soixante-seize autres mille ans il ne sera pas encore assez refroidi pour que la chaleur particulière de la nature vivante y soit anéantie[1] ; ne faut-il pas comparer ensuite à ce refroidissement si lent le froid prompt et subit qui nous arrive des régions de l'air ; se rappeler qu'il n'y a néanmoins qu'un trente-deuxième de différence entre le plus grand chaud de nos étés et le plus grand froid de nos hivers ; et l'on sentira déjà que les causes extérieures influent beaucoup plus que la cause intérieure sur la température de chaque climat, et que dans tous ceux où le froid de la région supérieure de l'air est attiré par l'humidité ou poussé par des vents qui le rabattent vers la surface de la terre, les effets de ces causes particulières l'emportent de beaucoup sur le produit de la cause générale. Nous pouvons en donner un exemple qui ne laissera aucun doute sur ce sujet, et qui prévient en même temps toute objection de cette espèce.

Dans l'immense étendue des terres de la Guyane, qui ne sont que des forêts épaisses où le soleil peut à peine pénétrer, où les eaux répandues occupent de grands espaces, où les fleuves, très-voisins les uns des autres, ne sont ni contenus ni dirigés, où il pleut continuellement pendant huit mois de l'année, l'on a commencé seulement depuis un siècle à défricher autour de Cayenne un très-

---

1. Elle le serait depuis longtemps assez pour cela, si l'influence de la *chaleur propre* de la terre était nécessaire à la *nature vivante*. Mais il n'en est rien : l'influence de la *chaleur centrale* est depuis longtemps *insensible* à la *surface*. A la surface, la *chaleur seule* du soleil agit aujourd'hui ; et, tant que la terre conservera les mêmes rapports avec le soleil, la vie y sera possible. (F.)

petit canton de ces vastes forêts ; et déjà la différence de température dans cette petite étendue de terrain défriché est si sensible qu'on y éprouve trop de chaleur, même pendant la nuit; tandis que dans toutes les autres terres couvertes de bois il fait assez froid la nuit pour qu'on soit forcé d'allumer du feu. Il en est de même de la quantité et de la continuité des pluies : elles cessent plus tôt et commencent plus tard à Cayenne que dans l'intérieur des terres; elles sont aussi moins abondantes et moins continues. Il y a quatre mois de sécheresse absolue à Cayenne, au lieu que, dans l'intérieur du pays, la saison sèche ne dure que trois mois, et encore y pleut-il tous les jours par un orage assez violent, qu'on appelle le *grain de midi*, parce que c'est vers le milieu du jour que cet orage se forme : de plus, il ne tonne presque jamais à Cayenne, tandis que les tonnerres sont violents et très-fréquents dans l'intérieur du pays, où les nuages sont noirs, épais et très-bas. Ces faits, qui sont certains, ne démontrent-ils pas qu'on ferait cesser ces pluies continuelles de huit mois, et qu'on augmenterait prodigieusement la chaleur dans toute cette contrée, si l'on détruisait les forêts qui la couvrent, si l'on y resserrait les eaux en dirigeant les fleuves, et si la culture de la terre, qui suppose le mouvement et le grand nombre des animaux et des hommes, chassait l'humidité froide et superflue, que le nombre infiniment trop grand des végétaux attire, entretient et répand?

Comme tout mouvement, toute action produit de la chaleur, et que tous les êtres doués du mouvement progressif sont eux-mêmes autant de petits foyers de chaleur, c'est de la proportion du nombre des hommes et des animaux à celui des végétaux, que dépend (toutes choses égales d'ailleurs) la température locale de chaque terre en particulier ; les premiers répandent de la chaleur, les seconds ne produisent que de l'humidité froide : l'usage habituel que l'homme fait du feu ajoute beaucoup à cette température artificielle dans tous les lieux où il habite en nombre. A Paris, dans les grands froids, les thermomètres, au faubourg Saint-Honoré, marquent 2 ou 3 degrés de froid de plus qu'au faubourg Saint-Marceau, parce que le vent du nord se tempère en passant sur les cheminées de cette grande ville. Une seule forêt de plus ou de moins dans un pays suffit pour en changer la température : tant que les arbres sont sur pied, ils attirent le froid, ils diminuent par leur ombrage la chaleur du soleil, ils produisent des vapeurs humides qui forment des nuages et retombent en pluie, d'autant plus froide qu'elle descend de plus haut ; et si ces forêts sont abandonnées à la seule nature, ces mêmes arbres tombés de vétusté pourrissent froidement sur la terre, tandis qu'entre les mains de l'homme ils servent d'aliment à l'élément du feu, et deviennent les causes secondaires de toute chaleur particulière. Dans les pays de prairies, avant la récolte des herbes, on a toujours des rosées abondantes et très-souvent de petites pluies, qui cessent dès que ces herbes sont levées : ces petites pluies deviendraient donc plus abondantes et ne cesseraient pas, si nos prairies, comme les savanes de l'Amérique, étaient toujours couvertes d'une même quantité d'herbes qui, loin de diminuer, ne peut qu'augmenter par l'engrais de toutes celles qui se dessèchent et pourrissent sur la terre.

Je donnerais aisément plusieurs autres exemples, qui tous concourent à démontrer que l'homme peut modifier les influences du climat qu'il habite, et en fixer, pour ainsi dire, la température au point qu'il lui convient. Et ce qu'il y a de singulier, c'est qu'il lui serait plus difficile de refroidir la terre que de la réchauffer : maître de l'élément du feu, qu'il peut augmenter et propager à son gré, il ne l'est pas de l'élément du froid, qu'il ne peut saisir ni communiquer. Le principe du froid n'est pas même une substance réelle, mais une simple privation ou plutôt une diminution de chaleur, diminution qui doit être très-grande dans les hautes régions de l'air, et qui l'est assez à une lieue de distance de la terre pour y convertir en grêle et en neige les vapeurs aqueuses. Car les émanations de la chaleur propre du globe suivent la même loi que toutes les autres quantités ou qualités physiques qui partent d'un centre commun; et leur intensité décroissant en raison inverse du carré de la distance, il paraît certain qu'il fait quatre fois plus froid à deux lieues qu'à une lieue de hauteur dans notre atmosphère, en prenant chaque point de la surface de la terre pour centre. D'autre part, la chaleur intérieure du globe est constante dans toutes les saisons à 10 degrés au-dessus de la congélation. Ainsi tout froid plus grand, ou plutôt toute chaleur moindre de 10 degrés, ne peut arriver sur la terre que par la chute des matières refroidies dans la région supérieure de l'air, où les effets de cette chaleur propre du globe diminuent d'autant plus qu'on s'élève plus haut. Or la puissance de l'homme ne s'étend pas si loin : il ne peut faire descendre le froid comme il fait monter le chaud; il n'a d'autre moyen pour se garantir de la trop grande ardeur du soleil que de créer de l'ombre; mais il est bien plus aisé d'abattre des forêts à la Guyane pour en réchauffer la terre humide, que d'en planter en Arabie pour en rafraîchir les sables arides. Cependant une seule forêt dans le milieu de ces déserts brûlants suffirait pour les tempérer, pour y amener les eaux du ciel, pour rendre à la terre tous les principes de sa fécondité, et par conséquent pour y faire jouir l'homme de toutes les douceurs d'un climat tempéré.

C'est de la différence de température que dépend la plus ou moins grande énergie de la nature; l'accroissement, le développement et la production même de tous les êtres organisés ne sont que des effets particuliers de cette cause générale. Ainsi l'homme, en la modifiant, peut en même temps détruire ce qui lui nuit et faire éclore tout ce qui lui convient. Heureuses les contrées où tous les éléments de la température se trouvent balancés, et assez avantageusement combinés pour n'opérer que de bons effets! Mais en est-il aucune qui dès son origine ait eu ce privilége? aucune où la puissance de l'homme n'ait pas secondé celle de la nature, soit en attirant ou détournant les eaux, soit en détruisant les herbes inutiles et les végétaux nuisibles ou superflus, soit en se conciliant les animaux utiles et en les multipliant? Sur trois cents espèces d'animaux quadrupèdes et quinze cents espèces d'oiseaux qui peuplent la surface de la terre, l'homme en a choisi dix-neuf ou vingt[1]; et ces vingt espèces figurent seules plus grandement dans la nature et font plus de bien sur la terre que toutes les autres espèces réunies. Elles figurent plus grandement, parce qu'elles sont dirigées par l'homme, et qu'il les a prodigieusement multipliées; elles opèrent de concert avec lui tout le bien qu'on peut

---

1. L'éléphant, le chameau, le cheval, l'âne, le bœuf, la brebis, la chèvre, le cochon, le chien, le chat, le lama, la vigogne, le buffle. Les poules, les oies, les dindons, les canards, les paons, les faisans, les pigeons. (B.)

attendre d'une sage administration de forces et de puissance pour la culture de la terre, pour le transport et le commerce de ses productions, pour l'augmentation des subsistances, en un mot, pour tous les besoins, et même pour les plaisirs du seul maître qui puisse payer leurs services par ses soins.

Et dans ce petit nombre d'espèces d'animaux dont l'homme a fait choix, celles de la poule et du cochon qui sont les plus fécondes, sont aussi les plus généralement répandues, comme si l'aptitude à la plus grande multiplication était accompagnée de cette vigueur de tempérament qui brave tous les inconvénients. On a trouvé la poule et le cochon dans les parties les moins fréquentées de la terre, à Otahiti et dans les autres îles de tous temps inconnues et les plus éloignées des continents; il semble que ces espèces aient suivi celle de l'homme dans toutes ses migrations. Dans le continent isolé de l'Amérique méridionale où nul de nos animaux n'a pu pénétrer, on a trouvé le pécari et la poule sauvage, qui, quoique plus petits et un peu différents du cochon et de la poule de notre continent, doivent néanmoins être regardés comme espèces très-voisines, qu'on pourrait de même réduire en domesticité; mais l'homme sauvage, n'ayant point d'idée de la société, n'a pas même cherché celle des animaux. Dans toutes les terres de l'Amérique méridionale, les sauvages n'ont point d'animaux domestiques; ils détruisent indifféremment les bonnes espèces comme les mauvaises; ils ne font choix d'aucune pour les élever et les multiplier, tandis qu'une seule espèce féconde comme celle du *hocco*[1], qu'ils ont sous la main, leur fournirait sans peine, et seu-

---

1. Gros oiseau très-fécond, et dont la chair est aussi bonne que celle du faisan. (B.)

lement avec un peu de soin, plus de subsistances qu'ils ne peuvent s'en procurer par leurs chasses pénibles.

Aussi le premier trait de l'homme qui commence à se civiliser est l'empire qu'il sait prendre sur les animaux ; et ce premier trait de son intelligence devient ensuite le plus grand caractère de sa puissance sur la nature ; car ce n'est qu'après se les être soumis qu'il a, par leur secours, changé la face de la terre, converti les déserts en guérets et les bruyères en épis. En multipliant les espèces utiles d'animaux, l'homme augmente sur la terre la quantité de mouvement et de vie ; il ennoblit en même temps la suite entière des êtres [1] et s'ennoblit lui-même en transformant le végétal en animal et tous deux en sa propre substance qui se répand ensuite par une nombreuse multiplication : partout il produit l'abondance, toujours suivie de la grande population ; des millions d'hommes existent dans le même espace qu'occupaient autrefois deux ou trois cents sauvages, des milliers d'animaux où il y avait à peine quelques individus ; par lui et pour lui les germes précieux sont les seuls développés, les productions de la classe la plus noble les seules cultivées ; sur l'arbre immense de la fécondité, les branches à fruit seules subsistantes et toutes perfectionnées.

Le grain dont l'homme fait son pain n'est point un don de la nature, mais le grand, l'utile fruit de ses recherches et de son intelligence dans le premier des arts ;

---

1. *L'homme augmente sur la terre la quantité de mouvement et de vie, il ennoblit la suite entière des êtres...* Tout ce tableau de la puissance de l'homme sur la nature est aussi admirablement écrit que finement et profondément pensé. Buffon semble avoir voulu peindre avec plus de délicatesse et de réflexion cette dernière *époque*, marquée par l'avénement de l'*intelligence* sur *terre*, et, si j'ose ainsi parler, par le concours de l'*auxiliaire* que Dieu s'est donné. (F.)

nulle part sur la terre on n'a trouvé du blé sauvage [1], et c'est évidemment une herbe perfectionnée par ses soins ; il a donc fallu reconnaître et choisir, entre mille et mille autres, cette herbe précieuse ; il a fallu la semer, la recueillir nombre de fois pour s'apercevoir de sa multiplication, toujours proportionnée à la culture et à l'engrais des terres. Et cette propriété, pour ainsi dire unique, qu'a le froment de résister dans son premier âge aux froids de nos hivers, quoique soumis, comme toutes les plantes annuelles, à périr après avoir donné sa graine, et la qualité merveilleuse de cette graine qui convient à tous les hommes, à tous les animaux, à presque tous les climats, qui d'ailleurs se conserve longtemps sans altération, sans perdre la puissance de se reproduire, tout nous démontre que c'est la plus heureuse découverte que l'homme ait jamais faite, et que, quelque ancienne qu'on veuille la supposer, elle a néanmoins été précédée de l'art de l'agriculture fondé sur la science, et perfectionné par l'observation.

Si l'on veut des exemples plus modernes et même récents de la puissance de l'homme sur la nature des végétaux, il n'y a qu'à comparer nos légumes, nos fleurs et nos fruits avec les mêmes espèces telles qu'elles étaient il y a cent cinquante ans : cette comparaison peut se faire immédiatement et très-précisément en parcourant des yeux la grande collection de dessins coloriés, commencée dès le temps de *Gaston d'Orléans* et qui se continue encore

---

1. Nous ne connaissons point le *blé sauvage* : on l'a fait venir de la Tartarie, de la Perse, etc., mais tout cela sur des fondements peu certains. Il en est très-probablement du *froment* comme de plusieurs de nos *animaux domestiques*, du *cheval*, du *chien*, etc., dont le *type sauvage*, la souche n'existe plus : l'homme ne s'est pas seulement soumis quelques individus dans l'espèce ; il a fait la conquête de l'espèce entière. (F.)

aujourd'hui au Jardin du Roi; on y verra peut-être avec surprise que les plus belles fleurs de ce temps, renoncules, œillets, tulipes, oreilles-d'ours, etc., seraient rejetées aujourd'hui, je ne dis pas par nos fleuristes, mais par les jardiniers de village. Ces fleurs, quoique déjà cultivées alors, n'étaient pas encore bien loin de leur état de nature : un simple rang de pétales, de longs pistils et des couleurs dures ou fausses, sans velouté, sans variété, sans nuances, tous caractères agrestes de la nature sauvage. Dans les plantes potagères, une seule espèce de chicorée et deux sortes de laitues, toutes deux assez mauvaises, tandis qu'aujourd'hui nous pouvons compter plus de cinquante laitues et chicorées, toutes très-bonnes au goût. Nous pouvons de même donner la date très-moderne de nos meilleurs fruits à pepins et à noyaux, tous différents de ceux des anciens auxquels ils ne ressemblent que de nom : d'ordinaire les choses restent, et les noms changent avec le temps; ici c'est le contraire, les noms sont demeurés, et les choses ont changé; nos pêches, nos abricots, nos poires sont des productions nouvelles auxquelles on a conservé les vieux noms des productions antérieures. Pour n'en pas douter, il ne faut que comparer nos fleurs et nos fruits avec les descriptions ou plutôt les notices que les auteurs grecs et latins nous en ont laissées; toutes leurs fleurs étaient simples et tous leurs arbres fruitiers n'étaient que des sauvageons assez mal choisis dans chaque genre, dont les petits fruits âpres ou secs n'avaient ni la saveur ni la beauté des nôtres.

Ce n'est pas qu'il y ait aucune de ces bonnes et nouvelles espèces qui ne soit originairement issue d'un sauvageon ; mais combien de fois n'a-t-il pas fallu que l'homme ait tenté la nature pour en obtenir ces espèces excellentes! combien de milliers de germes n'a-t-il pas été obligé de confier à la terre pour qu'elle les ait enfin produits! Ce n'est qu'en semant, élevant, cultivant et mettant à fruit un nombre presque infini de végétaux de la même espèce, qu'il a pu reconnaître quelques individus portant des fruits plus doux et meilleurs que les autres; et cette première découverte, qui suppose déjà tant de soins, serait encore demeurée stérile à jamais, s'il n'en eût fait une seconde qui suppose autant de génie que la première exigeait de patience ; c'est d'avoir trouvé le moyen de multiplier par la greffe ces individus précieux, qui malheureusement ne peuvent faire une lignée aussi noble qu'eux ni propager par eux-mêmes leurs excellentes qualités; et cela seul prouve que ce ne sont en effet que des qualités purement individuelles et non des propriétés spécifiques; car les pepins ou noyaux de ces excellents fruits ne produisent, comme les autres, que de simples sauvageons, et par conséquent ils ne forment pas des espèces qui en soient essentiellement différentes; mais, au moyen de la greffe, l'homme a pour ainsi dire créé des espèces secondaires qu'il peut propager et multiplier à son gré : le bouton ou la petite branche qu'il joint au sauvageon renferme cette qualité individuelle qui ne peut se transmettre par la graine, et qui n'a besoin que de se développer pour produire les mêmes fruits que l'individu dont on les a séparés pour les unir au sauvageon, lequel ne leur communique aucune de ses mauvaises qualités, parce qu'il n'a pas contribué à leur formation, qu'il n'est pas une mère, mais une simple nourrice qui ne sert qu'à leur développement par la nutrition.

Dans les animaux, la plupart des qualités qui paraissent individuelles ne laissent pas de se transmettre et de se propager par la même voie que les propriétés spécifiques; il était donc plus facile à l'homme d'influer sur la nature des animaux que sur celle des végétaux. Les races dans chaque espèce d'animal ne sont que des variétés constantes qui se perpétuent par la génération, au lieu que dans les espèces végétales il n'y a point de races, point de variétés assez constantes pour être perpétuées par la reproduction. Dans les seules espèces de la poule et du pigeon, l'on a fait naître très-récemment de nouvelles races en grand nombre, qui toutes peuvent se propager d'elles-mêmes; tous les jours dans les autres espèces on relève, on ennoblit les races en les croisant; de temps en temps on acclimate, on civilise quelques espèces étrangères ou sauvages. Tous ces exemples modernes et récents prouvent que l'homme n'a connu que tard l'étendue de sa puissance, et que même il ne la connaît pas encore assez; elle dépend en entier de l'exercice de son intelligence; ainsi, plus il observera, plus il cultivera la nature, plus il aura de moyens pour se la soumettre et de facilités pour tirer de son sein des richesses nouvelles, sans diminuer les trésors de son inépuisable fécondité.

Et que ne pourrait-il pas sur lui-même, je veux dire sur sa propre espèce, si la volonté était toujours dirigée par l'intelligence? Qui sait jusqu'à quel point l'homme pourrait perfectionner sa nature, soit au moral, soit au physique? Y a-t-il une seule nation qui puisse se vanter d'être arrivée au meilleur gouvernement possible, qui serait de rendre tous les hommes, non pas également heureux, mais moins inégalement malheureux, en veillant à leur conservation, à l'épargne de leurs sueurs et de leur sang par la paix, par l'abondance des subsistances, par les aisances de la vie et les facilités pour leur propagation?

voilà le but moral de toute société qui chercherait à s'améliorer. Et pour le physique, la médecine et les autres arts dont l'objet est de nous conserver, sont-ils aussi avancés, aussi connus que les arts destructeurs enfantés par la guerre? Il semble que de tout temps l'homme ait fait moins de réflexions sur le bien que de recherches pour le mal : toute société est mêlée de l'un et de l'autre; et comme de tous les sentiments qui affectent la multitude, la crainte est le plus puissant, les grands talents dans l'art de faire du mal ont été les premiers qui aient frappé l'esprit de l'homme, ensuite ceux qui l'ont amusé ont occupé son cœur, et ce n'est qu'après un trop long usage de ces deux moyens de faux honneur et de plaisir stérile, qu'enfin il a reconnu que sa vraie gloire est la science, et la paix son vrai bonheur[1].

1. Les *Époques de la nature* marquent le terme où s'est arrêté le XVIIIe siècle dans l'étude des grands faits qui constituent l'histoire de la *vie* et du *globe*. Au moment où parut ce noble fruit des plus hautes conceptions d'un grand homme, en 1778, le siècle touchait à cette révolution profonde dont l'un des plus funestes effets fut de suspendre, pour plusieurs années, la marche de l'esprit humain. Au retour des études, à cette nouvelle renaissance des lettres, si je puis l'appeler ainsi, on recommença, en partant du point où s'était arrêté Buffon; on refit, l'une après l'autre, toutes ses grandes idées; on se partagea le domaine qu'il nous avait ouvert, et l'on en vit naître toutes ces sciences nouvelles dont il y avait déposé les germes féconds : la *physique du globe*, la *géologie*, la *paléontologie*, la *cosmogonie générale*. Deux hommes surtout ont donné une face nouvelle à l'*histoire naturelle*, en s'emparant chacun d'une idée principale de Buffon : Cuvier, de l'idée des *espèces perdues*, d'où il a tiré la *paléontologie;* et Léopold de Buch, de l'idée du *feu central*, d'où il a tiré toute la *théorie géologique* qui règne aujourd'hui sans partage. (F.)

FIN DES ÉPOQUES DE LA NATURE.

PÉTRIFICATIONS

ET FOSSILES.

Tous les corps organisés, surtout ceux qui sont solides, tels que les bois et les os, peuvent se pétrifier en recevant dans leurs pores les sucs calcaires ou vitreux : souvent même, à mesure que la substance animale ou végétale se détruit, la matière pierreuse en prend la place; en sorte que, sans changer de forme, ces bois et ces os se trouvent convertis en pierre calcaire, en marbres, en cailloux, en agates, etc. L'on reconnaît évidemment dans la plupart de ces pétrifications tous les traits de leur ancienne organisation, quoiqu'elles ne conservent aucune partie de leur première substance; la matière en a été détruite et remplacée successivement par le suc pétrifiant auquel leur texture, tant intérieure qu'extérieure, a servi de moule, en sorte que la forme domine ici sur la matière au point d'exister après elle. Cette opération de la nature est le grand moyen dont elle s'est servie, et dont elle se sert encore pour conserver à jamais les empreintes des êtres périssables. C'est en effet par ces pétrifications que nous reconnaissons ses plus anciennes productions et que nous avons une idée de ces espèces maintenant anéanties, dont l'existence a précédé celle de tous les êtres actuellement vivants ou végétants [1] ; ce sont les seuls monuments des premiers âges du monde : leur forme est une inscription authentique qu'il est aisé de lire en la comparant avec les formes des corps organisés du même genre ; et comme on ne leur trouve point d'individus analogues dans la nature vivante, on est forcé de rapporter l'existence de ces espèces actuellement perdues aux temps où la chaleur du globe était plus grande, et sans doute nécessaire à la vie et à la propagation de ces animaux et végétaux qui ne subsistent plus.

C'est surtout dans les coquillages et les poissons, premiers habitants du globe, que l'on peut compter un plus grand nombre d'espèces qui ne subsistent plus. Nous n'entreprendrons pas d'en donner ici l'énumération qui, quoique longue, serait encore incomplète : ce travail sur la vieille nature exigerait seul plus de temps qu'il ne m'en reste à vivre [2], et je ne puis que le recommander à la postérité ; elle doit rechercher ces anciens titres de noblesse de la nature avec d'autant plus de soin qu'on sera plus éloigné du temps de son origine. En les rassemblant et les comparant attentivement, on la verra plus grande et plus

---

1. *Ces espèces, maintenant anéanties, dont l'existence a précédé celle de tous les êtres actuellement vivants ou végétants.* Le génie de Buffon laisse ici tout son siècle bien loin en arrière, et devance les plus beaux travaux du nôtre, les travaux de Cuvier sur les *espèces perdues*. (F.)

2. Ce passage, où le retour de Buffon sur lui-même jette une si grave émotion au milieu de la plus grande éloquence, rappelle les belles et célèbres paroles de Bossuet : « Heureux, si, averti par ces cheveux blancs, du « compte que je dois rendre..., je réserve au troupeau que je dois nourrir « de la parole de vie les restes d'une voix qui tombe et d'une ardeur qui « s'éteint. » (F.)

forte dans son printemps qu'elle ne l'a été dans les âges subséquents : en suivant ses dégradations on reconnaîtra les pertes qu'elle a faites, et l'on pourra déterminer encore quelques époques dans la succession des existences qui nous ont précédés.

Les pétrifications sont les monuments les mieux conservés, quoique les plus anciens de ces premiers âges; ceux que l'on connaît sous le nom de *fossiles* appartiennent à des temps subséquents : ce sont les parties les plus solides, les plus dures, et particulièrement les dents des animaux qui se sont conservées intactes ou peu altérées dans le sein de la terre. Les dents de requin que l'on connaît sous le nom de *glossopètres*, celles d'hippopotame, les défenses d'éléphant et autres ossements fossiles sont rarement pétrifiés ; leur état est plutôt celui d'une décomposition plus ou moins avancée : l'ivoire de l'éléphant, du morse, de l'hippopotame, du narval, et tous les os dont en général le fond de la substance est une terre calcaire, reprennent d'abord leur première nature et se convertissent en une sorte de craie ; ce n'est qu'avec le temps et souvent par des circonstances locales et particulières qu'ils se pétrifient et reçoivent plus de dureté qu'ils n'en avaient naturellement. Les turquoises sont le plus bel exemple que nous puissions donner de ces pétrifications osseuses, qui néanmoins sont incomplètes ; car la substance de l'os n'y est pas entièrement détruite et pleinement remplacée par le suc vitreux ou calcaire.

Aussi trouve-t-on les turquoises, ainsi que les autres os et les dents fossiles des animaux, dans les premières couches de la terre, à une petite profondeur, tandis que les coquilles pétrifiées font souvent partie des derniers bancs au-dessous de nos collines, et que ce n'est de même qu'à de grandes profondeurs que l'on voit, dans les schistes et les ardoises, des empreintes de poissons, de crustacés et de végétaux qui semblent nous indiquer que leur existence a précédé, même de fort loin, celle des animaux terrestres : néanmoins leurs ossements conservés dans le sein de la terre, quoique beaucoup moins anciens que les pétrifications des coquilles et des poissons, ne laissent pas de nous présenter des espèces d'animaux quadrupèdes qui ne subsistent plus ; il ne faut pour s'en convaincre que comparer les énormes dents à pointes mousses[1], dont j'ai donné la description, avec celles de nos plus grands animaux actuellement existants, on sera bientôt forcé d'avouer que l'animal d'une grandeur prodigieuse, auquel ces dents appartenaient, était d'une espèce colossale, bien au-dessus de celle de l'éléphant ; que de même les très-grosses dents carrées que j'ai cru pouvoir comparer à celles de l'hippopotame sont encore des débris de corps démesurément gigantesques dont nous n'avons ni le modèle exact, ni n'aurions pas même l'idée, sans ces témoins aussi authentiques qu'irréprochables : ils nous démontrent non-seulement l'existence passée d'espèces colossales, différentes de toutes les espèces actuellement subsistantes, mais encore la grandeur gigantesque des premiers pères de nos espèces actuelles ; les défenses d'éléphant de huit à dix pieds de longueur, et les grosses dents d'hippopotame dont nous avons parlé, prouvent assez que ces espèces majeures étaient anciennement trois ou quatre fois plus grandes, et que probablement leur force et leurs autres facultés étaient en proportion de leur volume.

Il en est des poissons et coquillages comme des ani-

---

1. *Énormes dents à pointes mousses* : molaires du *grand mastodonte*.

maux terrestres ; leurs débris nous démontrent l'excès de leur grandeur : existe-t-il en effet aucune espèce comparable à ces grandes volutes pétrifiées dont le diamètre est de plusieurs pieds et le poids de plusieurs centaines de livres? Ces coquillages d'une grandeur démesurée n'existent plus que dans le sein de la terre, et encore n'y existent-ils qu'en représentation ; la substance de l'animal a été détruite, et la forme de la coquille s'est conservée au moyen de la pétrification. Ces exemples suffisent pour nous donner une idée des forces de la jeune nature : animée d'un feu plus vif que celui de notre température actuelle, ses productions avaient plus de vie, leur développement était plus rapide et leur extension plus grande ; mais à mesure que la terre s'est refroidie, la nature vivante s'est raccourcie dans ses dimensions ; et non-seulement les individus des espèces subsistantes se sont rapetissés, mais les premières espèces que la grande chaleur avait produites, ne pouvant plus se maintenir, ont péri pour jamais. Et combien n'en périra-t-il pas d'autres dans la succession des temps, à mesure que ces trésors de feu diminueront par la déperdition de cette chaleur du globe qui sert de base à notre chaleur vitale, et sans laquelle tout être vivant devient cadavre et toute substance organisée se réduit en matière brute !

Si nous considérons en particulier cette matière brute qui provient du détriment des corps organisés, l'imagination se trouve écrasée par le poids de son volume immense, et l'esprit plus qu'épouvanté par le temps prodigieux qu'on est forcé de supposer pour la succession des innombrables générations qui nous sont attestées par leurs débris et leur destruction. Les pétrifications qui ont conservé la forme des productions du vieil océan ne font pas des unités sur des millions de ces mêmes corps marins qui ont été réduits en poudre, et dont les détriments accumulés par le mouvement des eaux ont formé la masse entière de nos collines calcaires, sans compter encore toutes les petites masses pétrifiées ou minéralisées qui se trouvent dans les glaises et dans la terre limoneuse. Sera-t-il jamais possible de reconnaître la durée du temps employé à ces grandes constructions et de celui qui s'est écoulé depuis la pétrification de ces échantillons de l'ancienne nature? On ne peut qu'en assigner des limites assez indéterminées entre l'époque de l'occupation des eaux et celle de leur retraite, époque dont j'ai sans doute trop resserré la durée pour pouvoir y placer la suite de tous les événements qui paraissent exiger un plus grand emprunt de temps et qui me sollicitaient d'admettre plusieurs milliers d'années de plus entre les limites de ces deux époques.

L'un de ces plus grands événements est l'abaissement des mers qui, du sommet de nos montagnes, se sont peu à peu déprimées au niveau de nos plus basses terres. L'une des principales causes de cette dépression des eaux est, comme nous l'avons dit, l'affaissement successif des boursouflures caverneuses formées par le feu primitif dans les premières couches du globe, dont l'eau aura percé les voûtes et occupé le vide; mais une seconde cause peut-être plus efficace quoique moins apparente, et que je dois rappeler ici comme dépendante de la formation des corps marins, c'est la consommation réelle de l'immense quantité d'eau qui est entrée et qui chaque jour entre encore dans la composition de ces corps pierreux. On peut démontrer cette présence de l'eau dans toutes les matières calcaires; elle y réside en si grande quantité qu'elle en constitue souvent plus d'un quart de la masse, et cette eau, incessamment absorbée par les générations successives des coquillages et autres animaux du même genre, s'est conservée dans leurs dépouilles, en sorte que toutes nos montagnes et collines calcaires sont réellement composées de plus d'un quart d'eau : ainsi le volume apparent de cet élément, c'est-à-dire la hauteur des eaux, a diminué en proportion du quart de la masse de toutes les montagnes calcaires, puisque la quantité réelle de l'eau a souffert ce déchet par son incorporation dans toute matière coquilleuse au moment de sa formation ; et plus les coquillages et autres corps marins du même genre se multiplieront, plus la quantité de l'eau diminuera, et plus les mers s'abaisseront. Ces corps de substance coquilleuse et calcaire sont en effet l'intermède et le grand moyen que la nature emploie pour convertir le liquide en solide : l'air et l'eau que ces corps ont absorbés dans leur formation et leur accroissement y sont incarcérés et résidants à jamais ; le feu seul peut les dégager en réduisant la pierre en chaux, de sorte que, pour rendre à la mer toute l'eau qu'elle a perdue par la production des substances coquilleuses, il faudrait supposer un incendie général, un second état d'incandescence du globe dans lequel toute la matière calcaire laisserait exhaler cet air fixe et cette eau qui font une si grande partie de sa substance.

La quantité réelle de l'eau des mers a donc diminué à mesure que les animaux à coquilles se sont multipliés, et son volume apparent, déjà réduit par cette première cause, a dû nécessairement se déprimer aussi par l'affaissement des cavernes, qui recevant les eaux dans leur profondeur en ont successivement diminué la hauteur, et cette dépression des mers augmentera de siècle en siècle, tant que la terre éprouvera des secousses et des affaissements intérieurs, et à mesure aussi qu'il se formera de nouvelle matière calcaire par la multiplication de ces animaux marins revêtus de matière coquilleuse : leur nombre est si grand, leur pullulation si prompte, si abondante, et leurs dépouilles si volumineuses, qu'elles nous préparent au fond de la mer de nouveaux continents, surmontés de collines calcaires, que les eaux laisseront à découvert pour la postérité, comme elles nous ont laissé ceux que nous habitons.

Toute la matière calcaire ayant été primitivement formée dans l'eau, il n'est pas surprenant qu'elle en contienne une grande quantité; toutes les matières vitreuses au contraire, qui ont été produites par le feu, n'en contiennent point du tout, et néanmoins c'est par l'intermède de l'eau que s'opèrent également les concrétions secondaires et les pétrifications vitreuses et calcaires; les coquilles, les oursins, les bois convertis en cailloux, en agates, ne doivent ce changement qu'à l'infiltration d'une eau chargée du suc vitreux, lequel prend la place de leur première substance à mesure qu'elle se détruit; ces pétrifications vitreuses, quoique assez communes, le sont cependant beaucoup moins que les pétrifications calcaires, mais souvent elles sont plus parfaites, et présentent encore plus exactement la forme, tant extérieure qu'intérieure des corps, telle qu'elle était avant la pétrification : cette matière vitreuse plus dure que la calcaire résiste mieux aux chocs, aux frottements des autres corps, ainsi qu'à l'action des sels de la terre, et à toutes les causes qui peuvent altérer, briser, et réduire en poudre les pétrifications calcaires.

Une troisième sorte de pétrification qui se fait de même par le moyen de l'eau, et qu'on peut regarder comme une minéralisation, se présente assez souvent dans les bois devenus pyriteux, et sur les coquilles recouvertes et quelquefois pénétrées de l'eau chargée des parties ferrugineuses que contenaient les pyrites : ces particules métalliques prennent peu à peu la place de la substance du bois qui se détruit, et, sans en altérer la forme, elles le changent en mines de fer ou de cuivre. Les poissons dans les ardoises, les coquilles, et particulièrement les cornes d'Ammon dans les glaises, sont souvent recouverts d'un enduit pyriteux qui présente les plus belles couleurs : c'est à la décomposition des pyrites, contenues dans les argiles et les schistes, qu'on doit rapporter cette sorte de minéralisation qui s'opère de la même manière et par les mêmes moyens que la pétrification calcaire ou vitreuse.

Lorsque l'eau chargée de ces particules calcaires, vitreuses ou métalliques, ne les a pas réduites en molécules assez ténues pour pénétrer dans l'intérieur des corps organisés, elles ne peuvent que s'attacher à leur surface, et les envelopper d'une incrustation plus ou moins épaisse : les eaux qui découlent des montagnes et collines calcaires forment pour la plupart des incrustations dans leurs tuyaux de conduite, et autour des racines d'arbres et autres corps qui résident sans mouvement dans l'étendue de leurs cours, et souvent ces corps incrustés ne sont pas pétrifiés ; il faut pour opérer la pétrification, non-seulement plus de temps, mais plus d'atténuation dans la matière dont les molécules ne peuvent entrer dans l'intérieur des corps, et se substituer à leur première substance que quand elles sont dissoutes et réduites à la plus grande ténuité : par exemple, ces belles pierres nouvellement découvertes, et auxquelles on a donné le nom impropre de *marbres opalins,* sont plutôt des incrustations ou des concrétions que des pétrifications, puisqu'on y voit des fragments de burgos et de moules de Magellan avec leurs couleurs : ces coquilles n'étaient donc pas dissoutes lorsqu'elles sont entrées dans ces marbres ; elles n'étaient que brisées en petites parcelles qui se sont mêlées avec la poudre calcaire dont ils sont composés.

Le suc vitreux, c'est-à-dire l'eau chargée de particules vitreuses, forme rarement des incrustations, même sur les matières qui lui sont analogues : l'émail quartzeux, qui revêt certains blocs de grès, est un exemple de ces incrustations ; mais d'ordinaire les molécules du suc vitreux sont assez atténuées, assez dissoutes pour pénétrer l'intérieur des corps, et prendre la place de leur substance à mesure qu'elle se détruit ; c'est là le vrai caractère qui distingue la pétrification, tant de l'incrustation qui n'est qu'un revêtement, que de la concrétion qui n'est qu'une agrégation de parties plus ou moins fines ou grossières. Les matières calcaires et métalliques forment, au contraire, beaucoup plus de concrétions et d'incrustations que de pétrifications ou minéralisations, parce que l'eau les détache en moins de temps, et les transporte en plus grosses parties que celles de la matière vitreuse, qu'elle ne peut attaquer et dissoudre que par une action lente et constante, attendu que cette matière, par sa dureté, lui résiste plus que les substances calcaires ou métalliques.

Il y a peu d'eaux qui soient absolument pures ; la plupart sont chargées d'une certaine quantité de parties calcaires, gypseuses, vitreuses ou métalliques ; et quand ces particules ne sont encore que réduites en poudre palpable, elles tombent en sédiment au fond de l'eau, et ne peuvent former que des concrétions ou des incrustations grossières ; elles ne pénètrent les autres corps qu'autant qu'elles sont assez atténuées pour être reçues dans leurs pores, et, en cet état d'atténuation, elles n'altèrent ni la limpidité ni même la légèreté de l'eau qui les contient et qui ne leur sert que de véhicule : néanmoins ce sont souvent ces eaux si pures en apparence, dans lesquelles se forment en moins de temps les pétrifications les plus solides ; on a exemple de crabes et d'autres corps pétrifiés en moins de quelques mois dans certaines eaux, et particulièrement en Sicile près des côtes de Messine ; on cite aussi les bois convertis en cailloux dans certaines rivières, et je suis persuadé qu'on pourrait par notre art imiter la nature, et pétrifier les corps avec de l'eau convenablement chargée de matière pierreuse ; et cet art, s'il était porté à sa perfection, serait plus précieux pour la postérité que l'art des embaumements.

Mais c'est plutôt dans le sein de la terre que dans la mer, et surtout dans les couches de matière calcaire, que s'opère la pétrification de ces crabes et autres crustacés, dont quelques-uns, et notamment les oursins, se trouvent souvent pétrifiés en cailloux, ou plutôt en pierres à fusil placées entre les bancs de pierre tendre et de craie. On trouve aussi des poissons pétrifiés dans les matières calcaires : nous en avons deux au Cabinet du Roi, dont le premier paraît être un saumon d'environ deux pieds et demi de longueur, et le second, une truite de quinze à seize pouces, très-bien conservés ; les écailles, les arêtes, et toutes les parties solides de leur corps sont pleinement pétrifiées en matière calcaire ; mais c'est surtout dans les schistes, et particulièrement dans les ardoises que l'on trouve des poissons bien conservés, ils y sont plutôt minéralisés que pétrifiés, et en général ces poissons, dont la nature a conservé les corps, sont plus souvent dans un état de desséchement que de pétrification.

Ces espèces de reliques des animaux de la terre sont bien plus rares que celles des habitants de la mer, et il n'y a d'ailleurs que les parties solides de leur corps, telles que les os et les cornes, ou plutôt les bois de cerf, de renne, etc., qui se trouvent quelquefois dans un état imparfait de pétrification commencée : souvent même la forme de ces ossements ne conserve pas ses vraies dimensions ; ils sont gonflés par l'interposition de la substance étrangère qui s'est insinuée dans leur texture, sans que l'ancienne substance fût détruite ; c'est plutôt une incrustation intérieure qu'une véritable pétrification ; l'on peut voir et reconnaître aisément ce gonflement de volume dans les fémurs et autres os fossiles d'éléphant, qui sont au Cabinet du Roi ; leur dimension en longueur n'est pas proportionnelle à celles de la largeur et de l'épaisseur.

Je le répète, c'est à regret que je quitte ces objets intéressants, ces précieux monuments de la vieille nature, que ma propre vieillesse ne me laisse pas le temps d'examiner assez pour en tirer les conséquences que j'entrevois, mais qui, n'étant fondées que sur des aperçus, ne doivent pas trouver place dans cet ouvrage, où je me suis fait une loi de ne présenter que des vérités appuyées sur des faits. D'autres viendront après moi, qui pourront supputer le temps nécessaire au plus grand abaissement des mers et à la diminution des eaux par la multiplication des coquillages, des madrépores, et de tous les corps pierreux qu'elles ne cessent de produire : ils balanceront les pertes et les gains de ce globe dont la chaleur propre s'exhale incessamment, mais qui reçoit en compensation tout le feu qui réside dans les détriments des corps organisés ; ils en concluront que si la chaleur du globe était toujours la même, et les générations d'animaux et de végétaux toujours aussi nombreuses, aussi promptes, la quantité de l'élément du feu augmenterait sans cesse, et qu'enfin, au lieu de finir par le froid et la glace, le globe pourrait périr par le feu. Ils compareront le temps qu'il a fallu pour que les détriments combustibles des animaux et végétaux aient été accumulés dans les premiers âges, au point d'entretenir pendant des siècles le feu des volcans ; ils compareront, dis-je, ce temps avec celui qui serait nécessaire pour qu'à force de multiplications des corps organisés, les premières couches de la terre fussent entièrement composées de substances combustibles, ce qui dès lors pourrait produire un nouvel incendie général, ou du moins un très-grand nombre de nouveaux volcans ; mais ils verront en même temps que la chaleur du globe diminuant sans cesse, cette fin n'est point à craindre, et que la diminution des eaux, jointe à la multiplication des corps organisés, ne pourra que retarder, de quelques milliers d'années, l'envahissement du globe entier par les glaces, et la mort de la nature par le froid.

FIN.

TABLE

DU TOME SECOND.

	Pages.
VUES DE LA NATURE. — Première vue	1
Seconde vue	13
ANIMAUX DE L'ANCIEN CONTINENT	30
ANIMAUX DU NOUVEAU MONDE	50
ANIMAUX COMMUNS AUX DEUX CONTINENTS	60

HISTOIRE NATURELLE DES ANIMAUX.

Le lion	85
LES TIGRES	105
Le tigre	108
L'éléphant	118
LES SINGES	127
Les orangs-outangs, ou le pongo et le jocko	162
Le castor	177
Le loup	197
Le renard	209
La loutre	217

	Pages.
Les oiseaux. — Le perroquet	221
Le kamichi	237
Le cygne	242
Le paon	255
Le rossignol	278
La fauvette	300
L'oiseau-mouche	305

Des époques de la nature. 311

Première époque. — Lorsque la terre et les planètes ont pris leur forme. 347
Seconde époque. — Lorsque la matière s'étant consolidée a formé la roche intérieure du globe, ainsi que les grandes masses vitrescibles qui sont à sa surface. 372
Troisième époque. — Lorsque les eaux ont couvert nos continents. . . 390
Quatrième époque. — Lorsque les eaux se sont retirées, et que les volcans ont commencé d'agir. 422
Cinquième époque. — Lorsque les éléphants et les autres animaux du Midi ont habité les terres du Nord. 451
Sixième époque. — Lorsque s'est faite la séparation des continents. . 475
Septième et dernière époque. — Lorsque la puissance de l'homme a secondé celle de la nature. 504

Pétrifications et fossiles. 530

FIN DE LA TABLE DU TOME SECOND.

PARIS. — J. CLAYE, IMPRIMEUR, RUE SAINT-BENOIT, 7

www.ingramcontent.com/pod-product-compliance
Lightning Source LLC
Chambersburg PA
CBHW070829230426
43667CB00011B/1726